Pisando fora da própria sombra

Ricardo Rezende Figueira

Pisando fora da própria sombra

A escravidão por dívida no Brasil contemporâneo

FOTOGRAFIAS DE
João Roberto Ripper

CIVILIZAÇÃO BRASILEIRA

Rio de Janeiro
2004

CAPA
Evelyn Grumach

PROJETO GRÁFICO
Evelyn Grumach e João de Souza Leite

FOTOS DE CAPA E ENCARTE
João Roberto Ripper

ENCARTE
Carolina Ferman

CIP-BRASIL. CATALOGAÇÃO-NA-FONTE
SINDICATO NACIONAL DOS EDITORES DE LIVROS, RJ

F487p

Figueira, Ricardo Rezende, 1952-
Pisando fora da própria sombra: a escravidão por dívida no Brasil contemporâneo / Ricardo Rezende Figueira. – Rio de Janeiro: Civilização Brasileira, 2004.

Anexos
Inclui bibliografia
ISBN 85-200-0670-1

1. Trabalhadores rurais – Pará – Condições sociais. 2. Crime contra trabalhadores rurais – Pará. 3. Trabalho escravo – Pará. I. Título.

04-1365

CDD – 326.098115
CDU – 326(811.5)

Direitos desta edição adquiridos
EDITORA CIVILIZAÇÃO BRASILEIRA
um selo da
DISTRIBUIDORA RECORD DE SERVIÇOS DE IMPRENSA S.A.
Rua Argentina, 171 – 20921-380 – Rio de Janeiro, RJ – Tel.: 2585-2000

PEDIDOS PELO REEMBOLSO POSTAL
Caixa Postal 23.052 – Rio de Janeiro, RJ – 20922-970

Impresso no Brasil
2004

Os homens, pervertendo a igualdade da natureza,
a distinguiram com dois nomes tão opostos,
como são os de senhor e escravo.

(PADRE ANTÔNIO VIEIRA)

Aos meus pais Isauro e Ruth, que já usufruem as delícias do Reino

A José Pereira, que, mesmo gravemente ferido na fuga, milagrosamente sobreviveu ao trabalho escravo, e a Charles de Paula, também amigo de tantos anos, poeta cordelista, trabalhador de tantas fazendas, que deseja escrever um romance narrando sua vida na escravidão. Através deles, dedico também aos outros trabalhadores, que conseguiram romper o ciclo da escravidão, aos que não conseguiram e a seus familiares, em especial os aliciados no Piauí e no Mato Grosso.

Este livro é o resultado de minha tese de doutorado defendida no Programa de Pós-Graduação em Sociologia e Antropologia do IFCS/UFRJ, em 2003, quando tive como orientadora a professora Neide Esterci, a quem agradeço a paciente e oportuna orientação. Agradeço aos demais professores do Programa de Pós-Graduação os momentos desfrutados em suas aulas e seminários.

Quero agradecer ainda aos que me prestaram informações em Barras e Teresina, no Piauí, em Vila Rica, Coseara, Porto Alegre do Norte e Cana Brava, no Mato Grosso, e Marabá, Xinguara, Redenção, Conceição do Araguaia e Rio Maria, no Pará. Na tentativa de preservar alguns, omiti ou mudei seus nomes. Os nomes das cidades do Mato Grosso em geral foram substituídos pelos nomes fictícios de Terra Limpa, Ouro Fino, Recanto da Paz e Porto Feliz.

Agradeço o apoio indispensável dos amigos da CPT do Pará, Mato Grosso e Piauí e do Grupo de Pesquisa sobre o Trabalho Escravo Contemporâneo (GPTEC) no Centro de Filosofia e Ciências Humanas da UFRJ; a Claudia Madeira, as valiosas sugestões; a Maria Helena Benevides, o auxílio na composição dos mapas, e aos frades dominicanos, que me hospedaram por ocasião dos meus estudos de mestrado e doutorado.
Agradeço ainda a presença dos grupos Rio Maria, Expedito e Amigos de Juiz de Fora e Rio, que unem fé e solidariedade; aos amigos da Rede Social Justiça e Direitos Humanos e Movimento Humanos Direitos, onde o compromisso com o país mais justo faz parte do cotidiano.
Finalmente um agradecimento ao CNPq, a bolsa de estudos que viabilizou este texto, e à Fundação Ford, o apoio para que a pesquisa prossiga.

Sumário

CAPÍTULO III

O medo *149*

CAPÍTULO IV

Hierarquia e obediência *213*

Siglas

ASI	Anti-Slavery International
Cejil	Centro pela Justiça e Direito Humano
Cimi	Conselho Indigenista Missionário
CNBB	Conferência Nacional dos Bispos do Brasil
Contag	Confederação Nacional dos Trabalhadores Rurais na Agricultura
CPB	Código Penal Brasileiro
CPT	Comissão Pastoral da Terra
DRT	Delegacia Regional do Trabalho
ESP	*Estado de S. Paulo*
FSP	*Folha de S. Paulo*
GEFM	Grupo Especial de Fiscalização Móvel do Ministério do Trabalho
Gertraf	Grupo Executivo de Repressão ao Trabalho Forçado
Incra	Instituto Nacional de Colonização e Reforma Agrária
MEB	Movimento de Educação de Base
Mirad	Ministério da Reforma Agrária
MST	Movimento dos Trabalhadores Rurais Sem Terra
MTE	Ministério do Trabalho e Emprego
OAB	Ordem dos Advogados do Brasil
OEA	Organização dos Estados Americanos
OIT	Organização Internacional do Trabalho
ONU	Organização das Nações Unidas
PF	Polícia Federal
Sefit	Secretaria de Fiscalização do Ministério do Trabalho
SR	Sindicato Rural (patronal)
STR	Sindicato dos Trabalhadores Rurais
Sudam	Superintendência do Desenvolvimento da Amazônia

Glossário

Ambiente: prostíbulo.

Blefar: não obter sucesso econômico em fazenda ou garimpo.

Cabeça de fazer empreite: expressão empregada no Piauí para se referir ao *peão* que coordena o pequeno grupo de trabalho. Veja *time* e *chefe de time*.

Cambito: ou *gambito*, é um cabide ou gancho de madeira utilizado para aparar cana-de-açúcar, madeira ou outro objeto, sobre a cangalha de animal. Pode significar: em grande quantidade, ou com facilidade.

Chefe de time: trata-se do peão que coordena um time. Ele pode ser escolhido pelos demais peões com os quais vai trabalhar ou pode ser nomeado pelo gato. Sua escolha pode ser determinada pela experiência no serviço, pela idade, por razões de parentesco ou amizade.

Gambito: veja *cambito*.

Gato: empreiteiro contratado para desflorestamento, feitura e conservação de pastos e cercas ou outros serviços para fazendeiros e empresas agropecuárias na Amazônia. Muitas vezes anda armado, trabalha com parentes e com uma rede de "fiscais", e são acusados de diversos crimes, inclusive homicídios. Em geral os mais violentos gozam de prestígio, são considerados eficientes e podem prestar serviço por anos consecutivos para as maiores empresas.

Guaxeba: pistoleiro. Diversos fiscais são conhecidos como guaxebas.

Grupo de trabalhadores ou *grupo de peões*: veja *time*.

Juquira: é a limpeza de mato denso que cresce em área anteriormente derrubada e formada em pasto. Utiliza-se como instrumento de trabalho a foice. Se a quantia de mato for pequena, é conhecida como juquirinha; se grande, juquirão.

Mangar: caçoar, zombar.
Mulher de ambiente: mulher de local de prostituição.
Peão: trabalhador rural em atividade braçal, levado para os empreendimentos agropecuários na Amazônia, onde deve executar trabalhos pesados, de baixa qualificação profissional, em geral sob coerção. O termo é também utilizado para identificar as pessoas em atividades de desflorestamento, feitura e conservação de pastos e cercas, aliciadas pelo fazendeiro, empreiteiro ou por um seu preposto.
Peão bola: aquele que, no transcurso da viagem para a fazenda, escapa, pulando do carro e rolando no mato.
Peão macaco: aquele que, no transcurso da viagem da fazenda, escapa, agarrando-se em algum galho de árvore que encontra no caminho.
Peão morcego: o mesmo que peão macaco.
Peão quati: aquele que, no transcurso da viagem da fazenda, escapa pulando do carro.
Peão rodado: veja *peão do trecho*.
Peão do trecho: trabalhador fora de seu lugar de origem, desligado das antigas relações familiares sem construir novas, trabalha sucessivamente em fazendas atrelado a um ou a diversos empreiteiros. Entre uma empreita e outra cria débitos em pensões e cabarés, mantendo-se preso à rede de endividamento e ao trabalho coercitivo. Em geral é analfabeto, sem qualificação profissional e tem problemas de alcoolismo. É também chamado de *peão rodado*.
Peão urutu-cruzeiro: aquele que conhece bem o trabalho, corajoso, sabe se virar, faz de tudo um pouco, gosta de festa e de briga.
Fiscal: funcionário do gato ou da fazenda. Quando sua atividade é verificar a qualidade do serviço prestado pelos peões, é conhecido como *fiscal-de-serviço*. Também pode fazer parte simultaneamente da milícia do gato ou da fazenda. Neste caso não só garante a qualidade do serviço, mas também a coerção necessária para impedir fugas de peões. Se algum foge, deve capturá-lo, levá-lo de volta ao trabalho, ou matá-lo. Em geral anda armado. Há o *fiscal-de-picada,* que deve impedir que lavradores se tornem posseiros, ocupando parte do imóvel. Os fiscais são, com freqüência, chamados de pistoleiros.

Time: é o pequeno aglomerado de peões, em geral composto de quatro a oito homens, encarregado de desenvolver alguma atividade determinada pelo gato. Os trabalhadores entrevistados no Mato Grosso empregaram com freqüência essa palavra, que era desconhecida em Barras, onde se utilizava, com o mesmo sentido, a expressão "grupo de trabalhadores" ou "grupo de peões".

Trabalho cativo: o peão deve adquirir a alimentação, os objetos de cozinha, a lona de plástico para a construção do barraco e as ferramentas de trabalho do próprio gato no preço que ele decidir. É um mecanismo que mantém o trabalhador endividado e impede sua saída.

Trabalho livre: a remuneração do peão na fazenda está livre de quaisquer despesas; ou "o preço do serviço pelo contrato *livre* é (oficialmente) sempre a metade do estabelecido pelo contrato *cativo*" (*Cadernos do Cedi*, 11).

Lista de mapas

Prefácio

Depois de duas décadas passadas na fronteira, junto com seus companheiros de fé e militância, Ricardo Rezende Figueira, voltou-se para a universidade, no Rio de Janeiro.Vinha em busca de novos conhecimentos em prol da causa que abraçara: a batalha contra a escravidão por dívida no sul do Pará. Em pouco tempo, no Rio, fez os cursos de mestrado e doutorado, escreveu uma dissertação, uma tese e, simultaneamente, abriu novos espaços de militância e mobilização junto a intelectuais e artistas. Mesmo antes, porém, já era um autor conhecido. Uma alma militante, associada a uma vocação para a escrita e o desenho.

A Igreja do sul do Pará, onde Ricardo viveu tanto tempo, é um do pilares dessa Igreja Católica engajada, na fronteira da Amazônia, que apoiou os pequenos produtores nas suas lutas pela terra. Lá, quem se acha no aperto, principalmente se é pobre, se não é do lugar e se sente ameaçado, procura a Igreja, a CPT, a casa do padre, as irmãs. Ainda hoje é assim, embora os tempos tenham mudado, o sindicato de trabalhadores rurais tenha se fortalecido e tenham surgido outras organizações do Estado e da sociedade civil. Mas foi nas circunstâncias e espaços vigentes nos anos de 1970, sob a ditadura, que o autor deste livro, viveu primeiro, com seus companheiros, a experiência de ver de perto e ouvir, dos que fugiam, depoimentos e notícias sobre as condições dos trabalhadores das fazendas da região.

Aquele ouvir, como explica o autor, era um ato militante — tinha o objetivo de denúncia e consistia em registrar o mais precisamente possível aquilo que se configurasse como "violação dos direitos humanos" e que, face aos "mecanismos políticos e legais" disponíveis, pudesse ser útil para "conter a violência e estabelecer um estado de Direito" na região.

Como é então que se transforma um objeto de denúncia em objeto de análise? Como se transforma uma busca de informações, voltada para objetivos tão nobres mas tão imediatos e localizados, em uma busca de conhecimento que amplie a compreensão do que está em jogo e permita estabelecer conexões de sentido e comparações explicativas com outras situações ocorridas em outros momentos e contextos históricos? Há que ter a coragem de travar uma luta não só contra o imediatismo mas também contra os modelos de explicação que podem ser muito eficazes quando se trata de cumprir as tarefas de denúncia e mobilização, mas são pobres quando se busca o tipo de compreensão que norteia a vocação científica. Esta supõe modelos mais complexos, novos conceitos e procedimentos.

Ricardo Rezende teve esta coragem. Logo nas primeiras páginas deste seu livro dá ao leitor uma idéia do novo rumo que imprime à sua reflexão sobre a situação e as personagens com as quais se deparava. Não podia abrir mão do compromisso político, e "um clima de emoção" continuou a reinar nos encontros com os entrevistados, mas a pesquisa e a atenção agora se abrem a outras perspectivas, levam o autor a empreender outras viagens: ele vai em busca dos trabalhadores em outros estados, nos locais onde moram suas famílias, nos locais de onde um dia eles partiram em direção ao sul do Pará.

Os espaços são outros e o tempo dedicado ao ouvir alonga-se: "entrava em suas residências e conversava com eles", "e ... os ouvia discorrer sobre o sonho, ..." as esperanças, os medos, as formas de resistência, as regras de obediência e solidariedade, as relações com a família, com o sindicato, com a própria Igreja, a hierarquia e a amizade. Outras informações, antes mal ouvidas, agora fazem sentido. Matizes, contradições, ambigüidades, espaços de negociação, antes deixados na penumbra, agora passam a ser valorizados na análise das complexas relações entre os trabalhadores, os intermediários e seus empregadores.

Neide Esterci

Introdução

Morei, de maio de 1977 a outubro de 1988, em Conceição do Araguaia, quando me transferi para Rio Maria, onde permaneci até 1996. Estas cidades se encontram na jurisdição eclesiástica da diocese de Conceição do Araguaia,[1] no sudeste do Pará. Nesse período, trabalhando sucessivamente no Movimento de Educação de Base (MEB), na Comissão Pastoral da Terra (CPT) e na paróquia Nossa Senhora Aparecida, conheci centenas de fugitivos de fazendas de atividades agropecuárias, pessoas que passaram pela igreja e pelo escritório da CPT em busca de socorro.[2] Eram trabalhadores, conhecidos como *peões*, que desejavam se esconder dos empreiteiros e de seus homens e voltar para casa. Em geral, demonstravam preocupação com os que ainda permaneciam retidos nas fazendas. Eles eram os estranhos que batiam a nossas portas, e nós os recebíamos com um misto de apreensão e cuidados, não só porque, até 1985, o Brasil vivia sob uma ditadura militar, mas porque havia muitas ameaças provenientes de fazendeiros e pistoleiros. Era tempo de intenso conflito por lotes de terra e de uma forma de exploração que cada vez mais seria conhecida como trabalho escravo.[3]

[1]A diocese compreende os municípios de Santana do Araguaia, Santa Maria das Barreiras, Redenção, Conceição do Araguaia, Pau d'Arco, Floresta do Araguaia, Rio Maria, Xinguara, São Geraldo do Araguaia, Piçarra e Sapucaia. Além destes municípios paraenses, a diocese atende, sem lhe pertencer, os municípios de Bannach, também no Pará, e Couto Magalhães, no Tocantins.

[2]A maioria dos fugitivos estava formando ou limpando pasto. Em um dos municípios, Bannach, havia gente aliciada na Bahia cuidando de plantação de café.

[3]Como ali há outras relações conflituosas além dessas da peonagem, e tais relações marcam profundamente a região e a caracterizam, quero prevenir o leitor que, ao longo do texto, em um ou outro momento, achei necessário citá-las.

A equipe de agentes de Pastoral, da qual eu participava, anotava com a maior fidelidade possível as histórias dos conflitos pela terra e as histórias dos fugitivos, pensando-as como violações dos direitos humanos. Nosso objetivo, ao colher seus depoimentos, era acionar os mecanismos políticos e legais existentes para conter a violência e estabelecer um estado de direito. Quanto aos *peões*, que não conhecíamos e vinham de longe, talvez mentissem e nem sequer fossem trabalhadores e sim pistoleiros, ou pessoas vindas para saber quem éramos, o que fazíamos. Mas podiam estar falando a verdade, era necessário alimentá-los, providenciar uma rede e um local para que passassem a noite, ouvi-los, tomar seus depoimentos, conseguir dinheiro para seu retorno aos locais de origem e pressionar as autoridades para que libertassem os ainda retidos.

Entre julho de 2000 e agosto de 2002, estive em áreas urbanas e rurais do Piauí, Mato Grosso e Pará, para ouvir pessoas que, em algum momento, haviam sido atraídas e levadas para trabalhar nas mesmas fazendas denunciadas no período em que vivi no sudeste do Pará, ou em período anterior e posterior. Mas não apenas nessas fazendas; surgiam outras fazendas na mesma área. Ouvi essas pessoas e também seus parentes (mães e pais, esposas e companheiras), seus vizinhos ou lideranças sindicais, religiosas e políticas, mulheres de "ambiente", donos de pensões, empreiteiros e fazendeiros dessas regiões.

Entrevistei 105 pessoas e gravei 67 depoimentos. Outros depoimentos não foram gravados porque as informações eram apenas pontuais e rápidas ou porque o informante não queria, ou ainda por um motivo prosaico: o aparelho não funcionou. Todos os informantes, de certa forma, foram afetados pelas conseqüências das viagens ao Pará.

Ao empreender essa etapa da pesquisa, através das entrevistas nos três estados, não tinha certeza se teria acesso a um número significativo de informantes e não sabia o número de pessoas que havia sido alvo de ações de aliciamento a partir dos municípios escolhidos no Piauí e no Mato Grosso. Surpreso, constatei que grande parte da população masculina rural, jovem e adulta, dos municípios selecionados para a pesquisa, havia trabalhado (e alguns trabalhavam naquele momento) em fazendas no Pará ou em outros estados. E muitos se dispunham a falar sobre essa experiência, principalmente aqueles que tinham algum parente desaparecido.

A pesquisa de campo desenvolvida agora, contudo, continha novidades em relação aos depoimentos colhidos anteriormente. Eu não recebia os informantes no Pará, mas ia às suas cidades de origem, entrava em suas residências e conversava com eles. O que era mantido em comum entre uns e outros encontros era um clima de emoção. Até então não havia tido tempo para refletir sobre as relações pessoais e suas esperanças, e agora os ouvia discorrer sobre o sonho, o lazer, a obediência e a hierarquia, a viagem e a violência, o medo e a resistência. Antes, morando no Araguaia, a coleta de dados era feita com menos matizes ou graduações, porque a urgência requerida nas ações para salvar vidas, libertar pessoas retidas sob coerção no trabalho se impunha. Não era possível ir muito além do imediato. Com depoimentos colhidos nessas circunstâncias e com aqueles acumulados desde os anos 1970 por agentes de pastorais, advogados ou por autoridades, pertencentes ao arquivo da CPT ou ao meu arquivo pessoal, comecei o trabalho.

O volume de documentos sobre o qual eu trabalhava era grande, composto por dezenas de pastas em um arquivo de metal e pelas fitas. Como organizar tantas informações? Tinha, às vezes, a impressão de alguém perdido em uma "floresta" de informações, vendo as árvores uma a uma, sem ser capaz de enxergar o conjunto. Um sentimento que, certamente, atinge diversos agentes de pastorais e os próprios trabalhadores. A incapacidade de enxergar quando se está completamente imerso em uma situação crucial é apresentada brilhantemente por Primo Levi ao descrever uma das conseqüências do campo de concentração sobre suas "vítimas",[4] mesmo que entre elas houvesse intelectuais brilhantes:

> Para as pessoas como eu, vale dizer, para a generalidade do Lager,[5] outras nuances não havia: durante todo o longuíssimo ano transcorrido no Lager,

[4]No transcorrer do livro, quando utilizo a palavra vítima nunca é no sentido de um sujeito apenas passivo. Em geral há sempre alguma ação ou reação daquele que é subordinado, como veremos mais detidamente no capítulo VII.

[5]Termo genérico de acampamento que passou a ser compreendido também como "campo de concentração".

> eu jamais tivera a curiosidade de indagar a respeito das complexas estruturas de hierarquia do campo. O tenebroso edifício de potências terríveis continuava totalmente acima de nós, e o nosso olhar se dirigia para o solo (Levi, 1997: 15).

Sem conseguir ir além do imediato, sem compreender as relações de poder em um sistema político e ideológico que fazia sucumbir valores e vidas, o prisioneiro não desejava sequer ver o companheiro de infortúnio, senão como o outro que representava perigo; um estranho, "portanto, um inimigo". Detendo algum poder, tornava-se mais que um inimigo, "um inimigo perigoso" (ibidem: 15). Aliás, nenhum prisioneiro, constata Levi, é loquaz (ibidem: 22). Se a vítima — em um campo de concentração ou em uma fazenda no sudeste paraense —, tantas vezes mantém o olhar preso ao chão, o aliado do trabalhador no Pará (agente de pastoral, sindicalista, religioso no Pará) pode manter e manteve o olhar delimitado pela premência em dar uma solução ao problema.

A pressa e a indignação moral, imprescindíveis, moldaram também meu olhar. Mesmo sem perder a indignação e a pressa, recolhi outros depoimentos, indo além do registro apenas objetivo dos relatos de violência, munido de novos instrumentais teóricos. O trabalho pressupôs a entrevista não só com os trabalhadores que sofreram a violência, mas com seus parentes e com outros envolvidos com suas histórias, que possuíam muitas razões para falar, para não falar ou para falar através de metáforas, suscitando a memória da complexa relação com o mundo. Uma memória que desvenda esperanças e medo. "A alma", na primeira, "ultrapassa a realidade"; na segunda, "encolhe e recua".[6] Na viagem de pesquisa, eu

[6]Sobre a relação com o mundo se pronunciou Hannah Arendt, ao receber um prêmio em Hamburgo. Na ocasião, depois de citar dois versos de Lessing, autor alemão do século XVIII, ela afirma: "Em nossa época, parece-me, nada é mais dúbio do que nossa atitude em relação ao mundo." Segundo Arendt (1999:14-15), a posição desse autor quanto às paixões é: elas nos fazem "sentir mais reais". A visão grega a respeito da cólera era de "prazer", "mas situava a esperança, juntamente com o medo, entre os males. Essa avaliação, exatamente como em Lessing, baseia-se em diferenças de realidade; não, porém, no sentido de que a realidade é medida pela força com que a paixão afeta a alma, mas antes pelo tanto de realidade que a paixão a ela transmite. Na esperança, a alma ultrapassa a realidade, tal como no medo ela se encolhe e recua".

era um estranho para alguns. Outros me conheciam pessoalmente ou já sabiam algo sobre mim.

No meio de uma pobreza inquietante, em suas casas, havia uma dignidade austera, manifesta na limpeza do chão de terra batida da casa e de seu terreiro, nas panelas de alumínio e nas canecas que brilhavam, na prateleira amarrada à parede, na pequena toalha de algodão bordada, no fogão a lenha, no pote de barro, contendo a água fresca para múltiplas serventias; uma dignidade nas mãos que padeciam o trabalho duro da roça, dignidade no olhar e na dor. Foram muitas as humilhações sofridas e elas nem sempre se revelavam nas palavras, retidas em um silêncio que por si era eloqüente. Por isso, ao ler as transcrições das fitas, pude perceber o empobrecimento que, inevitavelmente, se dava. Na folha fria de papel as palavras escondiam a emoção dos silêncios. Dos longos silêncios de vozes embargadas e dos olhos marejados.

Sabia, ao começar o empreendimento, que não bastava encontrar um número significativo de vítimas e não-vítimas que diziam estar dispostas a falar, nem bastava possuir as perguntas adequadas. Era necessário estabelecer uma confiabilidade entre o entrevistador e os entrevistados. De fato estes podiam ter mais ou menos dificuldades em se expressar, por muitas razões, inclusive pela insegurança diante do que se podia fazer com a entrevista. Gerald D. Berreman (1990: 123-174) descreveu os desafios metodológicos enfrentados em sua pesquisa, realizada em uma aldeia camponesa das montanhas na Índia Setentrional, e observou que, naquela época (1962), os etnógrafos, normalmente, não relatavam o método utilizado para ter acesso aos dados do estudo. O trabalho de campo, com sua multiplicidade de problemas cotidianos e práticos, ficava, às vezes, como um segredo, e alguns poderiam até suspeitar da existência, por parte dos etnógrafos, de uma “conspiração de silêncio”. Berreman refletiu sobre aspectos de sua pesquisa enquanto parte da “experiência humana”. Para ele, o etnógrafo deveria, querendo conhecer o grupo e estudá-lo, se apresentar. A interação social, entre o que chega para estudar e o estudado, é algo complexo. Será possível conhecer o outro numa relação que envolva “controle e impressões”, realizada pelos dois pólos do encontro, o entrevistado e o entrevistador (ibidem: 123-125). De fato, haverá um teatro, uma representação e, nesse sentido, Berreman se refere ao estudo sobre a representação elaborado por Goffman.

Senti essa dificuldade muitas vezes. Ao entrevistar, por exemplo, um trabalhador em Barras, no Piauí, soube que ele havia estado, entre 1980 e 2000, 16 vezes em fazendas no Pará. Apesar disso, ou justamente por isso, afirmou que, salvo uma vez, jamais se tornou vítima de empreiteiros, não viu, nem soube de nenhuma violência. Ele e eu sabíamos das violências. Mas sabíamos também que o problema fundamental não era existir uma "mentira" na história, mas a razão pela qual ele dizia desconhecer essas violências. Segundo Barrington Moore (1987: 274-275), a possibilidade de exprimir um descontentamento pode, por parte das "pessoas incultas", diminuir em certas circunstâncias. Quem manteve "o mínimo contato com pessoas incultas sabe que muitas delas efetivamente demonstram considerável dificuldade em expressar seus sentimentos em palavras (embora sempre haja uma minoria capaz de exibir uma surpreendente eloqüência natural)". Há, sem perder "a capacidade de sentir, ainda que provavelmente exista um grau considerável de resignação, um certo sufocamento dos sentidos que, de outra forma, resultariam em dor". Muitas vezes, como no exemplo citado há pouco, o problema para os trabalhadores entrevistados era mais complexo do que "saber" se expressar. O problema estaria além da prudência em falar? Ou o problema era a forma como ele via e compreendia o mesmo conjunto de acontecimentos?

Ora, nessa pesquisa me interesso principalmente pelos casos-limite e as perguntas vão nessa esfera. Não desconheço que, se muitos sofreram violência, e certamente em número e intensidade maior do que é possível mensurar, nem todos se sentiram atingidos por ela e diversos souberam como evitar aquilo que consideravam excessivo uso de força ou abuso de poder. A consciência do admissível e não admissível é elástica, depende de muitas circunstâncias e da consciência mesmo individual por parte de pessoas tanto da mesma região e de situação social parecida quanto de regiões e de situação social diferentes.

Ao tratar das viagens, deparei-me com o migrante que percorria outras *geografias* além da física, as surpresas com o novo, os laços de afetividade rompidos e a insegurança. A migração traz consigo conseqüências sociais, econômicas, psicológicas e políticas. Entre os autores que estudaram o tema, Sayad (1998) refletiu sobre os que saíram da Argélia para a França e os filhos dos argelinos que nasceram na França. Uns e outros se tornaram, de certa forma, "apátridas", segundo o autor. Na França criavam amizades, teciam laços de ternura, tinham moradia e, contudo, eram "expulsáveis".

Inspirado na noção de *outsiders* e *estabelecidos,* desenvolvida por Norbert Elias e John L. Scotson (2000), busquei duas regiões de aliciamento que fossem distintas — Barras, no Piauí, e alguns municípios no nordeste do Mato Grosso — com o intuito de verificar se o lugar de origem mudava algo nas esperanças e nas possibilidades de resistência diante da opressão. A escolha recaiu sobre uma área de ocupação antiga, onde as pessoas se conheciam melhor, e outra área de população recente, onde as relações eram mais frágeis ou distantes. O município de origem e o local do aliciamento podiam revelar algo sobre as relações que eram construídas. Para todos, o deslocamento tinha um destino, o local do trabalho, onde os viajantes pensavam auferir resultados econômicos imediatos e preencher sua expectativa diante do novo. As viagens, sob certo aspecto, nunca eram as mesmas, podiam nem sequer ter o mesmo objetivo; contudo, algo de comum havia entre elas. O destino era um local geográfico e físico, palco de relações complexas e múltiplas; mas também local moral e ético.[7] Ao discorrer sobre essas pessoas "deslocadas" e, às vezes, *atopos*, ou seja, sem lugar,[8] refleti sobre as suas "representações" em situações de coerção. E me deparei também, durante os depoimentos, com situações em que o "controle de impressões" de que fala Berreman era exercido tanto pelos entrevistados quanto por mim mesmo. Contei, nesses momentos, com as contribuições de Gerald Berreman (1990), Clifford Geertz (1991 e 1999) e Erving Goffman (1999). Sobre o estranhamento, o medo e a fragmenta-

[7]Veja a tese de Neiva Viera da Cunha (2002) sobre a memória de médicos sanitaristas que, entre os anos 1930 e 1940, empreenderam suas viagens de trabalho por diversas áreas de difícil acesso do país.

[8]Bourdieu, na introdução ao livro de Sayad (1998: 11) escreveu a respeito das "'pessoas deslocadas', privadas de um lugar apropriado no espaço social", e citou Sócrates, que qualificou o imigrante como o "*atopos*, sem lugar, deslocado, inclassificável".

ção vividos pelos migrantes, e os desafios para compreender o estrangeiro, o "diferente" ou o "*outsider*", inspiraram-me Abdelmalek Sayad (1998), Carlo Ginzburg (1998), Norbert Elias e J. Scotson (1995 e 2000), Claude Meillassoux (1995), A. Pacelli Ferreira (1999), Neide Esterci (1994) e Michael Pollak (1993) e também textos da literatura, como *Grande sertão: veredas*, de Guimarães Rosa; sobre a noção de "hierarquia", estimulando-me a tratar das relações de poder e hierarquia entre os trabalhadores, há Louis Dumont (1997) e C. Geertz (1991).[9]

Mas e os empreiteiros e, principalmente, os fazendeiros? Como se explicavam diante das acusações de violência e de escravidão? O que, como e de onde eles falam sobre tais assuntos? Não era possível, nesse momento, retornar ao Pará para entrevistar tais pessoas e, se o fizesse, teria certamente dificuldades de obter as respostas porque justamente ali era conhecido. Eles sabiam que havíamos acolhido fugitivos de suas fazendas. Mesmo assim, utilizando as fontes de informações disponíveis, ou seja, a imprensa, os relatórios de fiscalização do Grupo Especial de Fiscalização Móvel (GEFM),[10] os inquéritos policiais e os processos judiciais, consegui ouvi-los. Ouvi-los é uma forma, lembrando Clifford Geertz (1997: 11), de constatar o que as pessoas vêem dependendo do lugar em que estejam, e outras coisas que vêem ao mesmo tempo. Empreiteiros e fazendeiros, além dos próprios aliciadores, foram denunciados pelos trabalhadores e seus familiares, por organizações da sociedade civil e por diversas esferas do poder público de terem rompido os acordos efetuados no recrutamento e incorrerem em crimes. Eles se defendem e atacam os que os denunciam. De fato, no Piauí e no Mato Grosso acabei por ter alguns

[9]De fato, além de estudos elaborados por antropólogos e sociólogos, lanço mão, em alguns momentos, de trabalho de autores variados em um diálogo em outras áreas do conhecimento (filosofia, história, teologia, literatura). Eles trataram de conceitos que interessam ao tema ou tratam de situações que se assemelham ao que eu focalizo aqui.

[10]O GEFM é subordinado diretamente à Secretaria Especial de Fiscalização do Ministério do Trabalho (Sefit). Também se constitui como a estrutura operacional do Grupo Executivo de Repressão ao Trabalho Forçado (Gertraf), o qual é subordinado à Câmara de Política Social do Conselho do Governo e integrado por representantes dos Ministérios do Meio Ambiente, dos Recursos Hídricos e da Amazônia Legal; da Justiça; da Agricultura e do Abastecimento; da Indústria, do Comércio e do Turismo; da Previdência e Assistência Social; da Política Fundiária e coordenado pelo Ministério do Trabalho (Vilela, 1999: 36-37).

encontros com fazendeiros. Os do Piauí não possuíam terras no Pará e, em princípio, não eram acusados de se envolver com o aliciamento. No Mato Grosso estive com fazendeiros ou seus familiares, que aparentemente também não possuíam terras no Pará, mas alguns tinham sido acusados de enganar trabalhadores e tiveram suas fazendas no Mato Grosso investigadas por fiscais do governo. Um deles também tinha sido empreiteiro e, como tal, havia trabalhado no Pará.

Tratei, finalmente, dos mecanismos de resistência que os trabalhadores acionavam, em seus esforços para se contrapor aos que violavam o acordo inicial do "contrato". Tentei compreender um processo doloroso de superação da autoridade moral daqueles que os constrangiam e eram a fonte imediata do seu sofrimento. As reflexões foram inspiradas em larga medida em Barrington Moore (1987) e Bruno Bettelheim (1985). Busquei compreender como os trabalhadores reagiram quando coagidos, e o que pensavam os familiares dos que haviam partido e retornado e de outros que não haviam retornado, por não poderem — retidos pela necessidade, pela vergonha ou, nos casos mais graves, mortos por doença ou assassinados —, ou ainda por não quererem — porque saíram do círculo do trabalho nas fazendas, constituíram uma nova família, conseguiram uma terra ou por outra razão. A viagem que empreenderam se tornou ocasião de muitos estranhamentos e perigos; o medo se tornou comum na vida de famílias e das pessoas, e houve um esforço de cada um para não se fragmentar e sobreviver inteiro a uma experiência tantas vezes dramática.

O encontro com o outro e o estranhamento não deveriam ser ruins, pelo contrário; deveriam ser uma fonte de enriquecimento mútuo. Os múltiplos intercâmbios de uma existência são bem-vindos; a diferença é desejável, desde que não diminua um dos lados da relação na sua singularidade e especificidade; desde que o respeito pela diferença seja recíproco; desde que, no final do encontro, os dois lados saiam valorizados e não humilhados.

* * *

O trabalho involuntário, fruto da coerção, sob o pretexto da dívida, em fazendas da Amazônia (quadros 1 e 2), tem sido identificado por defensores dos direitos humanos, sindicalistas, jornalistas e mesmo por funcionários do estado como "escravo" (quadros 3 a 9). A mesma forma de trabalho é reconhecida por alguns recrutados para as fazendas do sudeste do Pará ou por seus parentes, como trabalho "humilhado"[11] ou "cativo" (que se contrapõe a "livre") e, mais esporadicamente, como "escravo" (quadros 3 a 9). A utilização da categoria escravo por parte das "vítimas" em geral aparece após a ação do GEFM ou no contexto das entrevistas quando elas percebem que o entrevistador a utiliza. Mesmo nesses casos é possível que elas incluam a expressão "humilhado". Por exemplo, uma delas, ao ser indagada sobre o que era trabalho escravo, explicou:

> Escravo é uma pessoa que vai trabalhar humilhado. Chega lá: "Você tem que fazer isso. Tem que ir para ali", "Mas eu quero ir embora". "Não vai não. Você só vai quando acabar o serviço" e aí começa. Aí fica desse tipo: é um do lado e do outro, um puxa para um lado e um puxa para outro. O cabra quer ir embora e ele não deixa. E aí fica trabalhando só pela comida. E quando come ainda" (trabalhador, Barras: 2000).

Quando utilizam a categoria escravo para a região, entidades e funcionários públicos se referem a um modelo de trabalho temporário sob coerção, com o pretexto de dívida, existente com muita regularidade em empresas agropecuárias, principalmente desde os anos 1960. Essa modalidade de trabalho em geral se manifesta quando as fazendas estão derrubando as árvores para plantar capim e erguendo, recuperando ou protegendo cercas e pastos ou executando diversas dessas atividades simultaneamente.[12]

Para realizar o trabalho, o fazendeiro em geral alicia, diretamente ou através de terceiros, pessoas de outros municípios ou mesmo de fora do estado. Uma vez transportados até os imóveis, os recrutados são informados de que só poderão sair após pagar o "abono" recebido no ato do

[11]Agradeço ao fotógrafo João Roberto Ripper, que há anos acompanha conflitos pela terra e trabalho escravo, por ter me acentuado a freqüência com que essa categoria está presente nas entrevistas com trabalhadores, principalmente quando estes falam durante a operação de resgate nas fazendas no sul do Pará. Ele percebeu isso com maior clareza ao executar uma pesquisa de campo sobre o trabalho escravo para a OIT, entre novembro de 2002 e abril de 2003.

[12]A proteção das cercas e da própria mata contra o fogo é realizada através de aceiros.

recrutamento e os gastos com o transporte, a hospedagem e a alimentação efetuados no transcurso da viagem. A dívida aumenta, pois eles devem adquirir sua alimentação e os instrumentos de trabalho de uma cantina na própria fazenda, onde os preços são incompatíveis com a remuneração prevista.

A eficiência do sistema de coerção depende de diversos fatores, tais como a responsabilidade moral sentida pelos trabalhadores diante da dívida e a presença de homens armados. A vulnerabilidade das pessoas aumenta pela distância entre a fazenda e o local de recrutamento, pois, não apenas estão longe de suas cidades, mas de uma rede de solidariedade que poderia ser acionada, composta por seus parentes, amigos e conhecidos.

A relação de trabalho, a que esta tese se refere, vem acompanhada, muitas vezes, por um conjunto de práticas que podem ser, dependendo da autoridade coatora, tipificadas juridicamente como crime — manter pessoas em cárcere privado, violência física, como a tortura e lesões corporais, assassinato e danos ambientais — e violações às leis trabalhistas —, não assinatura de Carteira de Trabalho e Previdência Social, não recolhimento dos direitos previdenciários, não pagamento do salário e das férias, condições inadequadas de habitação, transporte, alimentação e segurança.

A categoria trabalho escravo por dívida também tem sido utilizada para formas parecidas de trabalho sob coerção em outras regiões urbanas e rurais em diversas atividades produtivas. Como não se trata exatamente da modalidade de escravidão que havia na Antiguidade greco-romana, ou da escravidão moderna de povos africanos nas Américas, em geral o termo escravidão veio acrescido de alguma complementação: "semi", "branca", "contemporânea", "por dívida", ou, no meio jurídico e governamental, com certa regularidade se utilizou o termo "análoga", que é a forma como o artigo 149 do Código Penal Brasileiro (CPB) designa a relação. Também têm sido utilizadas outras categorias para designar o mesmo fenômeno, como "trabalho forçado", que é uma categoria mais ampla e envolve diversas modalidades de trabalhos involuntários, inclusive o escravo. No caso ocidental, o trabalho obrigatório, sob pretexto de uma dívida, tem se dado não apenas nos países chamados do terceiro mundo, mas em países ricos. Em alguns países da África e da Ásia, a escravidão aparece também por razões étnicas ou religiosas.

O tema da escravidão tem gerado amplo debate por antropólogos, historiadores, filósofos, membros do aparelho de Estado e organizações religiosas e de direitos humanos, e o tema também tem influenciado governos. O primeiro tratado internacional proibindo a escravidão, firmado pela Liga das Nações Unidas — predecessora das Nações Unidas — surgiu em 1926. Naquela ocasião, através da Convenção sobre Escravidão, a Liga definiu no seu art. 1º que: "Escravidão é o estado e a condição de um indivíduo sobre o qual se exercem, total ou parcialmente, alguns ou todos os atributos do direito de propriedade." E o artigo 1º da Convenção Suplementar sobre a Abolição da Escravatura, do Tráfico de Escravos e das Instituições e Práticas Análogas da Escravatura, de 1956, proíbe a escravidão por dívida, que é, conforme a Anti-Slavery International (ASI, 1999: 50): "o estado e a condição resultante do fato de que um devedor tenha se comprometido a fornecer, em garantia de uma dívida, seus serviços pessoais ou de alguém sobre o qual tenha autoridade, se o valor desses serviços não for eqüitativamente avaliado no ato da liquidação da dívida ou se a duração desses serviços não for limitada, nem sua natureza definida". Esses e outros tratados internacionais firmados pelas nações, no século XX, utilizando a categoria "escravidão", "escravidão por dívida" e, mais tarde, "trabalho forçado", revelam que, apesar das leis, o problema persistiu e incomodou governos.

Uma das características do ser escravo é estar sujeito a um senhor como uma mercadoria. Por isso, é possível encontrar em enciclopédias a seguinte definição de escravidão: "Situação social do indivíduo ou grupo, obrigado sob coação a servir outro indivíduo ou grupo, que tem sobre ele direito de propriedade, inclusive de lhe atribuir valor de mercadoria. O senhor pode apropriar-se, na sua totalidade, do produto do trabalho do escravo" (Enciclopédia Barsa: 1990, vol. 7: 66). Essa, de fato, é uma das características mais antigas reconhecida na categoria escravidão e foi codificada no direito romano, "para o qual o escravo era a 'coisa' do patrão" (Abbagnano, 2000: 347). Trata-se de uma definição jurídica que, por dar legitimidade ao senhor de vender ou comprar escravo, lhe garantia direitos de usufruir também sobre esta "mercadoria".

Muitos estudiosos da escravidão legal, como Jacob Gorender (1978: 60-61), concordam que a característica essencial do escravo "reside na sua condição de (ser) propriedade de outro ser humano". E, citando Montesquieu, Gorender (ibidem: 60-61) lembra que a "escravidão (...) é o estabelecimento de um direito que torna um homem completamente dependente de outro, que é o senhor absoluto de sua vida e de seus bens". Outro historiador, Magno Vilela, ao estudar a vida de padre Vieira e a escravidão negra do século XVII na Bahia, afirma:

> A escravidão propriamente dita começa no momento em que a mão-de-obra disponível é *obrigada a trabalhar* para aqueles que se consideram seus senhores. A escravidão passa a ser então a forma por excelência do trabalho (forçado e não remunerado) que só beneficia aquele que o explora.

Lembrando Aristóteles, o autor reafirma que o escravo é uma propriedade animada (Vilela, 1997: 100-101). A escravidão legal, ele reconhece, veio dos tempos antigos e se tornou uma instituição criada para explorar de forma cruel pessoas, através do trabalho forçado, que equipara gente a mercadoria, coisa ou animal (ibidem: 96-97).

Em José de S. Martins, com diversos artigos sobre o trabalho escravo por dívida e assessor por alguns anos da CPT, encontramos que:

> Sob o rótulo de escravidão por dívida, há uma razoável variedade de situações envolvendo os peões das grandes fazendas, sobretudo na região Amazônica (...)
>
> É nesse sentido, também, que há diferenças substantivas entre a escravidão extinta em 1888 e as novas formas de escravismo. A escravidão estava definida pelo costume e pela lei e ganhava sentido no fato de que legalmente o cativo era mercadoria. Na nova situação, o peão pode se tornar ou não se tornar mercadoria. Isso depende de circunstâncias locais e setoriais. Portanto, *a peonagem não é uma instituição.* Fato que dificulta a sua compreensão quando se põe a ênfase no aspecto meramente conceitual do problema (Martins, 1994: 13-14).

Na nova escravidão há uma temporalidade de "curta duração", como nas derrubadas de mata nas fazendas da Amazônia, ou de longa duração, como a dos índios Tucuna, do Amazonas, mantidos em escravidão por mais de vinte anos por dois fazendeiros. Há casos ainda

> em que após o término da empreita, os peões são vendidos a outro fazendeiro a pretexto de que estão endividados. Além de casos de notória mercantilização da pessoa, há casos em que o mecanismo do endividamento não impede que o peão, ao final do período de trabalho, disponha de um pequeno saldo em dinheiro. Essa é, provavelmente, a ocorrência mais comum. (...) Mas há casos em que os peões são proibidos de deixar a fazenda e o acampamento mesmo quando atacados de malária ou por qualquer outro motivo de saúde (...). Pistoleiros se encarregam de impedir as saídas (ibidem: 13-14).

Em artigo publicado posteriormente, ao distinguir o *trabalhador livre* do "tipicamente" escravo, afirma o autor:

> é escravo quem não é senhor de si mesmo; é um dependente de outro e também sua propriedade. O típico escravo pode ser comprado e vendido, independentemente de querer ou não. Ele é uma mercadoria como qualquer outra, destituído de vontade própria, como um par de sapatos, uma camisa, um carro, um boi. Um trabalhador livre vende sua força de trabalho, em tese por sua própria vontade. Há aí, diferente do que ocorria na escravidão negra, uma clara separação entre o trabalhador e sua força de trabalho. Num primeiro plano, a força de trabalho objeto do próprio trabalhador, por isso ele pode e deve vendê-la a quem possa e queira comprá-la. Na escravidão, o trabalhador e a força de trabalho não estavam separados. A própria pessoa do trabalhador era objeto, coisa, de outrem. Por isso, o fazendeiro (...) tinha de comprar o trabalhador (Martins, 1999: 160-161).

E explica o autor:

> No caso brasileiro, a escravidão (atual) não se manifesta direta e principalmente em más condições de vida ou em salários baixos ou insuficientes. O núcleo dessa relação escravista está na violência em que se baseia, nos mecanismos de coerção física e às vezes também nos mecanismos de coer-

> ção moral utilizados por fazendeiros e capatazes para subjugar o trabalhador. Adicionalmente, ela surge quando o trabalhador, por não receber o salário que lhe é devido e por estar trabalhando em local que representa confinamento (caso da mata nas extensas fazendas da Amazônia), fica materialmente subjugado ao patrão e impossibilitado de exercer seu direito de homem livre e igual, que está no direito de ir e vir, direito de sair de um emprego e ir para outro (ibidem: 162).[13]

O antropólogo Claude Meillassoux (1995: 9-10) não concorda que se possa chamar o escravo, mesmo o legal, de mercadoria. Em trabalho sobre a sociedade escravista da África pré-colonial e colonial, Meillassoux lança um olhar sobre o fenômeno da escravidão, que considera algo além de um problema estritamente jurídico. Mesmo que em alguns momentos o autor chame o escravo de "mercadoria",[14] ele considera que a pessoa jamais é mercadoria. Para Meillassoux, considerar o escravo uma mercadoria é compará-lo a um objeto e a um animal, o que não passaria de "uma ficção contraditória e insustentável" (ibidem: 9).[15] E o escravo

[13]E prossegue acentuando: "Isso não quer dizer, obviamente, que todos os casos em que o trabalhador não recebe seu salário sejam casos de escravidão. O pesquisador deve estar atento ao seu ingrediente, que é a coerção física e moral que cerceia a livre opção e a livre ação do trabalhador. Nesse sentido, pode haver escravidão mesmo onde o trabalhador não tem consciência dela" (Martins, 1999: 162).

[14]Por exemplo, ao tratar da importância da distância como mecanismo de submissão do "estranho", ele escreve que o "espaço escravagista que, sobre milhares de quilômetros, modelava um ser humano como *mercadoria viva*, era estruturado, organizado, articulado para esse fim" (original sem itálico, ibidem: 1995: 55); ou, ao comparar o servo e o escravo, ele afirma: "Na servidão, o trabalhador não era nem *comprado* nem *vendido* individualmente; ele não era uma *mercadoria* (...)" — logo se pressupõe que na escravidão o trabalhador o fosse? E prossegue o autor dizendo que, para tornar o escravo uma forma de "propriedade", conjugam-se dois traços: "sua qualidade de mercadoria; a compra global da sua capacidade de trabalho anteriormente ao seu uso vitalício". Ora, para ser comercializado, o escravo tem que estar disponível para a alienação e aquele que vai adquiri-lo precisa da certeza de que vai poder usufruí-lo no tempo útil necessário. E "as três características jurídicas principais da propriedade se aplicavam, na prática, ao escravo: direito do uso por parte do adquirente; direito de gozar de seu trabalho, dos seus produtos e dos seus serviços, sem limitação de duração; direito de abusar dele, por sua alienação, pela venda ou pela morte. Apesar das circunstâncias de fato que limitavam o exercício dessa prática, esse direito era concebido sem restrição" (ibidem, 1995: 220).

[15]Em Meillassoux (1995: 9), a alienação é um conceito vago e "não representa o estado transcendental do escravo".

é mais que um objeto e um animal, pois supõe-se o uso da inteligência. De tal forma, explica Meillassoux, que os escravos na África eram nomeados guerreiros, capturavam novos escravos para seu senhor (ibidem: 10) e, dependendo do lugar, havia escravos "eunucos como chefes de guerra", "governadores de província, arrecadadores" e "dignitários do rei"; escravas eram ocupadas em funções "desde as mais humildes e mais domésticas, até a guerra, a espionagem, a administração, a procriação e o prazer" (ibidem:144). Em Eugene D. Genovese (1998: 21), ao estudar a escravidão legal no Sul dos Estados Unidos, é possível encontrar a lembrança de que predominava a noção de que a escravidão se estabelecia "sobre o princípio da propriedade do homem — da apropriação, por um homem, de uma pessoa e dos frutos de seu trabalho". E prossegue o autor:

> Teoricamente, a escravidão moderna repousou, tal como a antiga, na idéia do escravo como *instrumentum vocale* — um bem móvel, uma possessão, uma coisa, simples extensão da vontade do amo. Contudo, a inanidade de tais idéias tinha sido posta a nu muito antes do aparecimento das sociedades escravistas do Novo Mundo (ibidem: 22-23).[16]

Respeitado como uma das maiores autoridades no estudo do mundo antigo, em um ensaio instigante revendo obras dos historiadores modernos sobre as antigas Roma e Grécia e, nos tempos modernos, Brasil, Caribe e Estados Unidos, o historiador Mose Finley (1991: 74-75)[17] considera "fúteis" as contestações dos que, como Meillassoux, alegam que, por ser pessoa, o escravo não pode ser uma mercadoria. E afirma que "o fato de o escravo ser humano é irrelevante para a questão de ser ou não uma propriedade; apenas revela que é uma propriedade peculiar, a 'propriedade com alma' de Aristóteles (Política, 1253 b 32)". É verdade que as relações articuladas entre senhor e escravo eram especiais e únicas, entre outras relações de propriedade. As restrições legais sofri-

[16]Sugere aqui a leitura *The problem of slavery in Western culture* (Ithaca, NY, 1996), de David Brion Davis.

[17]Agradeço ao professor Manolo Garcia Florentino a sugestão da leitura de Finley.

das pelo proprietário não constituiriam um problema, pois modernamente se admite que a propriedade é compreendida "como uma matriz de direitos que nunca, ou quase nunca são ilimitados". Para o antropólogo americano K. Bales (2000: 19-22), na escravidão contemporânea a pessoa é tratada como mercadoria, mesmo não havendo recibo, sendo ilegal e "disfarçada" (quadros 10 a 12).

Claude Meillassoux, todavia, concorda com Moses Finley quando este afirma que parentesco e escravidão são "rigorosamente antinômicos": o escravo sempre é um estrangeiro desenraizado, sem relações familiares, um estrangeiro absoluto. O escravo, sobre o qual escreve Meillassoux (1995: 58), era incapaz de se reproduzir socialmente e a reprodução se dava pela captura.[18] Para repor os escravos, havia uma sociedade mercantil que controlava uma estrutura comercial de escoamento e distribuição. O escravo era um migrante, mesmo que especial, vindo de longe, que não era "parente", não era de casa, "um estranho por excelência", sem que isto necessariamente significasse que fosse o "estranho absoluto" (1995: 22-23).[19] Ele podia ser inserido numa região para se integrar à comunidade doméstica e, por exemplo, suprir as necessidades de reprodução demográfica em suas vicissitudes.[20]

A escravidão contemporânea por dívida distingue-se das anteriores porque em geral é de curta duração, ilegal, não é fruto de uma guerra e

[18]A esse respeito, veja: Finley (1991), Meillassoux (1995), Davis (2001).

[19]Meillassoux cita aqui E. Benveniste (*Le vocabulaire des instituitions indo-européennes*. Ed. de Minuit, 2 vols., 1969: 360). Eugene D. Genovese vai constatar, citando Philip D. Curtin (*The Atlantic slave trade: a census*. Madison, Wis., 1969): "Dentre todas as sociedades escravistas do Novo Mundo, só a do Velho Sul (dos Estados Unidos) manteve um contingente de escravos que se auto-reproduzia. Menos de 400.000 africanos importados haviam se transformado, por volta de 1860, numa população negra de mais de 4.000.000."

[20]Meillassoux desenvolveu a pesquisa na África e ali percebeu que, em certas tribos, podia ser necessária a presença de uma mulher de fora como instrumento de reprodução. Quanto ao homem, era menos útil na reposição demográfica: "bastaria alguns homens ou mesmo um único para fecundar a totalidade das mulheres púberes de uma comunidade", pois bastaria um adulto para fecundar de 15 a trinta mulheres. A importância masculina, mais do que na reprodução "natural", se encontra na "reprodução social".

nem sempre é motivada por um seqüestro.[21] As formas anteriores de escravidão, às vezes reguladas por lei, eram de longa duração e, até mesmo, em alguns casos, como a africana na América, passava de uma geração para a outra.

Mesmo havendo divergências,[22] há estudiosos que consideram a escravidão a categoria mais expressiva dessa realidade material de trabalho coercitivo contemporâneo por dívida, como K. Bales (2000) e José de S. Martins (1994).

De fato, essa modalidade de trabalho coincide com a escravidão legal moderna (africana das Américas) e antiga (grega e romana), consideradas clássicas e parâmetros para classificar outras, em simultaneamente quatro aspectos considerados fundamentais: a pessoa é tratada como se fosse mercadoria, mesmo se disfarçada; há, mesmo que temporariamente, uma totalidade de poder exercida sobre ela; a vítima é alguém de fora, "um estrangeiro" e, finalmente, os donos de escravos temporários não têm criadouros de escravos. As pessoas, de fato, hoje também não se reproduzem no local do trabalho, mas no local mesmo do aliciamento, do seqüestro ou da guerra. Veremos, ao longo dos próximos capítulos, como as pessoas são tratadas como mercadoria e como a maioria esmagadora delas é de "fora", composta por migrantes em idade superior a 16 anos (Pinto: 2003: 43).

Contudo, a definição da categoria trabalho escravo (por dívida ou por outra razão) não é apenas fruto de uma discussão a partir de categorias abstratas ou rigidamente definidas por parâmetros históricos, filosóficos ou jurídicos. Deriva também de motivações sociais e políticas que conse-

[21]Há certas regiões onde esses métodos ainda estão presentes. Guerras tribais na África levam à morte os homens adultos e tornam escravas as mulheres e as crianças, e na Índia e no Paquistão não é rara a utilização da mão-de-obra de crianças seqüestradas das respectivas famílias para a produção de tapetes. (Sobre tais problemas há diversos livros publicados por organizações de direitos humanos ou por jornalistas. Entre estes, veja: Richard Wely, 1995; ASI, 1992; Human Rights Watch, 1993 e 1996. Há ainda filmes. Um deles foi apresentado no canal da CNT em 9 de dezembro de 2002, chamado *Slavery: a global investigation*, de Brian Woods e Kate Blewett, com participação de K. Bales.)

[22]Por exemplo, Christian Geffray (1995: 8-9) nega que essa relação seja escravagista. Prefere chamá-la de "paternalista", como veremos mais tarde.

guem aos poucos se impor por força de pressões principalmente de órgãos de direitos humanos, como a Comissão Pastoral da Terra (CPT), e sindicais, como a Confederação Nacional dos Trabalhadores Rurais (Contag).[23]

Escrevendo em 1994, por exemplo, Neide Esterci argumentou que a melhor forma de classificar essa relação de trabalho era de fato ir além de uma discussão "a partir de definições já estabelecidas nas convenções internacionais expressas em códigos legais nacionais ou elaboradas nos trabalhos de especialistas". E prosseguiu a autora:

> A multiplicidade e variação dos termos utilizados indica que os critérios de classificação estão em discussão tanto no campo político-ideológico quanto no que diz respeito ao seu enquadramento na legislação e nos códigos de defesa dos direitos humanos. Há concepções, às quais não tem sido dada a devida atenção, que se expressam no pronunciamento de diversos atores e que não são referidas nem nas definições legais já conhecidas nem nas análises dos especialistas (Esterci, 1994: 10-11).

Para a antropóloga, era necessário intensificar a pesquisa e o diálogo porque havia muitas "questões em torno do tema". E uma delas era "a das classificações, dos nomes":

> As classificações se fazem de acordo com o contexto, os critérios e as posições dos diversos atores envolvidos ou que se pronunciam em cada caso. É mais provável que entidades de defesa de direitos humanos, representantes de organizações de trabalhadores, trabalhadores e seus advogados concordem entre si quanto à caracterização e ao enquadramento legal de uma situação. É provável também que discordem de representantes de órgãos públicos

[23]Alfredo Wagner acentua em "O trabalho como instrumento de escravidão" (1988) que as pressões do movimento social, quanto à gravidade do problema no início dos anos 1980, repercutiram nas conclusões do IV Congresso Nacional dos Trabalhadores Rurais, em maio de 1985. E obrigaram o governo a intensificar as fiscalizações, o que transparece em artigos veiculados na imprensa brasileira. Destaca o antropólogo dois artigos com "maior poder de generalização e abrangência": "A escravidão hoje no Brasil" (1986), de José de Souza Martins, e "Trabalho escravo no Brasil hoje", de Neide Esterci (1986).

> e empregadores em virtude de suas respectivas posições na cena política. Mas observa-se que não há consenso necessário entre atores que ocupam posições estruturais semelhantes. Podem ser diferentes, por exemplo, as atitudes e as percepções expressas por instâncias e órgãos governamentais, num mesmo momento ou em momentos diferentes (ibidem: 11).

Ela admitia ainda que talvez o problema persistisse entre as entidades não-governamentais e entre os trabalhadores até de uma mesma unidade produtiva. E prossegue:

> Escravidão tornou-se, pode-se dizer, uma categoria eminentemente política; faz parte de um campo de luta, e é utilizada para designar toda sorte de trabalho não-livre, de exacerbação da exploração e da desigualdade entre os homens. Muitas vezes, sob a designação de escravidão, o que se vê mais enfaticamente denunciado são maus-tratos, condições de trabalho, de remuneração, de transporte, de alimentação e de alojamento não condizentes com as leis e os costumes.
>
> Determinadas relações de exploração são de tal modo ultrajantes que escravidão passou a denunciar a desigualdade no limite da desumanização; espécie de metáfora do inaceitável, expressão de um sentimento de indignação que, afortunadamente, sob esta forma afeta segmentos mais amplos do que os obviamente envolvidos na luta pelos direitos.
>
> Esse, talvez, é o sentido novo de escravidão, ainda não capturado nas leis de modo eficaz, mas utilizado por representantes de segmentos os mais diferentes da sociedade quando expostos a determinadas circunstâncias (ibidem: 44-45).

Em um texto mais recente, estando o processo de discussão mais avançado na sociedade, Neide Esterci e eu (Esterci e Rezende, 2001: 210) constatamos como a categoria se havia imposto, chegando a interferir nas considerações dos profissionais do direito, como Ela Wiecko de Castilho.[24] Em matéria sobre as condições de trabalho, Castilho afirmava ser necessário "criminalizar condutas" não incluídas ainda legalmente na categoria

[24]Em 1999, era subprocuradora da República, em 2003 fazia parte de uma lista de possíveis sucessores de Geraldo Brindeiro, procurador-geral da República.

de crimes. Estas condutas, no entanto, lhe pareciam "mais nocivas do que as que hoje são criminalizadas" e permaneciam "imunes ao processo de criminalização e de efetiva penalização" (Castilho, 1999: 90). Certamente havia outras formas de punir, nesses casos, os infratores. Como o conceito de escravidão, sob o ângulo jurídico, "assim como as interpretações formais e conservadoras do direito estão atreladas unicamente ao critério da liberdade formal", para Castilho, era preciso incluir na conceituação dos crimes as práticas que iam contra a dignidade da pessoa. "Não se trata mais de proteger a liberdade individual, mas a dignidade da pessoa humana. É, sem dúvida, um conceito mais amplo e mais apropriado à efetiva repressão das formas contemporâneas de escravidão" (ibidem).

> Segundo a autora (Castilho), o conceito estaria já contido na proposta de uma comissão de alto nível, constituída em 1992, com o objetivo de elaborar o Anteprojeto de Lei de Reforma da Parte Especial do Código Penal (Castilho, 1999: 90). Tal proposta vem, de fato, ao encontro de manifestações dos mais diferentes segmentos sociais que, diante das situações denunciadas, valeram-se não só do termo escravidão para condená-las, mas também de outros termos como "campo de concentração" e "nazismo". Outras vezes, a condenação veio através de aproximações com a condição a que são relegados os animais — "morando que nem bicho", "bebendo a mesma água que os bichos bebiam", "vivendo numa pocilga" (cf. Esterci, 1994: 45 e 49). Todas estas expressões parecem indicar valores sociais bastante partilhados acerca dos limites da desigualdade entre os homens.
>
> Pode-se, então, pensar que a definição de certas práticas patronais como crime traduz sentimentos e concepções presentes na sociedade. Esta não é uma observação irrelevante já que a definição do que é crime tem também a ver com o que a sociedade concebe como crime, mesmo que as concepções não sejam unânimes (Esterci e Rezende, 2001: 210).

De fato, o emprego da categoria escravidão para essa modalidade de trabalho não é tão novo. Remonta pelo menos a meados do século XIX em fazendas do senador Vergueiro, em São Paulo, quando trabalhadores rurais suíços se sentiram reduzidos à condição de escravos pelo mesmo pretexto de dívidas que persistiu até o século XXI (Davatz, 1980). E, na forma de ensaio, romance, biografia ou conto, ao longo do século XXI, diversos autores continuaram a utilizá-la (Cunha, 1922; Castro, 45; Audrin, 1946; Elis, 1956). No início, o uso foi com certas restrições, mas começa a se impor aos poucos. Aparece em 1940 no artigo 149 do Código Penal Brasileiro (CPB),[25] acrescida pelo complemento "análoga". A categoria se torna mais comum através de movimentos de direitos humanos e, aos poucos, se torna cada vez mais presente nas diversas esferas do poder público.

No Poder Executivo, é relevante a introdução da palavra em 1986 no próprio título de um de seus relatórios: *Trabalho escravo*, divulgado pela Coordenadoria dos Conflitos Agrários do Mirad-Incra, chefiada pelo pesquisador e antropólogo Alfredo Wagner (1988: 67). Alguns anos depois, em 1992, o governo federal voltou a admitir oficialmente a existência do problema, através de uma declaração do embaixador Celso Amorim, na ONU, em Genebra, ao responder a uma denúncia da CPT. Se fosse no período da ditadura, ele seria instruído a negar, como reconhecia em particular.

De fato, naquele ano já havia sido criado, em Brasília, um Fórum Nacional de Combate à Violência no Campo, composto por um conjunto de entidades da sociedade civil e representantes do Estado e do governo,[26] que se reunia regularmente na Procuradoria-Geral da República. Parte da força inicial do fórum era, além da adesão de tantas organizações, a qualidade e a intensidade das informações prestadas pela CPT, através especialmente de frei Henri Burin de Roziers e do apoio inequívoco do próprio procurador Aristides Junqueira e, depois, do presidente da OAB, Marcelo Lavenère.[27] Um dos aspectos discutidos pelo fórum, desde o início, foi o trabalho escravo.

Três anos mais tarde, em 1995, o presidente Fernando Henrique Cardoso, em entrevista radiofônica, utilizou a categoria trabalho escravo, e

[25]O crime de "Reduzir alguém a condição análoga à de *escravo*".

[26]Entre outros: Contag, CPT, CNBB, Cimi, MST, OAB, os Ministérios da Justiça, da Reforma Agrária, Meio Ambiente, representantes dos deputados federais, Procuradoria-Geral da República etc.

[27]Que, a convite da CPT e da Federação Internacional dos Direitos Humanos, também esteve na ONU denunciando o crime do trabalho escravo.

apresentou como única diferença entre a forma atual de escravidão e a do século 19, o fato de que o escravo do passado sabia quem era seu senhor e o atual não sabe.

O Fórum apresentou sugestões para que se intensificassem e melhorassem as fiscalizações do Ministério do Trabalho e da PF, mas também refletiu sobre a oportunidade de uma maior clareza do artigo 149 do CPB e a complementação de diversos dispositivos legais, com a criminalização das condutas detectadas e maior rigor legal quanto à punição. As propostas chegaram ao Congresso e diversos projetos de lei começaram a tramitar na Câmara dos Deputados e no Senado para que fossem estabelecidas sanções penais ao que era considerado "condição análoga à de escravo". Houve, inclusive, modificação em alguns artigos do Código Penal. Por iniciativa do Poder Executivo, foi aprovada uma lei (nº 10.608/2002) que, alterando a anterior (nº 7.998/1990) — a qual regula o seguro-desemprego —, assegura o pagamento do benefício ao trabalhador resgatado da condição "análoga à de escravo". E diversos projetos de lei continuaram tramitando no Congresso até a conclusão dessa tese. Um dos projetos prevê que a prática do crime seja considerada hedionda; outro, que haja ampliação da pena para o responsável pela violação do artigo 149 do CPB. Há ainda um projeto de lei que dispõe sobre vedações à formalização de contratos com órgãos e entidades da administração pública e à participação em licitações por ele promovidas às empresas que, direta ou indiretamente, utilizem trabalho escravo na produção de bens e serviços. E, desde 1991, tramita o projeto de emenda constitucional (PEC 438/2001) que estabelece pena de perdimento de gleba onde for constatada a exploração de trabalho escravo, revertendo a área a projetos de reforma agrária.

Contudo, muitas vezes as autoridades do governo, ao se manifestar em documentos escritos ou ao criarem um órgão responsável para combater o crime, preferiram até então utilizar palavras mais genéricas, como "trabalho forçado". Por exemplo, o governo Fernando Henrique Cardoso criou o Grupo Executivo de Repressão ao Trabalho Forçado (Gertraf) para o "combate ao trabalho escravo", como acentuaram a secretária de fiscalização do Ministério do Trabalho e a coordenadora do próprio Gertraf em 1999 (Vilela e Cunha, 1999: 37).

A partir de 2003, no governo do presidente Luiz Inácio Lula da Silva, isso é alterado. O presidente e seus ministros valeram-se regularmente da categoria "trabalho escravo" e o texto apresentado pelo presidente, em março de 2003, em solenidade no palácio do Planalto, é sintomaticamente o Programa Nacional de Erradicação ao Trabalho Escravo. Ao mesmo tempo, as declarações também cada vez mais freqüentes de membros da Procuradoria da Justiça e do Trabalho, da Procuradoria e da Justiça Federal se referiram com insistência ao fenômeno como "escravidão". Além disso, os documentos, as conferências e os seminários promovidos pela OIT no Brasil, por funcionários do Ministério do Trabalho, pela Associação Nacional de Juízes Federais, por procuradores federais também se referem à mesma categoria. Mesmo a expressão adotada pelo CPB — de "análoga à de", complementando a categoria "escravo" — tem sido desprezada.

Assim, por força de construção social, manifestada nas pressões de grupos específicos e no seu uso cada vez mais freqüente pelo conjunto das organizações oficiais e não oficiais, a modalidade de trabalho forçado sobre a qual escrevo tem sido reconhecida como não apenas parecida com a escrava, mas de fato escrava. Os que empregam a categoria consideram que sua utilização não obscurece ou confunde seu significado, mas o torna mais visível.

CAPÍTULO I A entrevista: cenário e representação

Todos os contrastes estão no homem.

(Machado de Assis, *Esaú e Jacó*)

Piauí

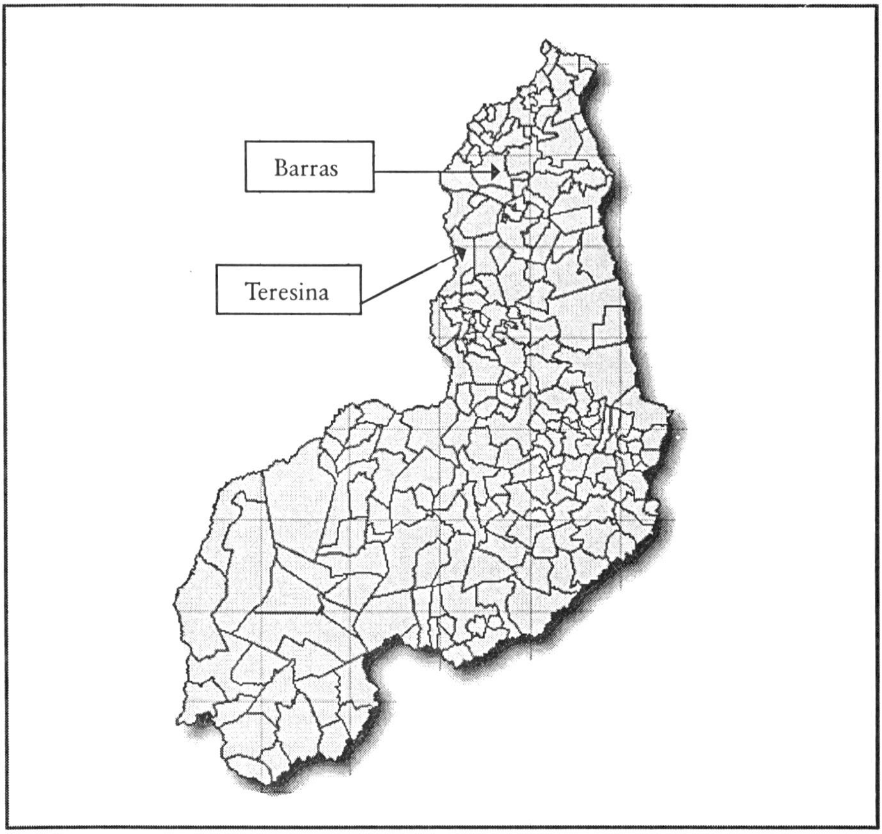

Capital: Teresina

Número de municípios: 221

Fonte: IBGE

Norbert Elias e John Scotson (2000: 21-22), ao estudarem uma pequena cidade que denominam "Winston Parva", constataram ali dois "grupos" de moradores. Uns eram moradores antigos, de duas ou três gerações no local, outros, moradores recentes. Os do primeiro grupo se consideravam "imensamente superiores" aos do segundo. E, sem se distinguirem pela condição econômica, pela raça, pela etnia ou pela nacionalidade, houve tensões e aquilo que eles denominam "estigmatização grupal". Algo que ia além do "preconceito individual". Para os autores, são coisas diferentes apesar de existir

> uma tendência de discutir o problema da estigmatização social como se ele fosse uma simples questão de pessoas demonstrarem, individualmente, um desapreço acentuado por outras pessoas como indivíduos. Um modo conhecido de conceituar esse tipo de observação é classificá-lo como preconceito. Entretanto isso equivale a discernir apenas no plano individual algo que não pode ser entendido sem que se o perceba, ao mesmo tempo, no nível do grupo (Elias, 2000: 23).

Os moradores antigos, em Winston Parva, consideravam os novos moradores inferiores e, até certo ponto, conseguiram que estes se considerassem como tal. Além disso, concluíram que

> Ali, podia-se ver que a "antigüidade" da associação, com tudo o que ela implicava, conseguia, por si só, criar o grau de coesão grupal, a identificação coletiva e as normas comuns capazes de induzir à euforia gratificante que acompanha a consciência de pertencer a um grupo de valor superior, com o desprezo complementar por outros grupos (Elias, 2000: 21).

Como explicar o poder de estigmatizar que um grupo possui sobre o outro, se não há uma diferença racial, militar, religiosa, econômica? Os autores constataram que essa força, nesse caso, é oriunda da capacidade de manter a "coesão", enquanto o grupo dos *outsiders* é enfraquecido porque não possui uma coesão significativa (Elias, 2000: 21-24).

Percebendo que as pessoas que se deslocavam em direção ao sul e sudeste do Pará vinham de regiões diferentes, com graus variados de coesão interna e que uns e outros eram estigmatizados pela população local — e talvez entre os grupos houvesse também relações estigmatizantes —, me inspirei em Elias e Scotson (2000) para investigar as possibilidades explicativas das categorias utilizadas por eles. Ouvi moradores de duas regiões conhecidas como de recrutamento de trabalhadores. Uma destas, supunha, seria composta prioritariamente por *estabelecidos,* pessoas que haviam construído uma identidade social de grupo, e a segunda, composta principalmente por *outsiders* — pessoas que estavam em trânsito ou eram novas na região, portanto sem uma clara identidade social. Entre os moradores de ambos os lugares, alguns se deslocavam em geral temporariamente para a mesma região paraense.

Em relação ao primeiro grupo, o composto por *estabelecidos*, escolhi Barras, no estado do Piauí; em relação aos *outsiders*, a opção foi o Araguaia mato-grossense. Para a gente que morava no Pará, tanto os primeiros quanto os segundos seriam estranhos, *outsiders*. A escolha de Barras, no Piauí, como um dos locais de trabalho de campo tinha sido provocada pelo fato de, em março de 2000 — portanto quatro meses antes de iniciar a pesquisa —, dezenas de trabalhadores do município haverem sido libertados da fazenda Brasil Verde, em Xinguara, Pará, pela ação do GEFM e da PF.

Por cautela, tentei, através de telefonemas para o Piauí, programar a viagem com a ajuda da CPT estadual. Quando soube que alguns dos trabalhadores resgatados na fazenda Brasil Verde tinham sido localizados, fiz a opção definitiva. Como outros estados do Nordeste, o Piauí era o lugar de origem de muitas pessoas que acabaram submetidas ao trabalho escravo no Pará. Nos últimos 18 anos, centenas de piauienses tinham estado em pelo menos 12 fazendas paraenses, em algumas delas, diversas vezes e em anos diferentes, como havia acontecido nas fazendas Brasil Verde e Primavera.[1]

Ao chegar a Teresina, em julho de 2000, fui direto para o escritório da CPT. Soube ali que, por razões inesperadas, o meu possível auxiliar não me acompanharia a Barras. Observei o mapa. A cidade ficava ao norte do estado. Tinha mais de cem anos, ficaria sabendo, e sua população era composta por famílias que, por possuir apenas um crescimento vegetativo e pela "antiguidade" na região, provavelmente havia construído relações de parentesco, de compadrio, de amizade, de códigos de valores e etiquetas comuns e, por isso, tinha a identidade de grupo social de *estabelecida*. Conforme o IBGE, em 2000, possuía uma população residente de 40.891 habitantes, sendo 20.709 masculina.

A sede do município de Barras era pequena, pobre, com ruas estreitas, ladeadas por casas modestas, de uma arquitetura bonita, portas e janelas dando para a calçada, diminuindo o espaço íntimo e privado da casa. A habitação era facilmente devassada pelo olhar da rua. A prefeitura, recém-pintada, mostraria melhor ainda a beleza de seus traços e, mais modesta, havia a Academia de Letras da cidade. O município havia produzido intelectuais e governadores e se orgulhava disso. A praça da matriz era arborizada e cercada por fileiras de casas que a abraçavam, entre as quais uma das casas paroquiais do município. Ali, por gentileza, Océlio, jovem pároco, me hospedou. Eu não tinha certeza do que poderia encontrar e fui logo à sede do Sindicato dos Trabalhadores Rurais (STR). Era uma construção de alvenaria, com diversos cômodos pequenos e um corredor. Ao lado, encontrava-se um galpão espaçoso que era utilizado como garagem e como lugar de assembléias. Entre a porta principal e os demais cômodos da casa, havia uma sala com uma recepcionista. Na parede, ao lado

[1]Havia a presença de piauienses em Santa Maria das Barreiras, na fazenda Agropecus, em 1987; em Redenção, na fazenda Arizona, em 1989; em Santana do Araguaia, nas fazendas Estrela de Maceió, em 1998; São José, em 1982; São Lourenço, em 1985; Projeto Capim, Paragominas, 2000 e 2001; em Castanhal, na fazenda Santa Rita, em 1983; em Marabá, na fazenda Santa Rita, em 1984 e 1986; em Sapucaia, nas fazendas Brasil Verde, em 1988, 1993, 1998, 1999, 2000; Primavera, em 1983, 1989, 1997, 2001; Rio Vermelho, em 1982, 1983, 1987, 1998; Santa Lúcia, em 2000 (Fonte: arquivo da CPT).

direito, sustentada em uma grade de ferro, uma televisão com um aparelho de vídeo acoplado. No pátio, dois carros velhos, ambos do STR. Acostumado aos sindicatos do Pará, pobres e desprovidos de bens, aquele me parecia "rico". Muitas mulheres grávidas preparavam a documentação para o auxílio à natalidade e pessoas idosas encaminhavam os papéis para a aposentadoria. Umas e outras mantinham a folha de pagamento e os demais gastos do STR, porque as primeiras se sindicalizavam para usufruir o benefício da natalidade, pagando uma taxa; as pessoas idosas teriam feito descontos mensais de sua aposentadoria automaticamente nas próprias agencias bancárias, em favor do STR.

Naquele burburinho de gente, conheci alguns diretores do sindicato e diversos associados. Em uma salinha, comecei as primeiras entrevistas e percebi que, em princípio, não teria dificuldades em ter acesso a muitos depoimentos. Dois dos diretores procuravam parentes desaparecidos no estado do Pará: Francisco Rodrigues de Souza procurava o filho José, desde 1986; Lina Gonçalves da Silva, o cunhado, desde 1980. Descobri que o tesoureiro do STR, Orlando Ferreira, havia trabalhado como peão em fazenda do estado de Rondônia aos 15 anos de idade e, depois, em garimpos no Pará; que o presidente da Associação dos Pequenos Produtores do Passa Tudo, Raimundo Ferreira Filho, havia trabalhado na fazenda Primavera, também no Pará, pela primeira vez em 1983, com 15 anos. De fato, ia ficando evidente que o número de pessoas que havia trabalhado no estado do Pará (ou em outra região da Amazônia) era enorme. Talvez a maior parte da população rural do município tivesse alguma relação com essas viagens e pudesse contar algo. Eu era o estranho e representava uma insegurança, era potencialmente perigoso, anotava e gravava o que me diziam, e eles não tinham clareza acerca do que poderia fazer com essas informações.[2] No entanto, as portas pareciam abertas e as informações chegavam desde o primeiro contato. Muitos tinham esperanças de que eu localizasse seus parentes ou os auxiliasse a fazer justiça em situações em que supunham terem sido prejudicados em suas viagens.

[2]Julian Pitt-Rivers (1973: 49-86) tem um interessante capítulo sobre "A lei da hospitalidade". Aborda a ambigüidade de se pertencer a um mundo "extra-ordinário" e, por isso, misterioso. Diante dele pode haver hostilidades e hospitalidades recíprocas.

Aparecida Conceição, por iniciativa própria, procurou o entrevistador e quis falar sobre o filho, descrever como ele havia sido aliciado "na folia dos outros", sobre a saudade que sentia depois de tantos anos de ausência, e, deixando de ser entrevistada para ser entrevistadora, lançou a pergunta que era da mesma forma um apelo: "Você vai ter notícia de meu filho?" Ela enxergou no estranho alguém que talvez a fizesse encontrar o filho. Depositou esperanças em uma pessoa da qual sabia pouco, mas o bastante para romper a barreira do medo. O estranho tornou-se menos estranho e, por isso, ela lhe revelou, inclusive, o nome do aliciador. Era evidente que, da mesma forma que eu os observava e tentava compreender, era também observado, e tentavam me compreender.

Uma das razões para a facilidade em obter as informações se explicava pelo fato de que eu os ouvia na própria sede do sindicato, "casa" dos trabalhadores, lugar que conheciam bem e freqüentavam com certa regularidade. Além disso, eu gozava de um certo *status* delimitado, que ultrapassava a condição de pesquisador vindo do Rio de Janeiro.[3] Recebiam um sacerdote católico, em uma população majoritariamente católica; recebiam alguém indicado pela CPT de Teresina. E a CPT de Teresina era uma parceira respeitada entre os diretores do sindicato, mesmo que um deles, Orlando Ferreira, não tivesse muita informação sobre ela. Recebiam alguém que havia trabalhado na CPT do sul do Pará, e a CPT dali havia socorrido vários trabalhadores da região. Quanto aos diretores do STR, além disso, poderia haver um intercâmbio de favores. Era o período eleitoral e o tesoureiro e o presidente do STR — este último licenciado para participar da campanha como candidato a vereador —, me acompanhariam em diversos deslocamentos no município. De um lado, favoreceriam no estabelecimento de contatos com os trabalhadores rurais, seriam meus "tradutores culturais"; do outro, quiçá eu os favorecesse com a força simbólica da instituição que representava e estreitasse outros tipos de relações do STR com a CPT, com a Igreja e com as próprias comunidades locais.

[3]Cf. Neiva V. da Cunha (2002: 130-135) reflete sobre os médicos sanitaristas e a hospitalidade, seus contatos com a população rural e a arte de receber e ser recebido. Inspira-se em diversos autores, entre eles Julien Pitt-Rivers e Fustel Coulange.

Como viajamos juntos, conversei longamente com Orlando Ferreira, o sindicalista. Ele não só foi meu informante principal, mas também o meu guia, dirigindo o fusca do sindicato pelas comunidades rurais e pelos bairros da cidade de Barras. Por conhecer muita gente e ser conhecido, foi, em certas ocasiões, uma espécie de legitimador de minha presença. Perguntei-lhe sobre a ação que eles desenvolviam diante das viagens freqüentes, tantas vezes sem volta, de trabalhadores ao Pará.

> O que nós pudemos, até o nosso conhecimento, nós fizemos, que é aconselhar o companheiro para não ir para as fazendas. Pelo conhecimento que a gente tem do trabalho escravo, a gente aconselha o companheiro: "Não vai. Vamos nos controlar, trabalhar no nosso Piauí." Realmente mostrar até que a gente, enquanto é solteiro, se destaca do Piauí. Mas quando casa, se aquieta, vive melhor do que por esse mundo de meu Deus aí afora. E o companheiro vai e diz: "Não, mas você sabe, a gente não tem quem pague a diária, a gente não tem ganhado, não tem nada." A gente diz: "Meu irmão, quando a gente assume uma responsabilidade de uma família, é mais uma despesa que nós temos e nós nos aquietamos. Por que você não vai se aquietar em casa?" "É, mas nós vamos". Eu digo: "Vai se controlar." Nós já temos parado até mesmo gato de levar pessoas também, aconselhando. Tem deles que deixam de levar naquele período e terminam levando companheiro, sempre. Levam sem a gente saber mais, que eles não querem nem contar essa situação para gente levar os companheiros. O porquê eles não dizem; mais a gente não sabe. Hoje mesmo nós vimos os pais dizerem: "Fulano saiu, meu filho saiu semana passada, atrás de um dia melhor." Mas, com certeza, o dia melhor a gente encontra é aqui, no nosso Piauí (sindicalista, Barras: 2000).

De fato, ao perceber que o conselho para não sair em direção ao Pará era ineficiente e até afastava os trabalhadores em vez de aproximá-los, a diretoria do sindicato, sem saber como agir, deixou o problema de lado. Nisso, ela se comportou de certa forma como a Federação dos Trabalhadores Rurais e a própria CPT do estado haviam feito por um período. Orlando demonstrava não compreender as emigrações, e as razões econômicas alegadas lhe pareciam frágeis. Para ele, "a necessidade empurra a gente para ir, mas é a gente que faz também". Ou seja, achava que era possível resistir. Ao saber do caso de um grupo de trabalhadores resgatados de uma fazenda no Pará, através de um telefonema da CPT de Xinguara, os diretores do STR foram empurrados de novo para o problema e se encontraram com estes trabalhadores. O encontro, conforme Orlando, revelou que eles tinham "vergonha" e se "acanhavam" por ter ido ao Pará. E explicou:

> A gente procurou, esteve conversando com muitos deles e, parece, eles não colocavam bem, não diziam bem para a gente, assim, com vergonha de dizer que tinham sido maltratados lá, porque a gente pediu para eles não irem. Eles parecem que se acanham de dizer para gente que não foram bem recebidos, trabalharam direito, não foram pagos; eles se acanham até de dizer para gente, porque a gente, rapaz, fez tanto! "A gente pediu para vocês não irem, e vocês continuam indo para essa dificuldade, de trabalhar de escravo ainda." O tempo da escravidão, hoje, a gente não quer mais que volte. Os companheiros continuam fazendo coisas que não devem nem a gente fazer, se destacar no mundo mais (sindicalista, Barras: 2000).

Reconhecer a existência do problema era admitir o erro de terem ido escondidos, desconhecendo as advertências do sindicato. Mas, de fato, se sentiam ludibriados pelo *gato* e pelo fazendeiro ou consideravam a denúncia indevida? A reticência significava o quê? Dois dos trabalhadores que estavam nesta fazenda saíram dela e a denunciaram em Marabá. Talvez achassem que eles fossem preguiçosos e que haviam exagerado nas reclamações à PF. Um deles tinha problema de alcoolismo, não estava acostumado ao trabalho pesado e era manco. Mas, se era isso, por que não permaneceram na fazenda quando os fiscais do governo chegaram? Se estavam satisfeitos, por que saíram? Ou o silêncio era uma confirmação do logro sofrido e, ao mesmo tempo, um cuidado para não aumentar a indisposição com o empreiteiro, pois este circulava na região? Nesse caso, o "acanhamento" não passava de uma estratégia de sobrevivência. Os diretores do STR, antes lavradores pobres, sem eira nem beira, agora possuíam um salário mínimo mensal, andavam de carro, vestiam-se melhor, passavam dias na cidade, empregavam um vocabulário mais diversificado e elaborado e um deles concorria a um cargo no Legislativo. Eram os iguais que ficaram diferentes e, diante deles, nem tudo talvez devesse ser falado. Os diretores agora gozavam de certo *status*, articulação e imunidade, que os protegia dos empreiteiros, por exemplo, mas a proteção não se estendia aos demais sindicalizados. No contato com os trabalhadores, também eu fui investigado por olhares desconfiados e, às vezes, esperançosos. Ser apresentado por um lavrador que era diretor do sindicato não me tornava igual nem ao diretor, nem ao trabalhador "vítima", mas abria a possibilidade de ser um aliado, porque carregava comigo os símbolos palpáveis e visíveis — a caneta, os óculos, o gravador — e os invisíveis, mas supostos, das instituições (CPT, Igreja, universidade). Tudo aproximava e afastava. Era preciso entrar em um jogo de representação, em que os bastidores nem sempre se tornavam (ou deviam ser) local de visitação.

Conforme constata Miguel V. de Almeira em "Nota de Apresentação", de *Negara: o Estado teatro no século XIX*, para Clifford Geertz, a função do antropólogo não é meramente observar outras culturas, mas compreender o "ponto de vista" dos membros destas culturas (Geertz, 1991: VII). De fato, Geertz acredita que os fenômenos culturais podem "ser tratados como sistemas significativos, capazes de propor questões expositivas" e que "a antropologia sempre teve um sentido muito aguçado de que aquilo que se vê depende do lugar em que foi visto, e das outras coisas que foram vistas ao mesmo tempo".[4] Ao tratar da "representação" e do "teatro" em Bali, Geertz (ibidem), lembrando Weber, escreveu sobre o homem como estando "suspenso por teias de significação por ele próprio tecidas". Estas teias eram plurais — palavras, melodias, arquitetura, ritos — e nelas havia um "texto" a ser decifrado.[5]

[4]A etnografia e a antropologia falaram sobre o mundo, de fato, já antecedendo a "língua de Wittgenstein desde o início" (Geertz, 1999: 11). Para Geertz (1991: IX), a descrição etnográfica é interpretativa. Não se trata de ajuntar e sobrepor dados etnográficos "supostamente neutros", mas trata-se de uma "experiência intersubjetiva do antropólogo com os informantes, mais tarde transposta por mecanismos de retórica".

[5]A discussão central de seu trabalho foi demonstrar que "negara", a estrutura de ação, era uma estrutura de pensamento. Ora, no Estado Bali "o poder servia à pompa e não o contrário". Era um Estado incapaz de concentrar o poder, por isso não foi tirano e era inapto para a "governação". O ato de governar foi exercido com hesitação e com indiferença. Sua preocupação era outra. Estava preparado para o espetáculo e "para a dramatização pública das obsessões dominantes da cultura balinesa: a desigualdade social e o orgulho do *status*". Tratava-se de um "Estado teatro" com papéis definidos para a realeza, os sacerdotes e os camponeses" (id., ibid.: 25).

O tesoureiro do STR, o entrevistador e os diversos narradores teciam suas teias de significados e se estudavam nos encontros que carregavam um grau de imprevisibilidade e cuidado. Cada um possuía um jeito de construir o mundo e compreendê-lo, mas, ao mesmo tempo, talvez houvesse ocultado, nas representações miúdas, aquilo que Geertz (id., ibid.: 26-31) compreendia como "doutrina do centro exemplar": uma reprodução do mundo em escala menor. Talvez o passado mais recente — da experiência na Amazônia — fosse algo recusável e, como imaginava Orlando, a vida em família no município de Barras como um padrão imitável a que todos deviam se submeter, sem tentar aventuras perigosas. Para legitimar essa visão, suas narrativas podiam assumir o tom da advertência e do ensino. Contudo, se sair era perigoso e inadequado, por que alguns retornavam? José Rosa (35 anos, nove filhos) e Manoel Ordeiro (trinta anos, casado, dois filhos), mesmo tendo muitas narrativas, pareciam não concordar completamente com Orlando, do sindicato, pela quantidade de vezes que estiveram nos últimos vinte anos, nas fazendas do Pará. O primeiro só aceitou falar desde que não houvesse gravação. Fora a primeira vez ao Pará, em 1981, levado pelo *gato Rula Caxico*.

> José Rosa: Ele morava no Pará e era irmão do Raimundo. Fomos oitenta homens pelo mundo, por três dias, sem comer. Fui porque achei influência bonita. (...) Lá estava tudo bem. A gente ia pelos rodeios, por causa dos fiscais. Levamos uma galinha frita mas, depois de Teresina, tínhamos comido tudo. A maioria era gente nova. Tinha muito molecote, gente mais nova que eu. Passei ali 120 dias e vim embora. Trouxe uma grana do roço. Quando os gatos chegam, dizem que no Pará se tira dinheiro no cambito. Eu sonhava ganhar muito dinheiro e, quando voltava aqui com dinheiro, chegava mudado. Três dias depois estava pior que os outros. Como não estava acostumado a ganhar dinheiro, fiquei satisfeito. Passei vinte dias e voltei com o gato Lima, de São Miguel, Piauí. Fomos para a fazenda Rio Vermelho. Toda fazenda tem pistoleiro e lá tinha também. Eles pagavam direito. Mas alguns fugiam, inclusive um daqui, o Francisco Pinto. Roubou os companheiros e fugiu. O peão pisa na bola quando compra na cantina e foge. Aí os pistoleiros iam atrás. Na Rio Vermelho era proibido cachaça, mas bebemos direto. Sempre bebi muito. Até hoje sou assim. Em 1982,

estava em Bacabal, Maranhão, trabalhando em fazenda no mesmo sistema. Recebia e gastava na cachaça. Em 1982, fui com outros 14 peões para a fazenda São José, do Enok. Era vizinha de Gogó da Onça. Ficamos só 15 dias. A gente trabalhava mas não pagavam. Foi bom.
Pesquisador: Como foi bom?
José Rosa: Não mexeram conosco. Deixaram a gente sair. Se a gente discutia, eles matavam. Já haviam matado seiscentos. Enok tinha fama de queimar peão. Soubemos disso porque os vizinhos contavam. Deixou a gente sair porque o serviço tinha terminado. Fomos para Flor da Mata, de André e Arai, na Sapucaia. Lá nós éramos os mesmos 15 homens. Dez acharam o serviço barato e foram embora. Começamos com o gato Natu, que morava no rumo de Xinguara. Foi a única fazenda que parecia tranqüila. Ficamos uns três meses. Tivemos saldo e voltamos. Ficamos um bom tempo aqui e depois voltamos para a fazenda Primavera, perto de Gogó da Onça. Éramos uns cinqüenta homens, levados pelo Chico Ponte. Tinha outros peões e muitos gatos. Entre eles estavam Antônio Barbudo e Tino. Havia fugas dos grupos destes dois gatos. Eles surravam os peões quando pegavam com o facão. Neste ano de 1983 soube de uns três que foram mortos. Cansei de ver peão morto. Me lembro de três. Passei uns três meses e recebi. Tem gato bom e tem gato ruim. Tornei a voltar para casa, sempre tomando cachaça, com duas mudas de roupa. Em três dias acabava o dinheiro. Fiquei uns dois anos quieto, sem ir. Não dava vontade de voltar. Ir ao Pará é uma influência. Chegava o cara que estava levando gente e a gente perguntava: “Quanto o fulano está pagando?” Aí ele respondia e passava o dinheiro. Antes o peão não ia com influência de ganhar alguma coisa. Tinha o interesse em ganhar o abono. Fui, em 1985, para a fazenda Novo Mundo, perto de Gogó da Onça, pertencente ao Salominho. Fui por minha conta. Eu e uns companheiros. Éramos poucos peões, só três. Fomos fazer “despalitamento” de madeira com motosserra. Fiquei sete meses e recebi salário fixo. Dali fui para a Serra Pelada onde permaneci trinta dias e ganhei uns cem gramas de ouro. Botei uma bodega cheia de cerveja e não deu certo. Era solteiro e não tinha responsabilidade. Voltei para a Novo Mundo no ano seguinte e fui para Marabá, onde permaneci um ano e três meses e nunca voltei mais.
Pesquisador: Você viu os corpos. Tinha medo?
José Rosa: Não tinha medo. Fui sempre uma pessoa chegada aos donos,

> fazia o que eles mandavam. Quem tem dinheiro não pode ter raiva que manda matar.
> Pesquisador: Por que parou de ir?
> José Rosa: Porque me casei e achei que não tinha influência. O abono tem que ficar com a família. Tem casado que vai mas deixando sofrimento para a família. Só se não se preocupar com a família. Para quem não tem família era bom; para quem era casado era ilusão (caderno 1, 47 v a 50: 22.7.2000).

De fato, a discordância de José Rosa era apenas aparente. Depois de afirmar que tudo tinha ido bem no Pará, ele traçou um perfil terrível das fazendas paraenses, pois todas, explicou, possuíam pistoleiros. Além das promessas de ganhar muito dinheiro serem falsas, eram comuns os assassinatos de trabalhadores e não era raro algumas aliciavam menores com 16 anos, como aconteceu com ele mesmo em 1981. Mas, então, por que partiu tantas vezes, se assim era a situação? A grande atração para ele, que nada possuía, e tinha problema de alcoolismo, era o abono. O dinheiro adiantado agia como uma eficiente isca e o desejo de participar de rodeios reforçava o motivo de partir. Se, para qualquer trabalhador desqualificado, o emprego já era difícil em Barras, para os habituados à bebida, se tornava impossível. Aliado a isso, havia a possibilidade de encontrar, apesar dos pistoleiros, um *gato* "bom" e uma fazenda "tranqüila", que lhe desse alguma remuneração, onde pudesse escolher quanto tempo ficar e a hora de ir embora. Mesmo quando obtinha um certo "sucesso", "três dias depois estava pior que os outros". Contudo, o casamento se tornou uma razão bastante forte para resistir à tentação de receber o abono, e José Rosa finalmente abandonou as viagens. Nesse caso, o trabalhador, cercado por pessoas conhecidas, falou muito. Sem a gravação da conversa, não parecia se preocupar demasiado com a sua segurança e discorreu a respeito das violências e das mortes. A presença do sindicalista certamente lhe infundiu maior tranqüilidade. Manoel Ordeiro, pouco depois, foi ouvido. Não se importou que a conversa fosse gravada, sendo contudo mais cauteloso. Só em uma fazenda não compensou trabalhar, garantiu.

Pesquisador: Mas por que não compensou trabalhar na fazenda Primavera?
Manoel Ordeiro: Só mesmo na Primavera porque eu estava doente mesmo.
Terceira voz: Você trabalhou três meses e não recebeu.
Pesquisador: Na Primavera você não recebeu nada?
Manoel Ordeiro: Não recebi não, mas é porque nesse tempo era contratado pelo gato Chico Ponte, aí eles não me pagaram...
Pesquisador: Em alguma fazenda você soube se houve fuga de trabalhador?
Manoel Ordeiro: Não soube não.
Pesquisador: Nesses vinte anos soube de fugas de peões das fazendas?
Manoel Ordeiro: Não soube não.
Pesquisador: Você soube de peão que foi morto?
Manoel Ordeiro: Não, também nunca soube, nem nunca vi não. Assim, porque tem muita fazenda que a pessoa diz: "Rapaz, eu vi, vi a ossada de gente na fazenda fulano." Também nunca vi não.
Pesquisador: E também nunca ouviu falar de trabalhador que foi morto em fazenda?
Manoel Ordeiro: Não.
Pesquisador: Você ouviu o depoimento do José Rosa?
Manoel Ordeiro: Não, vi não.
Pesquisador: José Rosa estava falando sobre muita morte...
Manoel Ordeiro: É o seguinte, o Zé Rosa é sempre quase da minha idade, não é isso? O Zé Rosa é quase de minha idade. Mas só que eu sempre, [em relação à] gente assim [do] Pará eu não confio não. Você não é do Pará?
Pesquisador: Não, mas morei no Pará vinte anos. Mas o José Rosa é paraense?
Manoel Ordeiro: É não. Ele é piauiense. Ele é daqui.
Pesquisador: O fazendeiro disse para José Rosa: "Despede dele que você não vai mais vê-lo." Depois José Rosa, que você conhece e não é paraense, viu corpos de trabalhadores assassinados.
Manoel Ordeiro: Mas é o seguinte. Ele é mais velho que eu. Ele viaja sempre para lá, porque ele viajava com os meus irmãos, não sabe? Ele viajava para lá e eu ficava todo o tempo aqui.
Pesquisador: Você nunca tinha ouvido José Rosa falar?

> Manoel Ordeiro: Não, nunca ouvi. Ele sempre falava, mas nunca nem percebi (trabalhador, Barras: 2000).

A confiança entre entrevistador e entrevistado era imprescindível para que certos segredos fossem revelados pois as informações podiam ter conseqüências inadequadas ou indesejáveis. Manoel Ordeiro certamente sabia de muita coisa e, quanto mais sabia, mais razões tinha para manter-se em silêncio, inclusive porque o *gato* Chico Ponte morava no município. Se para uns, falar representava uma limitação — pois era difícil exprimir os sentimentos, que eram confusos e as palavras, inadequadas (Moore, 1987:274-275) —, para outros, significava entrar em uma área de exposição maior ao conflito e até ao risco de vida, ou ainda, revelar partes mais obscuras da própria personalidade e dos comportamentos ambíguos vividos em prejuízo de si ou de outros. Retornar tantas vezes ao Pará significava mais que uma necessidade econômica imediata e revelava relações estreitas entre o trabalhador, os empreiteiros e os fiscais, a troca de favores e a proteção. Atrás de tudo, talvez houvesse relações construídas entre o entrevistado e os diversos atores da rede de aliciamento e de coerção que dificultavam e comprometiam a narrativa e lhe tiravam a substância. Certamente, Manoel Ordeiro disse por polidez o que não lhe pareceu perigoso, apenas inócuo. As tentativas do sindicalista e do entrevistador para acalmá-lo podiam se mostrar inúteis pela inabilidade de ambos ou de um dos dois, ou porque objetivamente não era possível ir além daquilo que foi expresso. O pretexto apresentado era não confiar em gente do Pará. Ser do Pará significava uma estrangeirice, uma distância perigosa. Finalmente, um falou, não permitindo que houvesse a gravação; outro permitiu gravar, mas não falou tudo. Sobre tais depoimentos, conversei mais tarde com Orlando.

> Pesquisador: Você ouviu José Rosa contar histórias de assassinato e afirmar, ao mesmo tempo, que tinha ido tudo bem. Por que disse que estava bem, quando não estava?
> Orlando: No fundo, eu discordo do companheiro dizer que está tudo bem,

porque quando eu vejo o trabalhador igual a mim, morto, estirado no chão, eu não sinto que está bem. O que eu vi, no meu ponto de vista, (...) foi uma desconfiança em cima de nós. Ele que andava nesse trabalho, eu senti ele assim, muito positivo, porque quando eu saio para trabalhar em uma fazenda, trabalho 15 dias em uma fazenda, não recebo nada, o proprietário da fazenda manda eu ir embora sem me pagar e eu inda vou dizer que ele é bom, é aquilo e aquilo outro. Eu vejo muito bem e digo que o companheiro não está normal, não está no equilíbrio dele não. No caso, se ele fosse um fazendeiro, ele fazia o mesmo.
Pesquisador: Ele disse que ficava na sombra do patrão. O pessoal brincou e eu perguntei se ele era puxa-saco. Qual era a relação dele com o fazendeiro?
Orlando: Pelo que eu vi, pelo que ele contou, que não foi do meu conhecimento (...), (pois) nunca viajamos juntos, mas o que eu senti na conversa dele, se o fazendeiro procurasse ele para ele ser gato também, do mesmo sistema, eu senti que ele era um dos gatos.
Pesquisador: Você acha que ele podia se tornar gato?
Orlando: É, possivelmente. O que eu senti dele era para mais do que gato.
Pesquisador: Manoel Ordeiro foi ao Pará, desde os dez anos, 16 vezes. Contudo, nunca viu nenhuma violência.
Orlando: Olha, o companheiro estava bastante nervoso, com certeza. Ele me chamou fora quando estava naquela entrevista dentro de casa e começou a chover. Ele me chamou lá fora e me perguntou qual a finalidade que nós estávamos nesse trabalho e ele não podia dizer quase nada, pois ele era um ameaçado dentro do Pará. (...) na época que eles saíram, (...) que a polícia foi, tirou eles de lá, todos eles saíram ameaçados. O caso que ele não queria dar o depoimento é porque não estava bem confiando em nós, ele não queria nem depor, e foi eu que falei para ele: “Rapaz, você pode depor que não é nada contra nós. Se fosse alguma coisa contra vocês, trabalhadores, eu do sindicato não andava acompanhando também” (sindicalista, Barras: 2000).

Ao retornar da área rural para a cidade de Barras, depois de diversas entrevistas, conversava informalmente com meu guia sindicalista e, naquele momento, meu motorista. De repente, ouvi dele algo que até então ninguém, nem ele, abordara, mesmo tendo estado comigo diversos dias, desfrutando amizade e confiança mútuas. Eu até o havia entrevistado pelo menos duas vezes e ele assistira a muitas entrevistas. De repente, começou a discorrer sobre a solidão no trabalho e sobre o homossexualismo. No dia seguinte, com o gravador ligado, convidei-o para falar novamente sobre o mesmo tema. Quando lhe disse: "Ontem, você afirmou que nas fazendas, normalmente, não entra bicha. Mas elas aparecem no garimpo" — ele, surpreso e tenso, como se isso não fosse conversa para ser gravada, depois de alguns segundos, prosseguiu:

> Sindicalista: Na área de garimpo, quando a gente estava trabalhando, muitas vezes a gente ia para a corrutela, a gente via três, quatro homens que eram suficientes para ser homem mas, no momento, eram gays, como se chama não é? Veado. E tinha muitos deles que procuravam eles. Mas inclusive [para] aquele tipo de homem, existe a lei hoje que dá direito a eles, não é? A lei feita na terra está se formando mesmo de uma hora para outra; dá direito até de casarem um com outro; mulher casar uma com a outra e acho que é uma lei, não sei; o direito é humano, eles lá fazem os direitos deles. Mas dentro do garimpo [da Maria Bonita] o mesmo acontecia, porque não era liberado entrar mulher, e eles entravam como homem e lá chegavam e iam fazer a vida deles como eles queriam. Mas nem todo mundo concorda com esse tipo de coisa. Acho que o homem que nasce homem, ele deve valorizar a parte de homem que ele é, porque até que me prove contrário, mas a partir do momento que a mãe dá à luz um filho e diz: "meu filho é homem", ele devia ser homem completo e não querer assumir a parte que a mulher assume. Eram muitos garimpeiros. Uma base de uns 10 mil garimpeiros por aí assim, eram muitos homens. E nenhuma mulher.
>
> Pesquisador: Você tem idéia de quantos gays entravam lá?
>
> Sindicalista: A gente não tem idéia (...) quando a gente ia comprar óleo, o rancho, a gente via cinco, seis. No dia que entrava uma mulher lá dentro, era levada pelos coordenadores da corrutela. Levavam só para o cinema. (...) Apareciam duas, três mulheres. Tiravam a roupa, somente para fazer a vontade dos peões. Quando a gente está no garimpo, três, quatro, cinco meses sem mulher, fica já um pouco sem querer nem ver mesmo assim de longe, não é? Agora, de perto é melhor.
>
> Pesquisador: Aí tinha esses garimpeiros que substituíam as mulheres?

> Sindicalista: Tinha.
> Pesquisador: E os homens pagavam?
> Sindicalista: Oitenta por cento deste tipo de gente paga para o outro ficar com ele, transar com ele, não é? Mas meu Deus do céu, Deus me livre um negócio desse. Eram os gays que pagavam.
> Pesquisador: E pagavam quanto?
> Sindicalista: O valor não dá nem de saber.
> Pesquisador: Eles não comentavam?
> Sindicalista: Não. Uma que eu não procurava conversar com esse tipo de gente, não é? Me acanhava de procurar conversar com eles. Toda vida me acanhei de procurar conversar com esse tipo de gente que, sei, se diz gay (sindicalista, Barras: 2000).

O trabalho de observação e de compreensão é sutil e enfrenta desafios. Gerald D. Berreman (1990: 123-125) descreveu alguns desafios metodológicos enquanto parte da "experiência humana" que vivia. A relação entre o que chega para estudar e o estudado se realiza às vezes em conflitos, concordâncias e certo grau de imprevisibilidade. Aquele que estuda também é estudado e, de parte a parte, a relação envolve "controle e impressões". As reflexões sobre esse teatro, os bastidores e a platéia — suscitadas por Erwing Goffman, inspiraram Berreman. No último caso citado, temos que informações inesperadas se revelaram quando formalmente não havia entrevista e, de certa forma, íamos para os "bastidores". O sindicalista falou mais e mais claramente no carro, mas, na sede do sindicato, tornou-se penoso falar. Era como quem entrava num terreno minado. Discorrer a respeito da sexualidade na solidão dos garimpos ou das matas era penetrar em recônditos da esfera íntima. E mais complicado ainda era falar sobre a homossexualidade, essa área cinzenta, em que os direitos e as leis se tornam estranhos, permitem o proibido. A "normalidade" era o homem "valorizar a parte do homem" e não confundir o que devia ser claro.

O lugar de onde se fala é fundamental. Para Berreman, as impressões mútuas do pesquisador e do informante

> decorrem de um complexo de observações e inferências, construídas a partir do que os indivíduos fazem, assim como do que dizem, tanto em público, isto é, quando sabem que estão sendo observados, quanto privadamente, isto é, quando pensam que não estão sendo observados (Berreman, 1990: 125).

Se Clifford Geertz (1991) tratou do teatro representado por um povo, por uma cultura, Erving Goffman (1999: 9 e 84) utilizou a metáfora da ação teatral para falar do homem em suas relações e interações sociais, de microrrelações, do homem consigo, com sua pequena equipe de trabalho, de estudo, de interesse e, mesmo, em grupos maiores. Como entender o outro, o que ele pensa de si, dos demais, qual o grau de confiabilidade daquilo que diz? Como se comporta nos diversos palcos e bastidores de sua existência? Erving Goffman (1999: 11 e 13) traçou os caminhos que o outro encontra para sacar a "máscara" da representação: a conduta, a aparência, o estereótipo, o cenário social, a palavra, o documento, os traços psicológicos. Demonstrou que no cotidiano se conhecem as relações por inferências e não propriamente por certezas científicas. Em nosso caso, havia atores e platéia em um cenário rural, com casas simples, estrada precária e muita necessidade. No palco, em princípio, Manoel Ordeiro, José Rosa, Orlando e o entrevistador; na platéia, observadores, testemunhas, próximos ou distantes, que se tornavam coadjuvantes, controlando com o silêncio ou com o olhar, ou mesmo intervindo para auxiliar o narrador, avivando sua memória ou interpelando-o. Cada ator representava o seu papel e era interpretado pelos demais. Aqui temos Orlando interpretando as palavras e as atitudes de outros dois. Certamente ele e principalmente o entrevistador também eram submetidos a um crivo de juízo de valores e a uma tentativa de compreensão de idéias, vocabulário e, além deles, os gestos, a roupa, a cor da pele. Toda interpretação era passível de erros. Mesmo assim ou justamente por isso, era necessário buscar a perspectiva do outro para melhor compreendê-lo.

Na interação social, o controle das impressões pode ter um significado metodológico essencial. Gerald D. Berreman (1990: 140-141), como Erving Goffman, tratou do espetáculo, em que havia a platéia, os atores tinham "regras de polidez e decoro" e as regras deviam ser preservadas diante do público, pois havia uma divisão entre o palco e os bastidores. O pesquisador entrava em cena como um ator e espectador desconhecido que precisava se fazer conhecer, mas não totalmente em algumas situações. Por exemplo, o outro era acusado de aliciar ou de manter trabalhadores como escravos. Neste caso, dependendo do que fosse dito, as portas da comunicação podiam ser fechadas. Há o período da observação e do cuidado, que nunca se desfazem, mas que se tornam menos rígidos. Em todo caso, a interação é complexa porque, sendo plural, envolve muitas personagens: o entrevistador, o entrevistado e os demais que tudo ou parte presenciam. Os três lados são compostos por atores e platéia que se representam e buscam se compreender ou confundir-se mutuamente. Os papéis precisam ser bem representados, para que possíveis falhas não provoquem resultados indesejáveis. Cada ator quer passar ao espectador uma mensagem que, espera, não provoque uma leitura diferente da prevista. Nessa comunicação, os recursos do olhar, do ouvir, do gesto e da palavra são fundamentais. O ator busca o recurso sobre o qual consegue exercer algum controle; a platéia quer ir além do que é controlado. Quer ir também ao espaço da ocultação, no interior daquilo que é visível. Sobre os aspectos não controlados, ou mais dificilmente controláveis, o ator ou o grupo de atores devem estar mais atentos. O pesquisador, em geral, quer justamente ir ao proibido, ao interditado (Berreman, 1990: 141-142).

Algumas vezes falar da dor rompe os limites dos cuidados. Diversas mulheres, cujos filhos ou maridos desapareceram ou foram mortos, falaram mais do que falariam os homens, porque não tinham consciência do perigo ou, mesmo sabendo dos riscos, falavam porque a dor era maior que o medo ou porque possuíam mais coragem. Houve mulheres que talvez fossem mais comunicativas, imprudentes ou não soubessem de tudo e revelassem bastidores que deviam ser preservados, e homens que, sabendo e tendo sido atores ou testemunhas nas histórias, eram mais cautelosos ou sentiam mais dificuldades para tratar de certos temas. Teriam se aproximado do *gato* ou do pistoleiro em uma relação considerada ilegítima pelos companheiros; ou não haviam sido suficientemente solidários com os que precisavam dele e eram seus amigos; ou teriam medo por estas ou outras razões. Nestes casos, falar era se expor perigosamente a sanções.

Na segunda ida a Barras, em 2001, fui acompanhado pelo cineasta italiano Vittorio Moroni e por dois membros de sua equipe. Eles preparavam o argumento para um filme de ficção sobre o trabalho escravo contemporâneo no Brasil e, aproveitando a viagem, fariam também um documentário que recebeu o nome de *Nas pegadas do gato*.[6] Aumentou assim o número de estranhos participantes nas conversas e entrevistas. Estes ora agiam como atores, ora como platéia, em diálogos em que a confiança devia ser um pressuposto. A exposição das testemunhas ou dos informantes crescia e podia dificultar o trabalho, e isso nos preocupava. Era necessário, ainda, manter as máquinas filmadoras e fotográficas guardadas discretamente no carro, até obtermos a autorização por parte dos informantes para que fossem utilizadas.

Estivemos com diversas pessoas, entre elas algumas mulheres. Uma das primeiras a falar foi Lúcia, 49 anos, nascida em Barras, três filhos — o caçula com dois anos, o mais velho com 18. Ela precisava narrar sua história. O fato de estar diante de pessoas desconhecidas e de suas diferentes máquinas não impedia que falasse, ao contrário, parecia incentivá-la. O marido, Clementino, o Titira, havia sido assassinado em uma fazenda no Pará em 30 de janeiro de 1998, ela passava fome, não tinha conseguido nenhuma pensão, fora enganada e maltratada e estava indignada. Não só falou, mas também sugeriu que fôssemos à casa de Arnaldo, que sabia de muita coisa, inclusive de cemitério clandestino, na mesma fazenda onde ele trabalhava e houve o assassinato de Titira.

Arnaldo, 42 anos, analfabeto, nos atendeu no quintal de sua casa, em um bairro novo, com casas cobertas de palha, ruas ainda se formando. Seguimos o mesmo rito: apresentamo-nos, explicamos o que fazíamos e solicitamos autorização para gravar e filmar. Ele concordou. Contou ter ido quatro vezes ao Pará, a primeira vez levado pelo *gato* Antônio Sotério, que era de Barras. Roçou juquira nove meses e, quando pôde sair, rece-

[6] O documentário, de Andrea Caccia e Vittorio Moroni, foi concluído em 2003.

beu apenas o dinheiro da passagem de volta. Depois esteve na Primavera, onde se tornou funcionário permanente, com a Carteira de Trabalho e Previdência Social assinada, para limpeza do escritório, e trabalhou ali 11 anos. Mas evitou falar sobre a violência. Sabíamos, por Lúcia, que ele era testemunha de conversas entre o gerente da fazenda e o homem da guarita, aquele que vigiava a estrada que dava acesso à fazenda. Os dois combinavam que o peão que saísse com algum saldo[7] deveria morrer. Segundo Arnaldo, ele e outros haviam visto ossos humanos insepultos. Perguntei sobre isso, mas ele fugiu da pergunta. Aos poucos, reconheceu que "antes" tinha havido violência, inclusive o assassinato de Titira. Comentou que Justinho, irmão do morto, tinha sido fiscal da mesma fazenda. Revelou ainda que funcionários do fazendeiro e dos *gatos* usavam armas; que, se alguém fugisse, os fiscais iam atrás, levavam-no de volta ao trabalho e, finalmente, admitiu ter visto outro morto além de Titira. Mas acentuou que isso não acontecia sempre, inclusive porque a PF estava agora fiscalizando a fazenda. Horas mais tarde, Arnaldo voltou a falar na presença de Paulo César do GEFM.[8] Enquanto Arnaldo falava, Lúcia, que estava junto, interferiu, relembrando fatos, corrigindo informações. Ele disse que havia saído do Pará porque Lúcia o trouxe. Ela ouviu e foi incisiva: "Ele veio porque mataram meu marido." E censurou Arnaldo: "Você está com medo de quê, Arnaldo? Eu tenho medo? Tenho fé em Deus."

Ora, entre ver, ouvir, viver e narrar, houve um tempo, um espaço de reflexão, de distanciamento (Cunha, 2002: 162). Contudo, o narrar naquele momento e naquela situação trouxe novidades, situações inesperadas — nossa chegada, a chegada, no mesmo dia, de um representante do GEFM —, e Arnaldo foi repensando sua narrativa, sofrendo interrupções e sendo levado a mudar a rota do que talvez estivesse programado. A viú-

[7]Obter saldo significa que a diferença entre o crédito a receber e os gastos efetuados com as compras no barracão da fazenda e com a viagem é favorável ao trabalhador. Nesse caso, ele não apenas sairia da fazenda, mas o faria com algum dinheiro no bolso.

[8]Paulo César, do GEFM, morava em Parnaíba a mais ou menos duzentos quilômetros ao norte de Barras. Ao localizar pessoas com informações importantes para a fiscalização móvel e aliciadores de peões na cidade, eu o avisei e ele foi imediatamente à cidade. Participou da reunião com diversos familiares de pessoas desaparecidas, tomou notas, prometeu auxiliá-las e interditou no dia seguinte um ônibus com diversos aliciados.

va criava situações que o levavam a revelar fatos que preferiria omitir. Palco e platéia se misturaram intensamente. Naquela noite, a salinha pequena e pobre da casa da vizinha e amiga de Lúcia, com passarinhos presos na gaiola e redes de dormir enroladas na parede, tornava-se pequena para tanta gente, pois, além de Paulo César, da equipe de filmagem, do pesquisador, da viúva de Titira, do amigo do finado, outras mulheres e homens se apertavam, aguardando o momento de contarem também suas histórias. A esperança de que algo de novo poderia vir da presença de um representante do governo criava uma certa ansiedade no ar. Do outro lado da cidade, na mesma pensão onde estávamos hospedados dessa vez, também se encontravam dois *gatos* da fazenda onde havia sido assassinado Titira. Eles aliciavam novos trabalhadores. Como entender o sucesso desses aliciadores? Além dos problemas econômicos, do alcoolismo, da ausência de perspectivas de trabalho e de remuneração em Barras, talvez esse retorno ao local de tantos sofrimentos revelasse um modelo de pensamento, fruto de experiências autoritárias e paternalistas. Na manhã seguinte, Paulo interditou o ônibus que já estava cheio de peões, alguns embebedados, prontos para serem levados ao Pará em uma rota com muitos desvios, fugindo de fiscalizações da polícia rodoviária.

MATO GROSSO

A segunda área escolhida para a pesquisa de campo foi o nordeste do Mato Grosso. Os municípios visitados são atendidos atualmente pela prelazia de São Félix do Araguaia, local onde a Igreja Católica é reconhecida por sua preocupação, desde os anos 1970, com a situação dos peões, posseiros e índios. Ia agora acompanhado por Binka Le Breton, escritora inglesa, preocupada com a preservação da mata atlântica, que vivia em uma fazenda no interior de Minas Gerais e preparava um livro sobre o trabalho escravo.[9] Estivemos nos municípios de Vila Rica, Porto Alegre do Norte,

[9]Que foi publicado com o título de *Vidas roubadas: a escravidão moderna na Amazônia brasileira* (2002).

Mato Grosso

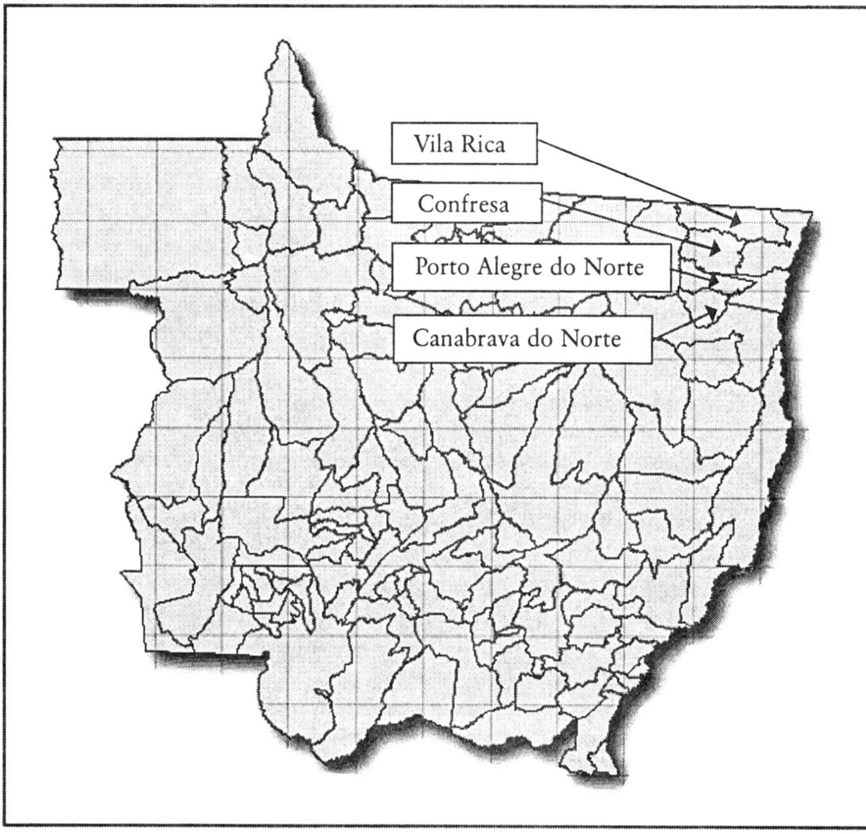

Capital: Cuiabá

Número de municípios: 126

Fonte: IBGE

Confresa e Cana Brava e, hóspedes de casas pastorais, fomos auxiliados por agentes de pastoral. Por ser uma região ocupada mais recentemente por milhares de pessoas, o próprio traçado das ruas e a arquitetura diferiam daqueles encontrados em Barras, Piauí. As ruas eram mais largas, em geral sem calçamento, as construções se erguiam aos poucos e precariamente. Boa parte da população adulta vinha de outros estados e havia deixado para trás parte das relações culturais, religiosas e de parentesco do lugar de origem e tentava construir outras. A largueza das ruas podia simbolizar a distância de relações sociais. Muitos não se conheciam suficientemente. De um lado, isto significava maior liberdade para ousar outros comportamentos, códigos de conduta, valores e conquistar novo espaço social. O nome da família não significava muito. Lembrava-me da constatação de um amigo que morava em uma dessas cidades novas: "Aqui as pessoas se transformam. Podem não apenas ter amantes, mas até passear com elas pelas ruas." No local de nascimento, tal gesto seria uma afronta não só à esposa, mas às famílias, ao código moral. Em uma região de fronteira, os limites do permitido e do não permitido são mais flexíveis. Em Barras, as pessoas se conheciam e eram obrigadas a responder não só ao poder público por suas ações mas, principalmente sob certos aspectos, aos seus parentes, amigos e vizinhos. Os depoimentos ouvidos em Barras falavam dessa proximidade de costumes, desse código de valores civis, religiosos, morais, alicerçados em anos de convivência. Ao contrário, no Mato Grosso, parece que cidadãos abastados e pobres partilhavam o mesmo "bandeirantismo". Todos contribuíam de algum modo para a formação de uma sociedade também "branca" em um território antes predominantemente indígena. Numericamente insignificante diante dos "chegantes", a população mais antiga era obrigada a estabelecer uma relação com novos costumes, novas formas de falar, trabalhar e novo jeito de lidar com os valores.

A representação das pessoas diante dos outros e de si mesmas, no Mato Grosso, não desapareceria por serem habitantes recentes no lugar e muitos só se terem conhecido ali. Talvez a representação tivesse chance de tomar nova forma porque o passado não era conhecido. Como veremos adiante, alguém que estivesse fugindo da justiça podia tirar um novo registro de nascimento no estado, adquirir novo nome, assumir nova identidade civil e construir uma identidade moral diferente. As mudanças podiam enveredar pela composição de nova família, pelo abandono de religião ou por um conjunto de outros comportamentos. Um profissional liberal que fosse reconhecido como exemplo de honestidade na nova situação talvez fraudasse título de terra e tomasse, com armas, as posses de lavradores; ou um peão podia se tornar amigo de *gato* ou de fazendeiro, ser contratado como pistoleiro e construir uma trajetória de ascensão social passando pela grilagem[10] de terras, roubo de madeira e ouro. Outro, que tivesse a imagem demolida por algum escândalo no lugar de origem, ali a recompunha.Todos tinham empreendido uma migração, em busca de algum sucesso econômico ou profissional, ou estava ali por outra razão. E quem viaja tem razões para falar ou para emudecer. Nessa área me encontraria com membros ou ex-membros do Poder Executivo e Legislativo e com trabalhadores rurais e seus familiares, com mulheres em cabarés, donos de pensão e *gatos*, com fugitivos e sobreviventes de fazendas do Pará e, entre eles, com alguns conhecidos meus.

Não conhecia o casal de Recanto da Paz, Fontes Santos, 53 anos, analfabeto, e sua mulher Rilda Santos, 11 anos mais jovem. Ele e outros 214 homens, de Canabrava, Confresa, Porto Alegre e São José do Xingu, municípios vizinhos, haviam sido aliciados por um *gato* da região. O *gato* os reuniu em Porto Alegre do Norte e de lá viajaram para São Félix do Xingu, Pará. Na fazenda, foram maltratados e alguns fugiram e denunciaram. Uma fiscalização empreendida pelo GEFM e pela PF, em 1999, libertou 182 peões retidos ali sob a alegação de que ainda tinham dívidas na cantina do empreiteiro. Chegamos à residência do casal, levados por Abílio, agente da CPT, em jipe, através de uma estrada irregular, com muito mato. A casa era coberta por palha e as paredes formadas por pedaços de madeira roliça, dispostos verticalmente, que se tocavam e se uniam por um entrelaçar de arame. Próximo da casa, encostada em uma árvore, repousava uma bicicleta. Fomos acolhidos na sala onde havia uma mesa com toalha branca, uma garrafa térmica de café e alguns copos; um sofá de encerado escuro, algumas cadeiras de metal com longos fios de plástico que lhe davam

[10]Apoderar-se de terras alheias através de fraude ou de violência.

a forma. Atrás do sofá descia uma cortina transparente. Rilda vestia uma camiseta branca e uma saia azul; o marido, a camisa branca aberta no peito. Ambos utilizavam sandálias de borracha. Depois das apresentações, começamos a entrevistar Fontes, mas Rilda fez diversas intervenções. No primeiro momento, parecia atrapalhar, não deixava o esposo concluir as frases. Lembrei que ela seria ouvida depois. Não adiantou. E ela acabou enriquecendo a narrativa, apesar de, às vezes, os dois falarem juntos, prejudicando depois a transcrição da fita. Outra dificuldade na transcrição foi a presença barulhenta das galinhas d'angola, que invadiram a sala diversas vezes.

Pesquisador: O gato deixava sair?
Fontes: Podia ir embora porque um dia que ele saiu de lá para vir buscar os peões, estavam todos em Tucumã, rodados. Ele reuniu todo mundo (...) deu almoço para todos na pensão, deu o dinheiro e eles vieram embora.
Pesquisador: Ele foi um bom empreiteiro?
Fontes: Eu não achei ele ruim não. Muitos acharam que era ruim.
Rilda: Ele aqui chegou a brigar com o homem lá por causa da comida.
Fontes: Não. O negócio foi que na hora do boião ele chamou a gente...
Rilda: Era pouca a bóia.
Fontes: Aí ele disse umas coisas lá para gente
Rilda: Que acabou a bóia e não sobrou para ele.
Fontes: Foi, fizeram pouca bóia e tinha gente demais.
Rilda: Ele não gosta de magoar, de ofender. Deixa-me contar para o senhor. Esse Gilson aí é meu sobrinho e a família completa...
Pesquisador: O dono da fazenda é seu sobrinho?
Rilda: O meu pessoal completo. Agora, nós para eles morremos, entendeu? Eu estou superchateada, ele acabou com a minha vida. O dono da fazenda é meu sobrinho, é filho do meu irmão. Ele só foi por causa disso, então para nós ele morreu porque o meu sobrinho queria que ele tivesse ficado ao lado da fazenda, e esse Roberto é meu sobrinho também, entendeu? Mas é de outro irmão. E eles agora falaram que nós morremos para eles, por conta que ele ficou do lado da Federal. Então, se eu morrer aqui, nem encontrando defunto, tem choro, entendeu?
Fontes: Mas como é que eu ia ficar do lado dele, se a polícia pegou todos

nós e colocou nos hotéis e toda dia vinha nos buscar cedo, levava para o hotel deles, para tirar foto, para nos filmar.
Rilda: Ele não quer falar porque está com medo de (...) magoar mais.
Fontes: Nós passamos um mês lá sem nos soltarem: "Não vai sair ninguém daqui, só vai sair daqui no dia que nós liberarmos todo mundo." Eu tinha carteira de trabalho, ficou [aqui], eu não levei porque nós íamos para lá; os documentos eles, fizeram umas dez [pilhas] dessa altura de carteira de trabalho, olha, de todo mundo.
Pesquisador: D. Rilda, seu marido disse que o empreiteiro é bom. Concorda com ele?
Rilda: Não. Não, sabe por quê? Em janeiro [Fontes saiu e] chegou aqui em abril. Desde janeiro até abril, ele pegou R$60,00 e me deixou aqui nessa roça com meus filhos. Ele saiu, deixou arroz pequeno. O arroz emagreceu. Eu liguei lá na minha cidade, para mãe desse Roberto que é minha cunhada, e implorei para ela.
Pesquisador: O Roberto é o quê?
Rilda: É o gerente
Breton: Ele é o Roberto Lima?
Rilda: Era.
Breton: É o que seu?
Rilda: Meu sobrinho. O Golias, meu sobrinho também. Ele é meu sobrinho assim porque foi o pessoal dele que me criou, sendo que é o dirigente na família.
Pesquisador: A senhora foi criada pela família do Golias?
Rilda: Fui.
Pesquisador: Como chama a mãe do Golias?
Rilda: Priscila Lima.
RRF: A senhora foi criada pela Priscila?
Rilda: Não. Fui criada pelo avô do Golias.
Pesquisador: Como ele chama?
Rilda: Juvenal Lima. É a família que eu conheço.
(...)
Pesquisador: E ele é muito rico?
Rilda: Muito rico.
Pesquisador: Qual era sua idade quando começaram a criar a senhora?
Rilda: Dois anos.

Pesquisador: Eles tratavam a senhora como filha ou como empregada?
Rilda: Como empregada. Fui criada assim como uma pessoa, eu era obrigada a fazer tudo, eu até agradeço porque ele me ensinou a trabalhar. Eu era caseira, era a pessoa que tinha que fazer tudo, sabe? Eu agradeço porque ele me deixou muito certa.
Pesquisador: Deram estudo para a senhora?
Rilda: Não.
Pesquisador: A senhora estudou o quê? O que a senhora fez?
Rilda: Só a segunda série (Trabalhadores, Recanto da Paz: 2000).

Nesse caso, o ator principal, Fontes, tinha diante de si uma platéia composta não apenas por Breton, Abílio e por mim, mas pela esposa, as filhas, vizinhos e amigos que, ocasionalmente, passaram pela casa. Conduzir as lembranças como ele desejava tornou-se mais difícil pela participação da esposa. Se ele não pretendia falar dos erros do *gato* e do "sobrinho", ela os apontava. Se reconhecesse, poderia ofendê-la. Não ter defendido o fazendeiro e o *gato* durante a fiscalização criou uma rachadura talvez definitiva nas relações entre Rilda e seus "familiares". Ela se sentia angustiada: "ele acabou com a minha vida". Quem era este "ele"? O "sobrinho" Roberto, que não tratou bem Fontes? Ou o próprio Fontes, ao dar oportunidade ao Roberto e aos "parentes" de revelarem o que pensavam sobre ela? De fato, Rilda queria ser filha, irmã, tia, e os chamava de "parentes". Contudo, era obrigada a reconhecer que nunca havia gozado desse *status* naquela casa, sempre havia sido tratada como "empregada" ou, pior, com eles experimentou o "cativeiro". Foi todo tempo alguém de fora, uma estrangeira entre os que ela queria como seus. Eram brancos, ricos, donos de muita terra, tinham conforto e estudaram; ela, rejeitada, negra, pobre, sem terra, sem conforto e sem estudo, uma *outsider*. Era a última a poder se servir, não teve direito a roupa nova; ao ser atingida por um raio, perdeu uma vista porque não a levaram ao médico; não lhe ofereceram chance de estudar e se negaram a registrá-la. Só se tornou alguém com registro legal de identidade quando adulta, ao se preparar para o casamento. Mesmo aí, houve forte decepção. Não a registraram como filha. Era filha de "outros"; uma estrangeira na casa; de fato, jamais a adotaram. Rilda era, pois, não apenas uma *outsider* no Mato Grosso, por estar ali havia pouco tempo, mas uma *outsider* na "família" de Goiás, de onde vinha. Uma sem-lugar no coração de quem queria amar e por quem queria ser amada. Emocionalmente, não conseguia romper com os laços confusos que estabelecera. Poder chamá-los de parentes já permitia que simbolicamente participasse daquilo que jamais seria. Com os olhos chorava a ruptura; com os lábios reconhecia que com eles era a última. O esposo contribuiu para expor a contradição. Fontes, confuso, percorria o terreno perigoso da palavra.

Meus hóspedes e guias no Mato Grosso poderiam se tornar um problema quando fomos entrevistar Luiz Bang Bang, candidato a prefeito e fazendeiro. O candidato era acusado de ter cometido alguns crimes, e conhecido por ter muitas mulheres e filhos. Por esta razão, fomos apenas a escritora inglesa e eu. Avisaram-nos de que não conseguiríamos entrevistá-lo; que era pessoa de difícil trato. Paramos o carro da CPT próximo ao escritório. Era uma forma de dizermos: somos hóspedes do povo da prelazia, o carro é a prova, mas viemos sós. Entramos e nos apresentamos. Le Breton era escritora inglesa e fazendeira em Minas Gerais. Eu preparava uma tese de doutorado. Ambos gostaríamos de compreender o processo de ocupação da Amazônia, ouvindo os diversos atores envolvidos e queríamos saber quais eram os problemas, como conseguiam a mão-de-obra, a relação que estabeleciam com ela. Dissemos a verdade, mas não dissemos também que Breton escreveu sobre o padre Josimo Moraes Tavares,[11] que eu trabalhei na CPT e havia publicado textos sobre a violência de pistoleiros, *gatos* e fazendeiros na região. Talvez ele já soubesse quem eu era, me conhecesse de nome, mas não demonstrou. O entrevistado parecia um homem simpático, sorridente, de chapéu, moreno claro, alto, magro, quarenta anos, fazendeiro e dono de garimpo de ouro, 11 filhos, três netos. Ele nos atendeu logo, apesar do número de correligionários que o cercavam. Levou-nos para uma sala menor, mais tranqüila, longe do alvoroço da primeira.

[11]Membro da Diocese de Tocantinópolis, no Tocantins, e da direção da CPT Araguaia-Tocantins, foi assassinado em 10 de maio de 1986, por sua luta a favor dos posseiros. O livro de Breton é *Todos sabiam: a morte anunciada do padre Josimo* (São Paulo/Araguaína, Loyola/CPT: 2000).

Pesquisador: Seu nome político é Luiz Bang-Bang. Mas e o de nascimento?
Bang Bang: Luiz Carlos Machado.
Breton: Futuro prefeito.
Bang Bang: Não. (...) Somos três candidatos, todos os três têm grandes chances de chegarem [a serem eleitos]. Temos grande aceitação. Agora, só um vai ganhar. Mas não sabemos quem é ainda. (...) Somos três times que estão entrando hoje, ganha o que for melhor. O que tiver bom desempenho e chutar a bola na área do adversário. [Quem] fizer o gol, vai ganhar. Eu acho que não existe bom na política. Existe questão de conhecimento. Se você tiver mais um conhecimento, passar para o povo aquilo que tem dentro de você, sem demagogia... Eu acho que isso é que é a continuação da política. Eu acho assim, falando um pouco de política, eu tenho quatro anos de prefeito. Estou no quinto ano. Estudando o quinto ano para prefeito, enquanto os que estão aí são primários. Eu fui prefeito primário e não fui bom prefeito.
Breton: O senhor não se considerou bom prefeito?
Bang Bang: Eu não me considero bom. Razoável. O Zé Viana é primário e não foi bom prefeito. O Milton, de Cana Brava, também é primário, não foi bom prefeito para o povo. Fez muitas obras, mas não foi bom prefeito. O Iran fez muitas obras, mas para o povo não é bom prefeito. Todos da nossa região. Dessa região. Fez muitas obras, o Iran, candidato de Confresa. Mas não foi bom prefeito para o povo. Certo tipo de pessoas mais carentes gosta que a senhora bata nas costas dele, dá atenção para ele. O povo gosta muito de atenção. E Pedro Fernandes, antes de mim, também primário, não foi bom prefeito. Cascão foi um bom prefeito. Começou aqui, fez muita coisa aqui. Cascão. Não sei se vocês ouviram falar nele, mas é...
Breton: Ouvi falar.
Bang Bang: É uma pessoa que a gente tem um grande respeito por ele. Deixa ver o que mais... O pessoal da esquerda, aqui, é contra mim, trabalha mais em grupo. Eu trabalho mais com o povo. Estou trabalhando mais com o povo. Trabalho em grupo aqui não deu certo. Deu muito atraso. Então eu vejo assim, que Porto Alegre é uma cidade que tinha tudo, hoje, para ser a melhor cidade do baixo Araguaia, é a pior. Não é porque o povo não quer, o povo quer que a cidade seja uma cidade boa. Mas, se nós não tivermos certo estímulo nas nossas vidas para poder continuar, não vai.

> Eu parei aqui. Tinha que dar continuidade no meu trabalho, quer fosse bom, quer fosse ruim, tinha que continuar. Então aquele que pegou, ele parou aqui. Também fez coisas erradas iguais eu fiz. Eu não vou dizer — é o que eu estou dizendo —, eu não considero que eu fui um bom prefeito. Eu considero que fui razoável. Mas, se esse que entrou também fosse razoável, eu tinha andado mais um pouco. As coisas aqui diminuíram muito. Os valores das coisas. Uma casa, no meu tempo custava X, hoje custa menos uma vírgula (Porto Alegre do Norte: 2000).

Parecia modesto ou acertadamente cauteloso. Provocado por Breton, que acrescentou ao seu nome a qualidade de "futuro prefeito", ele respondeu com um "não" — de fato, desta vez, em 2000, perderia as eleições — e discorreu sobre a "primariedade" dos candidatos. Admitiu não ter sido um bom prefeito por ser "primário" como os demais. Mas, ressaltava, não havia sido bom, mas tinha sido "razoável"; ao contrário do seu sucessor, que nem razoável foi. Os prefeitos anteriores eram "primários", como ele havia sido, alguns fizeram até obras, mas não tinham sido bons prefeitos, pelo menos para o povo que gosta de receber atenção. Elogiou Cascão: "fez muita coisa aqui"; tinha "um grande respeito por ele" e não o chamou de primário. O problema aí parecia ser outro. Cascão era de esquerda. E a esquerda era contra ele e trabalhava em "grupo", ao contrário dele, que trabalhava "mais com o povo". Trabalhar em grupo ali não deu certo e levou "atraso" ao município. Porto Alegre podia "ser a melhor cidade" da região e tornou-se "a pior". Ora, quem era Cascão? Rodolfo Alexandre Inácio, o Cascão, estudou engenharia na USP, foi agente de pastoral da prelazia de São Félix do Araguaia de 1977 a 1982, assessor de planejamento das prefeituras de Canarana e Santa Terezinha, de 1983 a 1986, e prefeito de Porto Alegre, de 1986 a 1988. No final do mandato, o lavrador Pedro Fernandes, apoiado por Cascão, venceu as eleições e o sucedeu na prefeitura. Conforme o próprio Cascão:

> Dias após o resultado [das eleições], o qual produziu a ira das forças conservadoras ligadas ao latifúndio, o prefeito Cascão, seu segurança Avelino e sua esposa Fernanda sofreram bárbaro atentado, que quase tira-lhes a vida. O carro oficial em que andavam foi interceptado por cinco jagunços

> a mando de Luiz Carlos Machado — o Luiz Bang Bang, candidato a prefeito derrotado — um notório pistoleiro e fazendeiro vinculado à UDR — União Democrática Ruralista. O Opala do gabinete foi perfurado de balas. Cascão e Avelino, embora baleados, e Fernanda, que saiu ilesa, escaparam milagrosamente (Inácio, 1992: 16).

Mas retornemos à entrevista:

> Pesquisador: O senhor já foi empreiteiro?
> Bang Bang: Já fui.
> Pesquisador: Qual o maior número de peões que o senhor já comandou de uma só vez?
> Bang Bang: Eu trabalhei com mil homens, 1.100, 1.200, sem carro. Só de avião. Levava de avião a comida, a gasolina, tudo. (...) No Pará. Todo mundo conhece: a Fazenda Santo Antônio. Está lá aberta para todo mundo ver. No município de São Félix do Xingu, do Antônio Inácio da Silva.
> Pesquisador: O senhor não conseguiu os homens aqui?
> Bang Bang: Não. Eu administrava a fazenda. Tinha mil e poucos homens na derrubada, e tinha vários chefes. Você chegava lá: "Eu posso trabalhar com vinte." Você ia com vinte. Ela ia com cinqüenta... Contratava em outros lugares. Redenção, Conceição, Porto Alegre do Norte, Confresa, Canabrava, Santa Terezinha, Luciara, São Félix, Alto da Boa Vista. Dez aqui, cinco ali, trinta ali... (...) Isso também já há muitos anos. Foi em 1985, 1986... (...)
> Breton: Essa região antigamente tinha fama de faroeste?
> Bang Bang: Tinha.
> Breton: Ainda é?
> Bang Bang: Não. Hoje, não. Acalmou, mas antigamente tinha. Eu, que cheguei para cá em 77, quando foi no finalzinho de 77 me botaram o apelido de Luiz Bang. Ficou aí gravado: Luiz Bang.
> Pesquisador: Por que o Bang Bang?
> Bang Bang: Eu não sei. Quem me botou esse apelido foi a dona Silvana, a dona da terra. Eu não sei se é porque naquele tempo a gente andava diferente de hoje, porque antigamente o pessoal andava com revólver e o revólver era um enfeite que o homem tinha. Não era para matar ninguém.
> Pesquisador: O senhor usava revólver.
> Bang Bang: Todo mundo aqui usava. Não era só Luiz Bang. Não era só

Antônio, Manoel, todo mundo.
Breton: Fazia parte.
Bang Bang: Fazia parte do nosso faroestezinho...
Pesquisador: Então havia um faroeste.
Bang Bang: Não. Fazia parte da nossa vida. Não é que havia um faroeste. Eu não registro, aqui em Porto Alegre, ver ninguém matar ninguém aqui. Mata. Acontece de matar. Mas às vezes é uma discussãozinha boba. Não é esse negócio de usar um revólver para matar. Ninguém nunca usou isso aqui. Assim de maldade, igual no Oeste o camarada... Você assiste àqueles filmes, o cara vai matar fulano, vai lá e mata. Aqui não existia isso. Aqui só existia se chegasse alguém para tirar os posseiros de alguma área e aí viesse com nome de pistoleiro, ele voltava dentro de um caixão. Os posseiros não deixavam ele voltar. Posseiro aqui é homem, não é pedaço de homem, não.
Pesquisador: Morreu muito pistoleiro?
Bang Bang: Aqueles que vinham mexer com os posseiros, acabavam voltando com os pés amarrados. Agora, eu nunca tive esse problema, graças a Deus. Sempre fui amigo deles, nunca tive problema com posseiro. Porque eu também sou posseiro.
Pesquisador: O senhor não tem propriedade?
Bang Bang: Registrada, não. É posse também. Mas aqui foi muito bom... vixe!
Pesquisador: O senhor, no passado, morava na terra de Silvana.
Bang Bang: Naquela época plantava lavoura com eles. Lavoura de arroz.
Pesquisador: O senhor era meeiro?
Bang Bang: Meeiro. Porcentista. Tirava as despesas e o que sobrava nós dividíamos. Metade para ela e metade para mim (Porto Alegre: 2000).

No transcorrer da conversa, revelou ter sido lavrador pobre, "meeiro", que andava com arma na cintura, daí o apelido que ostentava com orgulho. Alguns o acusavam, como o ex-prefeito Cascão, de ter sido de fato mais que "meeiro", pistoleiro, no faroeste que inicialmente Bang Bang admitiu existir, depois negou. Daí a se metamorfosear em *gato* foi um pulo. E, de acordo com o próprio depoimento, era um *gato* eficiente. Entre 1985 e 1986, contratado pela fazenda Santo Antônio, em São Félix do Xingu,[12]

[12]E para a Belauto, no mesmo município, em 1988 e 1989.

coordenou o aliciamento, o transporte aéreo, a alimentação, a distribuição e o trabalho de mais de mil homens no mesmo ano, simultaneamente. Por coincidência, nos arquivos da CPT do sul do Pará, constava que em 1986 a PF libertou sessenta trabalhadores que haviam sido reduzidos à escravidão por dois *gatos* — Luiz Bang e Chicô. Até então, não ligávamos o nome de Luiz Bang, de São Félix do Xingu (PA), ao de Luiz Bang Bang, de Porto Alegre (MT). Eram a mesma pessoa e, se sua informação fosse correta, enganou a PF, que só localizou uma parte pequena das pessoas que ele retinha nas fazendas. Se o outro *gato* possuía número semelhante de homens, a quantia dos envolvidos ultrapassava em muito a denúncia. Aquele homem, que atraía tantas mulheres, gerava filhos, usava armas e era suspeito de matar, representava diante dos entrevistadores o papel cuidadoso de falar o devido, o sabido ou o que imaginava já sabido. Mesmo assim, foi além do conhecido. Era candidato e precisava continuar na arte de apresentação para outro público, o de seus possíveis eleitores. Antes de nos despedirmos, Bang Bang, acentuou:

> Às vezes a gente vai para fora [da região]para trabalhar porque o recurso aqui... Tem que comer... Vocês não são lá da Inglaterra e não estão aqui? Porque a atividade que vocês estão fazendo, estão trabalhando. Ou me entrevistando ou entrevistando outro amigo, estão trabalhando. Eu sei que muita gente vai ouvir essa entrevista. Tire alguma conclusão dela de boa. Ou de ruim também. A gente não sabe, eu sei que a nossa vida aqui é uma vida muito ignorante porque talvez não conhecemos muita coisa. Não sabemos falar bonito. Não sabemos usar a gramática, como se diz, o português. Mas nós falamos com o coração. Falamos com sinceridade, com humildade. E eu tenho certeza que vocês vão voltar outras vezes aqui, eu tenho certeza que vocês vão achar Porto Alegre diferente. Depende do prefeito que ganhar. Se for o Zé Carlos, parabéns. Se for o Rubinho, parabéns, se for o Luiz Bang, parabéns para os três... (Porto Alegre do Norte: 2000).

Viajar, impelido pelas exigências de trabalho, pelas necessidades da vida, fazia parte do horizonte de muitos. Atingia, por razões diferentes, tanto um homem no Mato Grosso quanto alguém da Inglaterra; tanto quem não dominava a "gramática" do próprio país quanto alguém cosmopolita. E o que ele dizia para duas pessoas teria repercussão e a entrevista seria "ouvida", "por muita gente" fora de sua influência imediata, gente que não era eleitora naquele município, mas que não podia desconhecer. Não falava ingenuamente. Sabia da responsabilidade com as palavras, que no discurso tudo tinha um "preço" e, por isso, devia se preocupar com o que ele produziria e com o grau de "aceitabilidade" social que teria, com a oportunidade de dizer ou não algo, com a "censura extraordinária" que deveria exercer sobre suas próprias palavras (Bourdieu, 2000: 53-55). Ele, o ator, apesar dos riscos sabidos, imaginava ser salvo, não pela beleza do falar, mas pela "sinceridade" com que se expressava. Tentava seduzir a platéia, porque o fazia com "humildade".

Em Recanto da Paz, Vera (depoimento: 2000), avó de Ribamar, sentada em um banco no quintal da casa, falava com fluência. Chegar até ela havia sido fácil. Le Breton e eu íamos acompanhados por um agente da CPT local, Abílio, que era conhecido no município. Além disso, eu conhecia Ribamar desde 1983, quando ele e outros três jovens haviam escapado de uma fazenda no sul do Pará. Ela traçou o perfil dos netos: "Não é que eu queira me gabar, não. Meus meninos, todos conhecem, eles não caçam briga com ninguém." E completou: "É assim porque aqui, meus vizinhos reconhecem, se alguém quiser brigar com eles, eles se desviam. Nunca aconteceu [briga] com eles." Orgulhava-se do espírito pacífico de seus descendentes. Contudo, ao longo da conversa, admitia que havia também sombras. Um dos netos tinha problemas de alcoolismo e terminou por falar de relações familiares temporariamente tensas.

Vera abriu a casa, revelou intimidades da família em Recanto da Paz, mas não foi a única. Outras o fizeram. A presença de mulheres foi uma constante nas entrevistas. Mesmo se raramente estiveram em fazendas, elas foram vítimas ou cúmplices. Como mães, esposas, avós, filhas, madrinhas, viveram suas aflições. Ou estiveram presentes, em alianças, às vezes precárias, com os *gatos* e gerentes de fazendas, como donas de pensão, como mulheres de "ambiente" ou empreiteiras. Em uma das cidades, a proprietária de um "ambiente" falou sobre si, sua família e as "meninas", cedo, debaixo de uma árvore e, à noite, em um restaurante. Revelou histórias em que se entrecruzavam situações paradoxais: foi mulher de um empreiteiro que se tornou pecuarista e ela mesma havia sido empreiteira. Nos anos oitenta, houve uma grande coincidência com a chegada do presidente Figueiredo ao Pará. Ela, o esposo e os filhos foram vê-lo no aeroporto. A filha, menina ainda, desgarrou-se de sua mão, correu e abraçou o presidente. Este, comovido, prometeu-lhe uma bolsa de estudo do primeiro grau até que concluísse a faculdade. Por ocasião da entrevista, a filha cursava medicina em São Paulo, graças à bolsa. Separada do esposo, mudou-se (para fugir dele?) do Pará e teve uma queda no *status* social. De empreiteira com sucesso, em um município que se desenvolvia, tornou-se dona de um prostíbulo pobre e decadente em uma cidade pequena e distante dos centros urbanos maiores. Antes ia atrás dos peões em pensões ou nos municípios onde moravam; agora devia recebê-los e oferecer-lhes diversão e carinho. Contudo, com o declínio das derrubadas, a cidade estava vazia e vazio, o cabaré. Perguntamos pelas mulheres. Seis participavam, como devotas, de uma romaria do festejo do Senhor do Bonfim, que duraria uma semana em um local distante. Tanto para nossa entrevistada quanto para suas "meninas", não havia aparentemente nenhuma contradição entre sair do cabaré e ir à igreja; sair dos braços dos clientes e ir à romaria.[13] Além disso, a dona do "ambiente" representava o papel de mãe extremada, cuidando das "filhas" e dando conselhos, levando às compras os peões do trecho que haviam obtido algum dinheiro.

Esterci (1994: 117-125) já havia encontrado, na mesma região do Mato Grosso, histórias de "ruptura e reconstruções das relações sociais" em situações em que essas mulheres, que por alguma razão romperam expectativas de casamentos estáveis ou de virgindade pré-nupcial, se juntavam aos peões, que haviam saído de casa para trabalhar nas fazendas e tam-

[13]Tal fato lembra Jacques Le Goff (1993: 153-174), que, ao comentar o método de se analisar a realidade a partir de P. Ariès, cita o rei Francisco I, que passava sucessivamente da cama da amante para o ofício da Igreja. O fato, dirá o historiador, poderia ser visto com os olhos de alguém do século XX, que exigia uma prática de coerência moral. Nesse caso, ou o rei teria se arrependido e pedido perdão a Deus, ou teria se comportado como um hipócrita. O historiador das mentalidades, dirá Goff, deve ter uma visão menos rígida e admitir que o rei era sincero tanto na cama da amante quanto nas suas orações. Para isso, estudaria a mentalidade e a cultura nas quais se inseria o rei.

bém estavam apartados de suas famílias. Uns e outros, assim, recompunham relações afetivas e familiares deixadas no lugar de origem. A dona do "ambiente" tinha muitas histórias para contar. Eram principalmente aquelas das suas "meninas" que se apaixonaram por peões e constituíram família. Também migrante, como os peões, falou sobre eles. Em trânsito pela cidade, passavam pelos lençóis da casa, e lhe revelavam suas aventuras e desventuras no amor e, mesmo, nas fazendas. Falou da fé, da oração e, ao falar sobre os peões, discorreu sobre sua própria vida. Estando diante de outro, esteve diante de si. A narrativa desta mulher, com suas histórias de "ruptura e reconstruções das relações sociais", revelava uma mulher com uma trajetória de muito movimento. Nascida de família pobre, tornou-se empreiteira e fazendeira. Depois, o ocaso. Separa-se do marido, sai de casa e da cidade e se torna dona de um prostíbulo com poucos clientes.

A única "menina" que não fora à romaria, arisca no início da entrevista, diante do convite formulado pelos entrevistadores à patroa para um jantar no restaurante do centro da cidade, pediu para ir também e se vestiu com esmero. Ambas com as melhores roupas, com as melhores pinturas, os brincos mais brilhantes, suspenderam o atendimento incerto da noite e entraram no espaço das "famílias de bem", sentaram-se à mesa do restaurante com os estranhos entrevistadores. E a silenciosa "menina", que até então não queria falar nem sobre si nem sobre outros, mudou de idéia: estava grávida porque se apaixonara por um rapaz 11 anos mais novo, um jovem de 16 anos. E o amor havia se acabado, mas a gravidez prosseguia. Era a segunda gravidez e o segundo filho. A primeira, aos 14 anos, quando também havia se apaixonado por um garimpeiro da Serra Pelada. Nesse mundo de estranhos que chegam, que passam, é possível viver experiências já contadas por outros profissionais na origem da etnografia. Mergulha-se em realidades sociais e culturais diferentes com "espanto" e "desconcertos" (Sayad, 1998: 132). A refeição terminou e havia emoção. As duas mulheres — uma acariciou a barriga — tinham lágrimas nos olhos.

CONTROLE DE IMPRESSÕES: NO PIAUÍ E NO MATO GROSSO

Depois dos encontros densos com a dona do "ambiente" e uma de suas "meninas", era momento de lembrar-nos de Sayad (1998:134) que também teve a experiência de uma relação com um entrevistado que ultrapassou a confidência. Como ele afirmou, foi algo como uma "confissão", em que o "véu" se ergueu. Nesse caso, "o discurso recolhido não é apenas entregue com toda a confiança e até mesmo, mais do que isso, com afeição, ou (...) como me foi dito pelo entrevistado e seus amigos (...), 'fraternalmente', o que, vindo da parte deles, não pode ser reduzido a uma simples forma de polidez (...)". E constatou que "tanto o entrevistado e seus amigos quanto o próprio entrevistador acabaram, em mais de um momento, esquecendo a finalidade última da operação, que consiste, para alguns, em recolher o discurso para fins de análise".

Falar ao amigo não é igual a falar ao estranho; uma confidência pode ser incompatível com um registro em fita cassete; estar no palco é distinto de estar nos bastidores, oculto ao olho curioso da platéia (Goffman, 1999). Para compreender a humanidade em seus diversos intercâmbios sociais, um dos problemas, enfrentados principalmente no Piauí e às vezes também no Mato Grosso, foi entrevistar alguém com certa privacidade, diminuindo a amplitude das platéia, buscando os bastidores. Não tive a liberdade de sugerir que os outros, parentes e vizinhos do entrevistado, se retirassem. Não dispus, muitas vezes, de um espaço reservado, pois as casas não tinham forros e o que se falava num cômodo era ouvido nos demais. A solução seria ir ao quintal. Uma vez, alegando que gravaria fora para não incomodá-los e assim deixaria os parentes e amigos livres para conversarem normalmente, desloquei-me com o entrevistado. Contudo, aos poucos, os parentes e os vizinhos nos imitaram e assistiram e até participaram da entrevista, exercendo sobre o informante e sobre o entrevistador uma espécie de controle ou provocando, inesperadamente, inconfidências às quais, sem eles, eu não teria acesso.

Em Barras, entrevistei uma assistente social, ex-funcionária pública em conflito com o prefeito e apoiando outro candidato a prefeito. Também entrevistei um ex-funcionário do Instituto Nacional de Colonização e

Reforma Agrária, Incra, candidato a prefeito do mesmo município. Sabia que esse conflito determinaria muito do que poderia ou não ouvir. O momento pré-eleitoral, com todas as paixões da campanha, impunha limites às pessoas de alguma forma envolvidas no jogo político. Corria o risco de ter um depoimento que apenas desqualificasse os adversários, atribuindo-lhes responsabilidades sobre problemas vividos pelos que eram levados a migrar, sem obter informações desejadas sobre a migração. Tratava-se de um contexto em que, de forma especial, se ocultavam dados considerados constrangedores ou se dava uma dimensão extraordinária aos dados menos relevantes. E, internamente, me defrontava com a questão: há problemas éticos quando o antropólogo se apresenta apenas parcialmente? Ele tem direito de ocultar algo sobre si quando percebe que, mostrando suas hipóteses, dificulta ou mesmo impossibilita colher os dados e impede a execução do trabalho? Para Gerald D. Berreman (1990: 143-144), sem alguma "dissimulação", não é possível obter uma compreensão justamente sobre os aspectos que o entrevistado deseja esconder ou o entrevistador ficará na superfície, apenas na "visão oficial". Esse controle de impressões pode ser cansativo e desgastante.[14] Se, de um lado, o pesquisador se esforça para ler as representações dos atores estudados, ele deve, todo o tempo, cuidar da própria representação. Não pode emitir sinais errados, que levantem dúvidas para seus informantes e inviabilizem seu objetivo. Encontrei-me diante do problema. Optei por falar a verdade, mas não toda, dependendo da circunstância.

Outra questão é a dos que acompanham, daqueles que são guias e de certo modo olhos e boca do pesquisador. Berreman dependeu de assistentes; um era intérprete, o outro, criado. Para ver, ouvir e compreender, o intérprete foi, de certa forma, o seu caminho e o seu filtro. Através do intérprete, ele penetrou na parte que o grupo quis tornar pública e em espaços que se quis esconder. Mas, ao mesmo tempo que viabilizou algo,

[14]Berreman (1990: 142), lembrou novamente Goffman, afirmou pouco antes: "Embora eu pense ser prática e eticamente correto que o etnógrafo faça saber sua intenção de conhecer o modo da vida dos indivíduos que pretende estudar, creio ser eticamente desnecessário e metodologicamente incorreto que explicite suas hipóteses específicas e, em muitos casos, até mesmo seus campos de interesses."

esse auxiliar moldou as palavras e os discursos à sua compreensão ou ao que ele gostaria que o outro soubesse. O intérprete e o criado, que falavam a língua da população das montanhas, afastaram ou atraíram pessoas. O etnógrafo passou, naquele momento, a não ser apenas ele, mas tornou-se parte de uma equipe. O sucesso não dependeu apenas dele, mas do intérprete e do criado.

Acompanhado por sindicalistas ou agentes de pastoral, tive portas abertas e condicionadas. Sem esses auxílios, as entrevistas poderiam se tornar mais difíceis, talvez não tivesse a oportunidade de conhecer alguns dos entrevistados, mas, com a colaboração, os depoimentos se adaptaram, em alguns momentos, à expectativa dos próprios cooperadores. Por isso, às vezes, essas pessoas, tão importantes para a execução das tarefas, não estiveram presentes, como se deu no encontro com Bang Bang e com outros que exerciam cargos públicos nos municípios da região.

Em uma entrevista há sempre a possibilidade do novo, do inesperado, de atores se desentenderem diante da platéia e o pesquisador (platéia) penetrar recônditos antes inacessíveis. A entrevista realizada com Fontes, no Mato Grosso, em 2000, mudou por completo com a intervenção de Rilda. Parecia realizar-se sem novidades, quando ela, que seria uma figura secundária, se tornou uma personagem especial. O marido escondia fatos e conclusões para não ofendê-la. E ela revelou sentimentos profundos, produto das intricadas relações familiares que iam além das relações de trabalho. O escravizador de Fontes era um "sobrinho" e ela não sabia a quem odiar: se o "sobrinho", os "parentes", ou o marido — por este suscitar o pretexto do rompimento dos laços de parentesco. A conversa informal com o sindicalista em Barras permitiu ouvi-lo falar de uma esfera de intimidade que não foi possível obter na entrevista mais formal. Ele precisava se proteger. A entrevista com o candidato a prefeito de Porto Alegre, mesmo pressupondo que outros podiam ter acesso às gravações, não impediu a revelação, por exemplo, de que o número de aliciados utilizados em uma fazenda, onde ele era *gato*, havia sido bem superior aos que a PF conseguiu resgatar. Talvez falasse pelo prazer de se revelar um extraordinário empreendedor, capaz de coordenar até 1.200 homens em situação tão adversa, pois não havia sequer uma estrada de acesso à fazenda, ou pela tranqüilidade moral em face de seus próprios atos, a naturalização com que administrava a violência contra os trabalhadores "endividados" e a ruptura contra as leis penais e trabalhistas.

Os atores tinham lugares sociais diferentes, mesmo morando em regiões próximas. Os dois primeiros, um casal imerso em situação de pobreza, eram vítimas de exploração e de trabalho escravo. O terceiro, em condições econômicas comparativamente melhores, temido, havia sido *gato* e estava em plena campanha eleitoral. O trabalhador, levado para um local estranho — na sua geografia, nas relações de labor e cultura —, reduzido ao estado de subordinação, separado de laços afetivos e de parentesco, o parente havia deixado de ser parente, à mercê de outros, devia adotar uma atitude de suspeição "crítica". Certamente o fez, mas vivia o conflito de sentimentos em casa e fora de casa, e o conjunto de fatores dificultava sua narrativa. Sayad, escrevendo sobre argelinos na França, revelou encontrar um que, como outros migrantes, adquiria um "olhar crítico" e uma "atitude reflexiva". Só depois de diversas entrevistas com ele e com seus amigos em locais diferentes

> veio a confissão: o entrevistado acabou "confessando o que não confessara até então para ninguém" — exceto, claro, a seus confidentes, que me avisaram com muita delicadeza e discrição sobre a "infelicidade" que aconteceu em sua vida (...). (...) certos silêncios do entrevistado, certas falas (...) elípticas (...), só podiam ser entendidos, fazer sentido com a condição de que fôssemos informados de toda a dimensão "inconfessável", indizível da vida do entrevistado, que foi sua relação conjugal (Sayad, 1998: 131-132).

As relações entre os diversos atores nem sempre foram concebidas a partir de unanimidades. As divergências podiam ser internas ao mesmo grupo e externas, no contato com o estranho. Entre os do primeiro grupo, havia o medo de que segredos pudessem ser violados, com conseqüências, no mínimo, desconfortáveis para alguns que os desejassem ocultos. Ou estamos diante de visões do mundo diferentes. O sindicalista, por exemplo, que teve a experiência do trabalho em fazendas no Pará ou que conheceu a experiência de algum de seus parentes, não terá provavelmente uma compreensão do problema semelhante à do trabalhador que, mesmo tendo trabalhado na fazenda, não participou de encontros promovidos nas delegacias sindicais, no sindicato ou num partido político para refletir sobre o assunto. Este será considerado um "despolitizado", por não possuir as mesmas informações, a mesma chave de análise e as disposições de lutas sindicais e políticas que parecerão ao sindicalista ou ao militante partidário mais adequadas para compreender e mudar a realidade. A ele faltariam os instrumentos imprescindíveis de decodificação da realidade. Aceitando as regras impostas pelo *gato*, por concordar com ele ou por temê-lo, e indo contra os companheiros, o trabalhador, desconfortavelmente, construirá uma narrativa "neutra", porque outros estarão presentes no momento da entrevista e agirão, mesmo que silenciosamente, como controladores do discurso. Ou, ao contrário, o lavrador estará irritado com o tratamento recebido, desejará reclamar do empreiteiro e do aliciador, mas seus parentes, pela própria presença ou por sinais imperceptíveis ou visíveis, vão lembrar-lhe da importância do silêncio.

A idade, o sexo, o número de viagens empreendidas, o interesse, o local onde fala e de onde fala, tudo influi no discurso. Sendo jovem, de sexo masculino, por exemplo, pode manifestar uma coragem que não teve antes para não se desqualificar diante do outro. Sendo mais experiente, talvez assuma as dificuldades vividas mais facilmente e faça ponderações quanto ao futuro. Não teríamos aqui uma "representação" e um "teatro" ao estilo de Bali, e pessoas, no interior de um Estado, suspensas "por teias de significação" por elas mesmas "tecidas" (Geertz, 1991: VII e 25)? Contudo as palavras e ações revelam estruturas de pensamento, mas escapam ainda às mesmas estruturas, porque há sempre o imponderável nas ações e no próprio pensamento. Há "representações" e "teatros" (Goffman, 1999: 9 e 84) do homem em suas pequenas ou extensas e múltiplas interações sociais.

O jogo de representação, seja em uma região composta por *estabelecidos*, em Barras, ou por *outsiders*, no Mato Grosso, necessariamente existe e, tanto em uma quanto em outra situação, não se tem acesso seguro aos bastidores, mas também ele não está completamente protegido. Sob certos aspectos, a representação será maior ou menor, haverá mais razões ou menos razões para manter espaços privados e segredos. Tanto em Bali quanto em qualquer país e cultura, há um teatro. Mesmo sendo desigual na intensidade e na forma, a representação é um fenômeno comum. A representação para o outro implica interpretação através de gestos, roupas, palavras, tonalidades de voz, olhares e armas. O ator deve supor como a platéia o observa e sabe encenar não só para o outro, mas até para si. O homem ou a mulher, ao ser convencido a trabalhar no Pará, participa de um conjunto de representações num jogo de certo modo complexo de sedução. O empreiteiro deve atrair através do discurso, da camisa, da bota, dos óculos e de adereços complementares — dentes com filigranas de ouro, braceletes, pulseiras e anéis —, de pequenos adiantamentos financeiros e dos instrumentos de comunicação — a emissora de rádio local, o carro de som que faz a propaganda pela rua, os contatos pessoais e propaganda que pode ser transmitida por terceiros.

Ao tratar da microrrelação, dessa política miúda, não se perde necessariamente a referência à relação mais extensa. O estudo do particular pode abrir pistas para a compreensão do geral. As relações menores, particulares, relações do "eu" com o outro e consigo, expressam através de analogias as relações mais complexas. As relações entre os peões e os empreiteiros têm algo de específico e algo de comum com outras relações; da mesma forma como uma disputa na fábrica, entre os patrões e seus empregados, lembrando Goffman (1999: 224), exige reuniões de "bastidores", representações no "palco", inclusive das partes contrárias, para se alcançar uma solução.[15] Podem também ser atores as nações que negociam entre si e com o movimento sindical os tratados internacionais e as leis sobre a escravidão, na Organização Internacional do Trabalho em Genebra. Ou os atores são grupos da sociedade civil interpelando o Estado brasileiro na OEA em Washington, no Congresso Nacional em Brasília. Mas também são fazendeiros, gerentes, empreiteiros e membros de milícias privadas se reunindo sigilosamente e programando ações, espreitando e fiscalizando, capturando fugitivos e os reprimindo.

[15]Ou os entreveros entre dois países exigem que os corpos diplomáticos dessas mesmas nações entrem em conversações e pode-se apelar para um terceiro, que agirá como árbitro. Os atores podem ser nações reunidas com seus bastidores, seu corpo de espiões, seus especialistas em leis e em armas, sua preocupação com a platéia e com a encenação eficiente das negociações.

CAPÍTULO II Migrar

Pará

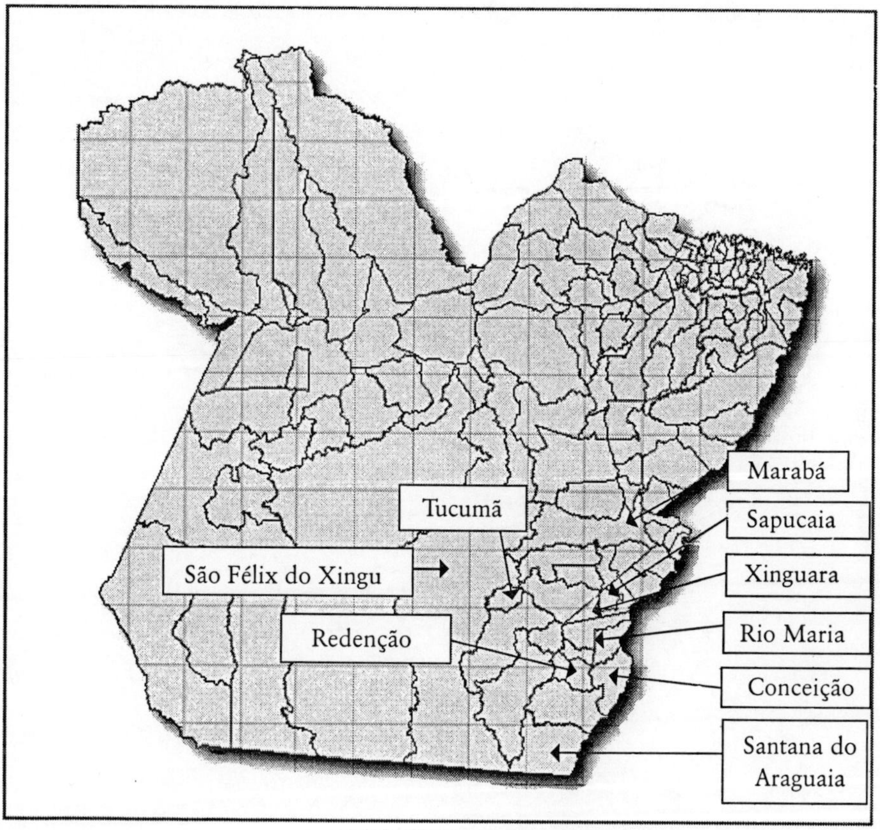

Capital: Belém

Número de municípios: 143

Fonte: IBGE

Brasil

Fluxo de trabalhadores do Piauí e do Mato Grosso ao sul e sudeste do Pará

Fluxo de trabalhadores do Piauí e do Mato Grosso ao Pará
por meio de ferrovia e rodovia

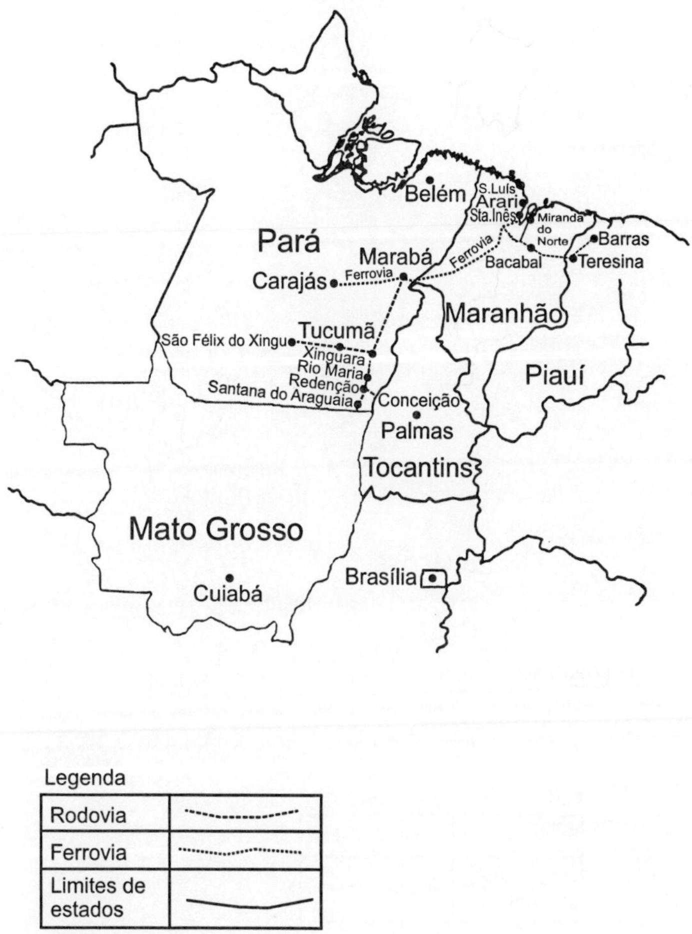

Fonte: IBGE 1997
Adaptação: Maria Helena Benevides e Ricardo Rezende Figueira

Fluxo de trabalhadores do Piauí e do Mato Grosso ao Pará
por meio da rodovia

Legenda

Rodovia	------------
Limites de estado	———

Fonte: IBGE 1997
Adaptação: Maria Helena Benevides e Ricardo Rezende Figueira

Tocantins

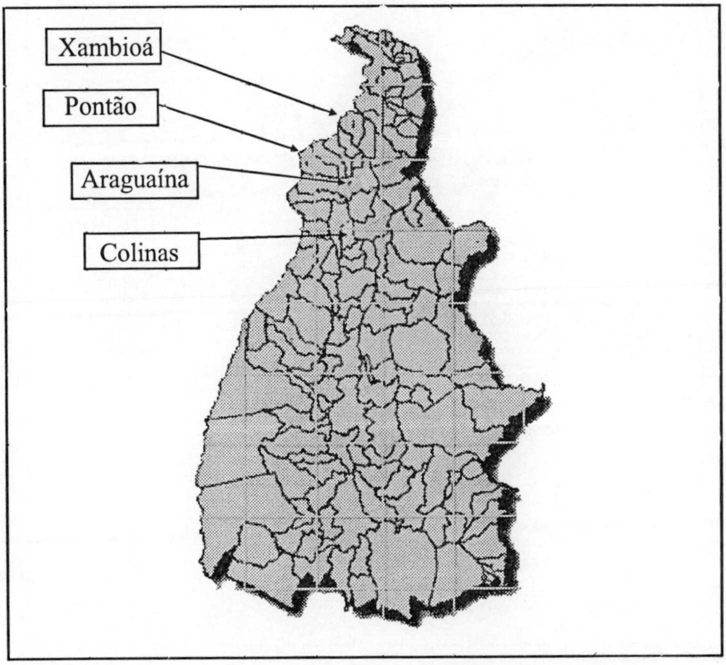

Número de municípios: 139

Capital: Palmas

Fonte : IBGE

Maranhão

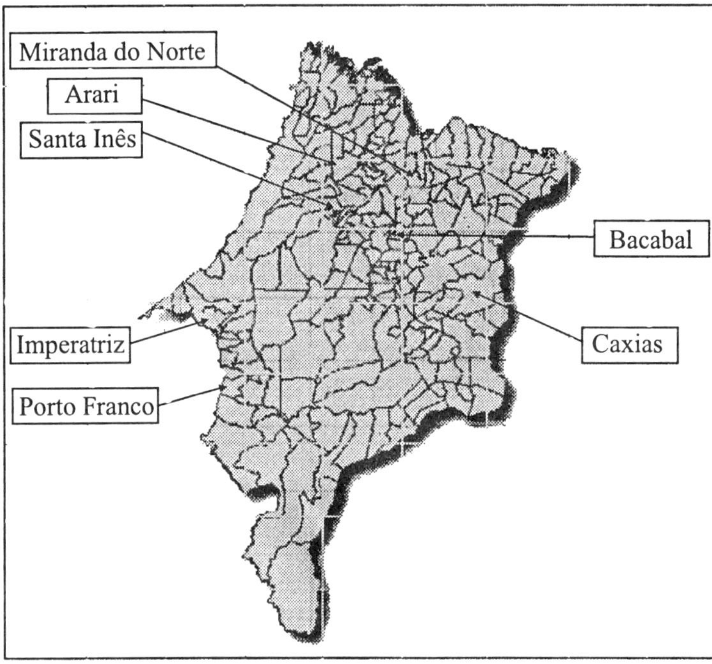

Número de municípios: 217

Capital: São Luís

Fonte : IBGE 1997

EMIGRAR E IMIGRAR

Ao empreender a viagem, a pessoa se torna "estrangeira" nos locais por onde passa e permanece por curto ou extenso período. Mesmo quem permanece, como não pertence ao lugar "desde o começo", dirá Georg Simmel (1983: 182), pode ainda partir e é, por isso, um "viajante potencial". Aquele que viaja aprende, ensina, traz e leva experiência, muda e é mudado. Viajar pode se tornar ocasião de estabelecer novas relações sociais, principalmente para quem vive em um mundo "fechado e estático" de uma comunidade interiorana e sertaneja no Norte ou Nordeste do país.[1] É possível empreender uma viagem pelo desejo de conhecer terras e realidades diferentes, adquirir novos conhecimentos, fazer estudos, manter ou criar uma nova relação afetiva ou desfazer uma antiga, pela sedução de algum convite irrecusável, por medo de uma catástrofe, uma seca, um terremoto, uma guerra entre nações, um crime cometido; uma ameaça física, uma perseguição contra determinadas pessoas, grupos religiosos, etnias; uma humilhação sofrida, por razões comerciais, por necessidades econômicas prementes vividas por uma ou mais pessoas ou mesmo pela totalidade de um grupo social, pelo desemprego temporário ou estrutural, pela abundância de mão-de-obra em um lugar e pela escassez em outro. Em todo caso, não se viaja ou se emigra apenas porque se quer, mas também porque se é obrigado. A migração é temporária ou não, individual, familiar ou coletiva; é conseqüência de uma ação política governamental deli-

[1]Ou no mundo italiano no século XVI, estudado por Carlo Ginzburg (1998: 220), onde os moinhos eram lugares de encontros e trocas nas relações sociais.

berada e de longa duração ou pode ser ocasionada por fatos imprevistos e fulminantes. No caso que estudamos, a migração se faz pela ação combinada de atos e fatos imprevistos, como a seca, e programados, como as decisões de uma política traçada pelos governos militares e civis, tanto em relação ao Nordeste quanto ao Norte e Centro-Oeste do Brasil. Mas há também razões pessoais e familiares.

Sayad (1998) refletiu sobre os imigrantes que vinham da Argélia para a França e os imigrantes que jamais emigraram. Estes eram os filhos dos imigrantes que haviam nascido na França e se tornaram, de certa forma, "apátridas". Deslocando-se para atividades temporárias, conforme Sayad, o trabalhador não seria propriamente um emigrante que imigraria, mas um migrante. Ele explica:

> A tendência atual, que leva a uma autonomia (relativa) do significado social dos termos imigração e imigrantes devido a uma estadia logicamente temporária (...) e durante essa estadia efetiva ou ilusoriamente (subjetivamente falando) temporária, como se estivesse em trânsito, e sim quando ele se instala (...) após um longo período e, freqüentemente, após toda uma geração; só então ele passa a ser um 'imigrante' e não mais um 'migrante' (1998: 268).

De fato, salvo para os animais que emigram anualmente, o termo emigrar, conforme o dicionário Aurélio, significa sair de uma pátria ou país e residir ou estabelecer-se em outro, e imigrar significa "entrar (num país estranho) para nele viver". Enquanto migrar tem um sentido mais transitório e não se refere apenas a países diferentes: "Mudar periodicamente, ou passar de uma região para outra, de um país para outro." No nosso caso, utilizo as categorias migração, emigração e imigração como os deslocamentos geográficos dos trabalhadores aliciados, mesmo que por apenas alguns meses, entre regiões do Brasil. Aqueles que saem da cidade de origem, emigram; aqueles que chegam ao sul do Pará imigram.

Veremos a seguir uma descrição da região para onde se dirigiram os dois grupos de migrantes, o de Barras e o do nordeste do Mato Grosso, como é constituída, o processo de ocupação humana e seus conflitos;

depois, como se realiza a estratégia da viagem dos trabalhadores, por que partem e quais seus estranhamentos.

1. ARAGUAIA, O DESLOCAMENTO DE RECURSOS E DE PESSOAS

Viajar é se deslocar no espaço físico, social e no espaço das experiências e dos olhares. A gente que emigra do Piauí e do Mato Grosso encontra, na região do Araguaia[2] paraense, áreas de cerrado, com suas árvores tortuosas e grandes folhas e tipos diversificados de floresta. Entrecruzam-se ali: a floresta aberta, caracterizada, especialmente, por árvores de grande porte, espaçadas, com agrupamentos de palmeiras e profusão de plantas lenhosas flexíveis, com nódulos, que se apóiam em outras para atingir o cume da floresta e a luz solar; a densa, com árvores com mais de cinqüenta metros de altura; a latifoliada com árvores parcial ou totalmente envolvidas por cipós, apresentando nas áreas planas florestas muito abertas, de baixa estatura, e, nas áreas mais acidentadas, vales estreitos com muito babaçu; e há ainda a floresta mista, composta por árvores latifoliadas e verdes, com altura irregular (entre dez e 25 metros) e palmeiras, concentrando babaçu nos vales rasos e plantas de folhas pequenas — como as leguminosas do grupo das faveiras (Amat, 1996: 281). O rio Araguaia, largo, de baixa profundidade no período da seca e profundo no período das chuvas, divide os estados do Pará e do Tocantins.

Os primeiros aglomerados humanos, além dos indígenas, foram criados às margens do rio que os abastecia de peixe. Há registros de que em 1895 houve algum interesse do governo paraense em uma nova ocupação do território, até então terra de índios carajás e caiapós, através de um contrato (posteriormente suspenso) de financiamento agrícola, beneficiando Carlos Gomes Leitão. Amigos de Gomes Leitão, no ano seguinte, também se deslocaram para o mesmo local, buscando terras para a criação de

[2]O nome do rio significa em Tupi "rio do vale dos papagaios". Ele nasce na divisa de Mato Grosso e Tocantins, e deságua na margem esquerda do rio Tocantins. Com 2.627 quilômetros de curso, tem como afluentes na margem esquerda, entre outros, os rios Manso ou das Mortes, Garças, Barreiros, Cristalino e das Vertentes.

gado. Mas a presença do Estado continuou pequena. Em maio de 1897, frades franceses, coordenados por frei Gil de Vilanova, começaram a erguer o povoado de Conceição do Araguaia com a finalidade de catequizar os caiapós. O povoado ficava à margem do rio Araguaia, em um ponto alto, escolhido com cuidado, protegido das enchentes. O clima é tropical úmido e possui inverno seco; a temperatura média anual varia de 25 a 26 C, com máxima de 32,5 e mínima de 19 C. O período mais intenso de chuvas vai de novembro a abril e a precipitação anual varia de 1.750 a 2.250 milímetros (Amata 1996: 12-13 e 64).

A região continuou a receber migrantes em busca de terra para a pecuária e para a extração de minerais. Do Maranhão, em janeiro de 1907, chegou o coronel Norberto Souza Lima com a família. Entre os familiares, estava o filho João Rego Maranhão, nascido em 1898, que trabalhou em castanhal e garimpo e se casou com a filha do coronel, de "patente comprovada", Amâncio do Rego Maranhão, conhecido como coronel Intendente. Este foi interventor no município. Conforme Alberto Maranhão Lima, ex-prefeito do município e seu neto, o coronel

> Era uma espécie de chefe de polícia, um delegado que prendia todo mundo (que cometesse crime) e tinha raiva de feiticeiro. Chegava uma notícia de um feiticeiro em Santana, ele ia buscar o homem. Não admitia que alguém enganasse o povo. Tinha uma fazenda chamada Banho. Ali ele prendia as pessoas nos argolões que havia nos quartos. A fazenda Banho ficava nas imediações de Boa Sorte, na Floresta. Feiticeiros e vagabundos ficavam presos na fazenda. Ele era a lei. Aqui sempre teve dificuldades para manter os juízes. A prisão era na fazenda porque ele vivia a maior parte do tempo lá mesmo. Lá dava a lição no cara e depois soltava (depoimento, Conceição do Araguaia: 2000).

A descoberta de caucho, nos primeiros anos do século XX, provocou o primeiro ciclo econômico significativo da região, inserindo o Araguaia no mercado internacional. Este ciclo atraiu principalmente maranhenses e goianos e criou obstáculos ao trabalho empreendido pelos religiosos. Os indígenas, que começavam a conhecer a língua portuguesa e a conviver com os frades, foram aliciados para a colheita do látex e isso provocou tensão entre os religiosos e os donos do caucho. Aqueles denunciarão, inspirados em um dominicano do século XVI, Bartolomé de Las Casas, que os caiapós estavam sendo utilizados como mão-de-obra escrava. Com a queda do preço da borracha no mercado internacional e a diminuição do número das árvores — pois a colheita era feita através do corte do caucho —, a região terá um período de crise econômica que se refletiu nos dados populacionais e em um período de relativa paz para a população nativa e em preocupação para a população dos imigrantes. Em 1911, havia em torno de 15 mil pessoas no município de Conceição do Araguaia; em 1920, 11 mil e, em 1940, 4.715. Por isso, o município, que havia sido desmembrado de São João do Araguaia e se tornara cidade em 1910, com a crise do comércio da borracha, perdeu sua autonomia política após a Revolução de 30, mas a reconquistou em 1933. Em 1960, a população de Conceição do Araguaia, graças ao extrativismo da castanha-do-pará, cresceu para 11.283 pessoas.

A partir do final da década de 1960, algumas empresas implantaram-se na Amazônia em atividades agropecuárias, incentivadas pelo governo, através da Superintendência do Desenvolvimento da Amazônia (Sudam), com subsídios fiscais e empréstimos e com uma taxa negativa de juro. Esse fato, acrescido da descoberta de jazidas de ouro, propiciou um novo ciclo econômico e migratório para o Araguaia paraense. Em 1970, Conceição do Araguaia, já desmembrada de Santana do Araguaia, alcançava 28.953 habitantes, e, em 1980, 129.442 habitantes.[3] Houve novos desmembramentos e esta mesma região de Conceição, incluindo as áreas desmembradas, teria em 1995 em torno de 246.579 habitantes e um rebanho bovino estimado em mais de 2 milhões de cabeças (Amat: 1996; veja quadros 1 e 2).

Por sua localização — proximidade da Belém-Brasília —, e pela qualidade das terras, os municípios do sul do Pará, Conceição do Araguaia e Santana do Araguaia,[4] atraíram muitas empresas e, entre 1966 e 1975, a maior parte dos projetos aprovados até então para a Amazônia pela Sudam

[3]Sobre os primeiros anos de ocupação da região, ver, além de Ianni (1978), Audrin (1946) e Moreira Neto (1960), Rezende Figueira (1986).

[4]Esses municípios foram subdivididos posteriormente, como vimos na nota anterior.

foram para esta região (Ianni, 1978: 220). Nos mesmos municípios se instalaram dois tipos de empreendimentos agropecuários. O primeiro era composto por empresas mais conhecidas por suas atividades em área financeira — Bradesco, Bamerindus, Mercantil e Atlântica Boa Vista —, industrial — Óleos Pacaembu, Nixdorf, Volkswagen, Manah, Supergasbrás —, de construção — Cetenco Engenharia S/A, Encol, Andrade Gutierrez —, e madeireira — Madeireira Agropecuária S/A Ind. Com. Agropecuária (Maginco). Algumas com mais de um imóvel. A Encol, por exemplo, possuía as fazendas Inajá Porã Agroindustrial S/A e Paragarças, ambas em Santana do Araguaia; o Bradesco, as fazendas Reunidas Taine-Rekan e Cia. Agropecuária do Rio Araguaia (Capra), respectivamente em Santana e Conceição do Araguaia;[5] a Atlântica Boavista, as fazendas Rio da Prata, em Santana do Araguaia, e a Rio Dourado, em São Félix do Xingu;[6] a Maginco, as fazendas Mogno, em Rio Maria, e Morada do Sol, em São Félix do Xingu.

O outro tipo de empreendimento agropecuário implantado na região era composto por empresas familiares, como as de membros das famílias Lunardelli, Barbosa, Mutran, Bannach, Quagliato, Avelino, Andrade, Pires, José Coelho Vitor e Maurício Pompéia Fraga, possuidores de 47 fazendas. Certas pessoas ou famílias eram donas de extensões de terras até superiores àquelas do primeiro grupo e, às vezes, possuíam mais de um imóvel. Alguns da família Lunardelli detinham centenas de milhares de hectares e concentravam quatro[7] propriedades no antigo município de Santana do Araguaia, além das fazendas Reunidas Rio Branco, em Parauapebas; membros da família Barbosa, duas fazendas;[8] Mutran, com estreitos laços políticos municipais e estaduais no Pará, eram donos de quatro fazendas;[9] os Bannach, de seis;[10] os Quagliato,[11] de 13; J. C. Vitor,

[5]E Rio Capim, em Paragominas.

[6]Além dessas, a Atlântica Boavista e a Sul América possuíam, em Ourilândia do Norte, a Rio Tiraximim.

[7]Acapu, Codespar, Eldorado e Santa Marina.

[8]Alvorada e Araguari.

[9]Baguá, Espírito Santo, Novo Mundo, Cabaceiras e Santa Teresa.

[10]Café, Boca Quente, Bannach, Cinco Irmãos, Três de Março e Santa Isabel.

[11]Brasil Verde, Califórnia, Rio Vermelho, Quamasa, Primavera, Colorado, Pedra Branca, Itauba, São Sebastião, São Carlos, Canaxuê, Marca Erre e Santa Rosa, conforme Le Breton (2000).

de quatro;[12] M. P. Fraga, seis.[13] Outros proprietários destacam-se pela incidência das denúncias de utilização de mão-de-obra-escrava, como Jairo Andrade,[14] Luís Pereira Martins[15] e Antônio Barbosa de Melo. Alguns proprietários, denunciados pela procuradoria federal, foram condenados — Caetano da Silva, condenado a quatro anos de prisão, apelou em liberdade; Antônio Barbosa de Melo, condenado a dois anos, teve a sentença comutada pela distribuição de cestas básicas aos pobres. A fazenda Flor da Mata, de Luiz "Pires", foi desapropriada em 1997, "depois da libertação de 220 trabalhadores rurais submetidos a trabalho escravo", mas a indenização de R$ 1,6 milhão à vista por benfeitorias, que posteriormente uma perícia judicial calculou em R$ 400 mil, era bem superior ao valor da terra (*Jornal do Brasil*: 11.10.2000).[16] João Luiz Quagliato, apesar de suspeitas de reincidências no crime,[17] conseguiu a suspensão de uma sentença. Alguns *gatos* estiveram presos temporariamente: Zezinho, da Codespar, nos anos 1970, Chico, nos anos 1980, e Antônio Avelino, no final dos anos 1990.[18]

A rodovia Belém-Brasília passa a 130 quilômetros de Conceição do Araguaia e, aos poucos, uma rede de estradas, inclusive vicinais, substituí-

[12]Santa Lúcia, Rancho Alegre, Cachoeirinha e Levi Pará.

[13]Porangai I, Porangai II, Uirande, Monte Azul, Rita de Cássia e Sinhá Moça.

[14]Proprietário de Água Viva, Forkilha e Gaúcha. Em 1998 reconheceu que possuía 100 mil cabeças de gado distribuídas em diversas fazendas. Além destas do Pará, tinha outras propriedades no Tocantins, Goiás e Minas Gerais (*Le Monde*. 12.4.1998: 13).

[15]Proprietário da Lagoa das Antas, da Santa Fé, da Umuarama e da Flor da Mata.

[16]Em nota, a CPT de Conceição do Araguaia afirmou: "a fazenda Flor da Mata não foi confiscada (como havia prometido o ministro Raul Jungmann), mas desapropriada parcialmente (11.770,88 hectares sobre o total de mais de 45 mil hectares) pelo decreto de 28.11.97. No processo de desapropriação de 11.5.98, o Incra avaliou o valor da terra e das benfeitorias em 2.534.368,00 reais e depositou este valor para a indenização do proprietário. É importante salientar que o fazendeiro Luiz Martins Pereira comprou em 1995 os referidos 11.770 hectares por menos de R$ 100.000,00 reais, como se verifica no processo do Incra. (...) A punição da desapropriação se tornou prêmio ao fazendeiro (...) que usou trabalhadores escravizados" (Roziers: 5.11.98). O fazendeiro, conhecido como Luiz Pires, possivelmente porque o nome de seu pai era Pedro Pires Martins, dizia possuir neste imóvel 24 mil cabeças de gado.

[17]Em cinco das fazendas da família (Brasil Verde, Califórnia, Colorado, Santa Rosa e Rio Vermelho), entre 1981 e 2002, houve pelo menos 25 denúncias de reincidentes crimes de trabalho escravo (ver p. 415) envolvendo milhares de pessoas.

[18]Considerado idoso para a prisão, setenta anos, mas não para exercer o cargo de *gato*, como observou propriamente Le Bretton em manuscritos (2001).

ram o precário transporte fluvial e possibilitaram um tráfego intenso de caminhões, carregando madeira, mudanças e trabalhadores para as fazendas. A antes acanhada área, com muitas matas e uma população rarefeita, "ilhada" pela distância — a 1.110 quilômetros de Belém por via rodoviária e a 900 quilômetros por via aérea e à mesma distância de Brasília —, não possuía estradas e o transporte pelo rio Araguaia era lento e difícil. O deslocamento de Conceição do Araguaia a Belém, ida e volta, era tão lento e cansativo que os viajantes muitas vezes demoravam até seis meses. Contudo, com a construção da estrada Belém-Brasília, seu asfaltamento e, finalmente, com os projetos aprovados, foram abertas pistas de pouso de aeronaves nas fazendas e nas vilas e, se até então apenas a Força Aérea Brasileira fazia escalas em Conceição do Araguaia, a situação mudou com a chegada do transporte aéreo particular, composto por dezenas de pequenos aviões, pertencentes aos próprios pilotos ou às firmas agropecuárias e uma empresa aérea regional instalou uma linha regular de vôos ligando o sul do Pará a Brasília, Goiânia, Imperatriz e Belém.

A população cresceu rapidamente, recebendo pequenos produtores sem terra ou com terra insuficiente, vindos de todo o país. A ocupação do espaço rural se realizou em geral de forma desorganizada, com sobreposição de títulos definitivos, dificultando a imissão de posses e o assentamento de colonos. De um lado, se tornou visível uma circulação de riqueza que antes não havia, pelo aumento do tráfego dos carros e dos aviões, pelo movimento do comércio, pelo surgimento de vilas e cidades, pela abertura de novas agências bancárias, pela instalação de postos telefônicos, pela extensão de linhas domésticas de telefone e pela ampliação das horas de funcionamento do motor de energia elétrica. De outro, persistiu a ausência do Estado para impor o cumprimento da lei, impedir a violência, regular a apropriação da terra ou as relações de trabalho. O Estado se manifestou apenas parcialmente, através de pequenos contingentes de policiais mal remunerados e despreparados, acobertando ou participando de crimes; através de poucos juízes e promotores que, amedrontados ou coniventes, não promoveram o funcionamento da Justiça, salvo raras e temporárias exceções. Os novos povoados iam surgindo à margem e nos entroncamentos das novas estradas, em torno de serrarias, como a Maginco e a Bannach, e mesmo um pouco mais ao norte, em torno de garimpos de ouro.

Antes, as terras eram livres da cerca e do título de propriedade. Rápida e irregularmente titularam-se terras em favor das empresas, deixando os lavradores ou com lotes distantes das estradas ou, simplesmente, privados do acesso à terra. Os milhares de lavradores que haviam se dirigido à Amazônia para se tornarem pequenos proprietários encontraram as terras cercadas, ociosas e de titulação precária e muitos empreenderam tentativas, às vezes com sucesso, de ocupação de lotes e glebas e sofreram ameaças por parte das empresas, as novas "proprietárias". Outras pessoas, como estas que estamos estudando, transportadas para abrir as fazendas — por caminhões, ônibus e, mais recentemente, por trem —, foram coagidas de diversas formas ao trabalho. Tanto os que lutavam pela terra quanto os que vieram para o trabalho de abertura das fazendas encontraram, muitas vezes, a morte.[19] Apenas para uma minoria de trabalhadores — vaqueiros, funcionários de escritório, gerentes, professores —, contratados para atividades permanentes e não sazonais, se obedecia mais ou menos a lei trabalhista e o trabalho era livre.

Quanto ao trabalho executado sob coerção, embora já fosse uma realidade na Amazônia, principalmente na extração do látex da seringa e, no caso do Araguaia, na extração do látex do caucho (Ianni, 1978, e Castro, 1947), retornou com força surpreendente, atingindo dezenas de milhares de pessoas nos anos 1970 e na década seguinte.[20] As empresas beneficiadas por este trabalho ocuparam o território, provocando danos ecológicos e um custo humano e social alto, acirrando a guerra pela terra e aumentando as denúncias de mão-de-obra escrava em áreas de

[19]Na relação dos trabalhadores assassinados ao tentarem fugir das fazendas no Araguaia Paraense, a Comissão Pastoral da Terra apresenta, de 1980 até o final dos anos 1990, quase cem pessoas.

[20]Foi a segunda intervenção do Estado na Amazônia, favorecendo a existência do trabalho escravo. A primeira havia sido durante a Segunda Guerra Mundial, quando mais de 50 mil homens — os "soldados da borracha" — foram mobilizados voluntariamente e, depois, levados de forma compulsiva pelas Forças Armadas para a extração do látex, e em torno de 20 mil morreram.

agropecuária.[21] A partir do início dos anos 1990, no entanto, as facilidades financeiras e fiscais oferecidas pela Sudam já não eram as mesmas, o preço da terra caiu, e muitas das grandes empresas se afastaram, vendendo a propriedade para empresários de menor porte, e os pastos se deterioraram. Com essas mudanças, diminuiu a área de desflorestamento e o número de pessoas aliciadas, principalmente na área já ocupada. Contudo, em áreas como as de Tucumã e São Félix do Xingu, de ocupação ainda mais recente, houve, por causa de abertura de algumas fazendas, uma incidência maior de pessoas recrutadas, e eclodiram inúmeras denúncias — algumas tão graves que lembravam os anos 1970. Cresceu também a articulação das organizações que combatiam o crime e as ações repressivas governamentais, através do GEFM.

No município de Conceição do Araguaia, o poder, formal ou informalmente, esteve até 1976 em grande parte nas mãos da família Maranhão Lima. João Rego tomou posse como prefeito três vezes, a partir de 1945, e seus filhos Raimundo (1968-1971) e Alberto (1973-1976) exerceram também o mandato, revezando-se por curto espaço de tempo com Benedito Rocha, Manoel Quirino de Souza e Salvador Gurjão (prefeito duas vezes, em 1963 e 1971). A partir de 1976, o poder mudou de mãos. A contragosto, a antiga oligarquia maranhense de *estabelecidos* há décadas cedeu lugar a uma nova leva de migrantes que se sucedeu no poder até 2000. Estes novos donos do poder, considerados *outsiders* pelos primeiros, representavam a imposição de modernos interesses, costumes e tradições principalmente "sulistas" dos tempos da Sudam. Com eles chegavam um novo jeito de administrar, uma nova concepção estética e urbanística, mesmo se o sistema de dominação não mudasse substancialmente. O traçado retilíneo das ruas e as largas avenidas substituíam as ruas estreitas; as casas erguidas em alvenaria, com janelas de metal e vidro, banheiro dentro da casa, substituíam as antigas construções baixas, cobertas de telha de barro, sem forro, com sanitário precário no quintal. E começava

[21]A maioria das denúncias de utilização de mão-de-obra escrava no Araguaia paraense se referiu a esse tipo de atividade a partir dos anos 1970. Contudo, em um dos municípios — Bannach —, a atividade denunciada foi também no plantio, conservação e colheita de café, e o aliciamento das vítimas se realizou na Bahia.

uma campanha contra a construção de casas cobertas por palha na área urbana. Eram principalmente médicos-fazendeiros,[22] salvo Orlando Mendonça, que era comerciante-fazendeiro. A passagem do poder para as mãos desses "chegantes", migrantes com grande poder de persuasão —, por talento pessoal, condição econômica e principalmente pelo fato de serem médicos respeitados —, não ficou restrita a Conceição do Araguaia, mas esteve presente em outros lugares da região.[23] Nesse contexto de grande fluxo de pessoas que chegavam e de mudanças culturais e físicas, vinham os trabalhadores recrutados do Piauí e do Mato Grosso. Eram duplamente *outsiders*: em relação aos antigos e aos novos moradores. Não se achavam em casa nem com uns nem com outros.

Uma pesquisa realizada para a OIT, pela agente de pastoral da CPT Ana de Souza Pinto e pela antropóloga Maria Antonieta Vieira, confirma a regra de que aquele que é levado para as fazendas do sul e sudeste do Pará para as atividades de empreita vem majoritariamente de fora do município ou do próprio estado onde trabalha. Dizem as autoras que, conforme os dados disponíveis em 16 relatórios de operações realizadas pelo GEFM entre 1997 e 2002, "a maioria absoluta é migrante (91,5%). Apenas 8,5% são naturais do estado do Pará". Estes, em geral, são jovens nascidos em Redenção, Conceição do Araguaia ou Marabá, "procedentes de famílias que migraram para o Pará na década de 70/80" (Pinto e Vieira: 2003: 43ss). Esses dados nos fazem mais uma vez recordar, lembrando Meillassoux (1995), que o escravo é sempre um "estrangeiro". Outro aspecto interessante da pesquisa revela que, entre 1999 e 2002, em 24 operações de resgate de trabalhadores de fazendas do mesmo local, feitas pelo GEFM, quase a totalidade dos envolvidos é composta por homens (96,3%) com mais de 16 anos (99,8%). As mulheres identificadas não chegam a

[22]Em 1977, Giovanni Queirós; em 1980, Orlando Mendonça; em 1984, Carlos Augusto Cavalcante; em 1988, Alberto Branco; em 1992, Carlos Cavalcante e, em 1996, Alberto Branco. Um médico foi vice-prefeito, Joaquim Gonçalves dos Santos. Também, como os demais, não era da região, mas diferia deles porque era casado com uma representante da família Néris, que pertencia ao grupo dos "nativos".

[23]Em Rio Maria, por anos sucessivos foram prefeitos ou vice-prefeitos no município os médicos-fazendeiros — Moacir Pires de Faria, Eurico Paes Cândido e seu filho Júnior; um farmacêutico-fazendeiro, Adilson Laranjeira, e um dentista-fazendeiro, Argemiro Gomes.

4%, trabalhando basicamente como cozinheiras, e chegam ali acompanhando os maridos (os empreiteiros ou os próprios trabalhadores). Algumas vezes levam consigo "filhos menores que auxiliam nas tarefas de preparação e distribuição de água e refeição para os trabalhadores". Como apenas 0,2% tem menos de 16 anos, isso confirma outra regra, aquela de que os donos de escravos não criam escravos, estes não se reproduzem ali, mas no lugar mesmo do aliciamento, do seqüestro ou da guerra.[24]

No sul do Pará há o encontro de gente diversificada. Os aliciados em Barras são, em relação ao local de origem, antigos moradores que se "libertaram" da obrigação de "moradia" nas fazendas, mas estão em situação de desemprego. Alguns vivem, como veremos, em terras de familiares ou possuem uma terra insuficiente e não têm nenhum auxílio do Estado para desenvolver suas atividades de produção. Os do norte do Mato Grosso são compostos principalmente por pessoas que estão em trânsito há certo tempo, desligados de seu local de vida anterior, e buscam trabalho onde há oferta. Os dois grupos encontram no sul do Pará uma população minoritária, composta por antigos moradores, e uma mais abundante, composta por pessoas recentemente instaladas ali, oriundas de diversas regiões do Brasil. As relações humanas entre os de Barras, por se conhecerem antes de saírem, são normalmente mais intensas, enquanto as relações entre os que partem do Mato Grosso são mais precárias. A situação econômica do município de origem se revela na média anual de produção por pessoa. Em Barras, conforme dados do IBGE, é menos de um quarto do que se produz em Vila Rica, no Mato Grosso, ou em Xinguara, no Pará. Os que partem do Piauí pela primeira vez têm um contato com uma fauna, uma flora e uma geografia diferentes daquelas a que estão acostumados. Para os que partem do Mato Grosso há menos novidades, pois chegam também de uma área com muitas semelhanças (Quadro 3, p. 440). Vejamos a seguir por que partiam, como eram as estratégias de viagem e que estranhamentos causava o lugar de trabalho para os viajantes de cada região estudada.

[24]Finley (1991), Meillassoux (1995), Davis (2001).

2. OS MIGRANTES

2.1. *Barras*

POR QUE PARTIR?

A pessoa, sendo atraída por algum motivo, empreende pela primeira vez uma viagem para além da fronteira do município onde nasceu ou empreende várias viagens; é tangida pela esperança de superar uma situação de penúria e fome, busca uma forma de "enricar", foge de um problema criminal ou afetivo, manifesta a virilidade ou o companheirismo, deseja ser o provedor doméstico, vive uma aventura em terras estranhas. Para aquele que viaja, importa então dizer algo, andar de tal forma, vestir-se de um certo jeito. Faz parte do rito da partida, para o trabalhador rural em Barras, pedir a bênção dos pais e padrinhos, abençoar os filhos,[25] despedir-se da esposa, passar no boteco, ver os compadres, passar pela igreja e persignar-se. E, sendo mulher (em geral proibidas — as mulheres e a cachaça — nas derrubadas das matas), viajar ao Pará é um modo de estar próxima do companheiro ou marido, um jeito de complementar o orçamento familiar, cozinhando para os grupos de trabalhadores. Há, tanto para o homem quanto para a mulher, nesta viagem, o medo em face do novo, a insegurança diante do trabalho e do futuro, a angústia pelo corpo submetido ao controle — no deslocamento e na sexualidade —, e tudo isso deverá ser representado aos iguais e aos diferentes. Iguais e diferentes tanto nas relações pessoais quanto nas situações sociais. Esse teatro, com "seus tipos ideais", escondia e revelava idéias em um teatro real. Os gestos, a "mímica" — tecidos não no abstrato, mas a partir de significações concretas — e as "teias de significação" se articularam em múltiplos contextos que também se manifestaram como condicionantes e condicionados; singulares e plurais; simples e complexos.

Nos casos que estamos focalizando, a situação econômica exercia tal pressão sobre a família que um ou muitos de seus membros empreende-

[25]Veja "Rapazes: a briga e a bênção", *in* Neide Esterci (1994: 107-110).

ram a viagem, por mais difícil que fosse partir. Em diversos depoimentos, os chefes de família expressaram sua incapacidade de reter os jovens, por mais duro que fosse deixá-los partir. Uma mãe, em Barras, cujo filho e genro haviam partido, explicou:

> Maria Branca: Quem quer sair, quer achar oportunidade. Aí sai, de qualquer forma sai, ou que o pai queira ou que a mãe não queira. A necessidade dele é que está obrigando ele sair. A gente, tudo pobre, não tem como sobreviver, nem dar ao filho, não é? A gente, embora fique morrendo com a perda do filho... Porque nós sabemos que os outros estão lá, estão adoecendo de malária, estão comendo comidas irregulares, ficam sem almoçar. Mas isso tudo é por causa da situação, porque, se o pai tivesse condição de sustentar seu filho mesmo casado com a sua família ao lado, não deixaria que o filho fosse para lugar nenhum. Outra, eu mesmo não me sinto bem. Mas o que eu posso fazer? O nosso país não oferece oportunidade para que nós vivamos aqui.
> Raimundo: Conheço muita gente velha que está ruim de situação, como eu.
> Maria Branca: Mas o velho, seu Raimundo, o verme deles é o mesmo verme do outro também que nada tem. O verme é o não ter (Barras, 2000).

Ora, verme, conforme o dicionário Aurélio, é popularmente uma "designação comum às larvas de muitos insetos, desprovidos de patas" ou, figurativamente, "é aquilo que consome, mina", e também se trata de uma "pessoa abjeta, vil, desprezível". O que desclassifica e nivela as pessoas, velhos e jovens, e as torna vermes é não possuir condições econômicas mínimas. Não ter recursos é se tornar um inseto e, pior, um inseto particular, aquele que nem sequer tem patas; por isso é um verme.

Maria Branca avaliava que "o certo é que não tem futuro nessas viagens", mas então por que partir? Os filhos iam pela "própria cabeça", mesmo depois de ouvirem reiterados "conselhos". Eles explicavam: "Mãe, aqui não tem condição. Eu estou nu. A roça não dá. Não tem uma diária que pague a gente, um tostão para a gente comprar nem remédio para o filho. A mulher está nua. Eu tinha vontade de possuir uma bicicleta, eu não tenho." E ela reconheceu:

> o emprego não tem mesmo, nem na cidade. E eu nunca permiti que eles viessem morar na cidade porque eles ficariam [em] pior [situação]. A situação no interior, do que faz roça, é tão pouca que, se vender, fica logo dependendo do pai, que também não tem; e os outros não dão porque não têm; não têm quem possa dar também. É uma região completamente pobre demais. Eles trabalham em terra própria, que é terra de vovó e terra de papai, como meu genro. Ele mora numa área de terra que são 88 hectares de terra onde moram os filhos da velha, os netos da velha e agora estão se criando os bisnetos. Essa terra está supercheia. Não tem como fazer roça mais nessa área porque ela já está desmatada demais, aí ficam saindo, uma renda, uma rocinha pobre, uma para um lado, outra pro outro, para eles poderem sobreviver (id.).

Se partir, em geral, não resolvia, ficar também não, pois não havia oferta de emprego,[26] terra suficiente ou, havendo terra, não havia condições objetivas de produzir e comercializar. Os velhos, em vez de serem amparados por seus descendentes, eram obrigados a dividir sua parca aposentadoria com eles.[27] Maria Branca sabia disso, mas, por outro lado, ressaltou que "para mim, eles não indo era melhor, comportando-se em casa, mesmo sem nada, mas era melhor". E não havia como impedir a partida. As motivações para a viagem expressas pelos familiares dos que a empreenderam, e por outras testemunhas, estavam além da situação econômica. Eram diversas, dependendo de quem falava. Para os mais velhos, que jamais haviam ido, a rapaziada viajava por "ilusão", pela "folia" e pela "influência" de amigos e dos *gatos*. Alguns jovens diziam que haviam viajado com o desejo de conhecer novos lugares e pelas brincadeiras da viagem; porque tinham vontade de comprar uma bicicleta, uma roupa para participar do festejo. Alguns reconheciam que havia a esperança de se aproveitar da fartura paraense, comer carne e beber leite, e também porque não se conformavam com a pobreza da família. Era, para estes, como se houvesse ali "dinheiro no gambito".

[26] O problema de desemprego persistiu de tal forma que, três anos depois, quatro ônibus foram interditados pela Polícia Rodoviária Federal do Piauí e, conforme o inspetor Tony Carlos Mauriz Cavalcante, chefe da Fiscalização da Polícia Rodoviária, "o desemprego é tão grande que eles chegam a pagar para ser escravizados" (*Folha de S. Paulo*: 23.4.2003).

[27] Em dezembro de 2001, a aposentadoria era inferior a US$ 75 mensais.

Alguns adultos, quando apresentavam a razão da viagem, se lembravam da "necessidade", e alguns insistiam que ninguém saía para passear. Passeio era coisa de rico. Não era costume de pobre. Viajaram porque a esposa estava grávida; porque algum familiar se encontrava doente. A maioria concordava que raramente a viagem dava certo e, se um recebesse algo, podia ser roubado até no trem. Ir ao Pará significava ser "derrotado", ter muita "canseira" e viver uma "cegueira".

Alguns dos diretores do STR disseram que as pessoas iam buscar melhora no Pará e encontravam sofrimento; "a necessidade empurra a gente para ir também, mas é a gente que faz também". A posição destes era a de que não havia uma inevitabilidade nas partidas, mesmo diante da força da "necessidade". O futuro pode ser modificado pela pessoa. Para um proprietário de terra, que estudou o terceiro grau, foi funcionário do Incra, conseguiu a desapropriação de fazendas no município, e se tornou prefeito, com amplo apoio dos demais fazendeiros, as pessoas saíam do município porque havia uma concentração das terras. Mas não apenas por isso: o povo da região tinha o "espírito de nômade", "de cigano", nunca "ia parar" de migrar mesmo se as condições objetivas melhorassem. Era uma gente embalada em muita "fantasia" e, como um paradoxo, dizia que o mesmo povo não tinha espírito de "aventura". Ao mesmo tempo, o povo era "omisso", "tímido".

Em 2000 e 2001 era possível constatar, conforme a diretoria do STR, que, salvo os trabalhadores de assentamentos recentes, os pequenos proprietários de Barras não contavam com o apoio do governo nem com a assessoria de órgãos públicos. A produção dessas famílias era suficiente apenas para cobrir parte das suas necessidades de alimentação e não havia um excedente para a comercialização. Por essa razão, as pessoas aptas ao trabalho precisavam se assalariar temporariamente. Uma vez que esse tipo de assalariamento não era oferecido na região, empreendiam viagens às fazendas do Pará ou às fazendas de Minas Gerais e São Paulo, na esperança de assim dispor de dinheiro para comprar os produtos que eram incapazes de produzir, como a roupa, o remédio, o calçado, a bicicleta, o chapéu, o fósforo e mesmo o sal e o açúcar. Conforme pesquisas desenvolvidas em 2003 por Maria Antonieta Vieira e Ana de Souza Pinto (2003:

73-75), participantes do movimento sindical do município afirmavam que muitos dos 21 assentamentos do município, mesmo os criados pelo ex-superintendente do Incra, não possuíam "as condições mínimas necessárias de infra-estrutura para o seu funcionamento". A criação desses assentamentos tinha um objetivo político: a eleição para prefeito do antigo funcionário do órgão federal.

ESTRATÉGIAS DE VIAGEM

Os trabalhadores, quando viajam em busca de trabalho, em geral o fazem a partir de Barras, com amigos, pessoas com padrão cultural, memória geográfica, alimentar, religiosa, musical, simbólica e social comuns e, por isso, têm uma certa "coesão" de grupo. O patrimônio transportado, composto por tais valores, é compartilhado sem ser uniforme, adaptado às relações familiares e às predisposições subjetivas e objetivas. Subjetivamente a pessoa recusa ou adota determinado comportamento e forma de compreender o mundo; objetivamente, sofre pressões que confirmam os valores e reavivam a memória. As pressões buscam eliminar tendências a rupturas e adequar as pessoas ao lugar social ocupado na família; no grupo ou na cidade, como ser ou não dono de terra, exercer ou não uma liderança religiosa, sindical ou comunitária.

Deslocando-se, como grupo que compartilha uma história parecida, as pessoas transportam, além dos valores, os controles sociais, por estarem diante de velhos conhecidos, familiares e amigos. Estes esperam, em algumas ou em todas as situações, certos comportamentos coerentes com esse patrimônio de valores, lembranças e vivências. O infrator sofre, no mínimo, uma sanção moral. Mas alguns trabalhadores vão desacompanhados, sós.

Há duas maneiras mais comuns de partir. Na primeira, a pessoa já sai do município recrutado diretamente pelo empreiteiro ou por um aliciador; na segunda, a pessoa viaja sem ser recrutado, com a esperança de que, uma vez no Pará ou em algum estado próximo — como o Tocantins ou o Maranhão —, o recrutamento seja realizado. Os do primeiro caso, ou saem de Barras acompanhados pelo agenciador de mão-de-obra ou vão sem ele, mas com um adiantamento dele recebido que corresponde à passagem e ao abono.

Uma experiência do segundo caso sem o recrutamento prévio — foi a de Manoel Ordeiro. Ele, com dez anos, acompanhado por dois companheiros mais velhos, partiu em 1980. Os três chegaram a Marabá *blefados* e foram para uma pensão onde só houve o aliciamento oito dias depois (entrevista, Barras, 2000). O tempo necessário para que o trabalhador seja "vendido" pode ser mais curto, dependendo de haver outras pessoas na mesma situação em quantidade que justifique ao *gato* ir buscá-los. Outro fator que determina a rapidez ou não do aliciamento é o nível de necessidade das fazendas. Se algumas fazendas precisam de mão-de-obra urgente e não a encontram, ele poderá embarcar no mesmo dia ou no dia seguinte de sua chegada à cidade.

Quem vai por própria conta vai acompanhado ou só. Mesmo indo acompanhado por outros, por alguma razão, ele ainda pode se desligar do grupo no Pará e integrar-se a novo grupo, no qual se torna um *outsider*. Um dos informantes em Mato Grosso revelou ter saído ainda menino do Maranhão, acompanhando um irmão mais velho. O irmão, em determinado momento, decidiu retornar e ele se recusou. Ir, pois, em grupo, de um lado oferece certa proteção, solidariedade e coesão nos momentos difíceis, mas não significa que esses valores predominem sempre na escolha das pessoas. Elas podem optar por um itinerário diferente dos demais, mesmo se estes são parentes ou amigos muito próximos.

No primeiro caso, aquele em que a pessoa é recrutada antes de sair do município, existe a figura daquele que alicia. Este pode ser o próprio fazendeiro, o empreiteiro ou um preposto. No caso de Barras, normalmente os recrutadores não são os fazendeiros, mas seus emissários. Cabe àquele que vai fazer uma empreita calcular o número de pessoas necessário para a execução do trabalho, montar uma estratégia de aliciamento e de transporte, que pressupõe definir o itinerário que deverá ser percorrido até os locais de aliciamento. Normalmente fazem parte da rede de aliciamento os donos de pensões e os motoristas. Em função dos locais em que há mão-de-obra disponível, ele traça o primeiro itinerário, o de ida. O de retorno vai ser definido a partir daí, levando em conta o caminho mais rápido, mais barato e com menos dificuldades. Os problemas previstos são os decorrentes da fiscalização da Polícia Rodoviária, das condições de estrada, da distância e de um suporte de apoio e sustentação em que há pessoas conhecidas e amigos, inclusive entre os policiais. O empreiteiro, no planejamento, leva em conta os instrumentos necessários de controle e coerção sobre os recrutados. Dependendo da estrada que se decidiu tomar, é escolhido o tipo de transporte, a quantia para combustível, e são previstos os gastos com a alimentação.

O itinerário da viagem, cuidadosamente planejado pelo aliciador, muda conforme as condições das estradas e as ações da Polícia Rodoviária, do Ministério do Trabalho e do Ministério Público, ou as denúncias empreendidas pelos STR e pela CPT. Dos anos 1970 até meados da década seguinte, era comum o transporte ser realizado em caminhões que possuíam uma lona que era utilizada somente quando o veículo passava pela Polícia Rodoviária. Em 1982, Francisco Alves da Costa, com 17 anos, saiu de Barras com outros 91 homens desta forma, em um caminhão. Ele revelou que cada banco de madeira comportava sete homens, mas, como os bancos não eram suficientes, outros iam de pé. Mais entrevistas, realizadas também em Barras em 2000 e 2001, confirmam situação similar de transporte com grupos diferentes de trabalhadores em 1983. Eles explicavam que a lona era levantada para "a turma pegar vento". Quanto ao número de pessoas na carroceria do caminhão, variava. Em geral, havia no mínimo sessenta trabalhadores. À medida que a polícia rodoviária se tornou mais rigorosa com a fiscalização, houve mudanças.

Em 1985, com o fim do governo militar, o presidente José Sarney nomeou como ministro da Reforma Agrária Nelson Ribeiro. Sensível às questões rurais, o ministro criou a Coordenadoria de Conflitos Agrários e nomeou como seu coordenador o antropólogo Alfredo Wagner de Almeida.[28] Os problemas de conflitos pela terra e do trabalho escravo adquiriram maior relevância e isso influiu na ação do conjunto de órgãos governamentais e, inclusive, despertou a atenção da Polícia Rodoviária para

[28]Veja, de Alfredo Wagner B. de Almeida (1988: 58-67), o artigo "O trabalho como instrumento de escravidão".

o tráfico de pessoas para as fazendas. Por isso, em 1987, por exemplo, sete homens, que foram trabalhar na Brasil Verde, no Pará, aliciados em Barras, saíram de ônibus e não mais de caminhão.

O aliciador podia ter sorte e encontrar em um mesmo município um número de trabalhadores que já preencheriam as vagas do caminhão ou do ônibus. Se isso não fosse possível, ele devia ir completando o número de pessoas necessárias, no transcurso da viagem. No caso dos sete que foram para a Brasil Verde, o aliciador foi procurando gente e somente ao chegar a Teresina tinha consigo 42 pessoas. Na capital, um ônibus foi fretado até Araguaína, Tocantins, onde só então tomaram um caminhão e seguiram em direção ao Pará. Ir aos poucos, utilizar nos trechos mais fiscalizados ônibus e não caminhão eram medidas que dificultavam a eficiência da vigilância policial. Partir com menos gente também despertava menos suspeita e se passava mais despercebido na viagem.

Para burlar a vigilância do poder público, era mais fácil a utilização dos ônibus. Contudo, como aumentavam as denúncias, a Polícia Rodoviária fiscalizava ainda mais. Mesmo o transporte de ônibus sofreria controle maior. Os veículos eram interditados, os aliciadores tinham que explicar para onde levavam os trabalhadores e recebiam multas. Aos poucos, já nos anos 1990, como a fiscalização na rodovia criava obstáculos e, também pelo preço mais favorável do transporte, criou-se uma nova estratégia. Os aliciadores passaram a utilizar com regularidade a ferrovia São Luís-Carajás. As pessoas iam então de Barras a Santa Inês, no Maranhão, tomavam o trem para Marabá, onde um caminhão as aguardava e as levava à fazenda (depoimento, Barras: 2000). Havia alternativas para despistar a fiscalização. Em 1999, Francisco, 29 anos, e outros trabalhadores embarcaram em um ônibus em Barras, foram até Miranda do Norte, no Maranhão, de lá para Arari. Em Arari tomaram o trem para Marabá, de onde foram encaminhados a uma fazenda em Sapucaia (depoimento, Barras: 2000). Era possível uma pequena variação de trajeto: ida até Santa Inês, onde se embarcava no trem. O fato de passar por Teresina, para a troca de ônibus, também confundia a fiscalização e dificultava a ação do governo. Mas a fiscalização, mais atenta, podia ainda impedir o tráfico de pessoas. Por exemplo, em 2003, conforme a jornalista Alessandra Kormann, da Agência Folha:

> Quatro ônibus com 235 trabalhadores em situação análoga à escravidão, segundo o Ministério do Trabalho, foram apreendidos ontem à noite pela Polícia Rodoviária Federal do Piauí. Entre os trabalhadores, havia seis menores, de 16 e 17 anos. Eles haviam sido recrutados em Barras (PI) para trabalhar na lavoura de cana-de-açúcar da empresa Pagrisa (Pará Pastoril e Agrícola S. A.), em Ulianópolis, no Pará. Cada um dos trabalhadores teve de pagar R$ 60 pela viagem. De acordo com a chefe de Fiscalização da DRT (Delegacia Regional do Trabalho) em Teresina, Soraia Lima Fernandes, eles estavam viajando sem vínculo empregatício com a empresa e sem garantia de volta. Segundo ela, a contratação deve ser feita no local de origem e com garantia de retorno. Os ônibus viajavam clandestinamente por estradas vicinais sem a certidão liberatória, que obrigatoriamente precisa ser fornecida pelo Ministério do Trabalho para autorizar o transporte de trabalhadores entre estados. Dois ônibus foram apreendidos em Teresina e dois em Timon (MA), cidade separada da capital do Piauí apenas pelo rio Parnaíba. A polícia chegou até eles por meio de uma denúncia anônima. O *gato* (intermediador das contratações) José Pereira dos Santos, que viajava com eles, foi preso e indiciado por aliciamento. Depois de depor à Polícia Federal, pagou fiança e foi liberado. A Agência Folha não conseguiu localizá-lo. (...) A Pagrisa enviará amanhã representantes para regularizar a situação dos trabalhadores, segundo a chefe de Fiscalização da DRT. A Agência Folha entrou em contato com a empresa ontem à tarde, mas recebeu a informação de que nenhum dos seus representantes estava lá no momento (*Folha de S. Paulo*: 23.4.2003).

O número de passageiros no trem é grande e composto por pessoas vindas de regiões diferentes. Os aliciadores, assim, obtêm maior sucesso na sua ação, salvo quando a interferência do Estado ou da sociedade civil se dá no próprio município de origem das pessoas e no local onde vão trabalhar, ou quando eventualmente há algo como a ação da Polícia Rodoviária Federal no percurso anterior ao embarque no trem.[29] Além de ser mais

[29]Arari ficava ao norte de Santa Inês, por terra, a 81 quilômetros. De Barras a Arari eram 454 quilômetros; de Barras a Santa Inês, 482 quilômetros. De Santa Inês a Marabá, em torno de quinhentos quilômetros pela ferrovia e 815 quilômetros por terra. De fato, utilizando rodovia e ferrovia, o viajante para ir de Barras a Marabá empreendia uma viagem de 982 quilômetros, se passasse por Santa Inês. Se fosse por Arari, pouco mais de mil quilômetros.

segura para os aliciadores, a viagem de trem é mais curta. O percurso por terra consistiu, por muito tempo, em embarcar em Teresina, indo em direção a Caxias, no Maranhão, ali tomar a estrada para São José dos Poleiros, Presidente Dutra, Barra do Corda, Grajaú, Santana, Porto Franco. Dali se ia a Imperatriz, seguindo em direção a Marabá. Podiam também sair para o sul em direção a Araguaína, no Tocantins, e tomar, em seguida, a estrada para o Pará através de São Geraldo, Pontão ou Conceição do Araguaia (quadros 4 e 5; mapas 1 a 4).

Um dos aspectos importantes de qualquer viagem longa é a alimentação. Alguns, ao saírem de casa, indo por conta própria, levam consigo um pouco de comida já preparada. Essa comida em geral consiste em galinha assada ou frita acompanhada por farinha de mandioca. Embarcando com o aliciador, o trabalhador pode receber um adiantamento para a comida da viagem ou o próprio aliciador paga os gastos de alimentação durante a viagem. Nestes dois casos, os gastos entrarão na dívida do trabalhador, mesmo que isso não tenha sido previsto. Vejamos um exemplo de como funciona uma viagem. Em 1999, um grupo de amigos em Barras, incluindo um menor, foi aliciado para a mesma fazenda. Eles saíram de ônibus de linha regular para Teresina. Ali embarcaram às 18:00 em outro ônibus para Santa Inês, que fica ao sul de Arari. Merendaram café, tapioca e bolo, dormiram no ônibus e, no dia seguinte, almoçaram às 10:00. Uma hora depois, tomaram o trem, onde comeram duas vezes, aproveitando as paradas. Adquiriam — por um real de vendedores ambulantes, pela janela do vagão, arroz com frango, peixe ou alguma caça, como o tatu. A comida era servida em um recipiente descartável, com garfo de plástico. A água de coco custava o mesmo valor. No interior dos vagões era possível comprar apenas sucos, como o de acerola. Ao chegarem à estação ferroviária de Marabá, pelas 22:00, um caminhão com dois funcionários da fazenda os aguardava. De madrugada chegaram à fazenda, onde fizeram uma refeição com pouca carne e muita farinha.

Faz parte da estratégia de aliciamento e transporte a identidade e a origem do aliciador, se é ou não conhecido, se tem capacidade de persuasão. Alguns aliciadores (e/ou empreiteiros) eram do próprio município de Barras, como José Nilo, Chico Ponte, Chico Tote e Chico Marcelino.

Outros, como Lima e Santo Marrocos, eram de outro município do estado do Piauí. Havia ainda os do Pará, como Raimundo Povas, Meladinho e José de Souza, ou do Mato Grosso, como Antônio Avelino (quadros 4 e 5). Alguns de Barras, além de aliciadores, exerceram funções públicas, como Oswaldo Silva, que havia sido vereador e presidente da câmara municipal, e João Torres, que foi vice-prefeito entre 1985 e 1988. Podiam também ser lavradores tão pobres quanto os demais, sendo simultaneamente aliciadores e aliciados, e levavam consigo filhos, compadres e irmãos, como Francisco das Chagas Diogo e seu irmão Paulo.

Os aliciadores podiam trabalhar para mais de uma fazenda paraense em anos diferentes e até no mesmo ano. José Nilo trabalhou para a fazenda Primavera, nos anos 1977 e 1983. Nesse último ano, prestou serviço também para a fazenda Santa Rita. Já Chico Ponte, entre 1983 e 1996 esteve pelo menos quatro vezes a serviço da fazenda Primavera, mas em 1983 também trabalhou, como José Nilo, para a fazenda Santa Rita. Algumas fazendas utilizaram diversos *gatos* em anos seguidos. A Brasil Verde contou, em 1986, com Antônio Sotero; em1992, com José Nilo; em 1998 com Chico Tote e, em 1999 e 2000, com Meladinho. A Rio Vermelho, em 1981, com Lima em 1982 e 1983, com Oswaldo Silva e Rola Caxi; em 1998, com José de Souza. A fazenda Primavera teve diversos *gatos*: José Nilo, em 1977, 82, 83; Chico Ponte em 1983, 89, 92, 96; Antônio Barbudo, em 1984; Tino, em 1989; José Gordinho em 1997, 98. A mudança de empreiteiros nas fazendas se dá por divergências e desacordos quanto ao valor da empreita ou à qualidade do serviço. O número maior ou menor de *gatos* depende da extensão da área trabalhada, da eficiência dos *gatos* e da rapidez com que se queira concluir a tarefa. Nos depoimentos de Barras, tivemos 29 *gatos* e aliciadores, de importância diversa, identificados a serviço de fazendas do Pará. Contudo, essa lista não esgotou a relação de *gatos* e aliciadores nem o número de fazendas denunciadas, nem sequer os *gatos* e aliciadores que trabalharam com gente de Barras. Com o passar do tempo, a memória não preservava os nomes das pessoas, raramente do proprietário, e muitos nem sequer eram capazes de se lembrar em que fazendas haviam estado, em que municípios e em que ano.

Barras é apenas um dos diversos municípios piauienses onde houve aliciamento de pessoas para o Pará. Em 2000, por exemplo, houve em Pimenteira, Uruçuí e São Raimundo Nonato. Três homens estiveram em Uruçuí, recrutando trabalhadores e, notificados pelo Ministério Público da cidade, foram proibidos de transportar os homens sem assinar as respectivas Carteiras de Trabalho e Previdência Social. Em 1999, através do telefone de um STR do Mato Grosso, trabalhadores rurais de São Raimundo Nonato avisaram ao seu sindicato que estavam sendo submetidos ao trabalho escravo ali mesmo no Mato Grosso. Eram 150 as vítimas. Em 1999, três ônibus haviam sido interditados transportando trabalhadores para o estado do Tocantins. O Piauí exportava gente para fazendas de São Paulo, Bahia,[30] Pernambuco e Pará.

Segundo as pesquisadoras Antonieta Vieira e Ana Pinto (2003: 73-76), há dois tipos de migrações a partir dos municípios piauienses de Miguel Alves, Barras e Esperantina. Em geral, o primeiro tipo de migrante, o "definitivo", tem como destino os centros urbanos maiores. Ali eles desempenham atividades não especializadas. Os homens se incorporam mais comumente na construção civil ou nos serviços de segurança e vigilância; As mulheres, em geral, no serviço doméstico. "Quando conseguem estabilizar-se na cidade, estas pessoas não voltam, sendo que muitas vezes enviam regularmente dinheiro para os familiares no Piauí." O outro tipo de migrante é o que parte temporariamente. Em geral se deslocam para os estados do Norte, Centro Oeste e mesmo para o Sudeste, e podem empreender a viagem até duas vezes no mesmo ano (idem: 77).

ESTRANHAMENTOS

Para quem empreende pela primeira vez uma viagem ao Pará, pode haver motivos para se surpreender, admirar, assustar, temer e estranhar. Há

[30]Em 2003, o Ministério Público do Trabalho, a DRT e a PF libertaram 45 piauienses, alguns menores, da fazenda Cassol 1, localizada a 134 quilômetros de Barreiras, na Bahia. Nesta propriedade deviam executar capina e limpeza do algodão. Além da situação degradante de trabalho, hospedagem e alimentação, os trabalhadores, vítimas do sistema de dívidas, afirmavam ser ameaçados e espancados pelo gerente, que também era o aliciador (*A Tarde*, 9.6.2003).

momentos de adaptação ou tentativa de adaptação ao novo e ao inusitado. O motivo da viagem pode auxiliar ou atrapalhar o intercâmbio com as diferenças. Se quem está em busca de trabalho, ele o faz por iniciativa própria ou seduzido por alguém e por suas promessas de possibilidades de trabalho ou diversão. Se são convidados, o que encontram deveria corresponder ao prometido. Se não corresponde, poderiam concluir que houve a mentira ou que a situação mudou entre o momento em que o convite foi formulado e o momento de sua realização. Quem convidou poderia ter se equivocado. Ora, se não houve engano nem mudança na situação, mas apenas mentira, quem mentiu tinha um motivo e este poderia ser conseguir maior lucro.

As pessoas que empreendem a viagem em busca de trabalho podem fazê-lo por uma série de razões pessoais e familiares, como vimos há pouco. Mas podem sofrer, em algum momento, um seqüestro, ou podem ser "vendidas" e "compradas" como se fossem uma mercadoria (Bales, 2000: 19-22).

Dependendo de como se dá o deslocamento até o local distante e desconhecido, de como se é recebido e de quais os problemas vividos, manifesta-se o estranhamento. A duração da viagem, as condições de alimentação, o trabalho, a moradia, o acolhimento, estar só, acompanhado por pessoas conhecidas ou por pessoas desconhecidas, o tipo, a duração e as exigências do trabalho a ser executado, tudo define a intensidade do estranhamento. Para diversos trabalhadores que saem de Barras, é a primeira viagem para fora do estado ou mesmo, para alguns, é a primeira viagem fora do município. Encontram uma vegetação nova, plantações que os impressionam — como as do abacaxi e a da pimenta-do-reino —, uma geografia desconhecida e uma fauna com seus pássaros, mamíferos e peixes que não conhecem. Sentem a surpresa de embarcar em um trem, o espanto ou "nervosismo" do ônibus que quase vira no caminho, a chuva torrencial, o frio intenso da noite e a falta de roupa adequada, a passagem pela mata fechada, onde de dia é como se fosse um anoitecer. Há o pasmo diante das cobras encontradas na fazenda, do fazendeiro demonstrando destreza nos tiros, dos homens armados e da violação de acordo firmado com o *gato*, pois haviam "conversado" e pensavam que tudo seria cumprido (depoimentos, Barras: 2000 a 2002). Há, aqui, dois tipos mais visíveis de estranhamento. O primeiro em relação à natureza; o segundo, em relação aos homens.

João Costa (depoimento, Barras: 2000), por exemplo, empreendeu sua primeira viagem em 1997, com 19 anos, ao município de Curionópolis, a segunda, ao município de Tailândia, ambos no Pará, e teve um estranhamento positivo. Gostou das plantações e concluiu que, com dinheiro, poderia tê-las no Piauí. Viajar, explicou, era encontrar gente boa e ruim, como em Barras. Nisso não havia diferença. Mesmo não sendo conhecido, dormindo no chão da rodoviária de Curionópolis, sem trabalho e sem dinheiro, foi socorrido por uma moça bonita. Para João, as diferenças entre as pessoas no ritmo e intensidade de trabalho eram por "dons" individuais e não pelo local de origem, mesmo se "mangando" elas se desqualificassem pejorativamente, tendo como referência o estado de nascimento. Alguns diziam, por exemplo, que "a bandeira do Piauí era feita de couro de bode"; outros, que "um cearense tinha ido lá e comido" a bandeira. A origem provocava apenas diferenças no vocabulário e no sotaque. Da mesma forma que João, Arnaldo prefere não generalizar as suspeitas sobre as pessoas e os costumes por serem de um local não bem conhecido, ou por serem de determinada região. Apesar de ter um amigo assassinado em uma fazenda que também possuía um cemitério clandestino, ele não estranha o povo do Pará. Não lhe parece ser um povo bravo, matador de gente.

Se João ressaltou um aspecto positivo, outro trabalhador, Pitanga (depoimento, Barras: 2001), ressaltou a necessidade de prudência como uma estratégia de viagem. Quando pessoas conhecidas embarcam juntas de Barras para o Pará, entre elas não há problemas, e isso, de certa forma, as protege. Mas isso não significa que elas possam ter qualquer comportamento. Se a pessoa sai de casa, deve "se comportar, que o lugar de fora é diferente"; nada de "andar com entusiasmo", não ser "mau-caráter, caçador de conversa". Mesmo quem é dado ao "entusiasmo", não "pode mostrar"; é melhor ficar "tranqüilo". No Pará não se discute; tudo se resolve à bala. Não é aconselhável divergir de vaqueiro, *gato* ou gerente de fazenda: eles têm costume de ir logo atirando. Seu companheiro de viagem concorda e afirma ter aprendido que, nas viagens, estando em lugar estranho, a pessoa "não se governa", e isso é perigoso. No Pará se parte logo para a ação e é melhor não oferecer "má resposta para ninguém". Estando no "trecho", predomina outro "sistema". Dona Salustiana (depoimento, Barras, 2001), cujo filho Marcos saíra de casa havia quatro anos e desde então estava sem notícias dele, concorda com Pitanga. Para ela, sair no mundo, para local diferente da casa do pai e da mãe, é perigoso. A pessoa pode encontrar a morte.

Chegar à fazenda no Pará não significa necessariamente, para o piauiense de Barras, o fim de uma viagem. Mudanças bruscas e inesperadas ocorrem e as pessoas podem se deslocar de uma fazenda para outra, de forma voluntária ou não. Se um empreiteiro atende duas fazendas, como fez Chico Ponte em 1983, ele pode transferir os trabalhadores de uma fazenda para outra conforme suas necessidades e interesses. Ou, ainda, transfere homens para algum outro *gato*, usufruindo economicamente a transação. Em alguns casos, os trabalhadores saem de uma fazenda ao fim da empreita, ou fogem antes que a empreita esteja concluída e, sem dinheiro para retornar, tentam a sorte em outra fazenda da mesma região. Ou, se são *peões do trecho*, faz parte de sua vida sair de uma fazenda e entrar em outra. A mudança também se dá por uma razão súbita. Em 1987, dois trabalhadores de Barras, estando em uma fazenda no município de Santana do Araguaia, foram surpreendidos pela demanda de posse de terra na área onde estavam fazendo o desflorestamento. O imóvel foi invadido por homens armados, com troca de tiros, mortes e seqüestro do gerente. Aproveitando-se da confusão, os dois fugiram. O conflito e a violência na luta pela terra os libertaram (depoimento, Barras, 2000).

2.2. *Mato Grosso*

POR QUE PARTIR?

Os que dão depoimento no Mato Grosso em 2000 — nascidos principalmente no Tocantins e no Maranhão — alegam que a razão para a saída de seus estados de origem é a falta de alternativa econômica e a proposta do aliciador. Se saíram jovens, houve, alguns afirmam, a ilusão, a influência e a "animação" de amigos, a curiosidade para conhecer uma região nova, o desejo de comprar uma motocicleta. Há quem admita que não possuía informação correta e que foi ingênuo. O fato de conhecer o *gato* não é garantia de cumprimento de promessas, constatam. De fato, há muitas razões que levam as pessoas a empreender a viagem. Uma liderança camponesa, conhecida como alguém de "cabeça quente", dada a enfrentamentos com fazendeiros por razões pessoais ou de grupo, pode se tornar itinerante, indo de uma região para outra. Um dos depoentes revela esse perfil. Bartolomeu disse ter saído de Imperatriz, no Maranhão, porque era ameaçado de morte por um fazendeiro para quem trabalhava. Esteve em fazendas do Pará, sentiu-se enganado e prejudicado por empreiteiros, e um deles incomodou sua esposa. Finalmente, conseguiu sair do sistema da peonagem e se tornou posseiro. Como liderança no grupo de lavradores, de novo ameaçado de morte, fugiu e se refugiou em Terra Limpa, no Mato Grosso. Uma senhora, Delvera, de Recanto da Paz, também no Mato Grosso, explicou que o neto tinha o hábito de ir de fazenda em fazenda porque não gostava de trabalhar por conta própria, o que é uma das características dos *peões do trecho*. Estando só é mais difícil para ele se tornar posseiro ou pequeno proprietário e cuidar da casa, da criação e da roça. Além disso, cuidar de uma propriedade implica, para obter algum sucesso, ter certa capacidade criativa e capacidade de planejamento. Quando o neto conseguiu uma companheira, se "aquietou".

Atrás do problema econômico pode também haver problemas familiares. Feliciano, de Terra Limpa, com 42 anos, nascido em Santa Inês, no Maranhão, era filho de uma maranhense e de um piauiense e tinha sete irmãos. Seus pais possuíam uma terra pequena. Com apenas 13 anos, Feliciano saiu de Santa Inês, segundo informou, para ganhar dinheiro, comprar roupa, bicicleta e carro. Foi dar "um giro por aí" e "de lá não voltei mais até hoje". Trabalhou no Pará em diversas fazendas e esteve também no Amazonas e em Roraima. Finalmente chegou a Terra Limpa, onde encontrou uma companheira. Contudo, continuava indo ao Pará (de onde acabava de retornar, depois de sofrer um sério acidente de trabalho), apesar de reclamar dos *gatos*, e afirmou que desde que saiu de casa jamais reencontrou os familiares.

Entrevistador: Por que não os havia reencontrado?
Feliciano: Porque o seguinte: eles disseram, antes de eu sair, que iam mudar da região. Então, depois...
Entrevistador: Você não tentou descobrir para onde foram?
Feliciano: Não tentei mais nada, viu?
Entrevistador: Tem saudade?
Feliciano: Às vezes... A gente, quando fala neles assim, tem uma saudade grande, Ave Maria!, dos pais. Meu pai nunca me bateu. Nunca!
Entrevistador: E sua mãe?
Feliciano: Batia, mas taco de mãe não serve para nada. (risos)
(...)
Entrevistador: O filho deve obedecer sempre aos pais?
Feliciano: Obedecia. Virgem! Ela batia nele [no filho] de joelho assim, com arreio e o sangue escorria nas costas assim e ele não dizia nada.
Entrevistador: E seu pai batia?
Feliciano: Ele não batia, não. Ela só batia porque ele não estava.
Entrevistador: E se ele estivesse?
Feliciano: Ela não batia não! Ele não deixava. Mas eram uns irmãos errados demais.
Entrevistador: Faziam muita arte?
Feliciano: Virgem Maria! Deus do Céu!
Entrevistador: Que tipo de erro?
Feliciano: Eles eram errados demais. Tudo para eles era pouco. Eles não enjeitavam nada. Não levavam nada para casa. Eles eram desse jeito.
Entrevistador: Sei. Não ajudavam.... Não cooperavam.
Feliciano: Não... Agora, em casa, eles trabalhavam e ajudavam a velha. Mas lá... Se brigassem na rua, lá mesmo eles resolviam.
Entrevistador: Você gostava de seu pai?
Feliciano: E da minha mãe também.
Entrevistador: E de seus irmãos, gostava também?
Feliciano: Tudinho, tudinho.
Entrevistador: Não era brigado com ninguém?
Feliciano: Não, não... Com nenhum.
Entrevistador: Tem vontade de encontrar com seu pai?
Feliciano: Até que tenho, mas é a condição é que está feia, viu? Está feia agora para eu. Já tive condição, e não fui, mas...

> Entrevistador: Se arrepende de não ter ido?
> Feliciano: Me arrependo. Antes eu tivesse ido, porque eu tinha ganhado mais. Que até agora, sorte não tenho. E para todo lado que eu vou... (depoimento, Terra Limpa: 2000)

Teria começado as viagens porque a mãe espancava com violência os filhos e ele mesmo apanhou? Talvez. Contudo ele não apresentou isso como razão para sair de casa. Havia tido duas mulheres, separou-se delas — com uma deixou uma filha com dois anos; com outra, duas crianças, a mais velha com oito anos — e havia mais de 12 anos não procurava contatos sequer com os filhos. Certamente o fato de ter uma vida sempre em trânsito, de peão do trecho, pouco dinheiro, baixa escolaridade, explicava parte do seu deslocamento não apenas geográfico, mas também afetivo das pessoas por quem talvez nutrisse carinho. Era incapaz de estabelecer e manter vínculos, mesmo os familiares, de longa duração.

Maria Sylvia Franco (1997: 32ss), em estudo sobre o ciclo cafeeiro do século XIX, entre Rio de Janeiro e São Paulo, demonstra que os "homens livres e pobres" existentes ali eram submetidos ao sistema econômico e à dominação dos proprietários de terras e muitas vezes eram expostos a mobilidades que impediam a formação de vínculos de reciprocidade entre eles, favorecendo a transgressão de costumes e tradições. No nosso caso contemporâneo, os trabalhadores viviam uma marginalidade econômica, inseridos em um sistema de produção que usufruía deles, reforçava sua mobilidade e impedia o estabelecimento de relações providas de uma durabilidade necessária para que houvesse a consolidação de "obrigações tradicionalmente aceitas". A intensa mobilidade impedia e justificava a descontinuidade dos vínculos de reciprocidade; rompiam-se aqui os vínculos e transitoriamente se construíam alhures. As expectativas de pessoas que viviam situações de deslocamento tão incertas não podiam ser grandes. Tais pessoas eram estranhas em terra estranha, transitavam, algumas vezes, na esfera limitada da liberdade (privada e/ou social), cerceadas pelas injunções econômicas, culturais e, às vezes, pelas milícias armadas das fazendas e dos empreiteiros, quando não do próprio Estado. O Estado, principalmente nas décadas de 1970 e 80, participou através de suas polícias, favorecendo os aliciadores, os empreiteiros, os gerentes ou os proprietários dos imóveis na repressão aos trabalhadores.[31] As condições objetivas da liberdade para estes migrantes, em muitos momentos, não foram mais que mera formalidade jurídica.

ESTRATÉGIAS DE VIAGEM

Os empreiteiros que iam buscar trabalhadores no Mato Grosso faziam o transporte com maior desenvoltura, em um trajeto mais previsível do que os que empreendiam a viagem a partir de Barras ou de outro município do Nordeste. O transporte podia ser feito sem sobressaltos, em caminhão coberto ou não com lona, pois ali não havia postos da Polícia Rodoviária. A estrada, a BR-158, ia em direção ao Pará, passando por Canabrava, Porto Alegre do Norte e Vila Rica. No Pará, seguia por Santana do Araguaia, onde se localizava a fazenda, ou pelos municípios seguintes, Redenção, Rio Maria, Xinguara, Marabá; ou, em Xinguara, tomava-se a direção oeste, indo para Tucumã e São Félix do Xingu.[32]

Os trabalhadores que morassem no Mato Grosso só teriam novo itinerário se fossem aliciados em outros locais. Era comum não haver em um mesmo lugar o número suficiente de homens procurados. Neste caso, outros seriam contatados em municípios vizinhos ou no percurso da viagem de volta. Por exemplo, em 1983, sete homens saíram de Cana Brava em um caminhão aberto, sem lona. Outras pessoas foram sendo aliciadas em Porto Alegre e Vila Rica. No fim, eram uns cinqüenta homens e a maioria não se conhecia (depoimento, Recanto da Paz: 2000).

[31]Em vez de se colocar a serviço das garantias constitucionais da livre locomoção, da liberdade na venda do próprio trabalho, do direito ao salário, à igualdade, à inviolabilidade da vida privada, à proteção do corpo contra a tortura ou ao tratamento degradante, como prevêem alguns dos itens do "Capítulo I — Dos Direitos e Deveres Individuais e Coletivos e do Capítulo II — Dos Direitos Sociais" (Constituição, 1988).

[32]De Porto Alegre do Norte (MT), a Marabá eram 865 quilômetros, sendo 154 de estrada sem asfalto. De Porto Alegre a São Félix do Xingu (PA), 929 quilômetros, sendo 456 sem asfalto. A parte não asfaltada muitas vezes ficava interditada durante o período das chuvas, por causa dos atoleiros. Era freqüente a queda de suas pontes precárias por causa dos caminhões pesados, que transportavam madeira. Em outros casos, por protesto dos motoristas, diante da situação precária, elas eram incendiadas.

Os aliciados no Mato Grosso partiam muitas vezes sós, mesmo estando acompanhados. As pessoas, em geral, se conheciam apenas no momento do embarque, ou haviam se conhecido superficialmente antes; não tinham a memória comum de olhos que viram e conheceram as mesmas histórias e cantaram as mesmas músicas, adotaram os mesmos valores, conheceram as casas uns dos outros, passearam na mesma praça, percorreram as mesmas ruas, roças, igrejas, freqüentaram os mesmos bares. Eram de lugares diferentes, tinham menos valores comuns, menos códigos de controle e solidariedade, as tensões e os choques podiam se manifestar com maior freqüência e mais violentamente.[33] Isso explica o caso, em 1997, do empreiteiro Antônio Avelino, que levava um grupo de 155 peões para a fazenda Santa Fé, em Santana do Araguaia, no Pará. Ao saírem de Porto Alegre do Norte, um peão matou outro. Os ajustes entre pessoas que não se conhecem, que vivem em um nível mínimo de possibilidade de subsistência, inevitavelmente produzem conflitos. A forma de se inserirem na estrutura de trabalho, através do transporte precário, da bebida e do medo, é uma matriz explicativa para a violência (Franco, 1997: 60-61). A polícia, essencial na rede do tráfico de pessoas, alimentava e defendia a desigualdade e, a serviço do empreiteiro, apreendeu sessenta facas e cinco revólveres calibre 38 dos trabalhadores. Mas não apreendeu a pinga, uma das razões do homicídio, pois, sem a bebida, a força de sedução e controle do *gato* sobre o grupo diminuía (depoimento, Recanto da Paz: 2000).

O percurso, do local do aliciamento até o local do trabalho, era demorado e muito cansativo, pela distância, pelas condições das estradas, pelo veículo utilizado e mesmo pela demora em completar o número de trabalhadores que o aliciador desejava levar. Alguns do Mato Grosso foram aliciados em princípios de abril de 1984, no norte do antigo estado de Goiás. Dois dias depois alcançaram a fazenda paraense. Contudo, se a

[33]M. Pollak (1993: 15), sociólogo e historiador, lembra M. Halbwachs e Pierre Nora quando trata da "força de diferentes marcas que estruturam nossas memórias e que as inserem naquela da coletividade à qual pertencemos". Dessas marcas fazem parte os monumentos, a arquitetura "e seu estilo que nos acompanham ao longo de nossa vida, as paisagens, as datas e as personagens históricas de que a gente repete incansavelmente a importância, as tradições e costumes, certas regras de interação, o folclore e a música e, por que não, as tradições culinárias".

viagem é pensada em um sentido mais extenso, computando à sua duração os dias despendidos na fazenda e a data de retorno à casa, ela se torna ainda mais longa. Nesse caso, a viagem de diversos trabalhadores que saíram em abril só terminou no final do mês de agosto do mesmo ano de 1984, quando fugiram. Fazem parte da viagem a duração do deslocamento nas estradas e o tempo que se permaneceu no trabalho com todas as novidades e embaraços — a chegada, as normas impostas, a feitura do alojamento, o conhecimento da área, a floresta, os animais selvagens, as pessoas, os mecanismos de controle e subordinação, os perigos. A viagem ainda tem desdobramentos imprevisíveis, como o resultado das fugas. Para uma parcela do grupo a viagem não terminou sequer com a fuga. Um deles, Charles de Paula, descreveu a viagem como uma "escravidão". Dezesseis anos depois, ainda transitava de fazenda em fazenda e constatava que "nossa morada é onde estamos". Ainda não chegava em casa, porque ela não existia. Ele era goiano, sua família morava no Mato Grosso, de onde vinha, mas as relações com os seus não eram pacíficas e o círculo de dívidas se inscrevia nele como se fosse uma nódoa.

Aliciar e chegar a bom termo na tarefa implica utilizar com eficiência, no devido momento, se for necessário, o mecanismo de controle e subordinação no percurso entre as cidades e a fazenda. Um dos recrutados, quando o grupo de Charles passava próximo de Alvorada, em Goiás, expressou o desejo de ver a mãe que morava ali. O empreiteiro respondeu que "peão não precisava ver mãe". Charles e seus companheiros constataram: "Isto foi um toque para a gente ver o início da severidade." Uma severidade própria para o *outsider*, mais frágil e incapaz de "cerrar fileiras e revidar" (Elias e Scotson, 2000: 25), para aquele que perdia o chão dos pés e aprendia mais uma vez o princípio da desigualdade, em que se pressupõe o medo, a força, a fraude como parte das relações humanas.[34] Ver a mãe significava atrasar a viagem, reatar laços que seriam desfeitos temporária ou definitivamente, seria reconhecer a humanidade do outro,

[34]Segundo Barrington Moore, Jr. (1987: 29), toda sociedade humana conta com as bases do medo, da força e da fraude, mas também conta com o sistema elaborado de trocas. De fato, constata o autor, as sociedades "são combinações tanto de coerção quanto de trocas".

seus sentimentos. E "peão não precisava ver mãe", pois se tornou despojado de raízes ao entrar no mundo do estranhamento.

Diante daquilo que ameaçava ou era desconfortável, nos múltiplos deslocamentos do corpo e da alma, os trabalhadores podiam se rebelar e fazer eclodir um conflito. As razões do conflito às vezes surgiam antes de chegarem ao destino. Outro dos trabalhadores do grupo de Charles falou alto, o que foi compreendido como uma manifestação de arrogância. Ele ainda não estava suficientemente subjugado, não percebia os códigos desse universo onde se inseria e, como diria Goffman (1999: 156-190), não compreendeu o palco, o texto, e representou incorretamente seu papel, provocando uma comunicação imprópria. Falar (algo, alto, sobre, com) não era direito do subordinado, pois o falar pressupunha um poder simbólico restrito ao aliciador, seus pares e superiores. A cachaça, no momento de deslocamento, funcionava como um atrativo alegre e festeiro, o que tornava sob certo aspecto mais maleável o grupo. Ao mesmo tempo, porém, era um mecanismo para dificultar o reconhecimento da estrada por onde passavam e, com isso, a fuga.

A distância era um elemento fundamental, o próprio "instrumento" do "condicionamento" do estranho, como lembrava Meillassoux (1995: 54-55). No caso da escravidão africana, a distância tornava a fuga "improvável, o tratamento físico e moral dos cativos era modificado de maneira estudada; e o seu comportamento também". Ou: "A distância geográfica preparava a distância social quase absoluta, apesar de todas as aparências, que separaria o escravo do senhor, e o imobilizaria em seu estado irreversível de estranho." No caso estudado, o consumo da cachaça era estimulado no percurso da viagem, mas o trabalhador podia provocar, nesse ínterim, uma atitude de desrespeito às regras que começavam a ser acionadas. Indo além dos limites estabelecidos pelo *gato*, o trabalhador embriagado sofreria sanções.

As fugas ou as tentativas de fuga dos trabalhadores aliciados no Mato Grosso podiam se dar já durante a viagem, quando alguns ouviam histórias de violências nas fazendas, ou outros, enganados anteriormente, queriam prejudicar o *gato* fugindo com o adiantamento. Por isso, ter a mão-de-obra não significava tudo. Era necessário conseguir levá-la até o destino e nisso ter o apoio da polícia ajudava muito, como vimos no caso da briga e da morte entre peões em Vila Rica. Graças ao apoio militar, Avelino controlou a situação e prosseguiu a viagem.

Charles testemunhou as estreitas relações entre a polícia local e o empreiteiro. Ao embarcarem em São Miguel, Goiás, enquanto os peões se ajeitavam no caminhão, três homens da PM vigiavam para impedir fugas. O mesmo aconteceu no Pará pouco depois. Em Nova Barreira, no município de Santana do Araguaia, no Pará, diversos trabalhadores bêbados foram presos também pela polícia do estado em um acordo com o empreiteiro. Este, finalmente, apareceu como um pai, ofereceu-lhes cigarro, comida e a "liberdade". Levou-os para a fazenda e, no "acerto" final, cobrou a taxa de carceragem. Os "libertados" ainda deveriam se mostrar agradecidos. Não era a primeira, nem a única vez que isso se dava. No ano anterior, Domingos Vaca do Brejo havia sido preso pela polícia também militar e foi "resgatado" pelo *gato*. Começou trabalhando com uma dívida monetária, proveniente do resgate, e com um sentimento de gratidão por ter sido salvo pelo aliciador. Nesses casos, a comunicação entre o que chegou, desprovido de direitos, "incivilizado", ao mundo desconhecido dos empreiteiros passou pela alternância da violência e da mentira. No encontro desigual de dois mundos — um armado e outro desarmado, um com apoio de membros do Estado, outro só — se realizava a existência trágica e disforme da humanidade de ambos.

Como no Piauí, alguns empreiteiros que atuavam no Mato Grosso eram eles mesmos aliciadores. Pelo menos um terço deles tinha ou havia tido residência na própria região do aliciamento; os demais moravam no Pará ou em região não identificada. Alguns dos aliciadores eram apenas intermediários no agenciamento e transferiam os trabalhadores para terceiros. Algo semelhante podia ser encontrado no Maranhão, onde Chico Cazuza, natural de Dom Pedro II, aliciava ali mesmo os peões e os transferia, em 1991, a outro empreiteiro, Adão Franco, no Pará. Um e outro faziam parte da rede de escravidão ligada às fazendas Santo Antônio e Santana de Indaiá, no município de Ourilândia do Norte, no Pará.

Os nomes dos *gatos* e dos aliciadores, citados no Mato Grosso (quadro 6), não coincidiam com os citados no Piauí, salvo um, José Avelino, mas os métodos empregados para a "imobilização" dos trabalhadores era parecido. No Mato Grosso, houve a enumeração de um número significativo de fazendas paraenses — duas dezenas — e também um número expressivo de empreiteiros e aliciadores — 19 — que as atendiam. É interessante acentuar que o maior deslocamento era em direção ao Pará. Apenas seis fazendas foram citadas fora do Pará; destas, uma no Tocantins e quatro, no próprio Mato Grosso. José Avelino apareceu atuando como empreiteiro e aliciador em Confresa, São José do Xingu, Alto Boa Vista, Vila Rica, Porto Alegre do Norte, no Mato Grosso, e em Santana do Araguaia e São Félix do Xingu, no Pará. No Piauí houve a identificação de 29 empreiteiros e aliciadores para 19 fazendas no Pará. Ou seja, havia mais empreiteiros e aliciadores do que fazendas. O número mais reduzido de *gatos* e aliciadores vindos do Pará ao Mato Grosso indicava possivelmente que um menor número de *gatos* aliciava no Mato Grosso, onde a mão-de-obra era menos disponível, pois ali também havia abertura de novas fazendas e estas tinham seus próprios *gatos* e aliciadores.

De fato, de acordo com os dados existentes nos arquivos da CPT, a relação das empresas, dos *gatos* e dos aliciadores que atuaram nas fazendas do Pará foi superior às informações obtidas nessas entrevistas realizadas no Mato Grosso e no Piauí entre 2000 e 2002. Houve não só outros aliciamentos ali, mas também em outros municípios e outros estados. Fizeram parte da estratégia dos empreiteiros as mudanças dos locais de recrutamento de mão-de-obra. O empreiteiro Chicô, por exemplo, aliciou peões, em 1983, nas pensões paraenses de Conceição do Araguaia e Barreira do Campo e no nordeste do Mato Grosso; em 1984, buscou gente em Paraíso do Norte, em Goiás (Nogueira, 1984). Alguns *gatos* conseguiam mais facilmente seus trabalhadores em determinados estados e municípios, por um período; depois, em outros locais. Os *gatos* não apenas aliciavam em estados diferentes, mas podiam trabalhar em empreitas também em estados diferentes, como Donizete e Luís Bang Bang. Donizete, por exemplo, pegou empreitas no Mato Grosso, nas fazendas São Jorge Preto, em 1992, e Rio Preto, em 1997. Quatro anos depois, era empreiteiro de uma fazenda conhecida como Paraíso, no Pará.

As pessoas envolvidas no aliciamento e na coordenação das derrubadas de mata são em geral homens. No Mato Grosso, entretanto, foi possível encontrar uma mulher empreiteira que atuava com o esposo em fazendas da região de Marabá, e Binka Le Breton encontrou outra mulher empreiteira em Araguaína, no Tocantins, que desenvolvia suas atividades no Pará. Há ainda uma informação mais antiga, detectada por Luis Paulo Coutinho e Rubens Barbosa (1973: 80), enviados especiais do *Jornal do Brasil*, no Mato Grosso, ao entrevistarem um empreiteiro Elias Sule, que lhes disse:

> "Pela primeira vez vi por aqui uma gata vendendo peão no seu caminhão, que ela mesma guiava. Veio de Santa Helena, Goiás, com sessenta deles, mas só chegou aqui com quarenta, vinte fugiram. O nome dela é Messias Martins Abrantes e mora em Santa Helena, Hotel Bandeirantes, na Rua Paulo Lopes, 104. Mulher dá azar.

Estranhamento

No Mato Grosso, as pessoas não eram completamente novas em viagens, pois a maioria nem sequer havia nascido ali. E, por serem de outras regiões, com experiências mais antigas de deslocamentos entre municípios e estados, não tinham muitas razões para estranhar. Havia certamente menos surpresa também com a vegetação, com o clima, com os pássaros, com a precariedade das estradas, com os rios e, mesmo, com a violência. Muitas destas coisas, no Pará, pareciam com o que haviam conhecido e enfrentado no Mato Grosso. Ainda assim, as pessoas podiam ser surpreendidas. José Riba (depoimento, Recanto da Paz: 2000), apesar de muito jovem (pois tinha apenas 17 anos), começou a ficar desconfiado antes de partir. Se lá nas terras paraenses era tão bom, pagavam bem e tratavam adequadamente os trabalhadores, por que o *gato* ia buscar gente tão longe? Em todo caso, animado pelos amigos e pelas promessas do empreiteiro, embarcou. Contudo, ficou assustado quando, já em Barreira do Campo, no Pará, viu um peão bêbado resistir a entrar no caminhão e ser pego pelos fundos da calça pelo empreiteiro e ser jogado na carroceria do carro pelo empreiteiro Chicô. Certamente tal fato era uma confirmação das histórias de violência que tinha presenciado ou ouvido no Recanto da Paz. O segundo estranhamento se deu ao perceber que estava sendo transferido de um empreiteiro para outro e isso não era o combinado nem o previsto. A partir daí, descobrir que havia um pistoleiro na cantina da fazenda já podia ser previsto, assim como os problemas que teve a seguir.

Outro trabalhador, José dos Santos (depoimento, Porto Feliz: 2000), era menos jovem que José Riba quando foi ao Pará. Santos tinha 22 anos ao empreender sua primeira viagem. O que mais estranhou foi a distância da família. Nesse caso, ele estava acostumado a viajar, mas sempre com os parentes mais próximos. Eles iam juntos e isso imprimia certa estabilidade afetiva no meio das diversas inseguranças. Disse ter sentido também a discriminação que partia do fazendeiro, do *gato*, da prostituta e da própria cidade. Ser peão era ser "um senhor ninguém". Mas tal fato não devia constituir uma novidade tão grande para ele, pois certamente, no Mato Grosso, experimentou algum tipo dessas discriminações. Para ele, de fato, o maior estranhamento aconteceu depois, e não exatamente no Pará, quando, acompanhando um agente pastoral da prelazia de São Félix do Araguaia, conheceu o estado de São Paulo. Nesse caso, mais que estranhar, teve medo da violência da cidade, pois havia escutado que eram comuns os seqüestros, e sentiu vertigem ao estar no 10° andar de um prédio. Além disso, assustou-se bastante com o "trânsito doido". E o que mais o admirou foi conhecer o mar: "Vi o céu sumir na água, aí eu disse: 'É largo mesmo.'"

2.3. *Barras e Mato Grosso*

Os depoimentos, colhidos no Piauí e no Mato Grosso, revelam outras fazendas envolvidas com o trabalho escravo por dívida, além das que constam nas publicações da CPT, que têm sido a fonte mais completa de dados sobre o assunto (Rezende: 1998: 73-76), o que confirma a suspeita levantada freqüentemente pelos agentes da CPT e pelos membros do GEFM de que o número conhecido dos problemas de trabalho escravo é bem inferior ao número real. Isso certamente por diversas razões. Muitos dos que fogem não denunciam por medo, por não saberem para quem denunciar ou por não terem certeza de que sua fuga é "legal". Ou denunciam para autoridades que não registram o fato, não encaminham nenhuma medida para sanar o problema ou são coniventes com os empreiteiros e fazendeiros. Contudo, a maioria não foge, é liberada quando a empreita termina e não há mais o que fazer. Essa gente sabe que não pode sair devendo e, se o faz, corre risco de vida, e considera correta a atitude do empreiteiro: "quem deve, é obrigado a pagar".

No Piauí, as pessoas ouvidas citam, por exemplo, dez novas fazendas com o trabalho escravo por dívida; destas, três com problemas graves: na Colorado e na Maciel II, houve ação do GEFM e da PF para libertar pessoas retidas, e na Santa Rita teria havido gente armada no controle dos trabalhadores. Seis outras fazendas foram enumeradas com problemas referentes a anos que ainda não constavam nos arquivos citados. A relação de Mato Grosso trouxe sete novas fazendas, sendo que contra quatro delas — Alô Brasil, Campo Alegre, P 3 e Sandra — pesaram reclamações dos trabalhadores de que teria havido algum tipo de problema grave decorrente do sistema de endividamento progressivo, como o espancamento ou outra violência. Em ambas as regiões estudadas houve coincidência de enumeração de quatro fazendas onde trabalharam pessoas tanto do Mato Grosso quanto do Piauí: Acapu e Rio Vermelho, em anos diferentes dos denunciados anteriormente; Cachoeirinha e Maciel II, coincidindo com denúncias então conhecidas. O que também confirma que o aliciamento para uma mesma área pode ser realizado em regiões distantes entre si. Também coincidiam tanto em Barras quanto no Mato Grosso algumas das razões apresentadas para terem aceitado o aliciamento: a influência dos amigos, do *gato* e a necessidade econômica.

Ainda que entre os aliciados predominassem pessoas sem liderança expressiva nos municípios, houve algumas que se tornariam, depois de passar pela experiência das fazendas longe de casa, referência tanto no sindicato quanto na política e nas comunidades de produção e de fé. Certamente a experiência fora do espaço doméstico e conhecido amadurece pessoas, as torna mais articuladas e, em alguns casos, lhes confere maior prestígio no seu grupo social. Mas não só isso, pois nem todas as pessoas que foram ao Pará ou a outras regiões se tornaram depois lideranças. Entram em conta, neste caso, os atributos pessoais, as oportunidades de contatos e a formação proveniente de participação em cursos, encontros e assembléias promovidos por alguma instituição religiosa, sindical ou política. Mas é possível também que a própria liderança não tenha sido aliciada, e sim um parente seu. O fato de um parente ter ido e sofrido ou não ter retornado podia suscitar naquele que ficou uma preocupação maior com a organização dos trabalhadores e com as formas de se evitar novas partidas para tais fazendas distantes.

No Piauí, dois diretores do STR de Barras tiveram filhos e parentes próximos desaparecidos no Pará, e outros dois foram aliciados, quando jovens, e levados ao Pará e a Rondônia; no Mato Grosso, dois diretores de STRs diferentes também foram aliciados e levados ao Pará. Era possível ainda constatar que, em Barras, animadores de comunidade católica e diretores de Associações de Pequenos Produtores Rurais haviam sido vítimas do aliciamento. E falavam, por isso, tanto uns quanto os outros, com experiência própria.

A relação entre o processo de aliciamento, a escravidão e o poder político local nem sempre esteve distante. Entre os *gatos* e aliciadores, houve alguns que possuíam uma trajetória política. Em Barras, por exemplo, um vice-prefeito e um vereador aliciavam trabalhadores. Exercendo uma função política remunerada e de prestígio social, certamente estes homens se interessaram pelo aliciamento e se tornaram eles mesmos aliciadores porque havia uma correspondência econômica compensadora. Houve também um processo inverso: empreiteiros se tornaram lideranças políticas. Em Santana do Araguaia, um *gato* se tornou vereador; no Mato Grosso, um *gato* foi eleito prefeito. Alcançar uma posição política de destaque no município pressupõe alguma capacidade de liderança, comunicação e algum prestígio social. Isso diversos empreiteiros conseguem construir aos poucos, mesmo sem escolarização formal. Alguns desenvolvem expressiva capacidade empreendedora. Tornam-se capazes de coordenar grandes volumes de trabalhadores em múltiplas e complexas atividades de aliciamento, transporte, coerção, abastecimento alimentar e infra-estrutura em situações as mais adversas. Quanto aos proprietários dos imóveis, houve também coincidências de interesses e funções, como se pôde verificar no Mato Grosso. Ali, a filha de um dos acusados era vereadora; no Pará, um dos acusados era não só empresário de sucesso, mas deputado estadual, e seu filho era prefeito de uma das cidades do estado e namorava a juíza local. Sobre a relação entre os fazendeiros e a política, retornarei posteriormente no capítulo "Hierarquia".

Estão presentes, nos casos de aliciamento, motivações para o deslocamento que vão além da necessidade econômica ou do sonho de ganhar dinheiro. Há, como se pode constatar em entrevista realizada no Mato Grosso, trabalhador que parte por ter recebido uma ameaça de morte ou quem parte por causa da violência doméstica. No primeiro caso, o adulto sai com a mulher; no segundo caso, a criança abandona a casa. Em ambos os casos, é empreendida uma viagem sem retorno que segue o itinerário do Nordeste ao Pará e, em seguida, ao Mato Grosso. Neide Esterci (1994: 107) percebeu em pesquisa realizada na mesma área que

> no discurso dos rapazes (...), a saída de casa estava sempre referida a uma briga com o pai, à mágoa que guardavam deste por lhe ter negado a compensação esperada. Queriam estudar, e não lhes havia sido dada oportunidade; queriam comprar roupas, ir a festas, e nunca lhes era dado o dinheiro suficiente apesar de integrarem, com suas energias, o grupo de trabalho doméstico.

É possível ouvir pessoas que moram no Pará, vindas de outros estados, explicarem seus deslocamentos também por problemas familiares. Por exemplo, um maranhense de 47 anos (depoimento, Marabá: 2002), que acabava de fugir de uma fazenda, disse ter saído de sua cidade por ter se aborrecido com um irmão cuja esposa "estava em galinhagem". Avisou, mas o irmão não lhe deu crédito. Chateado, emigrou para Marabá e por 16 anos não manteve contatos com os seus. Este tipo de motivação não apareceu nas entrevistas realizadas em Barras. Mas isso não significa que não houve motivação parecida. Como a fala em Barras é de quem está em casa e não esteve nas empreitas, ou saiu e retornou, ou porque quem saiu é um filho ou um irmão, ele talvez prefira manter silêncio sobre o assunto.

Em relação aos de Barras, os trabalhadores do Mato Grosso eram *outsiders*. Experimentavam um estigma social e, mesmo entre eles, havia relações de desconfiança e de desqualificação mútua, referida, inclusive, ao estado de origem. Tanto os do Piauí quanto os do Mato Grosso, no Pará se tornavam *outsiders* (e, por isso, ficavam mais vulneráveis) em relação aos proprietários dos imóveis, aos empreiteiros e a seus auxiliares, que eram os *estabelecidos* mais próximos. Estes possuíam as armas e o dinheiro, o que acentuava a diferença. Quando os trabalhadores, saindo da fazenda, iam às cidades no Pará, eram estigmatizados mesmo por moradores nordestinos dos bairros pobres que, ocasionalmente, se tornavam peões, e socialmente viviam em situação econômica e social também precária. Nesse caso, como os moradores da pequena cidade inglesa "Winston Parva", estudada por Norbert Elias e John L. Scotson (2000), que segregavam, por boatos e fofocas, durante muitos anos, os "forasteiros *outsiders*" também ingleses, os habitantes mais antigos do sul do Pará tratavam os "peões" recentes ali com reticência e suspeição. Na cidadezinha inglesa, de nome fictício, a diferença entre os moradores não era econômica ou racial, mas em relação ao tempo que viviam ali; no Pará, mesmo se houvesse a diferença econômica, também contava principalmente o tempo de permanência na região, a ausência de vínculos e parentesco com os demais. Por serem novos ali, os trabalhadores que chegavam deixavam de ser iguais, eram diferentes e recebiam os qualificativos de "beberrões", "perigosos", "brigões", "sujos", "preguiçosos" e "desonestos". O preconceito se reforçava porque alguns dos trabalhadores, não tendo para onde ir, procuravam a zona de prostituição, onde bebiam, encontravam companhia e, ocasionalmente, brigavam. Um peão de 32 anos, que morava em Marabá e havia escapado de uma fazenda, explicou:

> Tem peão que não presta. (...) Até no jeito de falar não presta. É bom quando é certo. Peão que pega o dinheiro e foge é ruim. Tem peão que fica nas costas dos outros. Se tiver cinco homens e um fica doente e não trabalha, se compreende. Às vezes acontece briga entre os peões porque uns não se esforçam. É peão bravo. Todos nós temos que ver o lado do outro. Se vamos juntos, somos uma família. Em outros grupos tem briga (Marabá: 2002).

Ora, a mesma prevenção que move os trabalhadores entre si, mesmo os que exercem funções iguais e estão submetidos aos mesmos problemas de trabalho escravo, move quem se encontra em um lugar social melhor. O aliciador Geraldo José Ribeiro (Rodrigues, 1997), "braço forte" do fazendeiro Luiz "Pires" na fazenda Flor da Mata, ao ser interpelado por membros do GEFM sobre a ausência de documentos de contrato dos trabalhadores, respondeu: "Quem trabalha com a gente é só marginal."

O APÁTRIDA E A SUA VIAGEM

Diferentemente do universo de trabalhadores focalizado por Sayad, os migrantes aqui estudados são nacionais, são pessoas que empreenderam uma viagem dentro do próprio país, mas viveram uma experiência parecida com a dos imigrantes estrangeiros, pois também não foram tidos como cidadãos ou foram precariamente cidadãos. Nasceram aqui, são brasileiros, juridicamente não perderam a nacionalidade; mas tiveram a cidadania violada em muitos sentidos. Antes de se deslocarem, alguns já tinham uma existência legal deficitária, pois nem sequer tinham documentos, faltava-lhes um comprovante de identidade, algo que demonstrasse que não eram uma miragem jurídica. Ao se deslocarem para outros lugares, tornam-se apátridas dentro da pátria. E, mesmo aqueles poucos que possuíam documentos, foram fraudados e enganados, habitando, numa transitoriedade espacial e psicológica, os grotões profundos de uma existência desprovida de direitos e com muitos estranhamentos. Este fenômeno se manifestou em outras regiões do país, como revelaram os libertos da fazenda Canguçu, em Bom Jardim (MA). Entre eles estava W.S.G., de 13 anos, que revelou à equipe do GEFM que a água bebida ali na fazenda era a do ribeirão, que de tão suja era chamada de "ferrugem". Outro trabalhador, Antônio da Conceição, 46 anos, disse que não recebiam carne para comer. O fazendeiro lhes dizia que, se quisessem carne, caçassem. Em determinado momento, o proprietário da fazenda quis lhes vender a carne de uma vaca, dizendo que a havia abatido, enquanto os trabalhadores suspeitavam "que ela poderia ter alguma doença, porque morreu ao parir". Como não aceitaram a oferta, foram ameaçados com uma arma por um empregado da fazenda (*Folha de S. Paulo*, 16.10.2001: A6).

No estudo de Sayad, o imigrante, enquanto alguém de outra nacionalidade, era desprovido da plenitude da cidadania em relação aos do país que o recebia. Mas migrante da mesma forma era o imigrante, na França, que tinha a nacionalidade francesa. Ele se referia aos indivíduos oriundos dos domínios e dos territórios de ultramar e aos seus filhos que moravam na França. Além do dado geográfico, como identificador da diferença entre os da metrópole e os do além-mar — com tudo o que este fato significava de história e de política —, havia a cor da pele e a religião (Sayad, 1988:267). Ora, no caso dos trabalhadores do Mato Grosso e do Piauí que iam ao Pará, a discriminação podia ser maior ou menor dependendo do local de origem, da cor, da força física ou do lugar que ocupava no grupo.

Hannah Arendt (1999: 44-45), num pequeno texto sobre Rosa de Luxemburgo, comentou que os "judeus assimilados" que viviam na Europa no final do século XIX e início do século XX, no contexto das discussões sobre o nacionalismo e o internacionalismo, viviam em geral uma experiência de "auto-ilusão" que "consistia na crença errônea de que eram tão alemães como os alemães, tão franceses como os franceses". O erro deles era imaginar que tinham uma pátria.[35] Ora, o contexto e o problema eram outros. Contudo, o que significa uma pátria para os deslocados da terra conhecida, o Piauí, para uma outra terra que lhes é desconhecida, o sul do Pará? Teriam pátria esses trabalhadores brasileiros? A palavra pátria, informa o dicionário Aurélio, significa "o país onde nascemos", mas significa também "a aldeia", "a cidade", o "lugar de origem", o "berço", terra considerada "a melhor" ou "a preferida". Se tinham pátria, ela

[35]E, continua a autora, a "auto-ilusão dos judeus intelectuais consistia em pensar que não tinham 'pátria', pois sua pátria de fato era a Europa" e "a *intelligentsia* da Europa oriental". Poliglota, jamais entendeu "a importância das barreiras lingüísticas e por que o lema 'A pátria da classe operária é o movimento socialista' seria tão desastradamente equivocado exatamente para as classes trabalhadoras". Arendt (1999: 45) se surpreende e considera "inquietante que a própria Rosa Luxemburgo, com seu senso de realidade e rigorosa evitação de clichês, não tivesse *ouvido* o que, no lema, soava errado de princípio. Uma pátria, afinal, é acima de tudo uma 'terra'; uma organização não é um país, nem sequer metaforicamente".

ia além do município ou do estado? No caso dos judeus, eles não eram capazes de viver exatamente como alemães ou franceses, mesmo se houvessem nascido nesses países, porque tinham uma outra identidade (afetiva, religiosa, política) e, por isso, eram estranhos. Os migrantes aos quais esse estudo se refere, objetivamente, não podiam exercer de fato a cidadania que lhes assegurava a lei e viviam como estranhos. Eram excluídos porque se encontravam despojados dos direitos para os quais se tornavam como que invisíveis; ou se auto-excluíam, porque se tornavam indiferentes ao sindicato, a qualquer organização ou à situação política, mesmo quando possuíam seus documentos. Tudo isso podia lhes parecer distante, longe do universo de interesse ou de possibilidade. Ou queriam participar mas não era possível pois, estando em terra estranha, não podiam, por exemplo, votar — porque o título eleitoral não era dali, o poder de barganha política não existia e, mesmo se o título fosse dali, não teriam o transporte até o local da votação.

Os "peões do trecho" sofriam um processo de desqualificação social de tal natureza que agentes de pastoral da prelazia de São Félix do Araguaia constatavam, nos anos 1970, que carregavam a mesma sina de segregação e desprestígio que as prostitutas, eram considerados uma ameaça para as famílias (Esterci, 1987: 167-176; Martins, 1994: 18) e sofriam, por parte daqueles que moravam ali havia certo tempo, uma "estigmatização" que os impregnava. Lembrando Elias e Scotson (2000: 28-29), eles eram os *outsiders* e, para os "estabelecidos", não eram apenas desordeiros, mas sujos, e tinham algo comum em relação à maioria dos que partilhavam a mesma identidade: eram pobres.

Os versos de Wanderson Q. Silva (1996), peão desde criança, descrevem a transitoriedade e a humilhação vividas pelos peões. Até no título — "Rolando de fazenda em fazenda"[36] — o autor define a situação de quem é sempre empurrado, sem poder se enraizar, com o horizonte restrito ao "Hoje eu vou trabalhar/ e amanhã vou também". Contudo, aparentemente, ele consegue romper o círculo que o mantém preso à sina de peão; por isso, aliviado, afirmou:

[36]A composição conquistou o segundo lugar numa Mostra de Quadrilhas em Rio Maria, (PA).

> esse dia estou muito além./ Fui roçador de juquira,/
> hoje eu sou um passageiro;/ saí com a pele rasgada/
> e no bolso pouco dinheiro./ Lá dentro daquela juquira/
> eu perdi até o meu chapéu / e o dinheiro que eu ganhei lá/
> eu já gastei neste bordel.

Mas tudo não passava de um sonho. Não só gastava o pouco que conseguia, mas sua história prosseguia sem saída, pois "no outro dia bem cedo/ eu saio de cabeça baixa / e vou procurar um patrão".

A viagem é mais que uma forma imaginária e simbólica de concretizar um sonho: é uma realidade histórica e material, complexa e dilaceradora. A viagem e o trabalho são, com freqüência, um binômio indivisível, pois o movimento espacial-geográfico que se faz também compreende o empreendimento de uma atividade de labor. Na migração dos argelinos, estudada por Sayad, o deslocamento se fazia de um país ao outro e pressupunha que, no ponto de chegada, havia, além do trabalho, a habitação. No caso aqui estudado, não há habitação. O exercício do poder do "patrão" não depende do favorecimento do lugar para morar e sim da justificativa dos investimentos feitos para o deslocamento. Se, nos anos 1970, os trabalhadores eram segregados e manipulados, quase trinta anos depois, a situação ainda era difícil, como revela o poema do trabalhador, e eles podiam ser civilmente mortos,[37] viver num gueto enquanto transitavam em outras terras que não as terras onde moravam os seus familiares. Nos anos 1970, a presença de menores foi expressiva no Pará; nos primeiros anos do século XXI eles estiveram presentes, ainda que em menor número. Em 2002, no Pará, dos 4.227 trabalhadores considerados escravos nas estatísticas da CPT (2003: 96-99), 49 eram menores. Dos 5.559 do Brasil, 58 eram menores.

Meillassoux (1995: 54-57), ao tratar do escravo como "o que vinha de longe", em um "processo de estraneidade", estudou também a "constituição do espaço escravagista". E constatou, em determinada situação,

[37]Em Meillassoux, o escravo é, além de um "estranho absoluto", um "não-nascido", um "decaído" ou um "morto em *sursis*" (1995: 78-85).

que vilas saqueadas acabavam formando "bandos compostos de rapazes" que se tornavam captores de "escravos entre seus próprios vizinhos, inventando então a guerra". À medida que aumentava a insegurança na região, aumentavam a organização militar e as alianças e se admitia a "dominação" em troca da "proteção". Nesse contexto de capturas e novas formações políticas,

> A escravidão mobilizava assim um conjunto econômico e social geograficamente extenso, no qual podem-se distinguir vários elementos estruturados. A escravidão impunha uma relação direta entre uma sociedade escravagista militar e as populações saqueadas, e nestas, a primeira se abastecia continuamente de cativos" (ibidem: 57).

O caso da escravidão contemporânea no Pará possui outros componentes e algo de parecido. A presença dos homens armados, de situação econômica e cultural igual aos que eles tornam escravos, remete à origem social dos empreiteiros, que não é distinta da situação de suas vítimas. São, eles mesmos, filhos de trabalhadores rurais. Podem ter se transformado em pistoleiros[38] e, dada a sua capacidade de empreendimento e sua eficiência no controle de homens, empreiteiros. Quanto mais capazes no ofício de aliciar, administrar e obter sucesso nas empreitas, maiores suas chances de executar tarefas para as fazendas maiores e auferirem lucros expressivos. E, nas décadas de 1970 e 1990, do século XX, a eficiência deles dependia ainda da capacidade em transformar em seus aliados os agentes das polícias militar e civil.

[38]Sobre o tema da "pistolagem", sugiro o interessante capítulo V de *Crimes por encomenda*, de César Barreira (1998: 149-166).

CAPÍTULO III O medo

O medo às vezes é tão grande que as pessoas passam mal, têm febre, vomitam, perdem o apetite.

(Valderez Maria Monte Rodrigues)

"Eu fosse ter cautela, pegava medo, mesmo só no começar. Coragem é matéria doutras praxes. Aí o crer nos impossíveis, só."

Rosa, 1984: 419.

1. O MEDO E AS SUAS CIRCUNSTÂNCIAS

1.1. *Romper o feitiço do medo*

O trabalhador na Amazônia, mantido ilegalmente como escravo, decifra um novo mundo. Deslocado de seu meio, portanto mais frágil, como alguém *descivilizado* (Meillassoux, 1995: 28-29), tem medos que variam segundo as pessoas e as suas circunstâncias (quadros 1 a 8). Ele certamente conheceu alguns de seus próprios medos e os dos outros, mesmo se teve dificuldades em admiti-los. Além disso, conhecer não significa necessariamente reconhecer, e nem mesmo saber que conhece. Ora, o medo aqui é mais que um dado acidental, é como uma argamassa do sistema de subjugação e controle, elemento muitas vezes imprescindível para que o trabalho seja executado satisfatoriamente. Trato neste capítulo, em especial, do medo mais visível e agudo.

O trabalhador é mais exposto aos perigos, mas de algum tipo de medo todos participam, mesmo os fazendeiros e seus auxiliares mais diretos. Um dos medos mais profundos e antigos, presentes nos depoimentos, é o da morte. Ora, a morte, para uns e outros, é o sinal da absoluta finitude, do nada; ou é a esperança de uma "travessia" para outro mundo, onde gozará de uma vida mais plena, ou de maiores limitações; será um prêmio ou um castigo. A morte é motivo de espanto e de silêncio e até de recusa a se pensar sobre ela.[1] Mas o medo vai além daquele provocado pela transitoriedade da vida e de sua maior limitação. Ele abrange múltiplos aspectos da existência.

Para compor o capítulo, utilizo, além de informações recolhidas através da pesquisa de campo e das reflexões oportunas de estudiosos como Michael Pollak ou Barrington Moore, inspirações literárias, em especial de Guimarães Rosa. Os personagens de Guimarães Rosa e os personagens deste estudo não são os mesmos. Em Rosa, há personagens ficcionais, aqui são reais; nele a fala principal é a de um jagunço, aqui falam prioritariamente os trabalhadores e seus parentes. Na história rosiana, os personagens, além de jagunços, são crianças, mulheres, lavradores e fazendeiros; neste estudo, além dos trabalhadores e seus familiares, os personagens são pistoleiros, empreiteiros e fazendeiros; os primeiros, no sertão mineiro; os segundos, no Nordeste ou na Amazônia; uns, ligados principalmente à vingança por uma morte; outros, às questões do trabalho escravo. Há algo de comum, porque o medo é um sentimento universal, porque a história de uns e outros transcorre em áreas rurais; porque em ambos há violência, há morte e há armas. Muitos são os medos e diversas as coincidências de medo, e há, em algumas páginas, mais uma coincidência de história quando, na narrativa, Guimarães Rosa (388) descreve um fazendeiro que "olhava feito o jacaré no juncal: cobiçava a gente para escravos!".

Em *Grande sertão: Veredas*, romance escrito em 1956, o autor discorre sobre jagunços em ações violentas de vingança em agrestes mineiros e "o sertão está em toda parte", "o sertão é do tamanho do mundo". De fato, aqui, o regional assume uma dimensão que o ultrapassa. Ele fala mais do que sobre o homem do sertão mineiro. Fala da humanidade em situações especiais. Nele, em alguns momentos, os jagunços fingem não saber se têm medo, mas, por prudência, evitam pensar na morte (Rosa, 1984: 515), brincam com o medo do outro quando o perigo cresce (ibidem: 537) e querem se convencer de que o medo não atinge a todos (ibidem: 498). Para uns, o medo humilha, por isso a dificuldade em admiti-lo (ibidem: 196). Mas como negá-lo, quando se treme (ibidem: 199)? Outros são

[1]Sobre o tema, ver o ensaio fenomenológico sobre a morte de Françoise Dastur (2002).

capazes de confessá-lo, mesmo sendo um fazendeiro poderoso que escraviza outros homens, como Habão (ibidem: 411).

Guimarães Rosa, que reconheceu muita "qualidade nova do medo" (ibidem: 81), empregou mais de 130 vezes a categoria *medo* neste romance e dezenas de outras palavras ou expressões para revelar o mesmo sentimento diante do perigo. A pessoa pode ter medo de não se conhecer: "aí estremeci num relance claro de medo — medo só de mim, que eu mais não conhecia" (ibidem: 130). Em Rosa, o medo é de tudo (ibidem: 361) ou de todos — até de quem, sendo estranho, se aproxima para auxiliar (ibidem: 436-437). O medo é do presente e do futuro; provoca a sensação de impotência, de vergonha, diante de si e do outro (ibidem: 334). Ele surge dos riscos de se estar só (ibidem: 323) e dos riscos que vêm dos outros quando estes são mais numerosos (ibidem: 326). Em Guimarães Rosa tem-se medo de quem anda armado (ibidem: 359), da guerra (ibidem: 432), da generosidade suspeita (ibidem: 402). O medo atinge homens e mulheres, crianças (ibidem: 118), lavradores, vaqueiros, jagunços e fazendeiros (ibidem: 62, 363). Os jagunços temem não se arrepender pelos erros (ibidem: 130), temem o medo do outro, de quem é socialmente igual a eles (ibidem: 159), e temem a doença, que, às vezes, é superior ao temor da morte (ibidem: 227). Ele surge dramático, pois é composto por uma luta interna e externa entre o bem e o mal, entre Deus e o diabo, entre lavradores aterrorizados e pistoleiros sanguinários, entre jagunços e homens de pactos com o diabo, entre o amor possível de Riobaldo por Otacília e o amor proibido por Diadorim — mesmo reconhecendo: "Aqui digo: que se teme por amor; mas que por amor, também, é que a coragem se faz" (ibidem: 426). E há reciprocidade no medo, pois Diadorim teme por Riobaldo (ibidem: 434). O jagunço sente medo pelos companheiros e amigos. Se o medo por si é difícil de reconhecer, por aqueles se revela mais fácil (ibidem 292).

Nesses personagens, o medo às vezes é pequeno, parcial, ou pode vir *inteiro* (ibidem: 19; 256s) e *dobrado* (ibidem: 548), se o perigo é intenso. E ele dá a receita para enfrentar este sentimento que, de forma inquietante, persiste: armar as mãos (ibidem: 334). A raiva é também um mecanismo de se superar o medo, por isso Riobaldo explica a seus homens que "eles deviam de lavorar maior raiva. Raiva tampa o espaço do medo, assim como do medo a raiva vem" (ibidem: 536). Para lidar com o medo, explica Riobaldo: "a gente raivava alto, para retardar o surgir do medo" (ibidem: 277). Ou, diante da notícia do assassinato de homens de seu grupo: "cada um gritava para os outros valentia e exclamação, para que o medo não houvesse. (...) Ah, para não se ter medo é que se vai à raiva" (ibidem: 322). Ele sabe ainda que "Desespero quieto às vezes é o melhor remédio que há. Que alarga o mundo e põe a criatura solta. Medo agarra a gente é pelo enraizamento" (ibidem: 143). E se ele cresce? "O medo se largava de meus peitos, de minhas pernas" (ibidem: 144). A receita para o jagunço enfrentar o medo era matar uma onça à mão, com uma ponta de faca, e comer, em seguida, seu coração. Ele aceitou o desafio (ibidem: 145). Mas o medo persistia. Depois de matar Treciziano, em quem via o Demo: "Um frio profundíssimo me tremeu. Sofri os pavores disso — da mão da gente ser capaz de ato sem o pensamento ter tempo" (1984: 479).

Um dos medos que aparecem em ambas as histórias é aquele sentido e demonstrado pelos que estão próximos e pelos distantes, principalmente pela família. Para o trabalhador Assis das Chagas, por exemplo,

> Às vezes [há o] medo que a nossa família esteja passando mal. Não deixamos nada em casa. Às vezes o fazendeiro não quer liberar um dinheiro para a gente mandar para casa. A gente fica pensando naquilo. Pensando: como é que está passando em casa, passando mal (...), se tem algum doente, a gente fica em dúvida, não é? (depoimento, Barras: 2000).

O outro menos diferente, porque faz parte do universo mais próximo — a mulher, os filhos, os pais —, é razão mais intensa de angústia. Nas matas distantes, há outras preocupações além das naturais com a saúde e com a comida: "A mulher pensa que me esqueci e não mando dinheiro, por isso?"; ou a família sofrerá "imaginando as minhas humilhações" e dores?; o filho que estava doente, "vai estar vivo quando eu voltar?". E havia, de fato, uma reciprocidade na preocupação. Os que ficavam se mantinham permanentemente preocupados com o paradeiro de seus parentes e amigos. Se o retorno demorasse ou se a pessoa não mais retornasse, de uma simples apreensão inicial crescia um medo que chegava, em alguns casos, ao desespero. Havia, em Barras, um número enorme de pessoas sem notícias ou com notícias incertas, procurando seus parentes.[2] No Mato Grosso, encontramos Carmem, dona de uma pensão, que procurava o esposo Germano, que era peão e fora ao Pará. Chegavam notícias confusas. Talvez houvesse morrido.

Nos depoimentos coletados no Piauí e no Mato Grosso, há a presença do medo em situações palpáveis, visíveis, conhecidas e reais e em situações pouco claras e indefinidas. Ele se manifesta em relação aos animais, à distância, à chuva e à seca, às dívidas crescentes, à viagem, à permanência na fazenda, à fuga, à polícia, aos homens que controlam o trabalho, aos que detêm o monopólio da violência e definem a solidão, às sanções morais e físicas e, por isso, aos limites do movimento do corpo e da liberdade. E há o medo de falar. Atinge com maior intensidade os trabalhadores e suas famílias, mas também os *gatos*, os pistoleiros, os aliciadores e os fazendeiros. Todos, de certa forma, o experimentaram, mesmo se em graus e situações diferentes.

Vive-se, nas fazendas paraenses, o medo de criaturas humanas, iguais e diferentes. Ali a pessoa se encontra imersa em uma "rede de dominação" e seu trabalho é explorado economicamente, através de "processos de disciplina" que lembram aqueles descritos por Barrington Moore, Jr. (1987: 100-118) nos campos de concentração nazista. Para que aprenda, o trabalhador é submetido à violência física e simbólica do particular e mesmo do Estado.[3] Forja-se uma relação social que, com freqüência, não leva em conta a humanidade do outro, e nisso se perde a própria humanidade.[4] Estar só, mesmo estando com outros, estranhar a realidade, ser reti-

[2]Raimundo Fuló procurava o filho; Maria do Rego procurava Manoel do Rego; Antônio Joaquim de Souza e Maria Silvestre procuravam o filho, Francisco das Chagas; Maria Gonçalves, o filho Manoel Brás; Joaquim, o irmão José Lopes de Souza; Maria dos Prazeres, o filho Antônio; diversos procuravam notícias de Chico Doido, Luís Vis e Luís Lúcio; Gonçalves Gomes da Conceição, o filho Raimundo Nonato; Maria Gonçalves da Conceição e Antônio, o filho Manoel; Salustiana Pinheiro, o filho Marcos Antônio Pinheiro; José dos Santos era procurado pelo irmão, e a lista não parecia ter fim. Alguns, como Francisco das Chagas, tinham ido para os garimpos e não retornaram.

[3]Tavares dos Santos (1997), em um manuscrito, analisa as "redes de dominação" e de "violência" presentes no espaço agrário brasileiro, em que a luta pela reforma agrária se tornou uma luta pela cidadania dos "excluídos da terra e da participação social".

[4]"O que é todo o universo torturador, senão o fruto de uma imensa amnésia de humanidade, da humanidade do outro e de minha própria humanidade? E então, qual poderá ser o conteúdo de nossa esperança senão um esforço incansável de humanização? (...) Não basta nascer para ser homem, ainda é necessário tornar-se homem" (Ricca, 2000: 26).

rado do universo cultural conhecido, dos valores partilhados, lembrando Abdelmalek Sayad (1998: 250), é sair do próprio eixo e sofrer instabilidade, como "os imigrantes que comparam sua condição com a da mulher, e não de uma mulher qualquer, e sim 'caolha'", isso é, portadora de um defeito "que a faz valer menos no mercado matrimonial".

Retida na fazenda, a pessoa não tem a quem procurar ou não sabe a quem procurar, imersa em um estranhamento que a leva ao medo, e este a acompanha como uma sombra mesmo depois da fuga. Estar com os seus, no universo conhecido, como sobrevivente, diminui o medo, mas não o elimina necessariamente, como se percebe nos depoimentos prestados por sobreviventes em momentos e locais diferentes, inclusive em suas residências. O medo muda, é substituído por outro, mas persiste de alguma forma. Este sentimento se manifesta com maior ou menor intensidade, dependendo tanto de sua gravidade quanto dos instrumentos disponíveis para enfrentá-lo.

Nas fazendas ou em casa, a capacidade de resistir ao medo também está restrita a algumas circunstâncias. Se o trabalhador está acompanhado por outros, ele se sente protegido. Se eles demonstram, simulada ou verdadeiramente, coragem, o amedrontado experimenta mais segurança e é incentivado a resistir; se os demais se manifestam tão ou mais enfraquecidos que ele, o amedrontado fica mais inseguro ou, por isso mesmo, para não ficar em pior situação, busca forças, inclusive religiosas, para a resistência. A disposição para enfrentar o medo se manifesta de forma diferente, porque as pessoas têm características diferentes, pessoais ou sociais — educação, origem social, vergonha, *status*, pressão ou o apoio da família, de amigos, de subalternos ou superiores.

O medo paralisa ou pode ser razão de alguma forma de reação, que pode ser o enfrentamento direto daquilo que é ameaçador ou, ainda, quem se sente ameaçado reage através da fuga ou de outro mecanismo de defesa. Por isso, se o medo impede a fuga de alguns trabalhadores escravizados, para outros é justamente a razão da fuga. E, novamente remetendo a Guimarães Rosa (ibidem: 528), lembro Riobaldo, que, ao chegar a uma vila onde teria o confronto principal do romance, constatou não haver ninguém. Todos haviam fugido "assim que o medo chegou lá. O medo é demais de grande". Em *Grande sertão: Veredas,* a reação é coletiva, a fuga é coletiva; como os confrontos e guerras, que em geral se realizam entre grupos de homens. Há situações complexas e difíceis onde o medo é rompido — mesmo fora do universo rosiano — e que facilitam, inesperadamente, atitudes de resistência temporárias ou definitivas, coletiva ou individualmente, seja em uma fazenda no Pará, seja entre prisioneiros dos nazistas durante a guerra. Bruno Bettelheim (1985: 11-112), por exemplo, ao escrever sobre os prisioneiros do campo de concentração, citou uma reação tomada por um grupo. Em certo momento, sendo coletivamente submetidos a crescentes ameaças e sofrimento, perfilados ao ar livre, expostos longa e perigosamente ao frio e ameaçados de fuzilamento, os prisioneiros quebraram o *feitiço* imobilizador do medo e, indiferentes à tortura e à possibilidade da morte, desafiaram os guardas e se deslocaram para os dormitórios. A SS perdeu temporariamente a autoridade. Sozinhos, de forma isolada, não era possível desafiá-la. Em grupo, quando nada mais se podia perder, a não ser o próprio medo, foi possível o desafio. O medo aumenta ou diminui dependendo da capacidade de compreensão do que se passa, dos riscos, dos mecanismos de se lidar com eles e ainda de administrar os mecanismos subjetivos e objetivos de desfazimento temporário ou definitivo desse *feitiço*.

Romperam o *feitiço* do medo diversos dos 150 peões que trabalhavam na fazenda Arizona entre agosto de 1989 e abril de 1990 (Jorge, 25.8.92). Mesmo pressionados por ameaças crescentes, empreenderam fugas. Alguns sem sucesso, pois foram capturados e espancados diante do grupo antes de serem mortos. Apesar disso, houve novas tentativas. Finalmente, tentando reinstalar novamente o feitiço do medo, através de uma ação que ofenderia mais profundamente a vítima e apavoraria todo o grupo, o fugitivo capturado foi levado até o local do trabalho e, diante de uns sessenta peões, um dos pistoleiros o submeteu, com uma arma apontada contra a cabeça, ao sexo oral. Parecia que tudo estaria resolvido. Mas não estava. Uma nova fuga e esta, com sucesso, não só porque o trabalhador conseguiu escapar, mas porque, indignado e com o apoio da CPT, se dispôs a ir ao procurador-geral da República, Aristides Junqueira, em Brasília, e formalizar a denúncia. As condições e as formas de resistência veremos mais detidamente no último capítulo.

> *O escravo perseguido que vacila na fuga, dobrado junto à cerca, arfando, inundado de suor, as dores agudas nas pernas e no pescoço, a investida assassina e as balas,* tudo isso sinto ou sou.
>
> (Walt Whitman, 1992: 93)

1.2. *O medo e o corpo*

O medo tem seus sintomas (quadros 7 e 8). Sobre eles discorreu uma das coordenadoras dos GEFMs, Valderez Maria Monte Rodrigues (depoimento, Brasília: 2001), reconhecendo que "todos os informantes têm muito medo da violência, da ameaça, do poder; estando sozinhos nas fazendas, sentem-se e, de fato, estão desprotegidos". Eles

> têm um medo até exagerado. O medo às vezes é tão grande que as pessoas passam mal, têm febre, vomitam, perdem o apetite. Demonstram o medo através do estado emocional ou físico. Quase todos os informantes passam por um estresse, por uma gripe, uma diarréia. Quando começa a ação de fiscalização na fazenda, de acordo com as atitudes desenvolvidas pelos membros do Grupo Móvel e da Polícia Federal, eles se encorajam. São encorajados pela nossa presença e pela presença de seus companheiros. Mas, na hora da saída, volta o medo de ser perseguido, pois vão para locais diferentes.

"O que uma pessoa é, assim por detrás dos buracos dos ouvidos e dos olhos?" Pergunta o personagem principal de *Grande sertão: Veredas* (1984: 334). Por detrás, há em Barras e no Mato Grosso, entre os que aguardam notícias dos que partiram para as fazendas do Pará e entre os que retornaram, tristeza e alegria, medo e coragem, orgulho e vergonha. São pessoas cujos corpos reagem diante das situações, adoecem e entram em "estresses". As pessoas estão no mundo de sua corporeidade e nele carregam as experiências plurais do cotidiano real e imaginário. São vítimas e autoras de ações e reações; de indiferença e paixão. Ao se confrontar com problemas, o corpo reage de alguma forma, não permanece indiferente, como é possível encontrar também no romance rosiano. Ali o medo mexe no corpo dos personagens. Vai além do "amolecer as unhas" (1984: 144). Em Riobaldo, "de medo, o coração bate solto no peito; mas de alegria ele bate inteiro e duro, que até dói, rompe para diante na parede" (ibidem: 170). Ora é o coração, ora a pele, e os "meus pêlos" crescem em todo o corpo (ibidem: 542). No jagunço, a manifestação do medo se revela ou se oculta nos olhos (ibidem: 418), na nuca (ibidem: 191), nos calafrios, nos tremores (ibidem: 479), nos joelhos, no queixo, nos dentes, na voz. Um homem encontrado na estrada, ameaçado por Riobaldo, bate "queixos e dentes", perde a "voz", chora "com a cara desmanchada". Riobaldo tem pena: "o homem dera de obrar" (ibidem: 442-446). As manifestações do corpo atingem a língua, a voz, o rosto, os pés do cego Borromeu, durante o tiroteio (ibidem: 552-553).

Por isso, falando sobre a experiência do medo, piauienses, como Francisco de Souza, revelam a preocupação provocada pelas notícias recebidas ou pela ausência das notícias, através de um modo de estar: "pensativas", "nervosas", "tristes" (depoimento, Barras: 2000). Para o casal João e Francisca, basta ver alguém estranho e já imaginam chegar uma notícia ruim sobre os filhos (depoimento, Barras, 2001). A ausência de informação deixa tenso Rogério, pois, ao viajar, a preocupação com os filhos vai junto: "as crianças de momento podem adoecer e longe da gente, a gente longe deles e não pode fazer nada! E só a mãe em casa, fica mais dispendioso" (depoimento, Barras: 2001). Ver "ossos humanos" insepultos na fazenda deixa Arnaldo "nervoso", "tremendo" e, por isso, decide sair da fazenda (depoimento, Barras: 2001). O corpo reage em Francisco, nos seus 68 anos, lamentando o desaparecimento do filho: "Fica um zunzunzum na cabeça da gente. Dias que a gente nem dorme. Aquela confusão" (depoimento, Barras: 2000). O maior medo foi quando a PF e o GEFM chegaram e se retiraram temporariamente. Ninguém mais conseguia dormir, imaginando um ataque iminente de homens da fazenda. Ou, estando em situação de medo, José e Rogério tinham pesadelos. De tal forma que o primeiro chegou a cair da rede, "só pensava que ia morrer" (depoimento, Barras, 2001). A insônia também atrapalha a vida da gente do Mato Grosso. Ao ouvir que no Pará se morre de malária e que ali os *gatos* matam os trabalhadores, Delvesa não consegue dormir, tomada de preocupações com o que pode acontecer com o neto. Ela fica "doida de medo" (depoimento, Recanto da Paz: 2000). Mas não só ela. Os pais dos cinco jovens amigos que foram juntos ao Pará ficaram também loucos de medo.

Ora, quando o "joelho treme", falta a "coragem", "alumia de pavor" a vida, "a cabeça zumbe", o corpo (ou a existência) precisa de um remédio. Fugir de uma fazenda no Araguaia paraense pode ser apenas a continuidade de uma noite de perigos, principalmente quando se está doente. Em 1977, Maria das Dores escapou com seu companheiro Francisco de Assis e uma criança. Ao chegarem de barco a Conceição do Araguaia, Assis, tomado por uma crise de malária, sem dinheiro e sem conhecer ninguém, foi atendido precariamente no Hospital do Estado e recebeu alta ainda em crise. A família não tinha para onde ir e uma lavadeira e viúva, dona Custódia, os recebeu. Dentro do barraco coberto de palha, na rede atada aos caibros da sala, Assis morreu segurando uma vela acesa. Tinha pouco mais de vinte anos. Restou a mulher, muda de dor, com a criança nos braços e outra no ventre. E ela não conhecia os parentes de Assis nem tinha o endereço deles. Em algum lugar, por muitos anos ainda alguém continuaria esperando por ele (Rezende, 1993: 147).

Era freqüente, nas entrevistas realizadas no Piauí e no Mato Grosso, ouvir referências ao medo da malária existente no Pará. Em Barras, um adoeceu e o *gato* não se importou (depoimento, Barras: 2000); Antônio e José, em anos diferentes, contraíram malária em uma mesma fazenda; ali também Francisco adoeceu de malária, foi hospitalizado, quase morreu e seu primo, com menos sorte, morreu da doença (depoimentos, Barras: 2000 e 2001). Às vezes as pessoas se preocupavam com a doença genericamente, como se expressou Antônio Pereira: muito homem ia ao Pará "atropelado" pelas dificuldades, envolvido pelas promessas, e retornava "doente, pobre e maltratado" (depoimento, Barras: 2000). No Mato Grosso, havia preocupações também com outras doenças, como se constata em diversos depoimentos de homens e mulheres — dona de pensão, liderança sindical, empreiteiro, trabalhador de fazenda —, que revelavam histórias de mortes principalmente nos anos 1980 (depoimentos, Terra Limpa, Porto Feliz e Recanto da Paz: 2000). Celestino, de Terra Limpa, falou de "muitas doenças" contraídas porque se trabalhava na chuva e havia os acidentes perigosos nas derrubadas; Feliciano, do mesmo município de

Celestino, foi atingido por uma árvore, quase morreu e ficou cinco meses sem poder trabalhar; Riba, de Recanto da Paz, e seus amigos, ao entrarem na fazenda, foram vacinados contra a febre amarela; José dos Santos, de Porto Feliz, reclamou de furúnculos debaixo dos braços.

> *É bem certo que conduzimos ao longo da vida muitos cadáveres de nós próprios. Não somos hoje o total que fomos ontem, nem teremos amanhã, integralmente, o nosso mundo de agora.*
>
> (Ferreira de Castro, 1947: 9)

2. AS "QUALIDADES" DO MEDO

2.1. Medo no falar

Falar, positiva ou negativamente, utilizando a voz ríspida, indiferente ou suave, implica discorrer a partir de algo bem ou mal conhecido; comentar ou comemorar uma novidade; recordar fatos bem ou mal vividos, sabidos ou imaginados; construir relações melhores, formar novos contatos e sedimentar antigos ou criar rupturas, provocar tensões, ensinar e influir. Falar é se expor a outros que ouvirão indiferentes ou não; com desejo de saber mais, ou com pressa porque o assunto não lhe interessa ou porque o tema exige uma tomada de posição.

As pessoas focalizadas nesta pesquisa foram convidadas a falar sobre si e sobre os seus; sobre suas histórias e sobre as histórias de outros. Nem sempre é simples falar para quem não se conhece bastante, pelas conseqüências que poderão ser produzidas, principalmente se o tema é delicado, pessoal, revela aspectos que devem ser mantidos com discrição, toca em comportamentos morais e éticos, pessoais ou de terceiros. Falar de forma privada e/ou pública, principalmente se há um número expressivo de pessoas, não é igual. Quando o ato de falar implica compromissos, ele é evitado.

Quem fala, fala para alguém. O ouvinte, neste estudo, podia ser apenas o entrevistador, mas também a autoridade do GEFM que acabava de chegar, ou os vizinhos e parentes que se aproximavam curiosos. Aquele que falava tinha razões maiores para falar ou para se manter em silêncio. Muitos de Barras, retornando das fazendas, receavam falar porque desconfiavam que a impunidade persistiria e temiam vingança. Os empreiteiros e os aliciadores sabiam onde eles moravam (depoimento, Barras: 2000). Um dos trabalhadores no Piauí tinha histórias para contar mas, diante de um fiscal do GEFM, se encerrou em monossílabos e respostas evasivas. Para que falasse, sua amiga, a viúva de um peão assassinado, o repreendeu: "Você está com medo." O fiscal do governo, tentando acalmá-lo, prometeu que teria sua identidade preservada (depoimento, Barras: 2001).[5] Alguns trabalhadores, ao escaparem, procuraram autoridades policiais. Em alguns casos as autoridades se mostraram omissas; em outros, prenderam os próprios denunciantes e os devolveram ao empreiteiro ou ao gerente da fazenda, como veremos mais adiante. Ou procuravam a CPT, um STR ou uma autoridade federal, obtendo assim maior sucesso.

Dependendo do lugar em que se fala, a pessoa expressa também, simbolicamente, uma força e um poder, uma capacidade de mando e de alteridade; uma possibilidade de sedução e de convencimento. Ou, ao falar, expressa submissão (ao *fiscal*, ao empreiteiro e ao gerente da fazenda) e o reconhecimento da legitimidade da estrutura de coerção exercida contra si. Falar, da mesma forma, pode exprimir rebeldia aberta ou sutil. Como vimos em *Estratégias de Viagem*, no capítulo "Migração", há *gato* que espanca trabalhador por ter ousado falar, quando não devia ter falado, por não ter sido capaz de perceber qual era "seu lugar" e "seu papel" no novo cenário em que se encontrava (Goffman, 1999: 156-190). O modo de se expressar e o jeito de falar dependem do lugar social em que se está e também de fatores emocionais e racionais. Ser gago, não ter estudado, não dominar as regras da gramática e não ter o conhecimento ilustrado dificultam e humilham o que fala, se aquele que o escuta tiver maior fluência e conhecimento formal. Mas nem sempre ter o estudo formal propicia melhor fluência; não ter estudado não significa necessariamente incapacidade de se exprimir. Diversos diretores do

[5]Outro exemplo: o advogado José Batista (29.11.2001), da CPT do sudeste do Pará, revelou: "Um trabalhador aguardava o Grupo Móvel para fazer a denúncia em Marabá. Quando o Grupo chegou, ele, amedrontado, desapareceu."

sindicato de Barras e dos municípios estudados no Mato Grosso não tinham o mesmo grau de escolaridade que os demais associados. Contudo, por sua experiência, pela aptidão desenvolvida, pelo tempo de atuação nas comunidades, no sindicato e na vida política, haviam adquirido nova capacidade de se expressar com eficiência, às vezes, surpreendente. A roupa, o dinheiro, as armas são mecanismos que contribuem ou dificultam as relações e fortalecem ou enfraquecem a força e a legitimidade das palavras.

O medo de falar surge em situações novas, como a chegada do entrevistador: "Não será [o entrevistador] pistoleiro?" (depoimento, Barras: 2001). Um preferiu o silêncio porque seu aliciador mora no mesmo município e não quer se indispor; não tem certeza da utilização que o entrevistador dará ao material, seja porque não agiu de forma bastante solidária com os companheiros na fazenda, ou porque foi privilegiado pelo empreiteiro, assumindo, em algum momento, uma relação de mando. Alguns se mantiveram corteses, mas nada ou pouco disseram.

Quando, nas fazendas do Pará, o perigo se torna iminente e tudo deve ser dito corretamente para que o planejamento de uma fuga, por exemplo, seja eficaz, é prudente medir as palavras. Em certos casos, falar implica tornar tudo mais difícil e não falar pode levantar suspeitas. As palavras servem tanto para construir como para desfazer planos para o futuro, relações pessoais, profissionais e afetivas.[6] Falar é uma arte que tem suas ciladas e perigos, mesmo para os mais experimentados. Alguns poucos trabalhadores, no Piauí, como Ferreira, afirmaram que não tinham medo de nada, nem de falar. Entre estes, havia Diogo, um rapaz de 24 anos, com três filhos, que esteve cinco vezes no Pará. Outros podiam reconhecer a existência do medo, mas também a necessidade de "comportar o medo e ter coragem (...), de suportar o medo" (depoimentos, Barras: 2000).

Para falar sobre algo, a pessoa precisa saber, pensar que sabe ou, intencionalmente, mesmo não sabendo, mentir. O conhecimento se dá porque ouviu

[6]Alguns jagunços mataram Joca Ramiro, pai de Diadorim. Como era necessário saber quem sobreviveu, o número daqueles com os quais era possível se compor, uma testemunha "contava mais, as minúcias — parecia que tinha medo de esbarrar de contar" (ibidem: 278). E se, em alguns momentos se tinha medo por não falar, em outros, o medo era falar: "Eu não dizia nada, não tinha coragem" (ibidem: 296).

de outro, leu, viu, experimentou ou supôs. Este conhecimento se realiza em locais diferentes e, nestes locais, a testemunha ocupa seu próprio "lugar". Tudo isso molda, favorece ou dificulta a compreensão do fato sobre o qual se discorre. O informante ocupa um lugar social na família, na comunidade, na cidade, é considerado uma testemunha imparcial, vítima e/ou ator do fato narrado. Ele tem memória recente dos fatos, com precisão de datas e nomes, ou é capaz apenas de contar fragmentos da história, porque as lembranças não são consistentes, porque não viu, não perguntou, nem conheceu ou experimentou tudo. Ou porque viu mais do que foi capaz de falar, existindo razões objetivas ou subjetivas para não dizê-lo. Memória é mais que "factualidade positivista", conforme Michael Pollak (1992: 201), é uma "percepção da realidade", e ela se compõe de elementos pessoais e coletivos, "vividos pelo grupo ou pela coletividade". Lembrar-se de determinados fatos pode significar uma imposição, uma forma de sujeição ao outro, como foi vista por Maurice Halbwachs, ou pode ser um mecanismo, voluntário ou não, de reforçar a coesão de um grupo (Pollak, 1993: 15-39).

Em M. Pollak (1993), a memória nem sempre é "uma forma específica de dominação ou de violência simbólica", ou algo imposto pelos vencedores que oculta a "análise dos excluídos" e apaga as "memórias subterrâneas".[7] O autor traçou um quadro a respeito de sobreviventes da Segunda Guerra e de situações dramáticas que suscitam questões no estudo com outros sobreviventes, inclusive com os da escravidão contemporânea. Para os trabalhadores do Piauí e do Mato Grosso e para os demais que foram ouvidos, lembrar também pode ser motivo de fortalecimento de uma coesão social que reafirma amizade e companheirismo, protege relações antigas e familiares, expressa agradecimento por solidariedade recebida. A memória é, às vezes, razão para rir dos momentos mais difíceis e que foram superados ou para exorcizar experiências que, difíceis quando se deram, se tornaram naquele momento um mero passado.

Segundo Pollak, a memória não é igual, nem linear. O mesmo fato pode ser compreendido, interpretado e descrito sob ângulos diferentes. Aquilo

[7]Por isso, em uma "perspectiva construtivista, não se trata mais de abordar os fatos sociais como coisas, mas de analisar como os fatos sociais tornam-se coisas, como e por que eles são solidificados e dotados de duração e estabilidade" (Pollak, 1993: 16-17).

que foi desagradável para um, não é da mesma forma para o outro, dependendo de um conjunto amplo de fatores. Ao recordar o passado, nem tudo também será recuperado. A chance de aumentar ou diminuir o esquecimento está ligada ao tempo decorrido entre o fato acontecido e o fato lembrado e narrado, mas não só. O esquecimento se manifesta com mais freqüência em relação a aspectos considerados menos relevantes ou a lembranças que provocariam recordações indesejáveis que, consciente ou inconscientemente, se quer esquecer ou ocultar.

A memória falha, através do esquecimento, ou falha modificando ou adaptando a lembrança ao discurso, tornando menos traumática a vida para si mesmo e para as relações com as outras pessoas. Se próximo de quem fala mora alguém que foi testemunha omissa ou até ator de uma violência, por exemplo, há razões para o esquecimento ou para a ocultação da lembrança, através do silêncio. Este às vezes é necessário, útil, confortável ou doloroso. Os sobreviventes de campo de concentração, localizados por Pollak, podem manter-se em silêncio como uma forma de "encontrar um *modus vivendi* com aqueles que, de perto ou de longe, tinham, ao menos sob a forma de um consentimento tácito, assistido à sua deportação". Há ainda a história de judeus que negociaram com os nazistas na esperança talvez de tornar menos dura a perseguição, ou menor o sofrimento do seu povo. "Em face desta lembrança traumatizante, o silêncio parece se impor a todos aqueles que querem evitar censurar as vítimas. E certas vítimas, que partilham esta mesma lembrança 'comprometedora', são, elas também, entregues ao silêncio" (Pollak, 1993: 22).

Um trabalhador brasileiro, que mora no mesmo município do seu aliciador, ou um francês, que colaborou com os alemães e vive entre outros que resistiram ao nazismo, ambos podem ter razões para manter o silêncio, mesmo se a memória está viva. Há memórias "subterrâneas", mantidas ocultas, porque desmentiriam as memórias dominantes e vencedoras.

> Por conseguinte, existe nas lembranças de umas e outras das zonas de sombras silêncios, "não-ditos". As fronteiras destes silêncios e "não-ditos" com o esquecimento definitivo e o recalcado inconsciente não são, evidentemente, estanques e estão em perpétuo deslocamento. Esta topologia de

> discursos, de silêncios e, igualmente, de alusões e de metáforas é modelada pelas angústias de não ser ouvido, de ser sancionado pelo que se disse ou ao menos de se expor a mal-entendidos (Pollak, 1993: 27).

Mas há ainda razões para o silêncio que vão além das censuras ou do discurso dominante, como afirma Pollak:

> Ainda que a maior parte do tempo ligada a fenômenos de dominação, a clivagem entre memória oficial e dominante e memórias subterrâneas, assim como a significação do silêncio sobre o passado, não remete forçosamente à oposição entre Estado dominador e sociedade civil. Os silêncios conjunturais não são somente o efeito de interditos vindos do alto, eles podem ser a conseqüência de uma interiorização de sentimentos de inferioridade, vergonha, da antecipação de discriminações (1993: 22).

Muitas memórias se formam e disputam espaços na dependência, não apenas do local social onde se fala, mas também da visão de mundo que se constrói. É possível encontrar um trabalhador que defenda os interesses do empreiteiro ou fazendeiro. Pensa igual, mesmo estando em uma posição claramente subordinada e desfavorável. Ou não pensa, mas fala assim porque é mais seguro. Os "interditos", vindos da "memória dominante e oficial" sobre setores da sociedade civil (memória "subterrânea"), podem manifestar uma tensão entre uma e outra e provocar um "esquecimento", um "silêncio".

> *O sertão tem medo de tudo.*
> *Mas eu hoje em dia acho que Deus é alegria e coragem*
>
> (Rosa, 1984: 292).

2.2. *Medo no ouvir, ver, supor e lembrar*

As memórias falam de acontecimentos, personagens e lugares, mas às vezes são "projeções de outros eventos" (Pollak, 1992: 202). Algo se passou aqui e não ali, nessa e não naquela fazenda, com esse e não com aquele trabalhador.

Como não é possível recordar tudo, as memórias selecionam o que interessa, o que mais impressiona. De fato, as memórias são heranças e construções individuais e coletivas (ibidem: 203-204). Retornando à casa, aos seus, as conversas e as lembranças se tornam compartilhadas com outros que as viveram, havendo às vezes divergências de lembranças ou de interpretação dos fenômenos; ou são relatadas para os que não estiveram presentes. Se alguns falam, outros escutam. Aquele que escuta pode ter medo do que ouve, do que vê e do que supõe. Riobaldo, o herói rosiano, tem medo de muitas coisas. Ele se recorda de que o medo vem desde a infância — meninos receavam o gado (ibidem: 274) — e retorna quando elementos da natureza se manifestam, como em um trovão ou, de noite, nos sons emitidos por um sapo ou pela luz vista em ramagem de agrião (Rosa, 1984: 28) e tão intenso pode ser, que provoca visões.[8] O medo se revela até de uma forma incontrolável, como na "estória de um rapaz enlouquecido devagar" que "não queria adormecer, por um súbito medo", de "não saber mais como se acordar outra vez, e no inteiro de seu sono restasse preso" (ibidem: 397).

Em pelo menos quatro depoimentos de trabalhadores piauienses, os animais — principalmente as onças — também traziam lembranças de medo.

> Pergunta: E tinha onça?
> Resposta: Tinha.
> Pergunta: Você tinha medo?
> Resposta Tinha demais.
> Pergunta: E o que vocês faziam quando tinham medo?
> Resposta: Às vezes, nós saíamos [juntos] dois, três, cinco, a turma toda mesmo, não é? Agora, teve uma noite que nós quase não dormíamos, porque eles estavam queimando os pastos e as onças vinham ficar bem pertinho do barraco, onde não tinha fogo e fumaça, não sabe? Aí nós passamos muitas noites sem dormir, de medo. Nós ficávamos com o fogo aceso direto.
> Pergunta: E você tinha medo de pistoleiro também?
> Resposta: Tinha demais.

[8]"De devagar vi visagens. (...) Medo, meu medo. Agüentei. Tanto tudo o que eu carregava comigo me pesava — eu ressentia as correias dos correames, os formatos. A com légua-e-meia de andada, bebi meu primeiro chupo d'água, da cabaça — eu tinha avarezas dela" (Rosa, 1984: 46).

> Pergunta: Você chegou a chorar?
> Resposta: Não, padre.
> RRF: Algum companheiro chegou a chorar?
> Resposta: Chorou. Muitos lá choraram.
> Pergunta: Por causa da onça?
> Resposta: Às vezes por causa da onça ou devido ao lugar estar longe e o barraco molhado. Aqui um dia o barraco caiu em cima da gente, antes de nós fazermos o nosso. Nós estávamos deitados, o barraco deles era de palha, antes nós fazíamos as nossas casinhas de lona (...). Nós dormimos, nós nos espantamos e o barraco caiu por cima de nós e não adoeceu ninguém. Aí choveu, eram 12 horas, nós fomos tirar a rede debaixo, estava tudo molhado, passamos o resto da noite na chuva (depoimento, Barras: 2000).

Os depoimentos revelam o medo que os trabalhadores sentiam do animal, mas também a lembrança da degradação sofrida, expressa nas condições materiais de habitação, e a destruição do meio ambiente pela prática das queimadas. O fogo, acuando as onças, fazia com que elas se aproximassem dos barracos extremamente precários e frágeis utilizados durante as empreitas. Outro depoimento colhido no Piauí revelou lembranças do trabalhador Antônio de fatos passados há 22 anos, quando foi levado pela primeira vez à Amazônia e se defrontou com cobras.

> Quando nós chegamos na outra fazenda a trinta quilômetros da cidade, nós trabalhamos o primeiro dia só no meio das feras, das cobras. Tinha cada cobra lá que dez homens para matar passavam quase um dia. Era dessas cobras bicos-de-papagaio. Têm um esporão no rabo delas, se morder e esporar, pronto, está morto. Só Deus pode dar jeito. Aí eles transferiram a gente para outra fazenda. (...) Tive medo, medo demais. Nessa época eu tinha 16 anos. Menor de idade. Era a primeira vez que saía de casa. Até que a minha saída não foi de acordo com meus pais. Não foi fugido porque eu não saí fugido mesmo. Mas meu pai não queria que eu fosse, que era de menor. A mamãe ficou muito preocupada também, mas eu conversei muito com a cabeça deles, que entrava em contato com eles, não esquecia deles, aí ele se convenceram um pouco. Mas quando aconteceu eu, nessa fazenda trabalhando, não me assombrei. Posso dizer que me assombrei com o serviço por causa de tanta cobra. (...) Nesse período eu

> fugi da fazenda quando a gente, aconteceu de matar duas cobras. Uma, a primeira, foi no eito do companheiro aqui ao lado, no primeiro dia. No segundo dia foi do meu eito. Eu tomei um susto muito grande. Joguei até a foice no mato, que estava roçando a juquira. Aí eu convidei os companheiros e disse: 'Companheiros, quem quiser ir embora comigo vamos embora, que daqui eu não fico mais.' Fui para o barraco. Três companheiros me acompanharam. Fizeram quatro comigo e saímos por volta de onze e meia com chuva" (depoimento, Barras: 2000).

Antônio, neste caso, revela, além do medo das cobras, sua separação dos pais, uma ruptura que o preparava para a vida adulta. Sobre esses ciclos de vida, Neide Esterci (1994: 104-110) constata que, nas décadas de 1970 e 1980 no Mato Grosso, um dos segmentos de trabalhadores utilizado nas fazendas era masculino e composto de jovens de uma faixa etária que oscilava entre 17 e vinte anos. Ela detecta, entre as razões da saída de casa, uma briga com o pai. "A briga ritualizava a crise estrutural do ciclo da família — o conflito entre o velho chefe da casa e o filho em idade de tornar-se também chefe de uma nova unidade doméstica." No caso de Antônio, pai e mãe não queriam que ele saísse por ser tão jovem. Ele os convenceu não totalmente, mas "um pouco", como explicou, e partiu. O rito implicou não apenas romper temporariamente com um jeito de viver, até então restrito ao espaço limitado e doméstico, mas saída para o mundo do desconhecido. E ele vai empreender, no novo lugar social que ocupa — o do trabalho fora de casa — novas rupturas, expressas na fuga que empreenderá para escapar das "cobras" e do modelo de coerção no qual havia se inserido. O medo que Antônio teve das cobras poderia crescer. Dependendo da intensidade e de sua capacidade de lidar com ele, veria cobras até onde não havia. O mesmo poderia se passar com os que tinham enxergado as onças ou ouvido seu esturro.[9]

Os informantes não apenas viveram histórias, mas ouviram muitas outras histórias. E reagiram, interpretando e dando algum sentido ao que viveram e ouviram. O trabalhador, ao escutar uma informação, pode levá-

[9]Sobre o medo que se amplia através também da imaginação, podemos retomar o personagem Riobaldo. O ruído de uma ave, explicou, parecia mais do que isso. "O chirilil dos bichos. Arre, quem copia o riso da coruja, o gritado. Arrepia os cabelos das carnes" (Rosa, 1984: 392).

la a sério e, comprovando sua veracidade, deduzir se isso traz conseqüências para si ou para outrem; se o que aconteceu, em um passado recente ou não, tem possibilidade de se repetir. Ou percebe sinais de que as informações não procedem nem são relevantes. As informações podem ser apenas fruto de uma imaginação amedrontada e confusa que deturpa fatos, confunde histórias; ou é uma representação sobre acontecimentos reais, compreendidos a partir de determinada perspectiva; é uma memória de algo terrível, mas sem conseqüências atuais. Aquele que ouve deve levar em conta diversas possibilidades e decidir o que fazer. Se no passado ali tinha havido violência e homicídios, hoje isso poderia se repetir? Há sinais de que algo desse tempo do passado ainda tem atualidade? Às vezes os fatos narrados sobre o passado contêm indícios de veracidade, através de sinais materiais. O trabalhador que descreve um espancamento sofrido, talvez tenha cicatrizes que dêem maior grau de veracidade às suas palavras; ou a veracidade vem da descrição pormenorizada com informações de acidentes geográficos — uma determinada árvore em tal lugar; uma curva na estrada e uma cerca com determinada característica. Assis, um dos piauienses (depoimento, Barras, 2000) libertos pelo GEFM, em 1999, contou que, pensando ser experiente — pois havia trabalhado na capital de seu estado e no Maranhão —, viajou para Xinguara. Contudo, com 15 dias na fazenda, ouviu do "cabeça de turma", seu companheiro, histórias de certas mortes e chegou a ver "ossos de gente, pedaços de avião". O fato, ele explicou, teria se dado havia algum tempo, quando houve ali um garimpo de ouro. Os aviões, que ligavam o garimpo às áreas mais povoadas, esporadicamente "eram bombardeados". Havia "inveja de um pelo outro, assim, matavam-se as pessoas e lá ficavam perdidas". Não sabia de detalhes, mas o que viu — ossos e restos de avião — garantiu-lhe que a história procedia.[10] A quem pedir socorro? Os iguais, os que parti-

[10]Contaram-lhe ainda de trabalhadores que, ao tentarem escapar da fazenda, foram capturados e mortos. "Quando eles me repassavam isso, eu sentia um pouco de pânico. Surgiu medo, porque a gente está em terra estranha e alguém (de confiança) da gente, só mesmo (...) os companheiros conhecidos. Eu sentia um pavor. Quando eles me repassavam a contar, eu (...) temia." Como lhe pareceu que um só substantivo se tornava insuficiente para expressar seu sentimento, Assis utilizou diversos ("pânico", "medo" e "pavor") e um verbo ("temer"). A situação se agravava por estar "em terra estranha", desenraizado geograficamente, e ter poucos "companheiros" ou "conhecidos".

lhavam a mesma empreita, viviam uma situação semelhante. Ouvir algo sobre o passado, nesse caso, trouxe insegurança quanto ao presente.

Uma mulher de Bacabal (MA), dona Pureza Lopes, classificou as fazendas segundo a gravidade da violência, distinguindo-as entre "mansas" e "bravas".[11] O medo, nesse caso, também variou, alcançando a situação de "pavor", quando a fazenda era "brava". Situação também difícil experimentou o presidente de um STR no Mato Grosso, ao trabalhar como peão em fazendas no Pará e no Tocantins. Em 1978, estando a setenta quilômetros de Araguaína, (TO), soube existirem ali

> marcas de muita escravidão. (...) Os funcionários antigos da fazenda contavam de trabalhadores que cavaram a sua própria sepultura. Depois eles [os funcionários da fazenda] [os] mataram e enterraram no fundo de uma serraria, debaixo de um pé de caju. Eu conheci o pé de caju. Tinha muitas marcas e o pessoal era muito desconfiado, muito medroso. (...). A fazenda era muito grande, assombrada, tinha luz na serra e eu não sei dizer o que era: por que tinha luz? Alguém dizia que era minério, outros diziam que era a alma dos mortos lá, porque mataram muita gente. Não sei realmente o que era verdade. (...) Tinha muita onça e os trabalhadores ficavam lá forçados. (...) Se você quisesse um dinheiro, tinha que, depois do seu saldo, do seu dinheiro ganho, falar com o gerente, e ele colocar na previsão dos sessenta dias. E diante disso não tinha outro apelo. Sofri muita malária, tirei mil estacas de cerca (...), fiz cerca de arame, sofri muita malária, fui muito maltratado e vi muitos peões também sofrerem, fugirem, peões que roçavam pastos. De qualquer forma, lá era um pesadelo para os peões" (depoimento, Terra Limpa: 2000).

Sua vida foi invadida por histórias assustadoras, luzes inexplicáveis — como as descritas por Riobaldo surgidas em ramagem de agrião? E pela doença.

[11]Em 1974, um irmão de Pureza foi levado para o sul do Pará e a família nunca mais soube dele. Quando, em 1993, o filho caçula de Pureza, Abel, aliciado por um *gato*, desapareceu, ela procurou o filho em fazendas e carvoarias, do Maranhão e do Pará. Levou consigo, além da Bíblia, uma máquina fotográfica e o "caderno da encrenca", onde anotou o que viu e dividiu as fazendas em "mansas", porque não chegavam a matar suas vítimas; ou "bravas", porque as matavam. O filho finalmente escapou de uma fazenda. Por sua coragem e persistência, dona Pureza, em 1997, recebeu o prêmio anual da Anti-Slavery International em Londres (Mertz, 1997; *Veja*, 12.11.1997: 106-108).

Sabia ser difícil fugir. Para expressar o sentimento vivido por ele mesmo e pelos outros, falou de "pesadelo" e utilizou abundantemente o advérbio "muito(a)", 11 vezes, acompanhado por palavras como "escravidão", "gente" e "medroso". Anos depois, outro piauiense, Raimundo (depoimento, Barras: 2000), depois de diversas idas ao Pará, a partir de 1997, também ouviu histórias de assassinatos. Estando em Curionópolis, soube que

> num tempo mesmo mais antigo tinha um fazendeiro lá muito carrasco. Camilo o nome dele. Mandava era matar (...). Aquele horror de multidão de gente brocava para ele, largava era fogo com o pessoal dentro brocando. Mandava matar os peões, não pagava de jeito nenhum. (...) Já ouvi falar um bocado de história lá, mas eu não lembro agora. (...) A pessoa que vai trabalhar fora, assim, para arrumar às vezes um ganho, faz é morrer por lá, às vezes é roubado, às vezes mesmo o fazendeiro engana, manda matar. Falaram de muitas histórias tristes lá. Às vezes eu tinha medo, às vezes eu não tinha medo. Não é que a pessoa, quando sai, parte (...) disposta a encarar tudo. Vai disposta a ganhar ou morrer.

A repetição da mesma história em momentos, anos e locais diferentes talvez não revele toda a verdade, mas sinaliza que algo de grave havia acontecido e com alguma freqüência. Raimundo ficou impressionado pelo assassinato coletivo e intencional de trabalhadores, e era possível ouvir essa história dezenas de vezes.[12] A questão da "verdade" ou da "inverdade" de uma informação tem, nesse caso, um valor relativo. O próprio fato de que tal informação circula, e com tanta freqüência, revela que as pessoas admitiam a possibilidade de tal fato se dar ter ocorrido. Ora, isso lembra o problema enfrentado por Tzvetan Todorov (1991), que, ao estudar o pensamento dos colonizadores e dos nativos no México durante a ocupação espanhola do século XVI se

[12]Era atribuída a José Gomes Pereira, conhecido como Zezinho da Codespar, pois trabalhou em uma fazenda com o mesmo nome, a responsabilidade de ter queimado sessenta homens nos anos 1970 em Santana do Araguaia. Dezenas de pessoas no Araguaia paraense se referem ao fato (Rezende, 1986: 24-25). Em agosto de 2000, encontrei pessoas em Rio Maria que disseram ter conhecido um dos sobreviventes do fogo. Ele havia vivido ali por alguns anos depois do fato. Uns garantiam que o crime foi na fazenda do banco Bradesco, com a anuência do seu antigo gerente, Aygo Pille; outros que teria sido na Codespar. A última companheira de Pereira e seu advogado afirmaram, em 2000, que essas informações não procediam.

defrontou com um grave problema. Os indígenas não haviam deixado nada escrito sobre o assunto. O que havia era posterior e influenciado pela escrita colonizadora. Contudo, ou ele utilizava o material dos colonizadores ou teria que renunciar à sua investigação. E ele compreendeu que a simples razão de tal história ter sido escrita e ter sido aceita hoje já era significativo.[13]

Ouvir, reconheceu Raimundo, implicou "às vezes" também "medo". Essa conseqüência revela a possibilidade real não apenas do passado, mas do presente. O acontecimento poderia ter se dado e poderia se repetir. Quem saía de casa não se oferecia para tudo ou para qualquer coisa — "ganhar ou morrer" —, mas para viver melhor. No caso, o que importa não é tanto se houve ou não tais crimes em tais circunstâncias e tais locais, mas são histórias, e em nosso caso importa que constituam a imagem que os trabalhadores têm das condições que lhes são impostas. Apesar dos riscos, Raimundo retornou ao Pará. No entanto, nem todos tiveram a mesma disposição de retornar. Sebastião (depoimento, Barras: 2000), depois do que viu na fazenda Primavera, decidiu não voltar. Outros nem sequer conseguiram sair do Pará, enredados em um círculo contínuo de aliciamento e dívidas; ou porque morreram ou foram mortos.

Para uns, ouvir provoca medo; para outros, provoca uma ação. Quando alguns trabalhadores escaparam de uma fazenda em Diamantino (MT), e a denunciaram, houve uma resposta do GEFM, conforme revela uma de suas coordenadoras, Cláudia Brito (depoimento, Brasília: 2001). Os funcionários públicos localizaram na fazenda um galpão coberto de zinco, sem janelas, com 130 homens alojados em condições precárias. Ver esta situação provocou indignação. Para Cláudia, isso feria brios, diminuía a pessoa

[13]"O único método é não ler esses textos como enunciados transparentes e tentar, ao mesmo tempo, levar em conta o ato e as circunstâncias de sua enunciação. Quanto à justificativa, poderia ser expressa na linguagem dos retóricos antigos: as questões aqui levantadas remetem menos ao conhecimento do verdadeiro do que ao do verossímil. Explico-me: um fato não pode ter acontecido, contrariamente às alegações de um cronista. Mas o fato de ele ter podido afirmá-lo, de ter podido contar com a sua aceitação pelo público contemporâneo, é pelo menos tão revelador quanto a simples ocorrência de um evento, a qual, finalmente, deve-se ao acaso. A recepção dos enunciados é mais reveladora para a história das ideologias do que sua produção; e quando um autor comete um engano ou mente, seu texto não é menos significativo do que quando diz a verdade; o que importa é que o texto possa ser recebido pelos contemporâneos, ou que seu produtor tenha acreditado nele. Nessa perspectiva, a noção de 'falso' é não pertinente" (Todorov: 1991: 52)

em sua dignidade. O proprietário pagou o que devia, mas manteve as mesmas condições. Um trabalhador queria fazer a denúncia e chorava desesperadamente. Não conseguia falar. Tinha vinte e poucos anos. Em função de fiscalizações anteriores, os funcionários da fazenda o obrigaram a utilizar um capacete. Um dia, ele se esqueceu e foi humilhado, principalmente porque, dizia o rapaz, foi chamado de burro. Estava trabalhando havia quatro ou cinco meses sem receber e não podia deixar a fazenda.

2.3. Medo da dívida e da fuga

Raimundo e Assis buscaram palavras como "pânico", "medo" e "pavor" para expressar o que sentiam diante dos riscos, mas não foram os únicos a fazê-lo. Sebastião Paulo, de 17 anos, aliciado em julho de 1997 em Colinas (TO), também buscou palavras explicativas. Ele e outros foram levados para a fazenda Flor da Mata, no sul do Pará. O acesso à fazenda era por avião e os trabalhadores, ao desembarcarem, eram recebidos por homens armados. Os trabalhadores, ele contou, passaram fome por dois dias e depois "fomos obrigados pelo *gato* Fogoió e outros peões armados a fazer a cantina". Isto significava, prosseguiu Sebastião, adquirir a comida e os instrumentos de trabalho do próprio *gato*. Ampliava-se assim uma dívida iniciada com o custo do transporte que lhes seria debitado. Depois de roçarem e derrubarem cinco hectares de uma mata secundária e de preparem vinte quilômetros de aceiros, viu

> uma cena perigosa de um companheiro (...) com idade de mais ou menos dez anos que andava mais eu. Em uma sexta-feira ele tomou uma botina emprestada para ir ao trabalho, pois não queria comprar uma por preço de vinte reais, tinha receio de ficar devendo e não poder mais ir embora, depois disseram que ele tinha roubado a botina, então o *gato* Fogoió levou ele para o mesmo barracão abandonado que ficamos quando chegamos na fazenda Flor da Mata, e bateram nele de facão, depois pegaram uma arma calibre 38, apontaram para ele e mandaram ele correr sem olhar para trás, e ele correu, entrou na mata e eu não vi mais" (Moreyra, 1999: 27).

Temos aqui um jovem informante que revela a presença de uma criança na fazenda. Mesmo raras, esporadicamente elas são localizadas em uma ou outra empreita. Sebastião passou, pois, por uma sucessão de experiências que lhe provocaram angústia e sensação de impotência. Para descrever a relação da criança espancada e desaparecida com a dívida, Sebastião utilizou a palavra "receio", mas, ao falar de si, de seus sentimentos, empregou diversas vezes o mesmo substantivo "medo". Medo de que o menino houvesse "morrido" ou estivesse "perdido na mata", como outros que também fugiram; ou "Eu fiquei com muito medo e resolvi fugir (...) esperei que anoitecesse e com muito medo saí pela mata, e cheguei na estrada".[14] Apesar dos medos ou justamente por causa deles, empreendeu uma fuga incerta, mas foi socorrido. Ora, quando alguém empreendia uma fuga, fugia de alguma pessoa ou de alguma situação de risco, perigo, de algo que se desejava evitar. No caso, fugia-se da dívida impagável, da violência de homens armados. Mesmo assim, a razão do medo não desaparecia e o acompanhava, pois os que o auxiliavam na fuga revelaram ter cruzado com um homem "armado com uma espingarda e um revólver". Eles e seus salvadores poderiam ter problemas antes de alcançar Tucumã.

Catorze anos antes, em 1983, quando Sebastião era ainda uma criança de três anos, outro adolescente, Doca, com 16 anos, foi aliciado em Porto Alegre (MT). Com ele embarcaram umas trinta pessoas, algumas menores, entre elas quatro amigos. Na saída, considerada tranqüila por Doca, o aliciador teria mantido uma "boa" relação com o grupo, não havendo problemas com bebida entre os trabalhadores. Todos embarcaram sóbrios. A imagem que ele tinha do aliciador era generosa. Este era um benfeitor e o trabalhador não tinha nenhuma crítica ao processo de aliciamento. Contudo, Doca constatou,

> Quando atravessou o rio, o homem virou uma fera com todo mundo. Ele deu uma de *gato* mesmo. Aí que a gente foi ver que a história não era mais a que ele falou. O modo de tratamento dele mudou. Estúpido, malcriado. Não era mais aquela pessoa que a gente conhecia em Cana Brava. Mudou totalmente. Aí, quando chegou em Barreiras de Campos, pior ainda (depoimento, Porto Feliz: 2000).

[14]Declaração de 15.8.1997, feita em Tucumã, diante de diversas testemunhas e reproduzida em Moreyra (1999: 26-28).

Ao chegarem em Barreira de Campos, no Pará, os trabalhadores foram entregues a Chicô, irmão do aliciador, sendo informados de que ele era o novo "dono" do grupo.

> E a gente só via ele batendo em peão, espancando em Barreira, no hotel que a gente estava. Briga dele mesmo. Acho que o peão queria fugir e aí chamava, pegava. (...), eles (os pistoleiros) tocavam pontapé (...). Ele mesmo não batia. Os outros, os pistoleiros, batiam. Estavam três pistoleiros junto dele. (...) Quando chegou — era só para roçar — mas aí era para derrubar, para fazer tudo. A gente nunca tinha feito isso de derrubar. (...) Os pistoleiros falaram: "Aqui vocês estão com uma pessoa. Aqui não é o jeito que vocês querem não. É o jeito que nós queremos." Aí amarravam o pessoal nos paus. Peão que ia fugir, eles amarravam. Nós vimos. A gente roçava e chegava e topava em cima daquele pessoal amarrado no mato. Nós passamos por três cadáveres. Só tinha osso. Ihh... Medo demais! Era uma coisa que a gente nunca tinha visto. Morria de malária também. Morria muito de malária... Diz que amarravam também e jogavam dentro do rio Cristalino, também. Vixe! Nós todos ficamos com medo. Aí os meninos, os colegas nossos lá, chamaram para fugir e eu falei: "Não vou fugir não. Fugir é pior." O mais corajoso era o finado Zeca. Já morreu. Ele já tinha saído, estado em fazenda, era maior (depoimento, Porto Feliz: 2000).

Doca, em nenhum momento, criticou o modelo de ocupação da Amazônia e a ação do Estado, nem naqueles anos de ditadura militar nem depois. Na verdade, mesmo morando em casa de parente sindicalista, não participava da vida sindical e não manifestava interesse pelos temas sindicais ou pela política partidária. No momento, cuidava do seu time de futebol. Quanto ao passado, afirmou que o aliciador teria "dado" uma de *gato*. Todos os *gatos*, pois, eram iguais, e seu aliciador, ao tratá-los mal, comparava-se com um deles. O olhar, moldado por múltiplas razões — informação, costume, valores, lugar social, religião, família etc. —, não era nem pode ser, por estas mesmas razões, imparcial. No interior de uma estrutura de aliciamento e trabalho escravo, a vítima podia identificar as partes, sem enxergar o próprio sistema, ou confundir o sistema com seus atores. Com isso era capaz de tratar diferentes como se fossem iguais. Por não identificar a estrutura, atribuía um mesmo qualitativo de valor aos diferentes atores que exerciam papel similar; considerava todos os que exerciam a mesma função e eram parte das relações que levavam à escravidão de uma única e mesma forma.[15] Ao expressar uma crítica ao ator mais próximo, que era apenas a visibilidade do sistema por si violento, a pessoa acabava desconsiderando os mecanismos geradores da violência. Aliás, Bruno Bettelheim (1985: 72-73), ao abordar o comportamento das pessoas em situações extremas de coerção, em uma sociedade marcada pela massificação e dominada pelo nazismo, constata que, quanto mais impotente o indivíduo se torna, "mais importante parecem os que detêm o poder". Afirma ainda o autor que "a falta de justiça, ao ser efetivamente experimentada, é então atribuída à má vontade do intermediário — capataz da fábrica ou o chefe de turma". Retornando à situação das fazendas no Pará, os *gatos* não eram iguais e não exerciam o mesmo papel. Muitos eram igualmente vítimas, retidos em uma teia de subordinação e dependência, e tão pobres quanto os demais peões, apenas com um poder simbólico que não se traduzia em nenhum benefício econômico ou maior possibilidade de partir da fazenda. Eles eram parte de uma engrenagem que adaptava e amoldava as relações. Alguns resistiam, outros aderiam por medo, por dúvida, por senso de oportunidade ou por convicção ou conversão à lógica daquele sistema de trabalho, considerando-o justo. Estes se tornavam reprodutores das relações, às vezes, com maior violência ainda.

Diversos trabalhadores rurais se tornavam policiais civis ou militares, pistoleiros ou *gatos* e exerciam uma coerção sobre os demais maior do que aquela exercida normalmente pelo dono da terra. A ferocidade de capitães-do-mato da escravidão legal parecia se repetir através de ações de seus sucessores na escravidão ilegal contemporânea. Desprezar o outro por razões culturais — porque vinha de outra região e tinha outros hábitos — podia ser um álibi necessário para justificar-se diante de si mesmo ou diante dos demais, fortalecendo a prática que desumanizava as diversas pontas de uma relação social complexa. Uns detinham mais poder econômico e militar em uma rede de hierarquia de que trataremos depois.

[15]Para compreender os diversos "elos" nessa "cadeia", é oportuna a leitura de Sutton (1994) e Breton (2002).

Sebastião Paulo, citado há pouco, fugiu justamente por ter medo. A maioria das fugas, tanto do Mato Grosso quanto do Piauí, se deu pela mesma razão; fugia-se por causa de histórias ouvidas, por ver, no caso da fazenda Primavera, por exemplo, um monte de ossos, por perceber que a dívida se tornava cada vez mais impagável, ou fugia-se por maus-tratos contra si ou contra um companheiro. Analfabeto como Sebastião, Adão dos Santos empreendeu uma fuga perigosa de uma fazenda do sudeste do Pará. O *gato* dizia ter "contratado peão para trabalhar e que não ia deixar ninguém sair enquanto não pagasse a dívida". Na mata, dois fiscais armados vigiavam. Mesmo assim Adão fugiu, caminhando na mata 75 quilômetros. Soube mais tarde que o *gato* esteve envolvido na morte de dois trabalhadores. Mesmo fora do município, afirmou estar "com medo", pois tinha ouvido dizer que o *gato* andava pela sua região (Moreyra, 1999: 25-26).

Se Sebastião e Adão conseguiram escapar, Antônio Bezerra não teve a mesma sorte. Ele e outros dois fugiram às 15:00 pela mata e, às 11:00 do dia seguinte, foram capturados por homens armados, ameaçados e humilhados. Antônio resistiu: "Eu sentei no chão, e o Chico bateu com a espingarda três vezes na minha cabeça." Mais tarde, o *gato* Adão Franco "ficou me esculhambando, dizendo: 'ladrãozinho sem vergonha. Olha a cara dele; é tão limpa (...).' Aí ele pegou uma foice e deu uma pancada com o cabo na minha cabeça (Moreyra, 1999: 31-34)."

Fugir implicava não apenas o medo de ser capturado, mas também a angústia que os acompanhava, porque o padrão moral lhes informava de uma obrigação em princípio inegociável: toda dívida devia ser paga. Não podiam se sentir bem consigo mesmos nem com os demais enquanto houvesse algum débito a ser quitado. Dever e não pagar — mesmo se a dívida pudesse ser considerada ilegal ou injusta — criava desconforto para pessoas como Tereso, um trabalhador do Mato Grosso. Mesmo reconhecendo que "empreiteiro rouba demais, rouba sangue de nós" (depoimentos, Recanto da Paz: 2000), ele era duro em relação aos que fugiam. Não se podia esquecer um dever econômico, insistia. Esquecer ou declinar da responsabilidade equivalia a um furto e a sanção moral para o furto era grave. Por isso, alguns, que não queriam fugir, fizeram desesperadamente economia para obter saldo e permaneceram até o fim da empreita, explicou, em Barras, Raimundo Ferreira. O máximo que conseguiram foi a passagem de volta para casa. E censuravam um que não lhes pareceu bastante econômico:

> O saldo dele era pouco menos que o nosso, porque ele fumava, usava outras coisas. Mas ali, por exemplo, se eu quisesse comprar mais coisa para mim (...), um sabonete, um vício de cigarro, essas coisas, o meu lucro era menos. Foi o caso dele. Aí ele achou que [não precisava fazer] mais economia. Para poder vir, não mandamos dinheiro para casa. Dava para pagar a passagem, mas chegava aqui sem nada (depoimento, Barras: 2000).

José de Souza Martins afirma que o sistema de escravidão funciona porque "nem todos os peões se tornam escravos", apesar das péssimas condições de trabalho. E continua Martins, nem sempre o trabalhador reconhece "como servil" o que faz na fazenda. "Além disso, entra em relações de trabalho que, no geral, não são piores do que as que conhece habitualmente" (Martins, 1994: 17). Segundo seus estudos sobre a peonagem,

> a condição de escravo emerge à consciência do trabalhador quando ele se dá conta de que não tem liberdade de deixar a fazenda, mesmo abrindo mão de qualquer ganho, pois está endividado. Essa consciência emerge quando os pistoleiros da fazenda exibem armas ostensivamente ou torturam na frente dos demais os que eventualmente tenham tentado escapar sem pagar o débito. (...) A consciência que produz a crítica das relações de trabalho e as classifica como escravidão é uma consciência fluida. Ela pode surgir ou não surgir em face de condições idênticas de trabalho, dependendo de uma grande variedade de circunstâncias na definição da subjetividade do peão (ibidem: 17-18).

Uma das histórias emblemáticas, apresentada por Neide Esterci (1994), revela em Laranjeiras do Sul (PR) trabalhadores não só desqualificados pelo patrão, mas que se desqualificam mutuamente. Houve um caso de um auto de prisão contra um fazendeiro, acusado pela polícia de utilizar determinados trabalhadores em regime de escravidão, porque lhes oferecia péssimas condições de habitação, não lhes pagava e estes empregados ainda ficavam devendo. As vítimas, contudo, surpreenderam os policiais e as entidades interessadas na elucidação do problema, pois não se mostravam revoltadas, justificavam os atos do fazendeiro e manifestavam desejo de continuar trabalhando na fazenda. Para a antropóloga, estava-se "diante de um padrão paternalista de relação que utiliza meios de dominação outros que não a força e conta com ampla base de legitimação". E observa Neide Esterci, confirmando uma visão expressa no depoimento prestado seis anos depois por Raimundo Ferreira, de Barras, que uma das partes, justamente aquela que, em princípio, deveria

> resistir e se contrapor ao patrão, só admitiu deixar a propriedade depois de saldar a dívida, realizando uma espécie de auto-exploração pela intensificação de sua força de trabalho com o objetivo de saldá-la. Finalmente, essa percepção do pagamento da dívida como um preceito moral foi formulada em entrevista à imprensa quando declarou: é melhor "sair sem dever nada" (Esterci, 1994: 47-57).

A maioria dos entrevistados do Piauí e do Mato Grosso (2000 a 2002), diante da pergunta sobre a dívida, respondeu com ênfase sobre a necessária responsabilidade em saldá-la. Levantando questões relativas à ilegalidade do processo de endividamento, com resistência alguns poucos admitiram que, neste caso específico, não era necessário pagar. Contudo, se ao falar de si ninguém se vangloriava de dar um "tombo" nos *gatos*, havia muitos relatos — principalmente no Mato Grosso e às vezes no Pará — sobre peões que o faziam (equipe de São Félix do Araguaia, 1983: 30). As histórias eram tantas que havia até categorias utilizadas pelos trabalhadores, e eram conhecidas pelos *gatos* e seus advogados, que classificavam de forma jocosa os fujões segundo a forma e o momento da fuga: peão "tatu", "macaco", "bola". Isso demonstrava que a preocupação moral com a dívida não era de todos e que alguns seriam capazes de, sem muitos problemas, fugir depois de receber o abono e ser paga a pensão, até mesmo antes de chegar à fazenda. Mas eles recebiam sanções. Eram acusados de um comportamento moral inadequado (depoimentos, Redenção: 2000).

Os perigos de uma partida admitida ou de uma fuga estão dentro e fora de quem a empreende. *A trégua*, um romance autobiográfico de Primo Levi, é um bom exemplo disso. Ao ser retirado do campo de concentração, o personagem principal, por estar doente, foi içado para uma carroça. Ao seu lado, alguns moribundos:

> Chuviscava, e o céu estava baixo e fosco. Enquanto o lento passo dos cavalos de Yankel me conduzia para a tão distante liberdade, desfilavam pela última vez sob os meus olhos os barracões, onde eu sofrera e amadurecera, a praça da convocação, onde ainda se erguiam, lado a lado, a forca e uma gigantesca árvore de Natal, e a porta da escravidão, na qual, agora inúteis, liam-se ainda as (...) palavras de escárnio: (...) "Só o trabalho liberta" (Levi, 1997: 20-21).

Durante este dia de partida, inúmeras atividades tomavam todo o tempo das pessoas. Talvez, constatou ele, "inconscientemente, inventássemos o que fazer, pois, diante da liberdade, nos sentíamos confusos, esvaziados, atrofiados, inadaptados" (ibidem:16). A guerra havia terminado, mas restavam a fome, a insegurança quanto ao futuro, o medo sobre o que restou da família, e o libertado ainda não compreendia a longa e aparentemente insana viagem de retorno à Itália. O grego Mordo Nahum ficava tão deslocado quanto ele. Ambos, sobreviventes do inferno que fora Auschwitz, carregavam em si ainda o tempo de prisioneiros e tinham pela frente um futuro nebuloso e indefinido. Era necessário ter esperteza bastante para perceber que

> Nos tempos de guerra é preciso pensar basicamente em duas coisas: em primeiro lugar nos sapatos, em segundo, na comida; e não vice-versa, como acredita o vulgo: porque quem tem sapatos pode ir em busca de comida enquanto o inverso não funciona. "Mas a guerra terminou", objetei: eu a considerava terminada, como muitos naqueles meses de trégua, num sentido mais universal de quando se ouse pensar hoje. "Guerra é sempre", respondeu memoravelmente Mordo Nahum (ibidem: 1997: 76).

Meses depois, em casa, apesar do encontro com os amigos cheios de vida, a mesa segura, o trabalho certo, no entanto: "Tudo agora tornou-se caos: estou no centro de um nada turvo e cinzento. E, de repente, sei o que significa, e sei também que sempre soube disso: estou de novo no Lager,[16] e nada era

[16] Campo de concentração.

verdadeiro fora do Lager" (ibidem: 358-359). Estava em casa e em tempo de paz, mas carregava impressas na alma angústias de que não se libertava, por isso a "guerra é sempre", porque fazia parte do horizonte de sua vida. O inimigo caminhava dentro dele, acompanhando-o, mesmo em casa. Para os fugitivos das fazendas paraenses, a guerra pela sobrevivência e contra o medo não terminava facilmente. Sobre isso poderiam falar alguns que escaparam da fazenda Primavera e se refugiaram num garimpo. Sair, vencer o medo, não significou ainda voltar para casa. Tinham sua longa trajetória descrita por mapas impressos no corpo e na geografia de novos e velhos conflitos. Em geral o fugitivo não possuía dinheiro para a passagem de ônibus ou de trem e, mesmo se o tivesse, como retornar a casa vencido, enganado, mais pobre do que havia saído? Alguns entravam em conflito íntimo. Além disso, voltar para casa era arriscar-se a reencontrar o aliciador ou o próprio *gato* — a quem o trabalhador "devia" —, se um ou outro ou ambos morassem no mesmo município ou tivessem o hábito de ir lá com certa freqüência, e seria mais prudente atrasar o encontro. Por essas e outras razões, uma solução era buscar temporariamente outro trabalho na mesma região, em outra fazenda ou em algum garimpo.

Algumas vidas são marcadas por situações de medo e violência já em família. Charles Freitas (31.10.1995) fugiu de casa com 14 anos, porque apanhava do pai, e foi trabalhar em derrubadas de matas. Em 1984, fugiu de uma fazenda e entrou com uma queixa trabalhista na Justiça.

> Eu era a cabeça [da turma] e tinha medo da perseguição. Acabei me afastando dos companheiros. Parece que eu estava na região da Pedreira quando era a data marcada da audiência. Os companheiros vieram (...). Antes de me ver, foram na advogada. Isso no dia 13 de março de 1985. Dia 14 era resumir a questão. (...). A advogada falou: "Foi feito um acordo. O dinheiro está aqui. Quem quiser receber, assina." (...) Acho que fomos lesados. A doutora (...) foi muito boa, mas eu desconfiava que tínhamos sido lesados. Eles assinaram sem a minha presença. Recebemos pouco. Só dava para a passagem, [pois recebemos] 550 mil cruzeiros.[17] Dei 50 para a

[17]Em 14.3.1985, com a cotação do dólar segundo o Banco Central, para venda, de Cr$ 4.161,00, os Cr$ 550.000,00 correspondiam a U$$ 132,17.

> advogada. (...) Ela disse que, quando o *gato* Abilão esteve lá, ele falou com muito ódio de mim. Que isso nunca tinha acontecido. (...) Em 1986 voltei para São Miguel do Araguaia (...). Jairo, que fugiu da Inajá, passou uma notícia terrível. Os bandidos estiveram na casa de uma pensão da velha tia Maria. Tinham ido lá atrás de mim em São Miguel. Eram três homens num Corcel vermelho. Um deles era o pistoleiro Chicô (...). Por coincidência, em São Miguel do Araguaia, quando me procuraram, ela [tia Maria] disse que não me conhecia. Os três ofereceram cerveja (...) ao Jairo. Eles queriam "encontrar aquele baixinho (...)", dizia o [pistoleiro] Curiango".

Mesmo considerando-se lesado com a indenização recebida e tendo ido para longe, Charles, dois anos depois, continuava com razões para ter medo, quando soube ainda ser procurado pelos pistoleiros. Contou, então, com a prudente reserva da dona da pensão. Ele navegava no medo dos perigos de fora, mas também nos de dentro, pois vinha de uma família com conflitos domésticos. Alguns carregavam outros medos internos, incorporavam o discurso da dívida, que justificava a escravidão, e se tornavam prisioneiros de si e dos outros (depoimento, Barras: 2000). Neste mundo de desencontros e perigos, as mulheres jogavam um papel relevante. Ora, as mulheres de pensões, bem como as de "ambiente", normalmente mantinham estreito vínculo com os aliciadores. As primeiras, porque estes lhes "compravam" os trabalhadores, tornando-se assim fontes de lucros. As segundas, porque indicavam peões para os *gatos* e *gatos* para os peões. Mas as relações entre elas e os seus hóspedes, em contrapartida, podiam ser, não apenas de utilização mútua, mas carregadas de afeição. Dona Maria, gozando de prestígio entre eles, era chamada de "tia" e protegeu um dos "sobrinhos", ao perceber os riscos que corria. Houve, nas entrevistas realizadas no Mato Grosso, dois casos de donas de pensão que se apaixonaram por seus "meninos" e viveram com eles uma intensa relação afetiva. Quanto às "meninas de ambiente", foi possível ouvir diversas histórias. Em um só lugar, em um período relativamente curto, seis "meninas" saíram, foram morar com peões, cuja idade variava de 25 a quarenta e poucos anos, e a relação do casal parecia boa. Como as "meninas" que atuavam nesta casa, conforme a proprietária, tinham entre 21 e 32 anos, talvez estivessem também nesta mesma faixa etária. A dona de um destes ambientes, "Fátima" (depoimento, Ouro Fino:

2000), se colocava como mãe não apenas das meninas, mas também dos seus clientes. Auxiliava-os a comprar suas roupas, o material de higiene pessoal e lhes dava conselhos. E ela havia sido empreiteira no Pará.

2.4. Medo do pistoleiro, do gato, *do fazendeiro e das autoridades*

É possível ter medo não apenas do diferente, mas também daquele que parece igual. No caso dos peões, eles eram amedrontados pelos pistoleiros que lhes pareciam simultaneamente iguais e diferentes. Eram iguais porque pertenciam em geral ao mesmo extrato social, eram filhos de lavradores sem terra com pouca terra, ou de desempregados; tinham baixa qualificação escolar — quando não eram analfabetos — e profissional. Haviam nascido geralmente fora do Pará; utilizavam roupa e calçado parecidos com os deles e não diferiam na constituição física. Gostavam das mesmas músicas, da mesma bebida, do mesmo futebol e pescaria e, às vezes, até tinham suas devoções religiosas. Eram diferentes porque portavam armas, porque as sabiam usar e estavam em geral dispostos a utilizá-las. Eram diferentes porque, na estrutura interna da fazenda, exerciam outros cargos e funções laborais. Controlavam a qualidade do serviço executado pelos peões e garantiam que não houvesse fuga. Eram braço auxiliar dos *gatos*, gerentes e fazendeiros para garantir a eficiência da coerção sobre as pessoas durante o tempo necessário à empreita. Os *gatos* variavam na indumentária, segundo suas possibilidades econômicas e seus critérios estéticos. Se fosse um pequeno e esporádico *gato*, cuja atividade principal não era a empreita, poderia não diferir dos demais trabalhadores pela roupa, pela educação, religião ou costumes. Se fosse um *gato* com mais prestígio e com mais recursos econômicos, cuja atividade principal era a empreita, poderia ter um carro, botas, cordões de ouro, relógio exuberante, chapéu de "massa" imponente e arma sofisticada. Mas isso não significava necessariamente maior escolaridade e origem de classe social diferente.

A freqüência do contato do *gato* com os peões dependia do número das empreitas tocadas simultaneamente e do número de trabalhadores envolvidos. Um *gato* pequeno trabalhava diretamente com seu grupo, roçava pastos, juquiras e derrubava árvores. Um *gato* médio, que tivesse, por exemplo, sessenta trabalhadores, cuidava das compras, do transporte e, auxiliado por um fiscal, controlava homens e serviço. Se fosse um *gato* com centenas de peões em empreitas desenvolvidas em locais diferentes, teria uma rede de *gatos*, fiscais e cantineiros que o apoiariam, manteria esporadicamente contatos individuais com os trabalhadores e não participaria diretamente do trabalho pesado do roço e da derrubada, mesmo se houvesse começado sua vida profissional como peão. O gerente e o fazendeiro mantinham contatos com os peões também dependendo do tamanho do imóvel e do número de pessoas envolvidas nas atividades. Houve casos em que o proprietário, principalmente entre os que moravam em outros estados ou os que possuíam diversas propriedades, não teve nenhum contato pessoal com os aliciados; e houve casos em que o próprio fazendeiro, morando na propriedade ou próximo dela e tendo menos gente e uma área menor, foi aliciador, fiscal e *gato* simultaneamente.

A relação com o medo era variável. Alguns se deixavam abater com mais ou menos facilidade, outros reagiam. Valderice, cujo marido tinha sido aliciado e depois abandonado quando se acidentou no trabalho, demonstrava disposição de enfrentar as dificuldades. Nem sequer sabia se tinha medo. Quando o entrevistador lhe perguntou: "E medo do *gato*, você tem?", ela respondeu:

> Ai meu Deus do Céu, seu menino! (...) eu não vou dizer que tenho ou não tenho. Porque eu nunca tive esse tipo de coisa. Ele [o marido] sempre trabalha fora, eu sempre fico na cidade com a minha filha. Eu não sei se tenho ou não tenho (medo). Eu sei que existe *gato* nó cego, eu sei que existe. Mas não sei... Não posso dizer que tenho medo. Cisma eu tenho. Medo, assim... Não sei. Não posso dizer se eu tenho ou não (depoimento, Terra Limpa: 2000).

De fato, desde o início, ela havia desconfiado do *gato* e tentara impedir que o marido fosse com ele.

> Valderice: Eu vou falar uma coisa para o senhor, seu menino. Quando ele foi sair daqui com o [*gato*] Avelino, deixei ele na porta do ônibus. (...) Eu falei para o seu Avelino, assim: "Seu Avelino, para onde é essa fazenda? Eu quero o nome dessa fazenda. Eu quero o endereço. O nome do fazendeiro." Se ele negar eu parto a cara dele porque eu falei com ele de cara a

cara. (...) Tinha um homem moreno com ele, eu não sei quem é esse homem, só vi esse homem essa vez. Ele falou assim: "A senhora não precisa de nome, assim não. Eu vou deixar o endereço da fazenda, o nome do fazendeiro, não sabe? Aonde é. Sei que é no Pará. Vou deixar no hotel." (...) Ahh! Eu esqueço o nome do hotel! Fui lá nesse hotel umas três vezes depois que ele viajou.... Hã?
Esposo: Na casa do Andrade. Era um restaurantezinho que tinha ali.
Valderice: Eu sei onde é o hotel. Eu não sei o nome, porque eu não sei ler. Sou analfabeta, mal assino o nome. Eu não tenho vergonha de mentir, não. Mas eu já apanhei tanto na minha vida, seu menino, que eu não sei ler. Mas de cabeça eu não sou tão burra assim. Então, eu levei meu marido e falei isso para o Avelino. "Você me dá o nome desse fazendeiro, você me dá o endereço desse fazendeiro, você me dá o endereço seu em Goiânia, eu sei que você mora em Goiânia, sua casa não é aqui, é em Goiânia, que eu também já morei em Goiânia. Em Goiânia eu conheço muito lugar. Você me dá o endereço de lá." "Eu não posso deixar o endereço, eu vou deixar o endereço aqui no hotel. Quando eu sair daqui, dois dias, a senhora vem buscar o endereço aqui no hotel." Eu falei: "Você está cumprindo a sua palavra?" Ele disse: "Estou." Fui lá no hotel umas três vezes. Eles não deram o endereço dele. Isso eu fiz.
Entrevistador para o esposo: E você não exigiu dele o endereço e o nome da fazenda?
Esposo: Exigimos. Mas eles não gostam de dar.
Valderice: Eles não deram. Na hora da saída, isso eu vou contar porque eu vi com meus próprios olhos (...): o ônibus estava tão cheio, tinha um que estava até com medo. Não sei se foi o Avelino ou se foi o rapaz moreno que estava junto com ele. Que dirigia uma camionete branca, que eu não sei quem é. Só vi ele uma vez. Vi a hora que ele pegou esse peão também. Ele meteu as mãos nos peitos de um peão. Na hora da saída. Eu até peguei no braço desse aí e disse: "Você desce, você não vai." Não te falei assim? Falei: "Você não vai." "Eu preciso trabalhar, eu preciso pagar as minhas contas, eu estou desempregado." E nós tínhamos chegado só tinha dois anos. Dois anos que eu estou nesse lugar aqui. Eu quase não conhecia ninguém aqui ainda. "Eu vou." (...) Como ele ficou com medo de perder a metade da casa que nós compramos: casinha de pobre igual essa aqui. Porque pobre não tem casa boa, sabe? Para não ficar no tempo, nós ficamos devendo a metade dessa casa. Ele disse: "Não. Eu vou trabalhar para

pagar o resto dessa casa." Bate um contrato, chegou no prazo, tem que cumprir, senão você perde. "Eu vou ter esse dinheiro para ter como pagar essa casa." Na hora que o homem empurrou esse homem no ônibus, eu falei: "Você desce, você desce." "Não, eu preciso trabalhar. Vou para o destino." Insistiu tanto para ir que eu disse: "Então vai. Então vai com Deus." E olhe o que aconteceu: Não deu dois mês que estava para lá, um bocado mais, ele chegou aqui quase morto, sem receber. O dinheiro que ele deu para ele foi só o dinheiro da passagem.(...) E depois também, quando eu internei ele no hospital, eu consegui o telefone do Avelino lá de Porto Alegre. Descobri o endereço dele de Goiânia, da casa dele.
Entrevistador: Como descobriu?
Valderice: Eu descobri onde era a farmácia que o Avelino tinha contato. Lá mesmo eu falei para o farmacêutico que eu precisava dos remédios para ele, não tinha dinheiro, como eu não tenho, você está vendo que eu estou fraca de condição. Eu falei: "O senhor me dá o endereço, o médico quer o endereço, para conversar com esse homem." Foi aí que eu liguei para a mulher dele em Goiânia, porque a mulher dele tem o mesmo apelido que o meu, Preta também. Meu nome é Valderice, mas o pessoal só me chama de Preta. Então, liguei, conversei com essa mulher do Avelino. Ela ligou para o Avelino no Pará. (...) Foi a primeira vez na minha vida. Eu entrei nesse caso por causa da saúde dele. Porque ele chegou na minha casa quase morto.
Entrevistador: Mas antes você já começou a brigar!
Valderice: Antes comecei a brigar, no ônibus. Porque eu vi o homem, parece que foi o Avelino mesmo, porque o Avelino, se não me engano, é um brancão igual ao senhor. É meio grosso, forte. Eu só vi uma vez, mas não esqueço a feição, não. Eu vi ele metendo a mão no peão dentro do ônibus: "Você vai para lá!".

Enquanto o marido, apesar do perigo visível, era incapaz de desistir, pois o "destino" o empurrava, a mulher reagia: tentava convencê-lo a ficar e pegar as informações sobre o fazendeiro, a fazenda e o *gato*. Frustrou-se, pois o marido foi e ela não obteve as informações. Mas a mulher conseguiria, depois, através da astúcia, o número do telefone do *gato*. Não saber ler, não dispor de recursos econômicos ou de amizades poderosas não criavam obstáculos intransponíveis para ela. O "destino", expresso pelo marido, era o desemprego e a dívida da casa ou era mais que isso? Era uma situação persistente de pobreza e de impossibilidade de encontrar uma saída alternativa. Quem partia, sabia de um risco sempre presente, podia não ter como retornar, salvo quando a empreita terminasse e o *gato* o dispensasse. Nesse caso, o que impelia o marido não era o medo, mas a necessidade; o que impelia a mulher era a desconfiança e o senso de que havia um direito fraudado.

Dependendo da intensidade do medo, o trabalhador se torna temporariamente imobilizado, mesmo (ou justamente) quando humilhado pelas condições de trabalho, de alimentação, pela qualidade da água; e persiste imobilizado mesmo se a esposa do *gato* cospe em seu prato, no seu rosto e no prato dos demais trabalhadores e os ameaça de morte. A humanidade ultrajada e ferida leva-o a perder a esperança de escapar e a só esperar um milagre. Em outras oportunidades, nem sequer a presença do GEFM e da PF significava segurança. João Batista da Silva (29.11.2001), do GEFM/Cuiabá, revelou que, pouco antes de a coordenadora da equipe chegar à fazenda de Jairo Andrade, em Santa Maria dos Barreiras, PA, o fazendeiro quase matou um peão diante de funcionários do Ministério do Trabalho: "O trabalhador só sobreviveu porque se escondeu no meio do gado e ele não quis perder um boi por causa de um peão." Ora, a fama de Jairo parecia acompanhar outros membros de sua família. Havia um fazendeiro, Gilberto Andrade, que não ficava atrás no medo que impunha aos seus trabalhadores no Maranhão. A coincidência entre ambos, no sobrenome e na prática, fazia com que se suspeitassem que fossem parentes próximos, mesmo irmãos. Em Caru da Pedra, os trabalhadores queriam ir embora de qualquer jeito de uma das fazendas de Gilberto Andrade mas, conforme a fiscal de trabalho Cláudia Brito (29.11.2001), a equipe do GEFM não tinha como tirá-los naquele momento e, por isso, tentava acalmá-los. Como as autoridades estavam a par do problema, o fazendeiro não iria se arriscar a novas arbitrariedades: na mesma fazenda, o GEFM e a PF haviam exumado, em 1999, diversos cadáveres. Um dos corpos exumados era de um trabalhador que ousou cobrar quatrocentos reais[18] que a fazenda lhe devia. Conforme Cláudia Brito, ao subir na carroceria do carro, para retornar a sua casa, um dos trabalhadores

[18]Em 1.11.1999, conforme o Banco Central, para venda, US$ 1,00 equivalia a R$ 1,9431, logo, R$ 400,00 eram US$ 205,85.

> tirou a chinela japonesa dos pés e bateu a poeira dizendo: "Caru, nunca mais!" Os demais repetiram o gesto. Um deles ainda perguntou: "Fulano, que dia é hoje?" Ele respondeu: "É tanto de setembro." O primeiro constatou: "Hoje é o dia da libertação dos escravos da fazenda Caru." O medo era tanto que, em 1998, dois [trabalhadores] de Paragominas nem queriam receber a indenização com medo da reação mais tarde do Gilberto.

Uma das coordenadoras do GEFM, Valderez Rodrigues (29.11.2001), reconheceu a falta de proteção aos trabalhadores depois de libertos. Isso a angustia e sente medo por eles.

> Eu faço um discurso de que a PF os está protegendo. Eu minto, como se o Estado de fato funcionasse. Sou uma atriz. É a única forma que eles têm para voltar para casa. A gente distribui o nosso telefone e os encoraja. Mas a gente também está frágil, com medo. Sinto medo porque o Estado não funciona e estas pessoas podem sofrer algo. Comigo mesma não tenho medo, não. Tenho consciência que o fato mais exato da vida é a morte. Um dia vou morrer. Não sei quando. Tenho a certeza de que, se me matarem, o trabalho vai continuar. Estava na hora de me dar mais conforto, mas é uma covardia abandonar o meu trabalho, ainda mais porque o trabalho envolve uma boa parcela dos meus companheiros. Tive artrose, bronquite. Pensei largar a coordenação do Grupo Móvel. Mas não tenho coragem.

E, apesar de tudo, às vezes para se contrapor ao medo, a única esperança imediata das vítimas imobilizadas é a ação do Estado. Em Imperatriz, também no Maranhão, em uma ação desencadeada pelo GEFM, com a presença da PF,[19] revelou-se temido o empreiteiro José Milton. Armado, ameaçava de morte os peões. Estes, resgatados, declararam que não tinham mais esperança de sair, e "agradeciam a Deus pela vinda do pessoal do Ministério do Trabalho e da Polícia Federal". Sem estes, um deles afirmou, "iria morrer" ali.

Ser da mesma área do pistoleiro, *gato* e do aliciador não elimina necessariamente os riscos, mesmo que em alguns casos signifique certa proteção e até oportunidade de usufruir "privilégios". A pessoa recrutada pode receber

[19]Conforme os *Termos de declarações* prestadas em um inquérito policial (4.12.2001, DPF/ Imperatriz /MA).

uma área mais fácil de ser trabalhada, com menos pedras, espinhos, formigas e acidentes geográficos. Pode receber foices e machados mais afiados, ou ter a oportunidade de galgar postos de maior prestígio, como trabalhar com a motosserra, ou ter função de mando na estrutura das empreitas. Em alguns casos, não conhecer nem mesmo pertencer à mesma denominação religiosa suprem as razões do medo ou da tensão entre as partes. Muitos *gatos* violentos consideram-se católicos ou vivem um sincretismo religioso parecido com o de suas vítimas. Há diversos tipos. O *gato* pode carregar nos bolsos orações para "fechar corpo" contra os perigos; manter imagens de santos em casa e acender velas; citar o nome de Deus para explicar seu sucesso na empreita; ser afilhado de uma benzedeira famosa e não perder as festas do Divino realizadas na comunidade liderada pela madrinha; ter tendência espírita, sonhar construir uma vila de casas para pessoas idosas e se preocupar com mulheres sem marido. Um destes, conhecido pela extrema violência, freqüentava assiduamente uma comunidade de devotos do padre Cícero; dois irmãos iam anualmente à romaria do Senhor do Bonfim por devoção e, por promessa, um destes levava também diversas pessoas.[20] Além dos que se consideravam católicos, espíritas ou de religiões sincréticas, havia os evangélicos, e isso não significava necessariamente ausência de tensões e conflitos, como revelou Charles Freitas (carta: 31.10.1995), após escapar de uma fazenda no Pará, a respeito de um *gato*: "O empreiteiro Manuel trabalhava com muita gente e fazia pressão. Era da Assembléia [de Deus] e chegou a humilhar outro da Assembléia também. Na hora de acertar, dizia que estava estrondada a conta." Isto é, seu companheiro de fé também estava submetido à mesma lógica de endividamento que retinha os demais. Estava "devendo" e não podia sair.

Tanto no Pará quanto nos estados vizinhos, ir até uma autoridade estadual ou ser levado até ela nem sempre significa segurança e proteção; em certas situações, cria mais problemas, principalmente se a autoridade faz parte da estratégia de repressão dos *gatos* e das fazendas. Em 1998, em Santana do Araguaia, o *gato* José Maria, da fazenda Estrela de Maceió, em uma sexta-feira, entregou um peão fugitivo ao delegado de Santana e o recebeu de volta na terça seguinte. Despiu o rapaz e foi lhe dando "banho nos igarapés da es-

[20]Agradeço a Antonieta Vieira estas duas últimas informações.

trada", depois o obrigou prosseguir a viagem despido no colo de outro também despido. Se o objetivo era abalá-lo moralmente, conseguiu. Isso não foi ação isolada.[21] Em Ouro Fino (MT), um fugitivo de uma fazenda local foi capturado com o auxílio da polícia civil e levado de volta ao trabalho (depoimento: 2000). Houve pelo menos um caso, em 1989, em que a devolução foi impedida. Catorze homens escaparam da fazenda São Luís, no município da Floresta (PA). Ao alcançarem a cidade, um policial militar os deteve para os devolver à fazenda. Contudo, graças à mobilização de uma agente de pastoral da diocese de Conceição do Araguaia e da sociedade civil local, eles puderam retornar às suas casas (Rezende, 1993: 146-147).

Uma vez que alguém sai da fazenda, enfrenta novos ou velhos medos. Denunciar às autoridades estaduais implicava, até o período das pesquisas, correr riscos; implicava também, se fosse apoiado pela autoridade, ter para o resto da vida um aliciador, um *gato* ou um fazendeiro furioso contra si, pois, além de ter deixado uma "dívida", sua denúncia poderia resultar em multa ou prisão dos acusados.

As relações entre os peões e os *gatos* são revestidas de ambigüidade. Raimundo Filho (depoimento, Barras: 2000) sabia que, para sair da fazenda, precisava de uma espécie da carta de alforria. O trabalhador piauiense afirmava, contudo, que "de uma certa forma, confiava" no *gato*. Confiava porque "não era um *gato* maltratador" como outros. Mas confiava apenas de "certa forma". Na própria fazenda ele tinha ouvido que ali havia *gato* pior. Qual a razão de "confiar"? Na verdade, quando Raimundo estabelecia com o *gato* uma relação sem conflito, tornava, assim, menos traumática a vida já tão difícil. Por isso buscou conviver negociando, num jogo de sedução incerto e necessário, em que se cumpriam determinadas etapas: empreendimento de "esforço máximo", trabalhando muito e gastando pouco e, assim, conseguir "lucro". Houve uma representação vital, criada a partir do medo, na qual previu demonstrar ser bom trabalhador para a contabilidade do *gato* e fingir-se contente, mesmo se dispondo a retornar caso saísse. Aí, sim, era possível conquistar o *gato*, que, seduzido, negociava com o proprietário do imóvel (ou com o gerente) a liberda-

[21]Sobre o mesmo fato, veja declaração de José Orlando Barros (28.1.1998).

de do peão e os pistoleiros não o deteriam mais. Um caminho alternativo, para quem teve medo, foi a fuga. Uma alternativa que não atraiu a todos. Raimundo Filho, por exemplo, afirmou que nunca pensou em fugir, "porque o que eu pensava era em sair numa boa". E, por isso, montou uma estratégia com seus companheiros para enfrentar a situação.

Eu tinha medo de homem humano

(Rosa, 1984: 379).

2.5. *Medo do igual*

A eficiência do trabalho escravo depende de um nível de concordância por parte de algumas das vítimas — mesmo que aparentemente isso seja indiferente aos *gatos* — e do sucesso obtido pelo *gato* na neutralização do sentimento de revolta desencadeado por outras vítimas. Os grupos de trabalhadores precisavam ser isolados uns dos outros e não podiam se tornar forças coesas. A dispersão nos grupos era facilitada quando os trabalhadores não se conheciam. Conforme Moore (1987: 100-101), nos campos de concentração, as forças de repressão buscavam tornar os prisioneiros "uma massa atomizada, homogênea e desamparadamente degradada". E em grande parte o conseguiam, porque também contavam com alguma cooperação das vítimas. Às vezes a SS conseguia tanto sucesso na sua ação que, "nos campos, o pior inimigo do prisioneiro era o próprio prisioneiro, não a SS". A SS desabava "sobre os prisioneiros como um furacão destruidor que atacasse várias vezes ao dia, e vivia-se apavorado com ela; mas havia horas de trégua entre os ataques. Os presos-capatazes", conforme Bettelheim (1985: 148), "faziam uma pressão ininterrupta, que era sentida continuamente — durante o dia no trabalho e toda a noite no alojamento". Comentando esta constatação de Bettelheim, Moore (1987: 103-104) observou que, nos campos de concentração, os sentidos eram entorpecidos e os prisioneiros chegavam a se acostumar ao medo, ao aparecimento e desaparecimento da SS, e o medo podia ser maior em relação a outros prisioneiros.

De fato, neste caso, como havia um rompimento dos laços sociais, uma das formas de competição pela vida se manifestava através do furto. Os prisioneiros sempre corriam o risco de perder, através do roubo, algo do pouco que tinham: a colher, a roupa, o alimento:

> O exemplo mais extremo era o dos prisioneiros que se ofereciam para trabalhar nas câmaras de gás, na esperança de que isso de alguma forma salvasse suas vidas. Todos eram executados em pouco tempo. Muitos deles, porém, morriam mais cedo, depois de semanas de uma vida mais hedionda do que teria sido se eles não se tivessem oferecido como voluntários (Bettelheim, 1985: 207).

Com freqüência, entre os depoimentos colhidos dos trabalhadores no Mato Grosso, a tensão e o conflito entre os próprios peões aparecem por razões diversas nas diferentes etapas, do aliciamento até o trabalho. São pessoas que, entre si, também se tratam e se reconhecem como *outsiders* (Elias, 2000). Os primeiros contatos são permeados pela dúvida quanto àquele com quem se irá viajar e ao lado de quem se estará por certo período, com quem se partilhará as refeições, cujas redes estarão atadas próximas da sua no mesmo barraco. Como então passar ao outro uma imagem de si? Que imagem será mais favorável? Pode ouvir o conselho dos pais e não procurar briga, ter cautela e não beber. Ou sentirá a necessidade de demonstrar ousadia e ser imprudente. A bebida é uma forma de vencer a timidez, mas é também uma das razões para tornar mais explosiva uma relação já tão tensa. José Alves, que havia deixado de ser peão, explicou:

> Normalmente o peão tem um racismo. Principalmente quando ele bebe uma pinga. Ele tem medo de não ser homem. Você já não viu isso? Qualquer peão, quando está bebendo, bate na mesa e fala: "Eu sou é homem. Sou um peão, mas sou um peão homem." Se o outro responder, ele enfia a mão no pé das garrafas dele e joga longe.

E concluiu afirmando que peão tinha vergonha de ser peão e era capaz, mesmo sóbrio, de reagir com violência, se provocado (depoimento, Porto Feliz: 2000). Em 1997, 155 trabalhadores foram recrutados no Mato Grosso e estavam sendo levados por Antônio Avelino para a Santa Fé, em Santana do Araguaia. Ao saírem de Porto Alegre do Norte, um peão matou outro. A polícia, acionada, desarmou os peões, apreendendo facas e revólveres. O *gato*, contudo, impediu que se apreendesse a cachaça, explicando à autoridade que, sem ela, ele não conseguia levar os homens (depoimento, Recanto da Paz: 2000). Outro informante afirmou que, em 1983, trabalhando para Abilão na fazenda Tartaruga, em determinado momento, faltou comida na cantina e isso desencadeou uma briga entre os peões, que, soube, provocou mortes (depoimento, Porto Feliz: 2000). Um terceiro informante, Feliciano, revelou ter havido uma pequena divergência entre dois peões do mesmo grupo. O problema surgiu quando foram informados de que o fazendeiro não receberia serviço malfeito. E um, Pernambuco, não trabalhava direito e alguém do grupo chamou a atenção:

> "Aí você faz um serviço desse malfeito e como faz para nós recebermos? O homem não paga, fica mais difícil." Aí [ele respondeu:] "Quem falou para você?" 'Eu que estou vendo bem melhor. O que se passou aí foi um serviço malfeito." Então ele não falou mais nada.

A reclamação provocou ódio em Pernambuco:

> Quando foi de noite, ele ia matar o cara. Só não matou porque eu acordei. O barraco balançou quando ele desceu da rede. (...) eu olhei, (...) foquei com a lanterna, ele vinha com uma faca na mão para matar o cara. Eu digo: "Pernambuco, para onde tu vais?" Ele: "Não vou para lugar (nenhum)." (Eu:) "Que não vai o quê. Guarda essa faca aí." Quando falei isso os cabras se levantaram. Ninguém dormiu mais, eram duas horas da manhã. Amanheceu o dia. Eu digo: "Tu ias matar o cara?" [Ele:] "Não ia matar não." "Não ia o quê, rapaz?" Depois, esse cara era malfazejo. A polícia de São Paulo sujou a identidade dele. Ele me chamou para matar e roubar (...) na rua (depoimento, Terra Limpa: 2000).

O medo, nesse caso, inquietou não apenas o que havia reclamado, mas todo o grupo, que não conseguiu mais dormir. Para Feliciano, Pernambuco não era apenas um peão que tinha pavio curto, mas, sim, uma pessoa perigosa, fichada na polícia, que havia tido a ousadia de o convidar para entrar no mundo do crime. O grupo era composto por pessoas aliciadas no Mato Grosso, mas oriundas de diversos estados, como revelou o apelido "Pernambuco". A esposa de Feliciano, que ouvia o depoimento dele, afirmou a razão de sua aflição:

> não estou vendo ele. Eu não sei o que está acontecendo com ele lá. Eu tenho medo dele encontrar (...) gente ruim. No meio de tanto peão desse, no meio de tanta gente, tem gente de todo tipo. Isso que eu tenho medo. Ele não é de bagunça. Ele não é. Medo, então, disso. Medo de doença. Tenho medo de um acidente acontecer com ele. Tudo isso faz... vem na cabeça de qualquer jeito (depoimento, Terra Limpa: 2000).

As mulheres, se acompanhavam o marido, podiam admitir: "Fiquei até com medo (...) no meio de peão. Só peão assim, desconhecido"; ou, se os filhos iam, ficavam aflitas. Se eles recebessem algum dinheiro, alguém iria atrás para os matar e roubar; não acompanhando o marido, podiam temer a sorte dele, por muitas razões: "gente ruim", "peão", "gente de todo tipo", "doença", e "*gato*" (depoimento, Recanto da Paz: 2000). Mas também a família ficava apreensiva com suas filhas. José Alves (depoimento, Porto Feliz: 2000) quis namorar uma moça. O pai dela se opôs: "Peão, mala nas costas, não namora filha minha." Daquele dia em diante, "fui tomado de opinião e passei a trabalhar para mim mesmo e larguei o trabalho de peão". O estranhamento podia se revelar durante os depoimentos prestados aos funcionários do GEFM em suas fiscalizações. Os trabalhadores, ao serem surpreendidos pela fiscalização, manifestavam surpresa; depois, alívio e, finalmente, felicidade, constatavam fiscais do trabalho em uma Câmara Técnica realizada em Brasília em 29 de novembro de 2001. Mas, durante os depoimentos, havia um medo nos contatos entre os próprios trabalhadores, quando estes não se conheciam. O medo se manifestava mais visivelmente quando se falava em grupo. O depoimento tinha melhor qualidade se realizado sem testemunhas. "Os peões", afirmavam os fiscais,

> sempre falavam em traição. Por exemplo, quando dois trabalhadores acompanham o gato e um só retorna com o gato, os demais já desconfiam. Não adianta dizer que o ausente tomou um ônibus. Sabem que ele foi morto. A traição é mais comum quando os trabalhadores são de regiões diferentes.

Ao mesmo tempo que os depoimentos do Mato Grosso revelavam, com maior freqüência, até os problemas entre os próprios peões, também revelavam solidariedade e companheirismo. Isto demonstra que nem todos os estranhos eram igualmente perigosos. Ao sofrer um acidente, Feliciano, que impediu o assassinato entre membros do time, foi transportado em uma rede por mais de três quilômetros pelos próprios companheiros (depoimento, Terra Limpa: 2000).

Os depoimentos colhidos em Barras, ao contrário daqueles do Mato Grosso, falavam mais de harmonia entre os peões. Se havia tensões, tornavam-se ocultas em uma representação de companheirismo ideal. Ora, por mais harmônicos que sejam, uma comunidade, família ou grupo social não são isentos de tensões e conflitos. Aliás, Maria Sylvia de Carvalho Franco demonstrou em seu estudo sobre caipiras no século XIX, entre Rio de Janeiro e São Paulo, a presença de agressões ligadas à rotina doméstica, uma espécie de "violência necessária" até nas relações de parentesco. E observa a autora:

> Mesmo nas relações que são apontadas como o protótipo do modelo comunitário — as relações de família — observa-se a violência incorporada, com alguma regularidade, às formas de ajustamento. (...) Agressões sérias aparecem associadas à rotina doméstica (Franco, 1997: 43).
>
> A caracterização sociológica da relação comunitária se baseia na existência de um consenso, da recíproca determinação das vontades e da inclinação, em um sentido, das pessoas que delas participam. A assertiva fundamental dessa conceituação é que "a comunidade é, normalmente, por seu sentido, a contraposição radical de luta".[22] A análise de situações desse tipo, no contexto social aqui considerado, põe em evidência, vinculados a essas conexões gerais que têm sido acentuadas teoricamente, outros componentes cujo sentido é de ruptura e tensão. Esses elementos aí aparecem, não como fenômenos irrelevantes de oposição verificáveis nas situações concretas da existência, mas como *constitutivos* da relação comunitária. Desse ângulo vê-se que, ao contrário da acentuação conceptual acima referida, a luta aparece como ingente na relação comunitária (ibidem: 24).

[22]A autora cita aqui Weber, Tönnies e Freyer.

Por isso, apesar das tentativas de apresentar só os aspectos de harmonia, o trabalhador Gonçalves (depoimento, Barras: 2000) teceu comentários sobre divergências entre vizinhos, em Barras, por causa de criação solta. E havia também em Barras tensões domésticas. José (depoimento, Barras: 2001), jovem trabalhador retirado recentemente de uma fazenda pelo GEFM, não acertava em suas relações com as mulheres. Teve cinco e se separou de todas. Na sua perspectiva, elas bancavam a "bandidagem", o que foi motivo para "solar" (espancar) e "empurrar" uma delas. Envergonhado pela violência praticada, justificou-se afirmando que, quando o fez, estava bêbado. Contudo, mesmo havendo tensões entre os de Barras, certamente deveriam ser menores que as do Mato Grosso. E em uma situação adversa, o grupo, já se conhecendo anteriormente, poderia reforçar sua coesão interna. Os deslocamentos de Barras ao Pará se davam entre conhecidos, e o controle social, neste caso, era naturalmente mais eficiente. Houve apenas a preocupação quando um estranho devia ser incorporado ao grupo. Raimundo Filho (depoimento, Barras: 2000) não sentia medo dos conhecidos, mas ele e seu grupo sentiram-se inseguros quando receberam um desconhecido. Procuraram o *gato* para saber quem ele era. Quanto aos que não eram de Barras e haviam encontrado lá, o discurso era diferente. No Pará só tinha "negro bravo"; entre eles, o tratamento bom "só existia por obrigação"; não se respeitava o direito; devia-se "ficar baixinho (...) senão leva uma surra mesmo"; sentia "bastante medo" do que ouviu falar: "a fazenda matava muita gente" (depoimento, Barras: 2001). Mesmo assim, com tanto perigo, se o filho ouvisse o conselho do pai, ele evitaria dores de cabeça. Antônio estava convicto de que, havendo prudência, evitava-se o perigo (ibidem). Sua idéia não era compartilhada por algumas mulheres, que continuavam a asseverar com firmeza que era melhor o filho não ir ao Pará.

3. O MEDO QUE OS OUTROS SENTEM

3.1. O medo dos que se apresentam como aliados

Razões para o medo também podem fazer parte de alguns momentos ou de todos os momentos daqueles que se preocupam com a sorte dos trabalhadores nas fazendas. Deter um poder simbólico oriundo de prestígio, de local social ocupado, exercer determinada liderança sobre outros ou mesmo ser funcionário do governo federal e ter armas nas mãos protege, mas não é garantia de imunidade. Quando os membros do GEFM empreendiam viagem a regiões com maior incidência de problemas e dificuldades de comunicação, a segurança podia diminuir. A fiscal do trabalho Cláudia Brito (9.11.2001) constatou que, em certo município, "só podíamos chegar de barco nas fazendas, mas os proprietários dos barcos se recusavam a nos transportar com medo de retaliação". Ora, nas operações de fiscalização naquele município, o acesso às propriedades denunciadas era tão precário que, às vezes, precisavam utilizar barcos, aviões ou helicópteros. O fato de contarem com a presença da PF não significava certeza de que não teriam problemas. Às vezes se tornava difícil até conseguir hospedagem nas pensões, porque também os proprietários desses estabelecimentos tinham medo de represálias. Ali, por um tempo, o próprio juiz de direito estaria envolvido com uma empresa de táxi-aéreo, que era utilizada para o transporte dos aliciados para as fazendas. Mas os problemas não se davam apenas em regiões tão distantes e isoladas. Mesmo em Redenção, cidade maior e ligada por asfalto aos demais centros urbanos do sul do Pará e à capital, a equipe do GEFM e da PF teria problemas. Conforme Valderez Rodrigues, coordenadora de uma das equipes do GEFM (29.11.2001), eles haviam vistoriado cinco fazendas e seus proprietários alegavam desconhecer a lei e solicitavam informações. Jairo Andrade disse que não cumpriria a lei e Valderez Rodrigues ameaçou não sair do município enquanto não resolvesse o problema. O fazendeiro era "um formador de opinião" e os demais pecuaristas acompanharam suas posições e só pagaram quando ele voltou atrás. As frentes de utilização de mão-de-obra escrava podiam ser arriscadas. Isso explica por que a coordenadora do Gertraf em Brasília, Ruth Vilela — pequena, magra, com aparência frágil —, ao participar diretamente de certas operações de libertação de trabalhadores em fazendas da Amazônia, carregava consigo uma arma. A equipe do GEFM no sul do Pará recebeu ameaça de que um de seus carros seria queimado e, apesar da terem consigo dez agentes da PF, um dos veículos foi arrombado e levaram os documentos que compunham um relatório da fiscalização. Em outra ocasião, o veículo foi interditado na estrada por homens armados que dominaram a equipe e tomaram as armas dos agentes da PF. O poder público local não facilitava a fiscalização.

O medo poderia incomodar também as lideranças sindicais e religiosas. Silva, presidente de um STR e dois sacerdotes, que atendiam pastoralmente Porto Feliz (MT), receberam ameaças de morte. Elas começaram a partir de 1995, quando intensificaram o encaminhamento das denúncias de trabalho escravo e contaram com o apoio do GEFM. Naquele ano, souberam de uma fazenda onde "mulheres, crianças, homens" foram vítimas de "trabalho realmente escravo", pois viveram "sem segurança, sem condições reais das pessoas trabalharem, dormirem, comer" e "tinha um peão amarrado de ponta-cabeça numa madeira e outro peão amarrado em outra madeira", explicou Silva (depoimento, Porto Feliz: 2000). Não era novidade receber uma denúncia de trabalho escravo, mas aqui se tratava de uma escravidão pior. Atingiu tal magnitude, que ele a qualificou como "um pavor", algo que "ultrapassou" o que a cidade conhecia.

Quando Silva, no primeiro momento, esteve com a outra ponta da relação, os donos da terra, não foi possível negociar relações mais justas. Ninguém estava disposto a negociar. Diante de si não havia, de fato, um interlocutor. Para ser interlocutor era necessário haver algo que propiciasse o diálogo. O outro tinha em Silva um estranho, alguém que não funcionava como um "espelho", por quem sentisse alguma proximidade, simpatia. Comportavam-se com uma "alteridade" absoluta. E isso era recíproco. A ausência de alguma identidade entre eles obstruía relações e trocas. Não se podia dizer que houve rompimento de diálogo, porque este nem sequer existira até então. Houve monólogos. Apesar das palavras, um forte silêncio. Um não tinha nada a dizer ao outro, senão o confronto. Em todas as situações os agentes tinham sempre sua razão e sua lógica. A recusa do direito e o mecanismo de dominação em algumas situações poderiam encontrar respaldo em uma cortina de legalidade, como demonstrou Sayad, ao tratar da questão dos estrangeiros:

> A discriminação de direito (entre nacional e não-nacional) pede reforço às discriminações de fato (...) e, em troca, estas encontram uma justificativa e atribuem a si mesmas uma legitimidade na discriminação do direi-

> to: esta lógica circular, segundo a qual as situações de fato (escravidão, *apartheid*, colonização, imigração etc.) e de todas as dominações (o escravo, o negro, o colonizado, o imigrante, a mulher etc.) geradoras de racismo, a igualdade de direito sendo recusada usando-se como pretexto as desigualdades de fato, por sua vez, torna-se impossível devido à desigualdade de direito (Sayad, 1998: 58).

Se a justificativa da desigualdade legal entre países — colonizador e colonizado — se baseava no pretexto da desigualdade de fato, aqui a desigualdade nem sequer precisava se legitimar através da desigualdade legal. Os nacionais gozavam, em tese, dos mesmos direitos, mas se constatava um divórcio entre a lei e sua aplicação. As vítimas que haviam escapado conseguiram ampliar a solidariedade entre setores minoritários da sociedade — sindicalistas e agentes de pastoral. Em contrapartida, aumentou o número dos que passaram a sofrer riscos. Conforme Silva, "houve muitas perseguições" contra ele e contra os padres. O sindicalista recebeu cartas com afirmações como esta: "Você qualquer hora vai ser achado no bico dos urubus na beira da estrada." Recebeu também o alerta de um colega que, "desesperado", ouviu uma conversa entre cinco pessoas que tramavam contra ele (depoimento, Ouro Fino: 2000). Ao falar, o amigo "estava derramando lágrimas no rosto". Recebendo mais ameaça, formou-se um círculo de terror. O sindicalista, por cautela, não registrou uma queixa na delegacia nem solicitou proteção. Depois de conversar com alguns do sindicato e da Igreja, decidiu ficar um tempo fora. Contudo, ao retornar, ainda vieram mais ameaças por carta e diretamente. Um fazendeiro lhe advertiu que, por suas relações com as fiscalizações do governo nas fazendas e por apoiar posseiros,

> "Tem fazendeiro que está querendo queimar você, eu vim te dar esse recado aqui para você abrir o olho." Aí eu falei: "(...) se o senhor é um dos cara que está mandando recado, o senhor pode levar para trás a mesma coisa. Eu não vou me afastar nunca, eu tenho uma causa a defender, eu represento os trabalhadores (...). Agora, se for partir para a ignorância, se você quiser fazer mesmo qualquer coisa (...): vocês fazem bem-feito porque aqui nós somos em 150 militantes (...). E nós temos uma conta aqui entre nós, que se algum de nós for morto, por injusta causa, cruelmente, a

> nossa decisão aqui, o que nós temos combinado entre nós aqui [é que] nós vamos atrás desse fazendeiro, (...) e nós vamos acabar com ele, com a mulher dele, com os filhos dele e até com as mulheres grávidas dele, se tiver, nós vamos acabar com todo mundo" (depoimento, Ouro Fino: 2000).

Silva sobrevivia e o GEFM retornava algumas vezes ao município, onde foi constituída uma Comissão de Relações de Trabalho para resolver, através do diálogo e, se necessário, de pressões, o problema. Por outro lado, articularam-se fazendeiros e políticos de diversos partidos para se contrapor em quadro que, naquele momento, lhes era desfavorável. Na primeira reunião, estudaram uma forma de acabar com o sindicalista e com o padre. Silva soube da reunião através de alguém que lhe devia favores, sem ser propriamente um "companheiro de luta", e havia presenciado a conversa.

> "Abre o olho, você sai fora disso, que eu estou com medo de você ser morto, uma hora eles te matarem..." E assim na segunda reunião aconteceu a mesma coisa. Na terceira reunião, ele chegou muito apavorado e falou para mim no outro dia: "Pelo amor de Deus eu quero te pedir um favor: sai do sindicato esses dias, viaja, fica fora uns dias porque o pessoal está querendo te pegar de todo jeito" (ibidem).

Apesar das ameaças, o diálogo que não parecia possível quando a relação era completamente desproporcional começava a se realizar. De um lado estavam os empresários rurais e urbanos, conforme o governo e a CPT, com diversas irregularidades trabalhistas e, alguns, com problemas criminais; do outro, a direção do STR e os representantes da Igreja Católica do município. O governo entrava através do GEFM, que, se necessário, sabiam todos, acionava a PF. Os dados concretos da nova conjuntura criaram os canais necessários para um intercâmbio de medidas que minimizariam o problema ou o saneariam. Os proprietários rurais melhoraram as condições de vida dos trabalhadores, inclusive eliminando intermediários na contratação de pessoas e providenciando "seguro de trabalho" e, na área urbana, os comerciantes assinaram a Carteira de Trabalho e Previdência Social de funcionários e se preocuparam com o cumprimento da lei. Como conseqüência, os patrões passaram "a me odiar", segundo Silva, tanto que o fazendeiro, citado anteriormente, disse: "o trem está perigoso para você". Houve eleições para a prefeitura e os adversários de Silva venceram. Este se encontrou novamente com o rapaz que lhe devia favores:

> "Você está salvo por um fio de linha, porque no meio de setembro você estava marcado, você tinha o dia, a hora e o local para ser morto, estava tudo esquematizado." Eu também não acreditei. Eu nunca procurei saber quem, eu sei que algumas pessoas estavam envolvidas. Aí quando foi agora em outubro do ano passado, (...) eu encontrei esse moço de novo (...). Aí eu tentei tirar dele quem são as pessoas, qual a razão deles, quando é que eu estava marcado para ser morto, a hora que era, que dia, só que ele não podia me falar (ibidem).

Neste caso, na esfera da possibilidade, o risco imediato de ser morto não desapareceu. Não era um problema temporário, restrito a alguns esparsos momentos, a determinadas horas ou dias.

3.2. O medo do aliciador, do fiscal, do gato *e do fazendeiro*

Estamos diante de relações que revelam antagonismos e conflitos, e os atores podem expressar suas razões para ter precaução. O medo de fato é recíproco e, como as relações são desiguais, desiguais são as reciprocidades. Há tanto uma desigualdade na relação positiva de trocas quanto na relação negativa. Além disso, as relações não têm apenas dois pólos, mas diversos. O trabalhador pode ter medo de outro trabalhador, do pistoleiro, do *gato*, do gerente e do fazendeiro. O fazendeiro também pode temer outro fazendeiro, o gerente, o *gato*, o pistoleiro e o próprio trabalhador e o mesmo se passa entre os demais dessa estrutura de aliciamento e escravidão. Nas relações assimétricas, envolvendo pessoas com poderes diferenciados de controle da violência, ninguém está completamente a salvo. E, para diminuir os riscos, é prudente ampliar o arco de alianças. O peão piauiense Fernando da Vila e seu irmão aliciaram homens para fazendas no Pará. Ele negou receber dinheiro por essa atividade, admitiu ser amigo de um dos fazendeiros e reconheceu que o irmão, pela mesma atividade, recebeu algo. Com certo constrangimento, também admitiu a existência de homens armados nas fazendas, e que estes eram chamados pela PF de pistoleiros; confirmou que peão não podia sair da área devendo; conheceu um caso de fuga e soube que alguns pensaram em fugir mas tiveram medo. Sintomaticamente, em nenhum momento falou de seu próprio medo em relação ao fazendeiro, ao empreiteiro ou aos seus pistoleiros. Não falou porque para ele, de fato, não representaram nenhum perigo; ou, por outro lado, manifestar um possível medo era revelar sentimentos que deviam ser mantidos ocultos, para preservar as alianças construídas. Ainda mais que, em futuro próximo, talvez precisasse retornar à mesma tarefa.

Mesmo estando, aparentemente, mais confiante do que outros — relacionava-se bem com os demais trabalhadores seus conhecidos, com o *gato* e com o fazendeiro para quem prestava favores —, sentia um medo constante das onças (sem considerar necessário ocultar esse medo). E sabia que o medo não devia ficar fora de controle. Na hora do perigo, isso podia ser decisivo. "A vida é para esse sarro de medo se destruir; jagunço sabe. Outros contam de outra maneira", afirmou um personagem rosiano (Rosa, 1984: 342). Uma solução, neste caso, era a "oração" (depoimento, Barras: 2000). No interior da fazenda, seu poder de fogo era pequeno, incerto, e menor ainda do que o dele era o dos peões, que não construíam essas alianças com os superiores hierárquicos. Os jagunços e não-jagunços, os fazendeiros e peões, todos tinham seus medos vividos, com maior ou menor intensidade, na esfera privada e íntima onde Deus e o diabo se digladiavam; e tinham os outros medos de objetos palpáveis; temiam coisas e seres e se temiam na vida real e na ficção. Em Guimarães Rosa (1984: 151), há uma reciprocidade de medos entre pessoas. O jagunço Riobaldo impõe medo: "em toda parte, por onde andei, e mesmo sendo de ordem e paz, conforme sou, sempre houve muitas pessoas que tinham medo de mim. Achavam que eu era esquisito." Mas também tem seus próprios medos. "Hermógenes era ruim, ruim. Eu não queria ter medo dele" (ibidem: 159). E constata que até homens dispostos a grandes sacrifícios para se ajudarem mutuamente, se recebessem ordens, abririam fogo contra um arraial de "outra gente, como nós, com madrinhas e mães". Achariam uma "questão natural", uma "obediência saudável". Eram iguais, pois tinham as mesmas relações de parentesco e compadrio, mas eram estranhos. Ora, eles sentiam com mais freqüência medo de estranhos, e contra eles era mais fácil ser violento. Por isso, temia não ser capaz de sentir remorsos (ibidem: 60). Apesar de toda uma aparente ausência de valores éticos, havia algo que ele, jagunço, prezava, que respeitava, mesmo sendo no espaço reservado da consciência. Ali predominaria o apreço ao sagrado, diante da vida profana, tocada por tantas "veredas". Precisava não se esquecer do remorso para obter a salvação.

No leque extenso dos medos, havia aquele de não se conhecer suficientemente: "eu vencendo, aí estremeci num relance claro de medo — medo só de mim, que eu mais não conhecia" (ibidem: 130). Depois de matar Treciziano: "Um frio profundíssimo me tremeu. Sofri os pavores disso — da mão da gente ser capaz de ato sem o pensamento ter tempo" (ibidem: 479).

Desfrutar armas, poderes simbólicos e reais, também para os homens, que nas matas decidem sobre as liberdades e sobre as vidas reais, não significa deter um poder absoluto. Outros podem ser possuidores de mais poderes e, em um novo enfrentamento com setores da sociedade civil e do Estado, reconheceriam as próprias limitações ou, retornando a Guimarães Rosa (1984: 62) no perigo de tiroteio trocado com soldados: "No formato da forma, eu não era o valente nem mencionado medroso. Eu era um homem restante trivial. A verdade que diga, eu achava que não tinha nascido para aquilo, de ser sempre jagunço não gostava." Era previsível que o perigo viesse do inimigo, do estranho mesmo que parecido, mas o perigo, era bom não descartar, podia eclodir de onde aparentemente não se suspeitava. Os trabalhadores, despossuídos de todos os bens, podiam de fato trazer inquietação. Sabiamente, Riobaldo concluía, no seu encontro com singulares maltrapilhos, na beira da estrada:

> De homem que não possui nenhum poder, dinheiro nenhum, o senhor tenha todo medo! O que mais digo: convém nunca a gente entrar no meio de pessoas muito diferentes da gente. Mesmo que maldade própria não tenham, eles estão com vida cerrada no costume de si, o senhor é de externos, no sutil o senhor sofre perigos. Tem muitos recantos de muita pele de gente. Aprendi dos antigos. O que assenta justo é cada um fugir do que bem não se pertence (Rosa, 1984: 363).

Sob o título "Medo e preconceito com a chegada de nordestinos", a jornalista Ariadne Araújo (*O Povo*, 21.6.1998: 8) reproduziu as palavras de Armédio Said Dene, de 81 anos, dono de um seringal, a respeito dos "soldados da borracha", brasileiros pobres levados para a Amazônia pelo exército durante a Segunda Grande Guerra: "Tudo ladrão e assassino. Tudo do calibre de Lampião. Só carabina pra lidar com arigó." E concluiu: "Era nós ou eles." Havia no sul do Pará, no mesmo período, o mesmo sistema de trabalho coercitivo por causa de uma pretexta dívida na mesma atividade extrativista. Tanto em um quanto em outro caso, havia de um lado o proprietário do seringal com medo, diante de um povo que lhe parecia diferente, com outra linguagem e costume, que tinha os braços e a capacidade de extrair a seringa, esse "ouro" que enriquecia os proprietários e enchia os olhos de cobiça; do outro, o nordestino tangido por esperanças de riqueza e por patriotismo, dando uma resposta ao chamado do governo. Mas o "soldado da borracha" se deparou não só com uma selva e com uma atividade repleta de novidades, mas fora possuído pelo medo — das doenças, dos índios, da distância, da perseguição. Houve o encontro de dois medos. Um, armado com o metal; o outro, disposto a se armar. Para o primeiro, o nordestino não passava de alguém perigoso, um "assassino", mas sem ele não extraía a borracha. Do outro lado, e a partir de outra ótica, o seringalista com seus homens eram uma ameaça. O seringueiro sentia-se enganado nas promessas, na pesagem da produção, nos preços estipulados para a cantina. Havia encontrado o desassossego. Tinha vindo para ganhar dinheiro, servir à pátria e se tornar herói. Tornava-se um escravo. Mesmo sem saber dos trinta ou quarenta mil que morriam nessa "guerra" inglória dos seringais (*ESP*, 12.5.1974; *O Povo*, ibidem: 1-12), certamente sabia de alguns companheiros de viagem que haviam morrido. Era o encontro de seringueiro e seringalista, de medos e sonhos. Era necessário ser "esperto". Para um, os sonhos se concretizavam na goma extraída, no preço especial daqueles anos de guerra e no apartamento adquirido no Rio de Janeiro; para o outro, os sonhos se desfaziam na solidão das matas. Ambos eram possuídos, de certa forma e em grau variável, por uma estranha identidade que passava pelo medo e pela seringa.

Talvez não tivessem os seringueiros dos anos 1940, nem os peões das décadas seguintes, bens materiais ou armas de metal, mas outros bens poderosos — orações eficientes ou contatos com forças soturnas do demônio, portassem "um ódio tão grosso, de muito alcance" e contassem "com os poderes da pobreza inteira e apartada". Essa a arma destes e, quem sabe, tinha algum alcance. Chance maior poderia ter o fugitivo da fazenda paraense que encontrasse no seu caminho um aliado e, com ele, a disposição de certos funcionários do governo que entrariam na propriedade, expediriam multas, libertariam os detidos e criariam embaraços para fiscais, *gatos*, gerentes e para o próprio fazendeiro. Ou quem sabe que poder religioso detinham esses homens que vêm de longe e, por prudência, não era bom se esquecer de algum amuleto ou reza forte para evitar. Um dos *gatos* mais importantes, afilhado de respeitável líder espiritual da região, contava com a madrinha. Ela fazia mediações entre os planos espiritual e temporal, era um veículo de comunicações do Divino com o humano e comandava um grupo de devotos do Divino Pai Eterno em direção à "igreja encantada" dentro da mata, "valência dos *pecadori*" (Vieira, 1981: 92). Se vivia no universo dos perigos e dos confrontos, era necessário ter consigo o apoio de muita reza. Riobaldo e seus jagunços, enfrentando diferentes medos, percebiam que alguns se revelavam apenas superficiais: "mas só no bobo do corpo, não no interno das coragens" (ibidem: 17). Ou sofreu um medo superável, um escorregar somente, pois confiava em Deus e em alguma religião.[23]

O texto rosiano (ibidem: 386-387) descreveu uma tentativa frustrada de aliciamento para a escravidão. O próprio capitão Habão se encontrou com Riobaldo e seu grupo. Aquele, "mansoso e manso, sem glória nenhuma, era um toco de pau, que não se destorce"; um "fazendeiro-mor", "sujeito de terra definitivo" (enquanto jagunço "não passa de ser homem muito provisório"). Dele se devia manter distância, "porque era de raça tão persistente, no diverso da nossa, que somente a estância dele, em frente, já media e reprovava" e queria obrigar os habitantes de Sucruiú, tristes sobreviventes das mortes de doenças e dos homicídios, ao trabalho de "corte de cana e fazeção de

[23]"Deus resvala? Mire e veja. Tenho medo? Não. Estou dando batalha. (...) O sertão tem medo de tudo" (Rosa, 1984: 292). E "o diabo, é às brutas; mas Deus é traiçoeiro! (...) A força dele (...) me dá o medo pavor! Deus vem vindo: ninguém não vê. Ele faz é na lei do mansinho — assim é o milagre. E Deus ataca bonito, se divertindo, se economiza. (...). Somenos, não ache que religião afraca. Senhor ache o contrário" (ibidem: 21-22).

rapadura. Ao que a rapadura havia de ser para vender para eles no Sucruiú, mesmo, que depois pagavam com trabalhos redobrados. (...) Ao que, aqueles do Sucruiú, fossem juntas de boi em canga, criaturas de toda proteção apartadas". Querendo utilizar de trabalho escravo ou cativo sob pretexto de dívida, parecia simpático na conversa, explicando que ia fazer roça de milho, arroz e feijão. Riobaldo não sentia propriamente raiva ao ouvi-lo: "Eu tinha era um começo de certo desgosto, que seria meditável." Mas, ele

> espiou para mim, com aqueles olhos baçosos — aí eu entendi a gana dele: (...) que a gente pudesse dar os braços, para capinar e roçar, e colher, feito jornaleiros deles. Até enjoei. Os jagunços destemidos, arriscando a vida, que nós éramos; e aquele seô Habão olhava feito o jacaré no juncal: cobiçava a gente para escravos! Nem sei se ele sabia que queria. Acho que a idéia dele não arrumava o assunto assim à certa. Mas a natureza dele queria, precisava de todos como escravos (ibidem: 388).

Habão reduzia "tudo a conteúdo", ou seja, pensava apenas em produzir cereais, e a situação do outro, sua necessidade, não lhe interessava. Era o encontro de um de "terra definitiva", de aparente estabilidade e segurança, homem de armas e poder, com outros que viviam do "provisório", da precariedade constante e permanente e, por isso, mais vulneráveis. Contudo, nem Riobaldo nem seus jagunços, mesmo sendo homens "provisórios", se deixaram enganar. Quando Riobaldo revelou quem era o seu pai, o coronel Selorico Mendes, Habão "recresceu", "minguou" e, em seu cavalo, ele "se foi, de rompido" (ibidem: 389). O medo, no caso, se inverteu?[24] O encontro lembrava o perigo para Habão, que podia muito mas não tudo (ibidem: 216). Retornando à vida não-ficcional do sindicalista Silva (depoimento, Ouro Fino: 2000), ele foi ameaçado diversas vezes. A ameaça e o medo invadiram a sua vida, como invadiram a vida de peões e outros seus aliados. O sindicalista, submetido a um conjunto crescente de pressões, sobreviveu como pôde. E a palavra, como um escudo, se contrapôs à ameaça do outro,

[24]Habão "estava em todos tremores — conforme esses homens que não têm vergonha de mostrar medo, em desde que possam pedir à gente perdão com muita seriedade. Digo ao senhor: ele beijou minha mão! Ele devia de estar imaginando que eu tinha perdido o siso" (Rosa, 1984: 411).

que chegou com a força da arma, do dinheiro e com o apoio da polícia local. O sindicalista contou, naquele instante, com o que lhe pareceu possível, advertindo que, se um deles fosse morto, o fazendeiro mandante do crime se veria com o numeroso grupo de "militantes" e a vingança seria implacável, atingindo até seus parentes. As palavras, talvez inadequadas, sentiu, haviam sido sua âncora, sua sobrevivência. Para não se fragmentar diante do outro e de si, utilizou aquilo que ele próprio reconheceu como "uma grosseria. Eu não podia ter falado isso nunca, até por uma questão de direitos humanos, mas, quando você está acuado, você faz o que você pode?". E admitiu, contudo, que entre os lavradores e os que estavam na frente da resistência e da denúncia, se conversava sobre os riscos iminentes que corriam e, por isso, se de um lado não passava de "uma grosseria" agir dessa forma, por outro lado, havia algo de verdade.

O próprio *gato*, dependendo da importância de seus recursos, sentia-se mais protegido com seus homens armados, o apoio do fazendeiro e, quantas vezes, das próprias polícias estaduais, mas podia ser surpreendido com problemas em relação a autoridades federais ou com alguém que se sentisse prejudicado, como relatou Meliciano. Um rapaz trabalhou por trinta dias, sentiu-se enganado e reclamou. O *gato* lhe respondeu grosseiramente: "Se não quiser, você vai embora." O trabalhador, irritado,

> Pegou uma foice, pegou a boroca,[25] botou nas costas e saiu por uma picada assim na estrada. Aí eu não sei o que aconteceu que o gato saiu atrás, sozinho. Veio um cara de lá para cá e ele já tinha matado o gato. Deu uns quatro golpes de foice. Partiu a cabeça dele no meio, assim (depoimento, Terra Limpa: 2000).

Ora, o *gato* fez uma ameaça — "se não quiser, você vai embora". Um e outro sabiam que não se saía da fazenda devendo. Havia uma regra e rompê-la era colocar em risco a própria vida. O trabalhador aceitou o desafio. Outro caso foi o de um pequeno empreiteiro, José Soares (15.6.1998). Ele divergiu do patrão no acerto de contas. O fazendeiro o agarrou pelos cabelos e "me encostou na parede, colocou o revólver no meu ouvido".

[25]Bolsa rústica e precária de pano, material sintético ou de couro utilizada pelos trabalhadores no Norte e Nordeste.

No sul do Pará (2000), foi possível ouvir um advogado famoso na região, que se dedica a defender pistoleiros desde a década de 1970. Ele testemunhou um encontro entre um trabalhador com uma faca e um *gato* que era seu cliente. Não houve morte, mas o *gato* reconheceu que na fazenda ele era "o rei"; na cidade, armado, "rei era o peão". O medo e os cuidados, os fatos revelaram, fazem parte do horizonte não só dos subalternos. Nas relações entre fazendeiros e pistoleiros e pistoleiros e *gatos*, no Pará, volta e meia há fortes tensões por suspeita de roubo em derrubadas e limpezas de pasto, insatisfação com a qualidade do serviço feito, divergência quanto ao preço estipulado, quanto ao tamanho da área beneficiada, com as tentativas de escapar de responsabilidades trabalhistas ou criminais, no caso de fiscalização, ou até por questões passionais. O desfecho é resolvido na justiça ou em confrontos diretos. Na justiça havia muitos casos tramitando, reconheceu este advogado em 2000, mas histórias de pendengas na justiça entre fazendeiros e *gatos* eram antigas. Em 1973, o padre Francisco Jentel, que atuava no nordeste do Mato Grosso, já tecia comentários sobre as ações judiciais entre uns e outros (*ESP*, 9.3.1973) e, dois anos depois, um empreiteiro de Santana do Araguaia, que se tornaria um combativo presidente do STR local, foi a Belém, à Delegacia do Interior, reclamar contra uma das maiores fazendas do seu município, por se sentir ameaçado de morte e prejudicado economicamente em empreita realizada. Fugir das próprias responsabilidades e lançá-las sobre aqueles que não podem resolvê-las não era incomum. O gerente de uma fazenda em Santana do Araguaia, pego em flagrante, responsabilizou o empreiteiro e os subempreiteiros pelos problemas (Inquérito Policial, 4.7.1991). Um dos subempreiteiros, sentindo-se abandonado, revelou que vinte peões haviam fugido e denunciou dois fiscais por algumas "bravuras" cometidas contra os trabalhadores, o *gato* principal por atos de violência, e envolveu o gerente afirmando que ele acompanhava diretamente a execução dos trabalhos. Mas o problema também pode estourar nas mãos do próprio dono das terras. Um fazendeiro, em Xinguara, desentendeu-se com seus pistoleiros. Irritados, estes roubaram parte do seu gado e se aliaram a posseiros para tomar-lhe as terras. Outro fazendeiro, em São Geraldo do Araguaia, desentendeu-se com um de seus pistoleiros, e foi assassinado. O fazendeiro português Joaquim Lourenço, que era conhecido por acorrentar e matar peão em Paragominas, recebeu dois tiros no tórax, desferidos por um de seus pistoleiros, e também morreu (*Jornal do Brasil*, 11.1.1989; *O Liberal*, 20.8.1988).

Um dos medos dos peões é pelas condições vividas por suas respectivas famílias, como vimos. Certamente não são apenas eles que temem pelos seus. Em *Grande sertão: Veredas* (416), Riobaldo mandou buscar lavradores para engrossar o número de jagunços que vingariam a morte de Juca Ramiro, pai de Diadorim, e ouviu.

> "... quem é que vai tomar conta das famílias da gente, nesse mundão de ausências? Quem cuida das rocinhas nossas, em trabalhar pra o sustento das pessoas de obrigação?..." O que falou, tinha falado por todos. — "... Pra os roçados? Pra os plantios..." E mesmo um outro, de mãos postas com que para rezar, choramingou: — "Dou de comer à meã mul'é e trêis fi'o, em debaixo de meu sapé..."

Não é incomum encontrar fazendeiros no sul do Pará, com milhares de hectares de pasto, abundante rebanho, capacidade empresarial notável, baixa escolaridade, acostumados a mandar em homens com rispidez. Nada sutis em seus encontros com as autoridades ou com a imprensa, falam mais do que o bom senso sugere. Isso provoca temores nos parentes mais próximos, alguns com formação universitária e exercendo profissões liberais. Um destes fazendeiros concedeu diversas entrevistas a jornalistas brasileiros e estrangeiros, revelando fatos que poderiam criar-lhe problemas legais. Afirmou, entre outras coisas, ter seqüestrado e assassinado posseiros, que um bispo havia sido envenenado, que um compadre seu havia pagado um pistoleiro para uma morte por encomenda com cheque,[26] que um padre seria assassinado (*ESP* 5.11.1994: A27), ou reconhecia impedir que trabalhadores devedores saíssem da sua fazenda (*Le Monde*, 25.4.1998: 13). Assustados com as possíveis conseqüências, filhos do pecuarista tentaram salvá-lo,

[26]Em 2000, seu compadre, o fazendeiro Jerônimo Alves Amorim, foi capturado no México pela Interpol e foi julgado e condenado em Belém, a 19 anos e meio pelo assassinato do líder sindicalista Expedito Ribeiro de Souza, assassinado em Rio Maria, em 2 de fevereiro de 1991 (*Diário do Pará*: 7.6.2000: 1 e 8; *Folha de S. Paulo*: 25.11.99: Brasil).

desqualificando o entrevistador. Quando o GEFM, em 2001, resgatou de sua fazenda 160 trabalhadores e, destes, diversos eram ameaçados, a filha do pecuarista demonstrou preocupação com a repercussão da notícia na imprensa local. Outro fazendeiro, dono de muitas terras no Pará, Rio de Janeiro e Minas Gerais, falava sem reservas, mesmo diante de câmara de televisão, sobre a violência que era capaz de praticar. Aparentemente estavam acostumados a comprar policiais e juízes e tinham certeza de que não seriam molestados. Contudo, se de um lado pareciam absolutamente temerários — inclusive pela reincidência do crime de trabalho escravo —, em outros momentos, eles ou seus prepostos pareciam mais prudentes.

Em uma fazenda daquele que concedia arriscadas entrevistas, uma das coordenadoras do GEFM revelou que sua equipe da trabalho reconheceu "o *gato* pelas jóias, pelos ornamentos de hierarquia felina" que utilizava. "Encontramos [ali] coisas escabrosas, o pior do pior. O gerente, *gato* promovido, escondeu peões no mato e mandou outros para Redenção a pé." Certamente não agia completamente à revelia do patrão. Tentando esconder as provas do crime, demonstrava que nutria algum temor pelas autoridades.

A relação comunitária, descrita por Maria Sylvia de Carvalho Franco (1997: 24), se manifesta de fato permeada de violência, eclodindo em ferimentos e mortes por razões até aparentemente triviais. No estudo que apresento, estamos diante de uma situação em que o conflito e a violência fazem parte da própria dinâmica de execução e controle do trabalho de homens não-livres. Nesse universo, o próprio medo vem como conseqüência e pode ampliar a violência. Além de resultado pode tornar-se também causa. Não só se "morre de medo" (metaforicamente e de fato), mas se é capaz de matar por medo. É uma violência que tem componentes de conflitos por interesses econômicos ou de classe, mas vai além. Uma simples desavença pela qualidade de serviço feito poderá ser razão para um trabalhador matar outro.

CAPÍTULO IV Hierarquia e obediência

É sabido que ninguém nasce com um decálogo no corpo, e cada qual constrói o próprio das coisas presentes ou das coisas passadas...

(Levi, 1997: 76).

O OLHAR DO OUTRO

A família, o local de trabalho, a cidade e o país — seja na Índia (Dumont, 1997), na Indonésia pré-colonial (Geertz, 1991) ou no Brasil — se organizam, normalmente, a partir de determinados valores que definem a hierarquia, o poder e o *status*. Influências culturais, políticas, religiosas e econômicas do passado remoto ou do presente interferem e moldam ações e atitudes que reforçam ou enfraquecem os valores e forjam as estruturas das relações humanas individuais ou sociais. Quando as pessoas se deslocam, seus valores tentam ir juntos. Mas, deslocadas de suas referências culturais mais claramente definidas e delimitadas pelo espaço físico, vivem momentos de tensão e estranhamento inclusive na esfera dos valores.

Neste capítulo vamos verificar como são vividos a obediência, o *status* e a hierarquia e em quais circunstâncias se realizam nas unidades familiares, onde trabalhadores são recrutados, ou nas fazendas para onde são levados. Para realizar essa reflexão utilizo, além de inspirações vindas principalmente da área de ciências sociais, referências, ainda que rápidas, a autores de outras áreas do conhecimento, os da teologia moral.

A categoria *status* é utilizada enquanto conjunto de direitos e deveres de que a pessoa goza em função da idade, do lugar na família e do prestígio social; a categoria *hierarquia*, enquanto graduação e ordem de autoridade, inclusive doméstica; e a terceira categoria, *obediência*, que pode significar submissão, docilidade, disposição para acatar ordem, para ouvir e aceitar o desejo de outro. No transcorrer do texto, veremos como elas se realizam e os diversos sentidos que assumem, dependendo das situações. As famílias pesquisadas não são iguais, na coesão interna, no número de componentes, na proximidade física e afetiva, nas relações com os vizinhos e nas possibilidades de sobrevivência econômica. As fazendas também não são iguais no tamanho, na atividade produtiva, no número de pessoas envolvidas, na modalidade de contatos entre os proprietários e seus subordinados. Quanto maior o imóvel, maior é sua preocupação com a eficiência do mando, com a estrutura que torne eficiente a hierarquia interna e produtiva a unidade. Mas existirá uma relação direta entre o mais alto *status*, o maior poder hierárquico e o controle exercido de fato? Ou o poder se dilui entre os diversos degraus da hierarquia e o que se passa na fazenda é algo que seu proprietário, na escala mais alta de hierarquia e do *status* do imóvel, nem sequer sabe? Acontece algo como em Bali? Conforme Clifford Geertz, o reino era teoricamente organizado segundo uma estrutura centralizada de governo, mas estava dividido pela conjuntura política em reinos segmentados e, no século XIX,

> O senhor suserano sobrepunha-se aos principais senhores de Bali, os quais por sua vez dominavam os senhores cujo *status* derivava do seu, do mesmo modo que o seu derivava do suserano, e assim sucessivamente ao longo da linha descendente. Toda a estrutura, porém, assentava primariamente na cerimônia e no prestígio, tornando-se, como veremos, tanto mais frágil e tênue em real domínio político e subordinação quanto mais alto se subia na pirâmide; daí que a outra comparação que pode surgir seja a de um intricado castelo de cartas, construído *rank*[1] sobre *rank* até atingir um cume periclitante (Geertz, 1991: 28-29).

A humanidade, descendendo dos deuses, reproduzia por analogia um padrão decrescente e complexo de *status* e um sistema também complexo de "*ranking* do prestígio". Pela semelhança com o aparato da Índia, era chamado em geral de "sistema de castas", mas era mais correto referir-se a Bali como "sistema de títulos ou de grupos de título". E explicou: "Ao contrário da casta de uma pessoa na Índia, o *rank* presente não é uma conseqüência das ações praticadas em encarnações anteriores, mas sim dos meros acidentes de uma história caprichosa" (id: 29). O poder *negara* tra-

[1]Em Geertz (1991: 8), o tradutor manteve *rank* no original e explica: ela significa tanto hierarquia quanto estatuto, "posição compartilhada numa grande hierarquia com um estatuto próprio, posição social, atributos etc.".

tava-se do que o rei era ou representava. Os "reis concretos iam e vinham", mas "aquilo que eles representavam, a concepção da ordem 'construída' pelo processo de modelo e cópia, permanecia inalterada" (id: 157). A categoria *negara*, que se refere ao Estado clássico da Indonésia pré-colonial, originalmente significava cidade, mas foi utilizada também como Estado, capital, reino e palácio. No seu sentido mais extenso, significava cultura tradicional e sofisticada dessa cidade e "o sistema de autoridade política superior nela concentrada" (ibidem: 14). Opunha-se a *negara*, *desa*, que designava o mundo rural, região, campo, local, aldeia ou, às vezes, "dependência" ou "área governada". Em *negara* havia uma representação, um "teatro" e, no Estado bali, "o poder servia a pompa e não o contrário". Era um Estado incapaz de concentrar o poder, por isso não foi tirano e era inapto para a "governação". O ato de governar foi exercido com hesitação e indiferença. Sua preocupação era outra. Estava preparado para o espetáculo e "para a dramatização pública das obsessões dominantes da cultura balinesa: a desigualdade social e o orgulho do *status*".

Como se constata, Geertz diferenciou casta indiana de *rank*. A casta se justificava por reencarnações anteriores. Louis Dumont, ao tratar da hierarquia na Índia, afirmou que o nosso modo de conceber o mundo e o sistema de castas eram opostos e levantou questões polêmicas. A tendência de um ocidental, conforme Dumont (1997: 49-50), era ver o sistema de castas como uma "aberração" ou uma "anomalia". Para ele, no entanto, o sistema de castas ensinava que a hierarquia era um princípio social importante, "cujo oposto foi apropriado por nós, modernos, mas que é interessante para compreender a natureza, os limites e as condições de realização do igualitarismo moral e político ao qual estamos vinculados".

Ora, em Geertz (1999: 11), como vimos anteriormente, existe a idéia de "que aquilo que se vê depende do lugar em que foi visto e das outras coisas que foram vistas ao mesmo tempo". E, continuou ele, o antropólogo, mais do que observar, deve compreender o "ponto de vista" dos membros da outra cultura (Geertz. 1991: VII), sem que isso signifique uma "neutralidade" por parte do pesquisador, mas uma experiência "intersubjetiva" com os informantes (id: IX). Dumont, além de defender a necessidade de aprender a olhar a partir do jeito do outro, discordou da cultura de "nós modernos" e teve um olhar "compreensível" para com a idéia da hierarquia. Ao discorrer sobre o chamado princípio igualitário ocidental, afirmou que era necessário sair dos próprios valores — tidos como universais — para compreender os valores hindus; ir do objeto particular (a Índia) para a elaboração de leis gerais, pois "o universal só pode ser atingido na espécie através das características próprias, e sempre diferentes, de cada tipo de sociedade". E, reconhecendo as discordâncias que sua posição provocava, no prefácio à reedição publicada pela coleção "Tel", sintetiza as críticas que considerou mais relevantes sobre elas e tenta fazer alguns esclarecimentos (Dumont, 1977: 11-39).

O *Homo hierarchicus*, reconheceu o autor, não continha uma teoria da hierarquia. Era uma experiência na sociedade em que se podia "ver a hierarquia". Seu estudo causou polêmica e ele foi acusado de fazer uma distinção equivocada entre hierarquia e poder; de elaborar uma pesquisa impregnada pela "ideologia pessoal"; de confundir hierarquia com "coisas diversas" e de manter uma "atitude brusca em face do dado empírico" (id: 14-17). Como obstáculos, Dumont percebeu que persistiu a incompreensão da hierarquia como tal; popularizou-se a "teoria da estratificação social", que bloqueava a compreensão de hierarquia, pois rejeitava outros aspectos, como antes se desprezava o fenômeno religioso; tentava-se reduzir a hierarquia às relações de poder; o sistema de divisão de trabalho na aldeia demonstrava a incapacidade de estabelecer a hierarquia corretamente; não se compreendia que "o sistema assegura a cada um a sua subsistência proporcionalmente ao seu estatuto"; incorria-se no erro de se estudar a casta como um problema individual e não como um universo estrutural (ibidem: 79-81).

Ainda sobre a categoria hierarquia, Dumont escreveu:

> Acredito que a hierarquia não seja essencialmente uma cadeia de ordens superpostas, ou mesmo de seres de dignidade decrescente, bem como uma árvore taxonômica, mas uma relação à qual se pode chamar sucintamente de *englobamento do contrário*" (ibidem: 370).

E explica, pelo exemplo bíblico da criação de Eva, o que entende por *englobamento*. No primeiro momento, Adão era o protótipo do ser humano. Com o surgimento de Eva, ele mudou de identidade, mesmo permanecendo da espécie humana, pois se tornou "macho". Ela também era membro da família humana, mas era diferente de Adão, o "representante maior dessa espécie". Em um momento, homens e mulheres são idênticos; em outro nível, são opostos: macho e fêmea.

> Essas duas relações tomadas em conjunto caracterizam a relação hierárquica, que não pode ser mais bem simbolizada senão pelo englobamento material da futura Eva no corpo do primeiro Adão. Essa relação hierárquica é muito geralmente aquela que existe entre um todo (ou um conjunto) e um elemento desse todo (ou desse conjunto): o elemento faz parte do conjunto, é-lhe nesse sentido consubstancial ou idêntico, e ao mesmo tempo dele se distingue ou se opõe a ele. É isso o que designo com a expressão englobamento do contrário (ibidem: 370).

Nem sempre hierarquia significava "poder" e, por isso, ela se tornava invisível ao olhar apressado do homem moderno (id: 43). Da mesma forma que o brâmane, mesmo sabendo da existência do poder no interior da sociedade e, mesmo sendo hierarquicamente mais bem situado que os não-brâmanes, não desfrutava necessariamente o poder civil, econômico ou militar. A hierarquia podia não lhe atribuir um lugar no "poder" (id: 130). A hierarquia, em Dumont, é uma necessidade universal, mesmo que sua manifestação possa se opor a ideais de igualdade vigentes.

No caso do trabalhador aqui estudado, não estamos diante de um problema de castas no sentido indiano, nem no sentido de "meros acidentes de uma história caprichosa", mesmo que uma forte estratificação social perpasse a sociedade brasileira, defina e imponha papéis, condições econômicas e visões de mundo. Aqui também hierarquia nem sempre se confunde com poder, mesmo quando há forte vínculo entre ambos.

1. EM CASA

A OBEDIÊNCIA IDEAL E SUAS CIRCUNSTÂNCIAS

O modelo da família é aquele composto por parentes que moram na mesma casa. Em geral se pensa especialmente nas figuras do pai, da mãe e dos filhos.

Mas podem estar morando ali outras pessoas, como os avós, alguns tios, os filhos adotivos. No interior é muito comum a casa pertencer aos pais e os avós e tios serem hóspedes. Ou, ao contrário, a casa é dos avós e os demais moram com eles. Pode também haver uma proximidade geográfica, como pais, avós e tios morando na mesma rua, e mesmo parentes mais distantes, ou pessoas que ocupem lugar de destaque na família, como os compadres e os afilhados. Entre os diversos componentes da rede familiar, há papéis que, segundo expectativas do grupo social, devem ser representados por cada um. Através dos depoimentos colhidos em Barras, percebe-se uma estrutura de organização familiar comum que molda uma hierarquia de *status*, segundo o lugar social que cada membro ocupa dentro de casa. Sua disposição prevê que a fonte mais importante de poder moral emana do pai e da mãe, autoridades morais mais próximas, de onde provieram a vida, os primeiros cuidados e a alimentação. Por isso se pressupõe que os filhos lhes prestem uma obediência especial, que não se assemelha àquela prestada às outras autoridades dos diversos poderes. É algo de certa forma voluntário, porque não há uma prescrição legal que obrigue seu cumprimento pelos maiores de idade, mas, ao mesmo tempo, é uma imposição cultural incorporada, cria expectativa e frustração quando a regra é visivelmente violada. Essa obediência cria um *status* na relação familiar e, se a família mora próxima de outros parentes, o *status*, em gradações diferentes, se estende primeiro aos avós, em seguida aos tios. Finalmente, os irmãos mais velhos gozam de precedência diante dos mais novos. Fora do círculo da família, há o da vizinhança, em que se espera um tratamento respeitoso para com as pessoas mais velhas; as regras de educação ensinam que estas têm o *status* da idade.

Obedecer aos pais, em todas as situações, é um valor a ser cultivado mesmo na maioridade, mesmo quando a pessoa constitui nova família. Contudo, no cotidiano, esse valor passa por adaptações ou mesmo limitações. Utilizando um conceito de teologia moral, a pessoa adota uma "ética da situação", que não nega em princípio a norma geral, mas permite uma adequação às situações concretas. Ou seja, circunstâncias particulares permitem respostas particulares. Em determinados momentos, a regra geral é rompida temporariamente. Na moral, a ética de situação pode significar um desprezo por qualquer norma ou conceito moral, o que é considerado um erro por diversos teólogos, ou a ética da situação pode ser um necessário rompimento com uma velha ética legalista, movida por valores positivistas, incapaz de ter misericórdia e amor e, então, é considerada adequada por outros. Cumprir a regra cegamente é violar o próprio objetivo. Uma ética de situação que se dedica cuidadosamente a verificar as conseqüências previsíveis das ações pode ser uma ética de responsabilidade. Uma ética que não leve em conta as conseqüências das ações não é considerada desejável, pode cair em um subjetivismo imprevisível ou em um legalismo frio e ineficiente (Haering, 1979: 314-329; Orduña, 1983: 336-339). Ou uma interpretação razoável da lei, conforme Tomás de Aquino (Summa Theologiae, II-II,120,1-2): "Julga a lei quem afirma que ela não está bem-feita, mas aquele que diz somente que a letra não deve ser observada neste caso concreto não está julgando a lei e sim a uma situação particular que ocorre" (Orduña, ibidem: 336).

Os trabalhadores do Piauí ou os do Mato Grosso, talvez sem desenvolverem claramente todas essas reflexões, adaptam a regra moral com certa regularidade. Os pais o sabem e constatam que a preservação de *status*, apesar de tudo, pode se manter. Por isso, eles têm o cuidado de não darem ordens que, podem prever, serão desobedecidas. Se o filho está "nu", sem "diária aqui", sem "emprego", precisando adquirir algo, mesmo "morrendo" de apreensão, os pais não se opõem à sua partida. Concedem, nesse caso, a autorização e a bênção. No fundo, os dois lados sabem da possibilidade de erro de parte a parte. Há o perigo de o filho se acostumar com as desobediências e no final nada sobrar da regra inicial; ou há perigo de os pais exagerarem no poder proveniente do *status* e da hierarquia de que gozam e não terem mais a quem dar ordem, porque os filhos acabarão se cansando e os abandonando a um rito simbólico que perde conteúdo. Ou, se os pais obtêm sucesso e impedem a viagem do filho, isso pode significar um obstáculo ao futuro dele e isso mais tarde será cobrado clara ou veladamente. Nesse jogo, cabe também aos filhos tomarem cuidados para não romperem a lei da obediência, através de estratégias. Se eles sabem que os pais não concederão a licença, vão escondidos. O "escondido" pode ser de fato, isto é: os pais são completamente surpreendidos pela ida do filho; ou os filhos não pedem licença, mas os pais dão sinais de que os compreendem. Há um jogo de representação: os pais sabem que os filhos precisam partir, mas fazem de conta que não deixam e os filhos fazem de conta que obedecem. Em um dos casos, por exemplo, a mãe compreendeu que o filho iria. Nada foi dito, mas ela matou uma das poucas galinhas que a família possuía e preparou para a viagem. O filho sabia que a mãe sabia, apesar do silêncio. Saiu sem se despedir, levando consigo a comida.

> Entrevistador: Se o filho quer ir, ele vai?
> Mãe: Eu penei com ele pra não ir, moço. Mas ele é teimoso. Decidiu. Tinha um feijão na capoeira. Aí eu fui apanhar [o feijão] com ele para, enfim, ele não ir. Aí quando nós chegamos [de volta a casa], ele não quis almoçar. Aí depressa eu matei um frango e fiz um frito, ele foi e levou para comer no caminho, nem em casa ele comeu.
> Entrevistador: A senhora não queria que ele fosse?
> Mãe: Eu não queria que ele fosse.
> Entrevistador: E o pai?
> Mãe: Ele, muito pior. Ele saiu quase escondido de nós. Quando nós caçamos ele, ele tinha ido. Aí pegou carro na Barra, se mandou com... E os outros vieram embora e ele ficou lá.
> Entrevistador: Ele era desobediente?
> Mãe: Era não. Ele era até obediente, viu moço, mas na folia dos outros, os outros convidando... (Barras, 2000).

Ela, com sessenta anos, cercada pelos netos, sentada em um banco de madeira diante da casa, falava. O marido observava em silêncio. De 11 filhos, seis haviam morrido. Procuravam Manoel, que havia saído de casa em 1962, com 15 anos. Mudou-se para o estado do Pará e só veio uma vez ao Piauí. O casal não queria que o filho fosse e ele saiu "quase escondido". O "quase" claramente se refere a quem? À mãe, ao pai, a ambos? O gesto de preparar a comida é um sinal claro de que ela compreendeu que a decisão havia sido tomada. Mas é possível que seu esposo também tenha percebido tudo e concordado com a oportunidade de matar a galinha. Ou ele não teve a sua perspicácia. Nessa segunda hipótese, por que ela não revelou ao esposo o que havia deduzido? Ele tomaria uma atitude radical contra a decisão do filho e, por isso, ela decidiu não avisá-lo? Ou não avisou porque não houve tempo? Em todo caso, há momentos em que sobre o mesmo problema é possível ter posições diferentes. Manoel era menor de idade, tinha apenas

15 anos. Pode também haver "fuga" de um homem casado. Sendo casado, comunicará à esposa a decisão. A opinião dela, no caso, só aparentemente tem menos peso, pois não lhe deve obediência.

Mesmo no passado, a regra do respeito e da obediência também se adaptava a situações ou, em certos casos, era completamente rompida. O passado, contudo, é apresentado como um tempo ideal e melhor e alguns pais se lamentam e afirmam que agora os filhos são menos obedientes. Pode, de fato, haver conflito que desrespeite o *status* previsto para os pais, quando o filho não acata ordens e os desafia com atitudes de rebeldia. A mãe inutilmente "peleja" e "chora" para o filho não se embebedar, não passar o tempo jogando futebol ou não ir trabalhar no estado do Pará. Mas o adulto que reclama do filho, que alega que antigamente era melhor, conta que ele mesmo incorreu na sua juventude e infância em desobediências. O que demonstra que a visão cultivada de um passado sem conflito não corresponde totalmente aos fatos.

Quando os pais divergem

A regra é obedecer aos pais, mas pode haver entre eles uma divergência sobre a mesma questão, como talvez tenha havido no caso dos pais de Manoel. Se houve, a mãe agiu conforme o que lhe pareceu melhor, mais adequado ou, sem tempo para refletir dada a precipitação dos fatos, seguiu sua intuição. Diante de posições antagônicas, o casal deve encontrar uma resposta comum ou não ao problema. Um acredita que os filhos devem necessariamente correr seus riscos indo trabalhar no Pará, sendo essa sua sina, esse seu aprendizado; outro, que não há como segurá-los, uma vez crescidos; ou, ao contrário, um deles não se conforma com a inevitabilidade dessas partidas e afirma ser necessário retê-los. A forma como se lida com a divergência pode ser, em um caso, exercer cada um, conforme as suas possibilidades, a pressão sobre o filho, e este decidirá; ou um dos pais ceder, abdicando de sua própria posição, construindo um acordo com o parceiro. O mais comum é que a mãe seja mediadora do conflito, aparando as arestas. Outra possibilidade: se as relações do casal são desiguais, aquele que possui maior poder decide e tenta impor sua vontade.

> Entrevistador: Na sua casa quem manda?
> Diogo: Sou eu.
> Entrevistador: E a mulher manda?
> Diogo: A minha esposa manda.
> Entrevistador: Quem manda mais?
> Diogo: Eu, estando em casa, eu mando. Quem tiver em casa, o grito que um der o outro dá também. Ela não estando, eu estando, o grito que eu der, que ela dá, está dado.
> Entrevistador: E se estiverem os dois?
> Diogo: Estamos de acordo, um que disser, está concordado; se eu disser uma coisa está concordado. Às vezes eu acho uma coisa melhor. Ela me ouve, ela disse que quer outra coisa desse jeito, a gente entra em acordo.
> Entrevistador: E os filhos têm que obedecer?
> Diogo: Obedecem. Meus filhos todos são obedientes. Mesmo se eles casarem, mesmo sendo casados, se eu soltar uma coisa, têm que concordar conosco (trabalhador, Barras: 2001).

No espaço doméstico, o pai e a mãe adotam por própria iniciativa, por necessidade, por habilidades pessoais, por convicção ou por outro motivo, atribuições específicas, inclusive no processo educativo dos filhos. O método pode ser o conselho, a persuasão elaborada através de argumentos racionais, afetivos ou pela força. Ora um, ora outro não tem a paciência nem o tempo para ir através de outro método que não o da violência. Há casos de pais, explica Joaquim Lucas Furtado, candidato a prefeito de Barras (2000), que exageram na repressão física, sem obter o resultado previsto. Se o método paterno não produz o resultado esperado, a mãe tenta resolver o problema pela persuasão. Na distribuição de papéis cabe ao pai bater e à mãe, ser "uma mediadora de tensão" e de conflito. Esse é o papel materno. Se o pai ao bater exagera, a mãe intervém: "Chega, deixa que eu vou resolver com ele."

Dr. Joaquim afirma que em Barras a figura paterna é aquela que inspira maior respeito, "a hierarquia familiar" é grande e se evita violá-la. Em sua casa, quando o pai era vivo, "até na hora das refeições, ele ocupava a cabeceira" e a mãe ficava ao seu lado direito. Entre os irmãos, a hierarquia passa do mais velho ao menor, mesmo depois de adultos. "Por exemplo: se eu chego (...), o meu irmão mais novo se levanta e dá o lugar pra mim." Nas camadas mais pobres, a relação hierárquica é ainda mais forte, afirma ele. "Se eu chegar numa casa de um cidadão para pedir o voto e ele tiver quatro, cinco filhos de maior [idade] e ele disser: 'Eu vou votar com o senhor', pode ficar certo que os filhos o acompanham." O controle do pai supõe, além da força moral, a força física, mesmo se diminui agora sua importância por causa da "divulgação dos princípios fundamentais da cidadania, do respeito ao direito da criança e do adolescente". Em sua família, com a morte do pai, tudo gira em torno da mãe, que é "conselheira" e "fonte e referência" de todos. Sua importância não vem do estudo, pois os filhos estudaram mais do que ela.

Conforme Neide Esterci, um número expressivo de jovens partiam para as fazendas, e a saída destes de casa funcionava, às vezes, como "num prolongado ritual de 'despedida de solteiro'", e muitos se referiam, como uma das razões da partida, "a uma briga com o pai" (Esterci, 1994: 107). Para a antropóloga, "aparecia no discurso sobre a saída a figura da mãe. Que acompanharia o filho no incerto percurso e, sem dúvida, lhe asseguraria também a mediação necessária à volta, à reconciliação, quando o momento chegasse. A mágoa, então, seria passada a limpo" (ibidem: 108).

O filho, que rompe a regra da obediência, pode fazê-lo como um ato impensado, espontâneo e se arrepende (ou não) depois; ou desobedece depois de uma reflexão, medindo as conseqüências e aceitando os resultados de sua ação. Quando há um arrependimento, o filho busca se reconciliar com os pais e retornar a casa ou, mesmo arrependido, tem vergonha de reconhecê-lo e de retornar.

Inversão de mando

Em certas situações, há uma inversão na regra de mando. Se o pai erra, o filho pode corrigi-lo: "Às vezes a gente erra e ele pode dizer: 'papai, você está errado'." O filho, inclusive, pode "mandar" no pai: "Às vezes pode, às vezes o filho diz assim: 'papai faça isso pra mim, assim, assim, assim.' Aí tem que fazer, a gente faz, não é?" Ora, mandar e obedecer significam também para os que falam, como neste caso, solicitar, atender uma solicitação e não impor uma ordem ou exigir. Se o pai fica bêbado, enquanto estiver assim, perde o direito à obediência sem perder o *status* de pai. Em um trabalho fora de casa, se o filho for nomeado chefe, o pai se tornará subordinado. Estando no Pará, o filho pode ser escolhido "cabeça" de turma em uma fazenda, e não o pai, por dominar com maior competência profissional determinadas tarefas, como a utilização da motosserra, ter mais força física ou habilidade, exercer maior influência sobre as pessoas, conhecer e ser conhecido pelos fiscais, *gatos* e cantineiros. Diogo, 54 anos, nove filhos, concorda com isso e exemplifica: "Papai, faça desse jeito aí assim, assim, assim, eu aceito, não passo por cima da ordem." Para ele, a inversão de mando pode se dar também fora do espaço limitado do trabalho. A hierarquia, pois, é relativa, mas em todas as situações o filho precisa ter certos cuidados para não ofender a "vaidade" paterna, explica em Barras uma autoridade.

Dentro de casa é o pai (ou a mãe, ou ambos) que com mais freqüência ou sempre toma a palavra e decide o que fazer no cotidiano, ou a longo prazo; no espaço público, pode ser o filho, ou, em determinados momentos, mesmo no espaço privado, dependendo da idade, da sanidade, da situação econômica dos pais ou dos filhos. Em Barras, alguns idosos devem manter em sua própria casa filhos e netos porque estes estão sem trabalho. A aposentadoria rural, apesar de modesta, acaba sendo o único dispositivo econômico de muitas famílias. Por isso, os idosos, que são ainda o sustentáculo da família, continuam gozando de um prestígio e *status* não apenas diante dos seus, mas também diante do comércio da cidade. Ali, como em tantas pequenas cidades do Nordeste, Norte e Centro-Oeste brasileiro, o comércio se mantém graças ao salário pago aos funcionários públicos e à remuneração dos aposentados. Mas o *status* pode ser menor se a situação muda e o filho obtém recursos mais volumosos e os pais dependem deles e moram em suas casas. Estando na própria casa, os pais ocupam o quarto melhor, decidem o que vão comer e dirigem as atividades domésticas; na casa dos filhos, dividem o quarto com os netos ou ficam no mais modesto e decidem muito menos.

Supõe-se que, com mais ou menos prestígio, algo do *status* doméstico paterno e materno deve ser preservado, salvo em casos graves de violações de valores morais ou ofensas inaceitáveis, como uma infidelidade conjugal, uma violência física, um incesto. A obediência também é transmitida no interior da família, de pai para filho. O mais velho goza de maior respeito em relação aos mais jovens e, por isso mesmo, de certos privilégios: "Se eu chego (...), o meu irmão mais novo se levanta e dá o lugar para mim." Neste caso, o informante, que fala de si e dos seus, pertence a uma família de prestígio econômico e social da cidade, concluiu o terceiro grau, constituiu sua família e tem cabelos grisalhos.

Nas entrevistas do Mato Grosso, há afirmações quanto à necessidade da obediência, como aquela expressa por Domingos. Adulto e casado, sempre, "graças a Deus", ele era obediente aos seus pais e continuou sendo até quando morreram, disse com orgulho. Contudo, sem negar esta noção de que a obediência aos pais, aos avós e aos irmãos mais velhos é um ideal, as exceções reconhecidas são mais freqüentes que em Barras. Pais e filhos admitem situações que explicam ou mesmo justificam a desobediência, como é possível ouvir do presidente de um STR da região. Este reconhece que questões relevantes, como um projeto pessoal de vida, justificam a saída de casa, seja qual for a opinião dos pais. Outro exemplo é o de um dono de pensão, Celestino, que no passado morava com o pai, em terra da família. Este, contra a vontade do filho, que também tinha direito sobre a terra, decidiu vendê-la e tentar a vida no Paraguai. Celestino lhe disse: "Está bem, não vou proibir o senhor de vender. É, tenho que obedecer. Só que eu não vou [ao Paraguai com o senhor]." O pai respondeu: "'Vai meu filho', batendo nas minhas costas: 'Meu filho vai!' 'Pai, eu não vou, não. A gente vai se apartar nisso aí'." E se separaram. Demonstrou obediência ao não impedir a venda, mas, em contrapartida, tomou rumo diverso, e nunca mais se viram. Soube que o pai havia falecido.

Gonçalves, em 1983, autorizou um dos filhos a partir para uma fazenda no Pará. Recomendou: "Vá, você tem destino. Não se esqueça de dar saber aos seus pais. Exatamente esse nunca esqueceu." Mas, reconheceu, o filho teria ido de qualquer modo, mesmo se houvesse proibido. O segundo filho, que não se "conformava" com a "pobreza dos pais", quis ir, mas, percebendo que não teria autorização, foi sem pedir, "sem dar saber". Temos, pois, duas situações. Na primeira, o filho "pede", mas já está decidido a ir. O pai cede. O segundo também está decidido, mas o pai está mais intransigente. Então não pede e vai. O terceiro pediu e ele disse para não ir. E ele foi. "Eu fiquei chorando muito", explicou. A crise da obediência era mais profunda, lamentou Gonçalves. Para ele, de fato, não obedeciam nunca, nem nas suas brincadeiras. O filho devia obedecer, continuou, "porque não tem pai que leva o filho para o mal". Contudo, o próprio Gonçalves, quando criança, só obedecia ao pai no essencial. Devia ir à quitanda fazer compras e retornar logo, mas brincava pelo caminho e, por isso, apanhava. "Mas nunca deixei o interesse dele; deixei quando ele morreu."

Os avós

Se os filhos e os netos moram próximos dos avós ou na mesma casa, há grande chance de que, de algum modo, estes participem da relação de *status* e de obediência dos netos e dos filhos. Como os pais, os avós, ao perceberem que a decisão dos netos foi tomada, evitam expressar uma proibição categórica que, supõem, seria ineficaz. Esse foi o caso da avó de Francisco, dona Luzia, no Mato Grosso. Ele, com apenas 17 anos, decidiu trabalhar em uma fazenda em Santana do Araguaia, onde sofreu bastante e de onde só conseguiu sair alegando que precisava se apresentar ao serviço militar. Naquele momento, 17 anos depois, havia constituído família e criava os filhos da mulher. "Eu achei que ele não podia ir", lembrou-se a avó, "mas ele queria ir. O que a gente pode fazer? Às vezes a gente vai vendo que é a fortuna que está chamando; outras vezes é a dificuldade que a gente não sabe, não é?" A atitude tomada foi aceitar o que lhe pareceu inevitável. O avô fez o que pôde: advertiu diversas vezes o aliciador. Seu neto e os demais eram "meninos" ainda e podia levá-los, mas devia trazê-los. Contudo, como funcionava a obediência quando havia uma convivência tão próxima de gerações diferentes: de bisavó a bisneto?

> Entrevistador: Mesmo depois de casada, a filha tem que obedecer?
> Luzia: Não tem? Acho que é [uma] obrigação [devida] ao pai, toda a vida tem o filho [esse dever]. Tem que obedecer. Tem que obedecer.
> Entrevistador: E o neto obedece a quem? À mãe ou à avó?
> Luzia: O neto tem que obedecer à mãe e à avó. O povo fala que avó é mãe duas vezes, você sabe. Mas obedecendo à mãe, ou à avó... Primeiramente a mãe. E aí está tudo bom. Obedecendo.
> Entrevistador: Mas se a mãe e a avó discordam?
> Luzia: Aí tem que ver qual é a que está mais certa. A mãe está certa ou a avó. Ele acompanha quem estiver mais certo.
> Entrevistador: E a filha nem sempre obedece...

> Luzia: Umas vezes, obedece; outras, não obedece... "Ahhh. Gente velha sempre é... Ahhh! Bode velho sempre é enjoado", mas não é não. Velho está batendo na estaca desde cedo. Mas tem muito filho que fala. Não que elas digam isso porque elas nunca disseram. Elas nunca falaram.
>
> (...)
>
> Entrevistador: A obediência hoje é menor que antigamente?
> Luzia: Eu acho que na época que nós estamos... Parece que outrora a obediência era mais... Tinha mais obediência. (...) O pai dizia uma coisa que [o filho] não teimava, não dizia nada. Hoje é coisa comum, o filho tem mais medo do pai do que da mãe. Respeita mais [o pai]. A mãe hoje diz uma coisa, ele duvida. O pai, não.
> Entrevistador: Quem deve ter mais autoridade dentro de casa?
> Luzia: Acho que é a mãe. Não é a mãe que fica mais dentro de casa, momentando as coisas? E o pai também. Mas.. sei lá. A gente não sabe também. A gente responde pela experiência que a gente fala.
> Entrevistador: Francisco, quem deve mandar em casa?
> Francisco: O homem, porque ele consegue botar mantimento na casa. Tem que ser o homem, não é?
> Breton: E se a mulher trabalhar?
> Luzia: Pois é. E botar, não é?
> Entrevistador: E aí?
> Francisco: Eu acho que o homem tem que ser mais superior um pouquinho.
>
> (...)
>
> Entrevistador: O filho tem que obedecer à mãe?
> Francisco: Tem.
> Entrevistador: Mesmo depois de adulto e casado?
> Francisco: É o direito.
> Entrevistador: O filho tem que obedecer à mãe ou à avó?
> Francisco: Aí, às duas.
> Entrevistador: Se a mãe dá uma ordem e a avó dá outra?
> Francisco: Aí... Aí... Não tem jeito [risos] (familiares de trabalhador, Recanto da Paz: 2000).

Duas das filhas de dona Luzia, elas também avós, acompanhavam a entrevista, inclusive a mãe de Francisco. Elas nem sempre obedeciam à mãe, mas deviam, mesmo depois de casadas, frisou a avó. Entre obedecer à mãe ou à avó, depois de certa dúvida, dona Luzia reconheceu a precedência da mãe.

Mesmo quanto à precedência existente entre marido e mulher, dona Luzia não tinha certeza. Francisco parecia estar mais certo quanto a isso. Neste exemplo, percebe-se a flexibilidade necessária em face de situações concretas.

STATUS SE TRADUZ EM PODER NA DISCIPLINA

Uma das funções do *status* dos pais é a educação dos filhos. Há uma expectativa de que eles tenham a "responsabilidade" de cuidar da educação dos filhos, não apenas de lhes oferecer estudos formais, mas de disciplinar suas atitudes. Os estudos nem sempre são possíveis, e eles mesmos não tiveram essa chance. Contudo permanece a necessidade de impor limites nas relações com os vizinhos e com os parentes, determinar comportamentos sociais em locais públicos e privados. Tanto os filhos não são iguais quanto os pais são diferentes. Para alguns filhos, a subordinação é mais fácil e a ordem é cumprida voluntariamente; para outros, é necessário impor. Ou o mesmo filho, em um momento aceita pacificamente a educação que lhe é ministrada, outras vezes não, e obriga seus educadores a utilizar o instrumento físico, econômico ou psicológico da coerção.

Em Barras (PI) e no nordeste do Mato Grosso é possível confirmar a força física paterna como instrumento disciplinador dos filhos, sem, contudo, relegar à mãe uma importância secundária. Um dos depoentes afirmou que o pai batia, mas a mãe era mais exigente e era quem de fato mandava. Se o filho tentasse escapar, ela também castigava. Além disso, nos negócios, em geral, as decisões cabiam a ela e não ao pai. Outro depoimento acentuou o papel da mãe, não como mediadora do conflito, como aquele exemplo citado de Barras. Com 13 anos, Feliciano saiu do Maranhão para trabalhar em fazenda no Pará, com autorização dos pais. Em casa, explicou, mandava seu pai, depois a mãe. Na ausência destes, mandava o irmão mais velho. Ou se obedecia à mãe ou "ela batia nele de joelho assim, com correia, e o sangue corria nas costas e ele não dizia nada". Neste caso, o pai exercia um poder de controle da violência materna e era ele o mediador de conflito: não batia e não queria que ela o fizesse. A mulher só o fazia na sua ausência. E Feliciano, mesmo justificando as surras — "Meus irmãos eram errados demais" —, havia 18 anos que não retornava à casa materna nem mantinha contato com a família.

Em um terceiro depoimento, apesar de dizerem que os dois mandavam em casa com igual direito, o casal reconhecia que, de fato, ela decidia as questões mais importantes, mas, explicava rindo, "sabia fazer o marido feliz". E por isso não havia problemas. No Pará, também era possível ouvir, de nordestinos morando ali, que a mãe era brava e dera uma surra no filho. Por isso havia fugido de casa com um irmão, ambos menores. Ou era possível ouvir história de pai dando sábios conselhos ao filho.

Percebe-se a predominância do poder masculino sobre o feminino na vida pública, pela presença mais numerosa de homens na direção dos partidos políticos, na ocupação de cargos públicos eletivos, na direção dos STR e das Associações de Produção. Ou na vida doméstica, por exemplo, um marido exige que a mulher cuide dos filhos para que ele sozinho vá às festas; ou podemos constatar que alguns homens, como Francisco, acreditam que o homem deve ser "superior" à mulher. No entanto, isso não é tão pacífico. Apesar da incompreensão do marido, a esposa não aceita cuidar das crianças para que o marido passeie. Nos diversos momentos, oficialmente, o homem é o "cabeça" da relação familiar, mas, no dia-a-dia, inúmeras vezes se percebe que as decisões, não apenas as do cotidiano e domésticas, como a educação dos filhos, são tomadas por elas. Na casa de Domingos — o mesmo que agradecia a Deus por ter sido obediente aos pais —, o casal decidia junto. Ela afirmou que, às vezes, havia uma "briguinha". Mas, acusada por Domingos de ser teimosa, disse que fazia os negócios sem consultá-lo, estando atenta para que ele não ficasse contra. E explicou: tudo que queria, convencia o marido. E o inverso? Ele conseguia o que desejava dela? "Eu faço ele feliz." Os dois riram. Diversas mulheres, como esta, decidem "negócios" familiares, que incluem compra e venda de bens, viagens e emigrações permanentes e temporárias. E, em Barras, uma exercia a presidência interina do STR; em Vila Rica, uma tinha sido presidente da Câmara dos Vereadores, algumas eram proprietárias das pensões em Porto Alegre do Norte.

Moradia e liberdade

O exercício do poder doméstico ou da liderança em comunidade, com o deslocamento geográfico, pode ser pulverizado ou concentrado, enfraquecido ou fortalecido ou mesmo desaparecer dependendo sempre de diversas variáveis, inclusive do sucesso econômico obtido no novo lugar onde a pessoa se estabelece, sua inserção no novo grupo social e de novos enlaces familiares que é capaz de constituir. O *status* e a hierarquia se manifestam no lugar ocupado pela pessoa em subgrupos ou grupos, que são estáveis ou estão em permanente mutação, e o desejo de segurança suscita antigas (e novas) solidariedades ou as desfaz. Ir ao Pará, trabalhar nessa terra distante de seu lugar original, ou se mudar para o Mato Grosso é começar um ciclo diferente na vida, de relações de *status* e de hierarquias sociais e, não raramente, de valores.

Situações subjetivas e culturais fortalecem ou enfraquecem estas relações. Em Barras, conforme um diretor do STR local, até 1971, as terras eram mais ainda concentradas, e jovens não saíam da cidade para as fazendas paraenses, sendo mais obedientes aos pais. A partir dessa data houve uma crise, muitas fazendas estavam com dificuldades para se manter. Parte da obediência que havia no município se explicava pelo controle exercido pelos proprietários das terras sobre os lavradores, o qual ultrapassava o poder paterno e materno, envolvendo suas famílias, principalmente os filhos solteiros em condição de trabalho:

> o poder do latifúndio era muito forte (...) e os trabalhadores não iam embora. E por que eles não iam embora? Exatamente por essa razão: se eles [os rapazes] fossem embora (...) para o Pará, aí o proprietário ameaçava os pais: "Você vai sair do meu terreno se deixar seu filho ir embora, porque não vai trabalhar para o patrão, não vai nos ajudar, então você vai perder a morada, vai ter que ir embora." Aí eram obrigados a ficarem. Mas, a partir das primeiras desapropriações de terras, a partir da liberdade que o sindicato conquistou, os trabalhadores, os jovens começaram a ter liberdade apenas para se destacar. Como o município não oferecia [trabalho], ele ia embora, deixava os pais (sindicalista, Barras: 2000).

A liberdade, que chegou com a crise das fazendas que ofereciam a *morada*, era apenas aparente. A mão-de-obra, que antes era preciosa, tornou-se descartável, e as famílias estavam livres da relação de dependência das fazendas e de seu sistema de produção. Como lembra Moacir Palmeira (1977: 104), ao analisar uma zona canavieira de Pernambuco entre 1969 e 1973, enquanto para o senso comum "morar" significava habitar, para aqueles trabalhadores canavieiros era "ligar-se a um engenho e ligar-se de uma maneira muito particular". Era ter no engenho uma casa que lhe permitiria seu sustento e de sua família e lhe asseguraria vantagens ali e lhe abririam "certas possibilidades como o de usufruto de um sítio". O morador poderia receber, além da casa, o trabalho (e será um *morador de condição*) ou terra (e será um *morador-foreiro*). Casa significava mais que casa: pressupunha um "terreiro" onde ele teria seu roçado. Esse modelo encontrado por Moacir Palmeira era parecido com o existente em Barras e tinha semelhanças com o que encontrou Afrânio Garcia Jr. (1988: 9) na Paraíba, entre 1976 e 1982. Segundo Garcia, ao tratar da transição ali de uma modalidade de trabalho que era considerado uma "sujeição" para outra, em que eles estariam "libertos", "ser morador ou tornar-se morador significava se ligar ao senhor do domínio de uma maneira específica, numa relação que supunha residência e trabalho simultaneamente".

Diminuindo radicalmente as possibilidades de *morada* em Barras, onde também havia uma relação parecida de "sujeição" ao proprietário da terra — e supunha existir a casa, o "terreiro" e o trabalho —, não havia alternativas para as famílias que dependiam do trabalhador e, em geral, elas não tinham para onde ir. Alguns resistiram na terra e foram retirados à força. Aos poucos, a desapropriação começou a ser feita por pressão do sindicato e, às vezes, por interesse dos próprios fazendeiros, que não sabiam mais o que fazer com a terra. Os lavradores beneficiados com a desapropriação receberam lotes, sem sistema de irrigação, sem apoio econômico ou técnico do governo e, às vezes, sem água corrente. Os trabalhadores, libertos de um modelo de "sujeição", não tinham mais razões objetivas para manter o filho em casa, pois não seriam colocados na rua, porque já estavam na rua. Era uma população analfabeta, acostumada a uma atividade simples, sem sofisticação tecnológica, despreparada para entrar no mercado de trabalho urbano e limitada para outras atividades rurais que exigissem alguma especialização. Por tudo isso, melancolicamente, reconhecia o sindicalista: a liberdade dos jovens era "apenas para se destacar", isto é, para partir atrás de algo que não havia em Barras. E os pais não tinham nenhum argumento convincente nem para si, nem para seus filhos, que impedisse seus deslocamentos. Até antes das desapropriações, o número daqueles que saíam era menor, restringindo-se com mais freqüência a jovens e adultos cujas famílias possuíam pouca terra. Segundo o sindicalista:

> Quinze por cento da comunidade do município eram [detentoras de] pequenas propriedades (...), pessoas que tinham pequenas heranças, pessoas que tinham, de certa forma, liberdade, pelo menos com terra. É daí que saíam essas pessoas. Havia pequena propriedade que não dava pra trabalhar, não dava pra manter a família, eles tinham que sair, por essa razão (...). Mas a [saída] freqüentemente mesmo foi a partir (...) da liberdade, da desapropriação das terras (sindicalista, Barras: 2000).

Com o fim do sistema da morada, havia a contradição de se gozar, de um lado, de mais liberdade, mas ela não era nem podia ser plena. Era, conforme o sindicalista, uma liberdade apenas "de certa forma". Uma liberdade pela metade, incompleta. Os filhos, nessa situação, expressavam desejo de tentar a sorte no Pará. Antes podiam ser retidos graças à intervenção do dono da terra, mas, na nova situação, essa coerção deixava de existir. Cabia aos pais construírem nova razão que os convencesse a não ir, competindo com a atração exercida pelas promessas feitas pelos aliciadores. Aparecida Conceição, de sessenta anos de idade, falou de seu drama. Nasceu e foi criada no Piauí, teve 11 filhos e perdeu cinco. Mas sua preocupação naquele momento não era com estes, mas com outro, o filho Manoel. Em 1977, ele saiu com 15 anos para trabalhar em uma fazenda de Xinguara, no Pará. Passados 23 anos, a família ainda o aguardava. Manoel, explicou, "foi e nunca chegou". Mesmo se "pelejei para ele não ir, moço. Eu fiquei chorando, mas ele foi". Era o caçula dos homens e ela não conseguiu dar ordens e ser obedecida e por isso podia constatar que todos — homens e mulheres — davam trabalho. Mas, completou: "O homem dá mais trabalho porque anda assim no mundo, a gente não sabe notícia!" E continuou: "Eu penei com ele para ele não ir, moço. Mas ele é teimoso." Ele viajou sem se despedir, "saiu quase escondido de nós. Quando nós caçamos, ele tinha ido. Pegou carro em Barras, se mandou". E, apesar disso, se não fosse a influência de seus companheiros, não teria ido. Mesmo sendo menor, Manoel, em oposição aos pais, traçou e executou seu plano de sair de casa e ir ao Pará. A precariedade econômica da família, o desejo de independência do filho, a influência dos amigos e a sedução do aliciador, tudo favoreceu sua desobediência. Aparecida queria localizá-lo. Rompendo as barreiras do estranhamento e do medo, diante de um entrevistador desconhecido, pediu ajuda. Talvez o filho morasse em Xinguara. "Eu não sei onde é. Eu só sei notícia variada. Eu não sei notícia com certeza. Se eu soubesse com certeza (...) tinha ido lá. (...). Agora eu me taco daqui, pego um carro aqui e vou para lá, não acerto, ando 'envarruando' com a cara para cima pela cidade (...)! Por isso, se eu soubesse, eu ia" (mãe, Barras: 2001).

De fato, se soubesse com segurança, teria ido, como fez viajando até Brasília para ver uma filha. Naquela ocasião, tinha seu endereço, ia com uma amiga e a filha prometeu aguardá-las na rodoviária.

2. NA FAZENDA

A HIERARQUIA, O *STATUS* E O PODER

A fazenda para a qual estes trabalhadores se dirigem é uma unidade produtiva rural em geral de criação de gado ou de lavoura e pode ter diversas dimensões.[2] Uma fazenda pequena na Amazônia poderia ser considerada uma média propriedade em uma área de grande densidade populacional. Em Santana do Araguaia, houve uma propriedade que teve, no final dos anos 1960, centenas de milhares de hectares e, na direção do Xingu, houve propriedade com 400 mil hectares. Em outras áreas da Amazônia, houve propriedades com mais de 2 milhões de hectares, como a fazenda Jari, que pertencia a um milionário norte-americano. Na década seguinte, na mesma Santana do Araguaia, as maiores propriedades tinham em torno de 150 mil hectares.

[2]Em geral, só as posses ou as propriedades familiares do sudeste do Pará plantam culturas de arroz, feijão e milho, que, após alguns anos, com o enfraquecimento do solo, são substituídas pelo capim. Desenvolvem ainda plantação de mandioca e alguma área é dedicada à fruticultura. Entre as frutas, em alguns momentos, houve destaque para o abacaxi. Estas propriedades utilizam a mão-de-obra familiar e, em momentos especiais, como o da colheita do arroz, o mutirão em que vizinhos e parentes participam.

As terras das fazendas têm sua situação jurídica regularizada através de um título de propriedade ou de aforamento.[3] Há outras, sem títulos, mas se constituem como posse, desde que ocupadas e beneficiadas ininterrupta, pacífica e mansamente por ano e dia.[4] Ou podem ser apenas fruto de uma apropriação irregular de terra pública ou privada.

As fazendas possuem uma organização interna, uma graduação de *status* e hierarquia e um quadro de funcionários que depende, entre outros fatores, da atividade desenvolvida e do tamanho da área ocupada. No caso estudado, estamos diante de propriedades ligadas à pecuária extensiva. Isso envolve muita terra, poucos funcionários fixos e um número expressivo de funcionários temporários para atividades temporárias, principalmente no primeiro momento, que é o da chamada "abertura" da fazenda, que consiste na derrubada de parte da floresta para a constituição dos pastos, na feitura das casas, das instalações para o gado, das estradas, na delimitação da fronteira entre a fazenda e as demais propriedades circunvizinhas. Quando a fazenda está instalada, ainda é requerida essa mão-de-obra para limpeza de pasto, conserto de cerca, desflorestamento de novas áreas e aceiros no período perigoso das queimadas de pasto e de derrubada de mata.

Há uma cadeia de mando e de poder estreitamente ligada aos recursos econômicos disponíveis. Esses recursos definem também as benfeitorias que serão desenvolvidas no imóvel, o contrato de um corpo fixo de funcionários e de empreiteiros. Uns e outros serão coordenados pelo próprio fazendeiro ou por um representante seu. Os fazendeiros contam, com freqüência, com homens armados e dispõem de influência política que torna ainda mais eficiente os mecanismos de dominação. Os empreiteiros e os fiscais são importantes e, aparentemente, imprescindíveis personagens nessa história. Entre os próprios trabalhadores recrutados é formado um sistema de hierarquia, sem significar necessariamente poder de mando. Há uma certa mobilidade social entre os escalões dessas intrincadas relações.

[3]Trata-se de aforamento a concessão do governo ao particular, para o uso da terra por tempo determinado, sob determinadas condições. Por exemplo, no sudeste do Pará, o aforamento em áreas de castanhais pressupunha que estes seriam preservados.

[4]Dependendo dos anos ocupados, é possível requerer-se o usucapião, instrumento jurídico que dá direito ao ocupante à propriedade legal da terra.

O PODER VEM DE FORA E DE DENTRO

Como muitos proprietários de fazenda têm residência em áreas urbanas, inclusive fora do Pará, o absenteísmo nas terras não é raro. Entre 1970 e 1980, parte expressiva das fazendas pertencia a grandes empresas de capital industrial e financeiro cuja sede ficava no Sul e Sudeste do Brasil. Mesmo grupos familiares também tinham outras fazendas e residências fixas fora do estado, no Tocantins, em Goiás, Minas Gerais, Rio de Janeiro e São Paulo. Um dos sintomas desse fenômeno se manifesta na localização da sede da Associação Nacional dos Empresários da Amazônia, que não era em Belém ou Manaus, mas na capital paulista. Mesmo depois que algumas dessas empresas (com interesses em outros negócios além da agropecuária) venderam suas fazendas, no início dos anos 1990, boa parte dos novos proprietários, em geral constituídos em empresas familiares, continuou morando em outras regiões do país. Por isso as relações entre os proprietários e os trabalhadores nem sempre são freqüentes, ou mesmo se realizam.

A distância do local onde o fazendeiro mora e a fazenda pode criar obstáculos à eficiência dos projetos e, mesmo, provocar prejuízos. É necessário, pois, construir um sistema composto por pessoas que atendam às expectativas previstas de lucratividade. A relação de mando é estabelecida entre um ou mais diretores com o gerente da fazenda e, às vezes, com os funcionários que detêm certo poder e maior relevância individual no projeto — o veterinário, o chefe do departamento pessoal, o contador ou mesmo os empreiteiros principais.

Havendo tensões nas fazendas, muitos proprietários permanecem aparentemente alheios e indiferentes ao fato. Contudo, há os que moram definitiva ou temporariamente na fazenda ou vão ao imóvel com regularidade maior e, destes, alguns estabelecem contatos próximos com os trabalhadores permanentes e não permanentes. Certos fazendeiros são, eles mesmos, em algum momento, agentes ou coordenadores das atividades de aliciamento e controle sobre a execução cotidiana do conjunto das atividades. Os proprietários, mesmo longe do imóvel, são informados daquilo que é mais relevante e concordam em última instância com os mecanismos de coerção exercido sobre os trabalhadores. Podem até lamentar a "necessidade" do "rigor" ao qual o trabalhador é submetido, mas não utilizam outro mecanismo, mesmo se pressionados por parte da opinião pública e pelas ações do governo, como confirma a reincidência dos mesmos problemas trabalhistas e penais detectados nas fiscalizações dos GEFM e da PF por anos consecutivos. Com freqüência, a ausência do fazendeiro alimenta no trabalhador a esperança de que aquele não saiba da violação dos acordos estabelecidos e da coerção que sofrem e, se soubesse, não as permitiria.[5] A relação entre os de classe subalterna e os da classe dominante nas fazendas lembra o que afirma Bruno Bettelheim (1985: 72-73) ao tratar da distância criada pelo sistema político e pela sua burocracia na "sociedade de massa" alemã:

> quanto mais impotente se torna um indivíduo no Estado de massa, social, econômica e politicamente, mais importantes parecem os que detêm o poder; assim, o indivíduo precisa acreditar que esses poderosos dirigentes cuidarão dele. Só nesta crença assenta-se sua segurança psicológica. A falta de justiça, ao ser efetivamente experimentada, é então atribuída à má vontade do intermediário — o capataz da fábrica ou o chefe de turma.

Estar longe ou perto da propriedade, em alguns casos, depende também da importância econômica do proprietário e de sua atividade econômica principal.

SISTEMA DE HIERARQUIA E PODER EM FAZENDAS DIFERENTES

É difícil definir o que é uma propriedade pequena, média ou grande. É pequena, média ou grande em relação a quê? Ao tamanho do imóvel, ao número de funcionários ou à produção? No sudeste do Pará, nos anos 1970, o módulo definido pelo Incra como unidade para assentamento de famílias era de cem hectares. Vinte anos depois, havia sido reduzido para cinqüenta hectares. No caso, o tamanho do módulo variou em função da disponibilidade dos lotes existentes e da proximidade das estradas. Uma terra distante de centros consumidores e de meios de transporte adequados terá no Incra um determinado módulo; outra terra, próxima de cen-

[5] Mas há exceções; alguns sobreviventes de fazendas do Pará desconfiam que os proprietários são coniventes e o expressam na entrevista.

tro consumidor e de boas estradas, terá outro módulo. A noção de produtividade também varia segundo diversos fatores. E, se uma terra pode ser considerada latifúndio por extensão,[6] também pode ser considerada latifúndio por produtividade.

Como no Pará há propriedades de mais de 1 milhão de hectares, vou considerar pequena a propriedade cuja área é inferior a dez módulos da região, as relações são diretas entre o proprietário e seus funcionários fixos e não fixos. Os funcionários fixos não ultrapassam 15 pessoas. O fazendeiro pode ter como única atividade econômica a fazenda e passar a maior parte de seu tempo ou morar nela. Nesse caso, ele mesmo coordena o trabalho (quadros 1 e 2). Em outros casos, ele pode ser comerciante, médico, advogado ou ter outra profissão, e a terra é para ele uma segunda área de interesse econômico; contrata então alguém como gerente para tocar as atividades rotineiras da fazenda. Em um e outro caso, pode contar com auxiliares permanentes, como os vaqueiros e o contador, por exemplo, além dos filhos e de uma mão-de-obra temporária para a colheita ou para a derrubada da mata. Se trabalha apenas com a família, troca serviço com vizinhos ou, tendo melhor condição econômica, empreita alguns destes para a tarefa. O trabalhador que é contratado como empreiteiro é um "gatinho", que pode ter consigo quatro ou cinco companheiros para a execução da tarefa, muitas vezes parentes próximos. E o grupo trabalha junto, não havendo propriamente diferença econômica entre seus membros. O mesmo empreiteiro é "cabeça" de turma ou chefe de "time". Em alguns casos, simultânea ou alternadamente, utiliza também mais de um empreiteiro e, por isso, diversas turmas de trabalhadores.

Considero média a propriedade cuja área fica entre dez e cem módulos, aquela que no transcurso de um ano mantém um quadro fixo de funcionários que ultrapassa 15 pessoas e não mais que quarenta. As relações entre o proprietário e os trabalhadores, principalmente os indiretos, pode ser mais distante que as do fazendeiro anterior. Nesse caso, haverá, além dos vaqueiros, o motorista, o contador, alguns para atividades várias e, às vezes, o gerente. Para os trabalhos temporários de implantação da fazenda, o fazen-

[6]O Estatuto da Terra considera latifúndio por extensão a propriedade que possui mais de seiscentos módulos da região. No caso do sul e sudeste paraense: 30 mil hectares.

deiro recruta a mão-de-obra não mais na vizinhança. Encontrará trabalhadores em pensões dos municípios vizinhos ou em cidades mais distantes, e até em outro estado. O próprio fazendeiro e/ou seu filho recrutam as pessoas, levam-nas ao trabalho, controlam a qualidade do serviço, cuidam da alimentação, da cantina onde elas adquirem os instrumentos de trabalho e a alimentação. Essas pessoas comporão grupos que terão seu "cabeça" ou chefe de turma. O fazendeiro pode empreitar um trabalhador (ou mais de um), que organiza sua turma de trabalho diretamente ou com o auxílio de intermediários. Se o empreiteiro é de Barras, ele recruta uma turma de trabalho composta em geral por amigos ou parentes, cuja situação econômica e social não é muito diferente da sua. Se o recrutamento é realizado no Mato Grosso, o empreiteiro pode formar uma equipe composta por pessoas que não se conhecem ou se conhecem superficialmente: o time. O preço da empreita é discutido e combinado entre o fazendeiro e o empreiteiro.

Como vimos, uma fazenda média ou pequena tem um quadro não muito numeroso de funcionários fixos e, temporariamente, um quadro proporcionalmente mais numeroso de trabalhadores não fixos. Em 2003, no município de Redenção, o GEFM e a PF libertaram 74 pessoas, sendo 72 homens e duas mulheres na fazenda Madrugada, pertencente a Osmar Alves Ferreira. Ela possuía apenas seis funcionários fixos. No mesmo ano, estiveram na fazenda Paraíso, em Goianésia do Pará, e libertaram 13 homens e duas mulheres. Havia apenas dois empregados fixos. Em fazendas médias e grandes há também uma proporção maior de trabalhadores não fixos sobre os fixos, no período das empreitas, principalmente se a fazenda está sendo instalada.

Fazenda pequena ou média

Fazendeiro é aquele que é proprietário, posseiro antigo ou grileiro do imóvel. *Proprietário* quando tem o título definitivo da terra. *Posseiro antigo,* quando está na terra, mansa e pacificamente, no mínimo há um ano e dia e tem benfeitorias realizadas nela. *Grileiro*, quando entrou em terra da União ou de particular de forma fraudulenta, falsificando documentos ou não. A propriedade pode pertencer a um ou mais sócios. Os sócios podem ou não ter algum grau de parentesco entre si. Pertencendo a uma empresa, a fazenda pode não ser o seu investimento mais lucrativo. O fazendeiro poderá não residir na sede da fazenda. Muitas vezes ele é um comerciante, um médico ou um político local. Pode também ser alguém cuja atividade principal é a agropecuária e possuiu uma propriedade pequena em outra região, vendeu-a e conseguiu uma área maior no Pará, através da compra ou da grilagem.

Gerente: alguém nomeado pela diretoria ou pelos proprietários da fazenda para administrá-la. Também poderá ser conhecido como administrador geral. Há casos em que o proprietário acumula a função do gerente. O grau de autonomia do gerente depende da confiança que ele obtém, da ausência ou presença do proprietário da fazenda. Se o dono ou os donos moram na própria fazenda, o gerente terá normalmente um grau menor de autonomia.

Auxiliar: é aquele que contribui com o gerente em atividades diversas, dependendo da necessidade da fazenda.

Vaqueiro: cuida do gado e do pasto.

Gatinho: é um empreiteiro pequeno, às vezes morador da região. Pode ser aliciado pelo gerente ou pelo próprio fazendeiro. O número de peões não é grande e as atividades ligadas ao processo de desflorestamento atingem áreas de poucos hectares.

Denomino grande aquela fazenda que possui mais de quarenta funcionários e tem uma extensão superior a cem módulos. Um imóvel rural maior exige uma estrutura mais complexa e numerosa de funcionários, com um quadro especializado de pessoas para as diversas funções. Há fazenda que conta com trezentos ou mais funcionários permanentes, coordenados por um gerente ou administrador, quando não por um dos proprietários (quadro 3). A família Quagliato, por exemplo, possui no sul do Pará em torno de 160 mil hectares e um expressivo rebanho bovino da raça Nelore/Brangus, que talvez ultrapasse 135 mil cabeças, um dos maiores rebanhos do país. Quando Binka Le Breton (2002: 206) se encontrou com um dos proprietários, Roque Quagliato, na sede de uma de suas fazendas, ficou impressionada:

> Faz-se um silêncio na sala quando Roque Quagliato entra, cercado de uma pequena comitiva. Um pouco acima dos sessenta, é um homem que chama a atenção, parrudo, com um grande e belo bigode, e um enorme chapéu Stetson. Eloqüente e afável, mas autoritário, nunca precisa levantar a voz nem repetir uma ordem. Seu braço direito, Oskar Bollen, o administrador da fazenda, é um veterinário formado. Cabelo louro cortado à máquina e olhos azuis, sua tarefa é rebater qualquer pergunta complicada. Oskar não fala nada, salvo se solicitado. O sobrinho de Quagliato, Beto, é zootécnico e também parece uma pessoa afável. (...)
>
> Além do *staff* permanente de vaqueiros, motoristas de trator, mecânicos, pessoal de escritório, pilotos e veterinários, a fazenda também contrata times de trabalhadores migrantes para certos serviços temporários, tais como derrubada, roça de juquira, manutenção de pastos e construção de cercas (ibidem: 207).

Estamos, pois, diante de uma estrutura sofisticada que envolve muita tecnologia, gente especializada em diversas áreas de conhecimento, e isso é acentuado quando a escritora ouve do fazendeiro: "Fazemos tanto transferência de embriões quanto inseminação." Desenvolvia, continuou o fazendeiro, um cruzamento de raças que permitiria o abate do animal em dois anos. Nesse caso, o gerente não coordena o processo sozinho. O proprietário tem uma presença clara, sabe do que fala e busca assessoria com os que considera mais capazes.

Normalmente, os funcionários nas fazendas são divididos segundo as responsabilidades: chefia do escritório com auxiliares para o departamento pessoal e a contabilidade; motoristas para atender as diversas necessidades de compras, transporte de gente e de material; professores para os filhos dos funcionários; auxiliar de ambulatório para os imprevistos, pedreiros, serventes e carpinteiros para a construção e manutenção das moradias, ambientes comuns e currais, tratores; *fiscais* de "picada", controle da guarita na entrada e saída da fazenda; agrônomos que controlam a qualidade do pasto, veterinários que cuidam da saúde e da produtividade do rebanho. Há ainda os capatazes, os vaqueiros, os homens aptos para as inseminações do gado, os funcionários domésticos para a diretoria da fazenda e as casas de hospedagem. Em alguns casos, dado o volume de madeira existente, a fazenda tem serraria. Para o corpo permanente de funcionários, a fazenda em geral assina a Carteira de Trabalho e Previdência Social e respeita mais ou menos as leis trabalhistas. Uma das maiores fazendas da região previa ter, em 1981, conforme o deputado federal Arnaldo Schmitt (s/d), quando instalasse completamente o projeto agropecuário nos seus 139.392 hectares, 329 empregos diretos. E os agrupava como 73 pessoas na administração, 16 na área mecânica, nove na madeireira, quatro na casa de força, seis na manutenção geral, 26 na coordenação de máquinas. Considerava variáveis: 137 vaqueiros, 58 em atividades não definidas, ou definidas como "outros".

O corpo de trabalhadores sazonais é composto pelos peões que são oficialmente empregados dos empreiteiros e coordenados e vigiados por eles e pelos subempreiteiros e fiscais. Os peões são contratados para as atividades de limpeza de pasto, roço e derrubada de mata, feitura de cercas e aceiros. O número de homens envolvidos nessas atividades pode, dependendo dos recursos do fazendeiro, da capacidade do empreiteiro, da área a ser "beneficiada" e da urgência em se efetuar o trabalho, alcançar uma cifra que ultrapassa mil trabalhadores ou não. Em nome da fazenda Brasil Verde, João Luiz Quagliato firmou, por exemplo, "um instrumento particular" de serviço, em 30 de junho de 1989, com o empreiteiro Manoel Pinto Ferreira. O contrato previa que 22 homens, no prazo máximo de trinta dias, a partir da sua assinatura, roçariam uma área de 33 alqueires e setenta litros, por 120 cruzados novos. Ao empreiteiro cabia, em relação aos contratados, todas "as responsabilidades e todas as despesas decorrentes de transporte, alojamento, alimentação, encargos sociais, acidentário, trabalhista, médico-hospitalares e medicamentos". João Luiz Quagliato firmou outro "instrumento particular", também na mesma data, com Manoel, em nome de outra fazenda, a Canaxue, em Marabá, para 41 alqueires[7] de roço de pastos, por 150 cruzados novos. O serviço devia ser realizado com a participação de trinta pessoas e entregue no prazo máximo de trinta dias.

[7] 4,84 hectares ou 36,27 litros equivalem a um alqueire.

Se não há nenhuma razão mais forte, é mais fácil e rápido executar essa atividade durante o período da seca, dependendo do ano, aproximadamente entre abril e setembro, ou maio e outubro, e a queimada das árvores derrubadas, galhos e folhas, no início do período das chuvas. Só é adequado fazer aceiro próximo do período do lançamento do fogo. Contudo, há fazendas que prosseguem o desflorestamento mesmo quando se inicia a temporada das chuvas em outubro. É um período em que o trabalho se torna mais difícil, e mais difícil é a fuga e rara a fiscalização exercida pelo governo. Em agosto de 1988, a Fazenda Brasil Verde havia firmado um contrato, através do mesmo instrumento particular, com Jonas Davi da Silva, para serviços de roço e derrubada em uma área de 18 alqueires e 11 litros por 15 mil cruzados. O trabalho seria executado por 15 homens em trinta dias. Nesses casos temos contratos assinados para trabalhos que seriam efetuados no período da seca. Contudo, em janeiro de 1989, período da chuva, João Luiz Quagliato firmou um contrato com José Ribeiro Pinto para roço de pasto de uma área de 66 alqueires. José devia efetuar a empreita com 12 homens em vinte dias no máximo. Excepcionalmente, em função da posse do novo governo federal, em 2003, o GEFM, entre janeiro e fevereiro, também época de muita chuva, efetuou diversas fiscalizações e libertou mais de quinhentas pessoas em sete fazendas (Roziers: 18.2.2003).

Fazenda maior[8]

Fazendeiro: pode não ser conhecido na região, morar distante e eventualmente visitar a fazenda. O imóvel pertence a um ou mais proprietários. Os sócios proprietários podem ou não ter parentesco entre si. Pertencendo a uma empresa de grande porte, a fazenda não é necessariamente o seu investimento mais lucrativo. Em geral, o proprietário ou diretor não reside na sede da fazenda. As maiores se instalaram no sul do Pará no início dos anos 1970. Há imóveis na região com mais de 100 mil hectares e mais de 100 mil cabeças de gado.

[8]Em "O peão entrou na roda, ô peão", a equipe pastoral da prelazia de São Félix do Araguaia (1983: 20-21) trata de "cargos e funções dos trabalhadores nas empresas".

Empregados contratados diretamente

Gerente: alguém nomeado pela diretoria ou pelos proprietários para administrá-la. É também conhecido como administrador geral e presta contas de suas atividades à direção da empresa proprietária.

Contador: cuida da contabilidade, efetua pagamentos e eventualmente substitui o gerente.

Auxiliar: é aquele que contribui com o gerente em atividades diversas, dependendo da necessidade da fazenda. Auxilia tratorista, coopera com a manutenção das máquinas, com carga e descarga de material. Poderá ser auxiliar de escritório para tarefas de digitação, atendimento de telefone, assuntos burocráticos e auxiliar o contador.

Professor: ministra aulas para os filhos dos funcionários da fazenda.

Auxiliar de ambulatório ou de farmácia: é aquele que cuida de um ou de outro. Em geral não tem qualificação profissional para o exercício do trabalho.

Trabalhador de serviço geral: é aquele que pode ser acionado para qualquer trabalho eventual, até mesmo o de levar um recado.

Pedreiro: ergue a sede, as casas dos funcionários, os currais e demais edificações da fazenda.

Veterinário e agrônomo: cuidam da qualidade dos animais e do pasto.

Capataz: maneja o gado nos pastos e coordena o trabalho dos vaqueiros.

Fiscal geral: recebe o serviço prestado pelos *gatos* e peões, garantindo sua qualidade, e, como um auxiliar do gerente, coordena o serviço de outros funcionários. Em alguns casos utiliza armas e coordena também a segurança da empresa para que não haja fugas.

Fiscal de picada: homem normalmente armado que circula pela divisa da fazenda com as áreas confrontantes, verificando se alguma pessoa ou família está constituindo posse na sua área, ou se alguém está roubando madeira ou dando algum prejuízo. Como está disposto a usar de violência, é conhecido também como jagunço ou pistoleiro.

Jagunço: também conhecido como fiscal de picada ou simplesmente fiscal. Além de impedir fugas de trabalhadores da fazenda, cuida para que ela não seja ocupada por posseiros. Alguns se revezam na porteira de entrada da fazenda e controlam quem entra e sai do imóvel.

Vaqueiro: cuida do gado e o remaneja nos pastos.

Tratorista: abre e conserta estradas, transporta mercadorias dentro e fora da fazenda. Houve momentos em que dois tratores unidos por uma grossa corrente eram utilizados para derrubar a mata mais rala.

Motorista: presta diversos serviços de transporte de pessoas e mercadorias para a fazenda.

Contratados indiretamente

Gato: é um empreiteiro que está a serviço da fazenda. Pode ser o empreiteiro principal que coordena o trabalho de empreiteiros menores e subempreiteiros, distribuindo-os nos lotes e definindo suas atividades. Constituído como firma empreiteira, tem contrato de trabalho assinado com a empresa, pelo qual se compromete a entregar determinadas tarefas executadas em um prazo máximo previsto. A empresa contratante se compromete, às vezes, a adiantar uma parte do valor do contrato no início do trabalho e pode, a seu critério, efetuar novos pagamentos no transcorrer do serviço. A totalidade do valor estipulado no contrato só será paga quando a tarefa for concluída.

Vaqueiros na estrada para Santana do Araguaia, 1994.

Avião usado para jogar semente de capim em fazendas em Santana do Araguaia, sul do Pará, 1994.

Santana do Araguaia, Pará, 1989. Frigorífico Atlas, um dos maiores do país, construído para atender as fazendas da região do Araguaia paraense.

Irmãos Avelino em uma de suas muitas fazendas no sul do Pará, 1991.

Aurélio Piazza, fazendeiro da Surucucu (fazenda Diadema IV), em Água Azul do Norte, sul do Pará, 2002.

Santana do Araguaia, 1992. Ao fundo, Doutor Wagner, médico e fazendeiro.
À frente, o empreiteiro Francisco Andrade Chagas.
Conhecido por Chicô, ele já foi preso por prática de trabalho escravo.

Administrador da fazenda Estrela das Alagoas, engenheiro Gilvan, novembro de 2002.

O gato cantineiro Renê Farias, preso no barracão, depois da libertação dos trabalhadores na fazenda Tuerê, em dezembro de 2001.

Ainda no barracão, Renê Farias com o caderno de dívida dos peões.

O Hotel Piauí costuma hospedar os peões usados em trabalho escravo. Santana do Araguaia, Pará, 1994.

Dormitório de peões comprometidos a pagar dívidas com o empreiteiro Chicô (Francisco Andrade Chagas), em Santana do Araguaia, sul do Pará, 1994.

Senador José Porfírio, dezembro de 2001. Na fazenda Tuerê foram encontrados 126 trabalhadores escravizados em área que seria pretendida pelo médico oftalmologista José Nicomedes. O empreiteiro Alberto Danga era auxiliado por Rubens, Coca e pelo cantineiro Renê.

Homens na fazenda Mata Azul, em São Félix do Xingu, trabalhando nas derrubadas com motosserra, 1994.

Reproduções

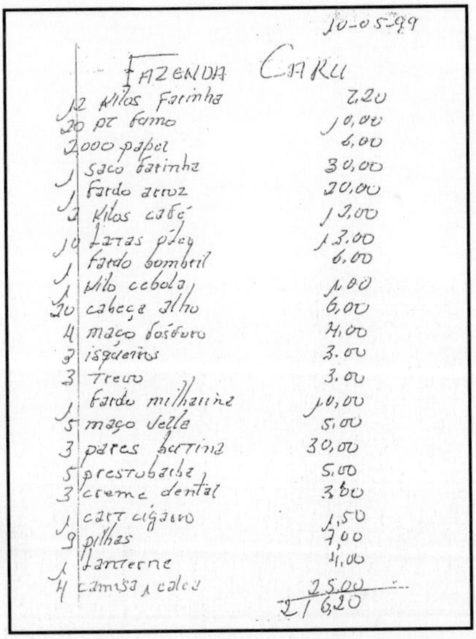

10-05-99
FAZENDA CARU
12 kilos farinha 7,20
20 pt fumo 10,00
2000 papel 6,00
1 saco farinha 30,00
1 fardo arroz 20,00
3 kilos café 12,00
10 latas óleo 13,00
1 fardo bombril 6,00
1 kilo cebola 1,00
20 cabeça alho 6,00
4 maço fósforo 4,00
3 isqueiros 3,00
3 Trevo 3,00
1 fardo milharina 10,00
5 maço vela 5,00
3 pares botina 30,00
5 prestobarba 5,00
3 creme dental 3,00
1 cart cigarro 1,50
9 pilhas 7,00
1 lanterna 4,00
4 camisa, calça 25,00
216,20

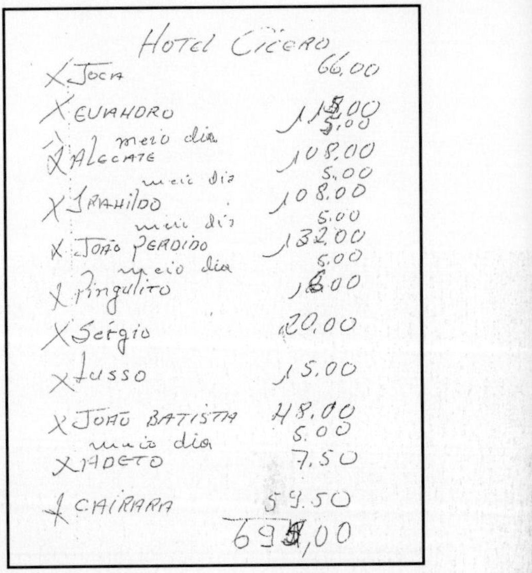

Hotel Cícero
X Joca 66,00
X Evandro 115,00
meio dia 5,00
X Alegate 108,00
meio dia 5,00
X Irahildo 108,00
meio dia 5,00
X João Perdido 132,00
meio dia 5,00
X Pingulito 18,00
X Sérgio 20,00
X Jusso 15,00
X João Batista 48,00
meio dia 5,00
X Adeto 7,50
X Cairara 59,50
695,00

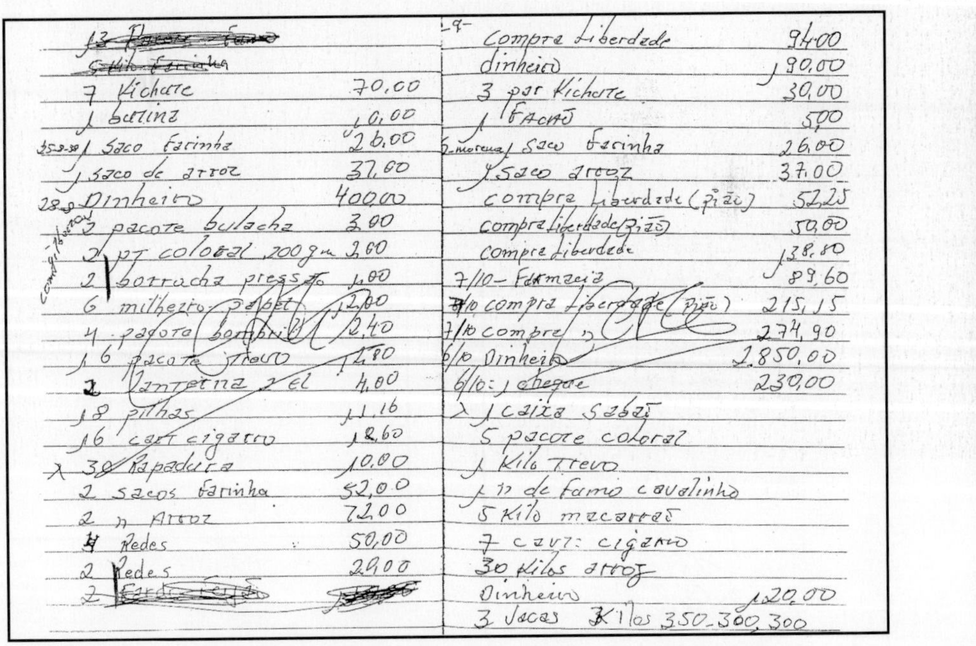

7 Kichute 70,00
1 botina 10,00
1 saco farinha 26,00
1 saco de arroz 37,00
Dinheiro 400,00
2 pacote bolacha 3,00
2 pt colorau 200 gm 2,60
2 borracha pressão 1,00
6 milheiro papel 12,00
4 pacote bombril 2,40
16 pacote Trevo 12,80
2 lanterna 2 el 4,00
18 pilhas 11,16
16 cart cigarro 12,60
30 Rapadura 10,00
2 sacos farinha 52,00
2 " Arroz 72,00
4 Redes 50,00
2 Redes 29,00

-9-
Compra Liberdade 94,00
dinheiro 190,00
3 par Kichute 30,00
1 Facão 5,00
1 saco farinha 26,00
1 saco arroz 37,00
compra liberdade (pião) 52,25
compra liberdade (pião) 50,00
compra liberdade 138,80
7/10 - Farmácia 89,60
7/10 compra liberdade (pião) 215,15
7/10 compra " 274,90
6/10 Dinheiro 2.850,00
6/10: 1 cheque 230,00
1 caixa sabão
5 pacote colorau
1 kilo Trevo
1 " de fumo cavalinho
5 kilo macarrão
7 cart. cigarro
30 kilos arroz
Dinheiro 120,00
3 sacos kilos 350-300-300

Páginas de um caderno da "contabilidade" de um empreiteiro apreendido pelo Grupo Móvel do Ministério do Trabalho. Nelas se constata a relação dos preços das mercadorias vendidas aos trabalhadores. Entre as mercadorias encontra-se o valor da "liberdade (do) peão" que varia conforme o montante da "dívida".

Reproduções

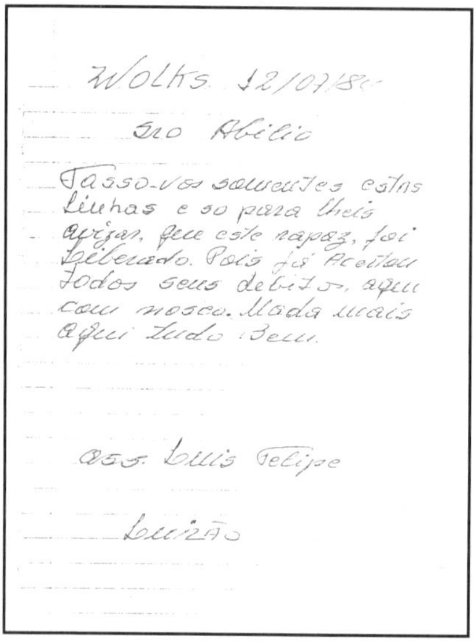

Wolks. 12/07/84

Sr. Abílio

Passo-vos somente estas linhas e so para lheis avisar, que este rapaz, foi Liberado. Pois já Acertou Todos seus debitos, aqui com nosco. Nada mais aqui tudo Bem.

Ass. Luis Felipe

Luizão

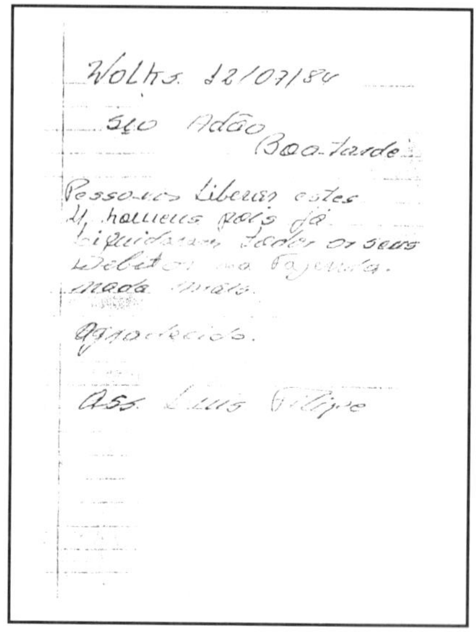

Wolks. 12/07/84

Sr. Adão
Boa tarde

Pessoas Libera estes 4 homens pois já liquidaram todos os seus debitos na Fazenda. Nada mais.

Agradecido.

Ass. Luis Felipe

Sem autorização não se saía das fazendas. Temos aqui duas "cartas de alforria" encaminhadas pelo pistoleiro Luizão aos gatos Adão e Abílio Dias de Araújo, que na ocasião prestavam serviço à fazenda Vale do Rio Cristalino, então pertencente à Volkswagen.

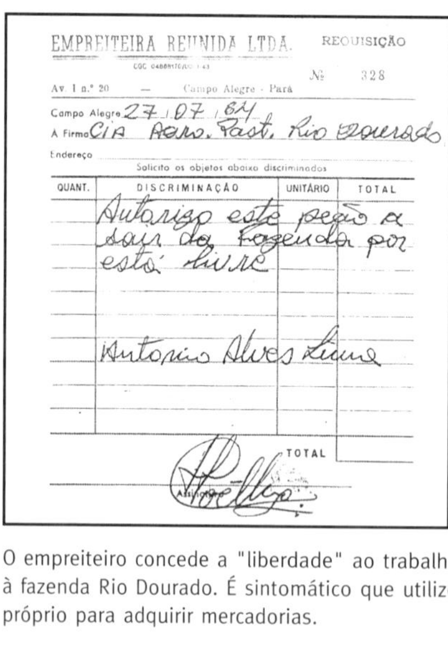

EMPREITEIRA REUNIDA LTDA. REQUISIÇÃO

Nº 328

Av. 1 n.º 20 — Campo Alegre - Pará

Campo Alegre 27.07.84

À Firma CIA Agro. Past. Rio Dourado

Endereço

Solicito os objetos abaixo discriminados

QUANT.	DISCRIMINAÇÃO	UNITÁRIO	TOTAL
	Autorizo este peão a sair da Fazenda por está livre		
	Antonio Alves Lima		

TOTAL

Assinatura

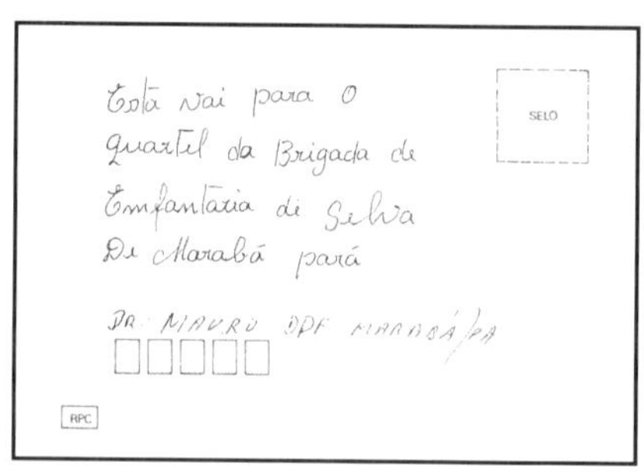

Esta vai para o quartel da Brigada de Emfantaria di Selva De Marabá para

DR. MAURO DPF MARABÁ/PA

SELO

RPC

O empreiteiro concede a "liberdade" ao trabalhador por meio de um bilhete dirigido à fazenda Rio Dourado. É sintomático que utilize para este fim um formulário de "requisição" próprio para adquirir mercadorias.

AS "VÍTIMAS"

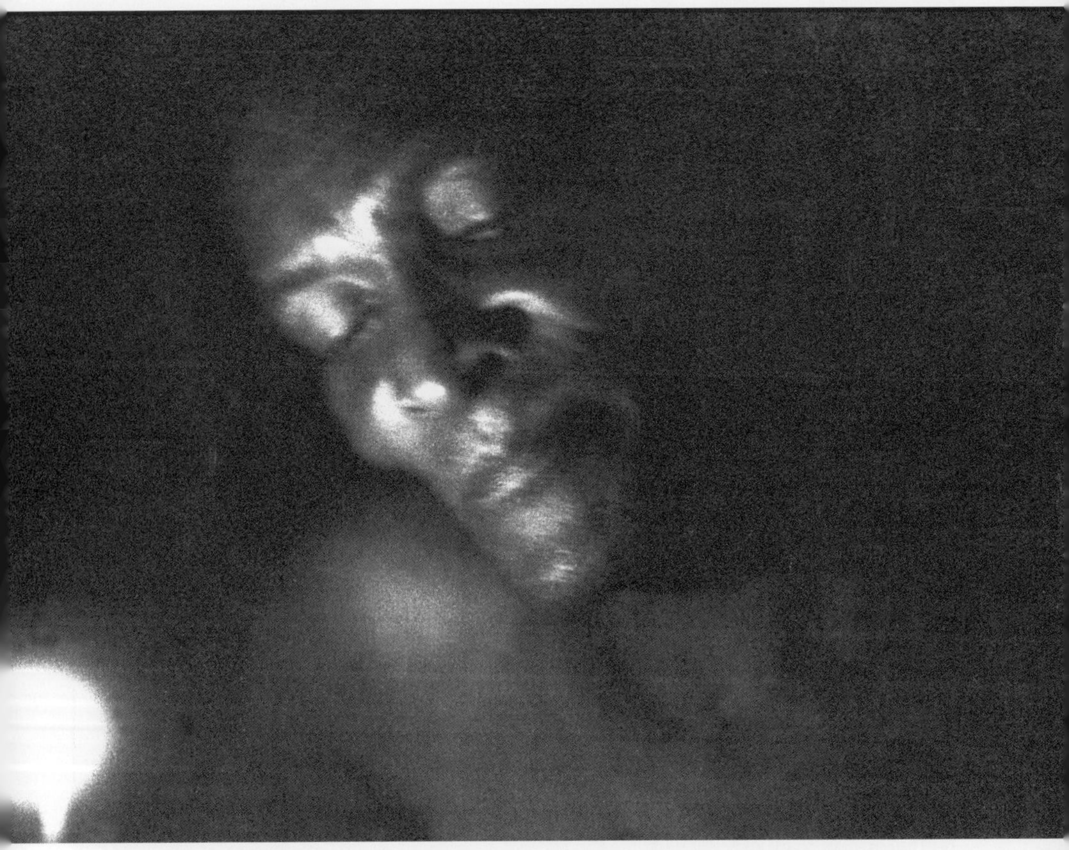

João Batista Alves, trabalhador escravo, fazenda Sapucaia, Xinguara, Pará, maio de 2002.

Em 1989, José Pereira, 17 anos, conseguiu fugir do trabalho escravo na fazenda Espírito Santo, mas foi capturado. Atingido por um tiro de pistoleiro, fingiu-se de morto e conseguiu se salvar. Por pressão da OEA, o governo federal fez um acordo amigável com o trabalhador, indenizado em 2003.

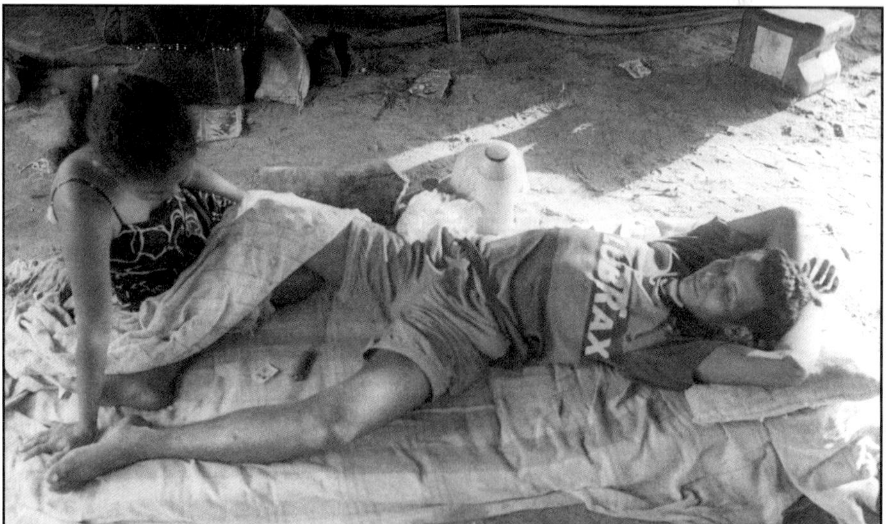

Ferido e sem assistência médica, Raimundo Nilson Cunha Mesquita, 23 anos, com sua companheira Flora Machado dos Santos, 27 anos, era um dos trabalhadores escravizados na fazenda Tuerê.

Gustavo Ribeiro Lima, criança encontrada como escrava na fazenda Estrela das Alagoas, em 2002. Ele dormia com adultos embaixo de uma lona preta.

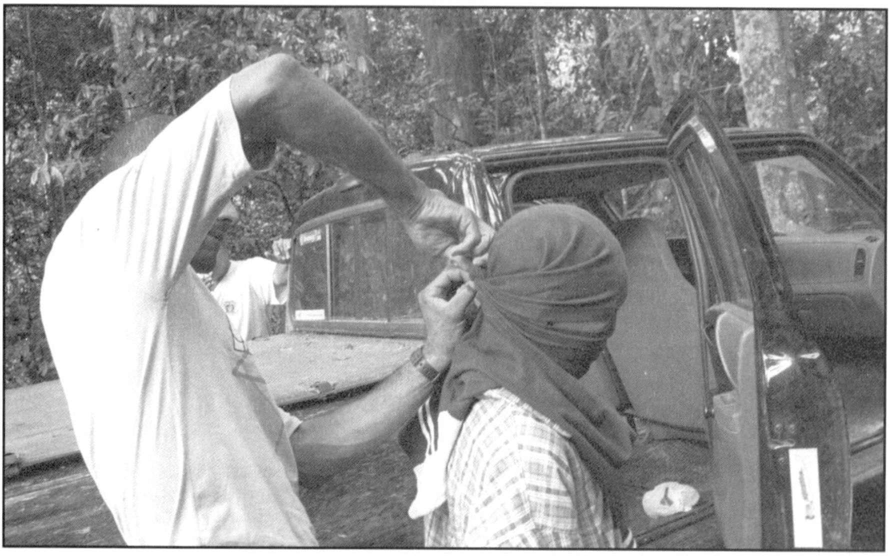

Em maio de 2002, um trabalhador denuncia o trabalho escravo na fazenda Tuerê e leva policiais federais ao local de onde fugiu.

Esta criança era responsável por carregar água e levar comida para os trabalhadores escravos na fazenda Estrela das Alagoas, de propriedade da Lima Araújo Agropecuária Ltda., no município de Piçarra, em 2002. Foram encontrados vários trabalhadores vivendo nessa fazenda, dormindo em barracos de lona e em redes amontoadas. As condições eram tão ruins que, depois da chegada do Grupo Móvel, eles foram levados para a sede da fazenda e vários se alojaram nas estrebarias.

Trabalhador assassinado sendo carregado por seus companheiros no Tocantins, 1987.
O segundo à esquerda é frei Henri Burin des Rosiers, advogado francês defensor dos direitos humanos dos posseiros e dos trabalhadores das fazendas no sul do Pará e em Tocantins.

Padre Ricardo Rezende com trabalhadores rurais, em Conceição do Araguaia, Pará, 1987.

Dom Tomás Balduíno é presidente da Comissão Pastoral da Terra. Ao seu lado, frei Henri des Rosiers.

Dom Pedro Casaldáliga, bispo de São Félix do Araguaia, um dos mais importantes defensores dos peões na Amazônia.

Conceição do Araguaia, Pará, 1989. Padre Ricardo Rezende celebra missa em área rural.

Transamazônica, Pará, janeiro de 2002. A caminho da fazenda Tuerê, o carro da polícia atola.

Um tronco impede a passagem de fiscais do trabalho do Grupo Móvel no caminho da fazenda Tuerê, na Transamazônica, 2002.

Cláudia Márcia Ribeiro Brito, uma das chefes de fiscalização do Grupo Móvel, durante a libertação dos trabalhadores escravizados na fazenda Tuerê.

Alessandro Santos Miranda, procurador do trabalho, e Valderes Marie M. Rodrigues, uma das chefes de fiscalização do Grupo Móvel, examinam os documentos dos trabalhadores libertados da fazenda Nossa Senhora Aparecida.

Xinguara, sul do Pará, 2002. Setenta trabalhadores rurais são libertados da fazenda Nossa Senhora Aparecida, de propriedade de José Vaz da Costa.

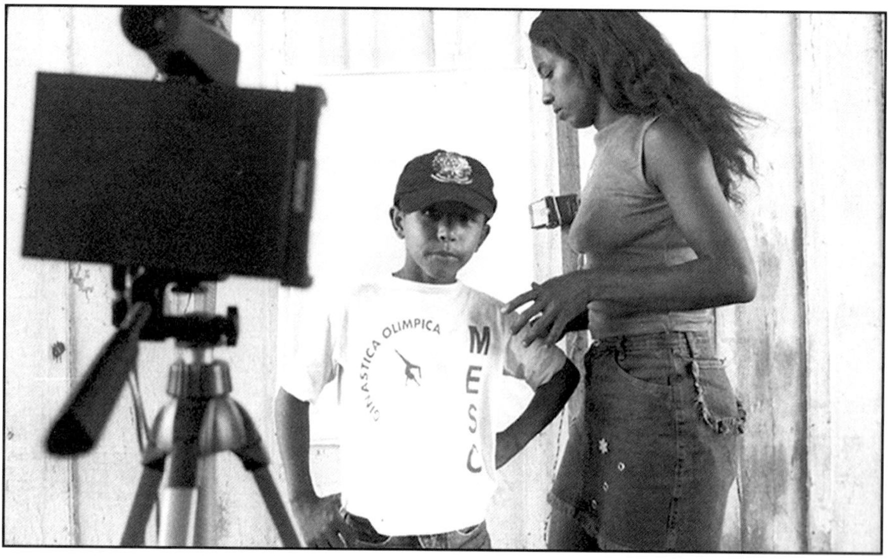

Francisco de Souza Batista, 10 anos, foi encontrado trabalhando na fazenda Estrela das Alagoas. Na foto, Ele se prepara para ser fotografado e tirar documentos.

Eliezer Rodrigues da Silva, trabalhador libertado de trabalho escravo na fazenda Estrela das Alagoas, espera para ser fotografado e, assim, tirar a carteira de trabalho.

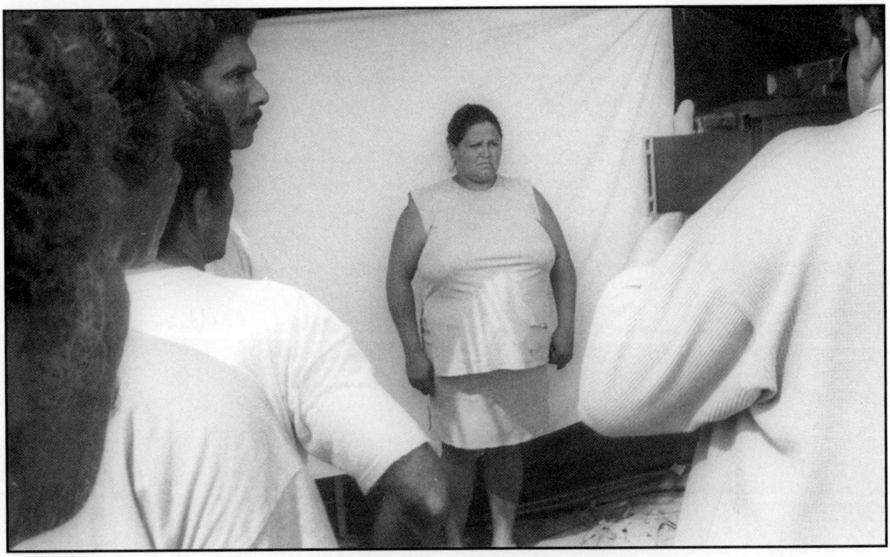

Mulher encontrada sob regime de trabalho escravo na fazenda Tuerê, no momento de sua identificação.

Identificação e retirada de carteira de trabalho
dos trabalhadores escravizados na fazenda Tuerê.

Trabalhadores com a carteira assinada depois de libertados de trabalho escravo na fazenda Tuerê.

OS TRABALHADORES SÃO LIBERTADOS E VIAJAM

Libertação de 23 trabalhadores na fazenda Boa Fé, em Ourilândia do Norte.
Viviam em péssimas condições, famintos e sem receber. No local foram encontrados um poço seco e uma cisterna de água parada, da qual os trabalhadores tiravam a água para o banho, para beber e para cozinhar. Foram encontradas duas armas calibre 38 em poder do fazendeiro Eutímio Lippaus.

Trabalhadores rurais libertados da fazenda Nossa Senhora Aparecida, de propriedade de José Vaz da Costa, em Xinguara, sul do Pará, 2002.

Transporte de trabalhadores na fazenda Estrela das Alagoas, Pará, 2002.

Trabalhadores da fazenda Tuerê no caminho de volta para casa em dezembro de 2001.

A CASA, A CORRESPONDÊNCIA, A FAMÍLIA QUE ESPERA

Moradias de peões em Tucuruí, Pará, 2001.

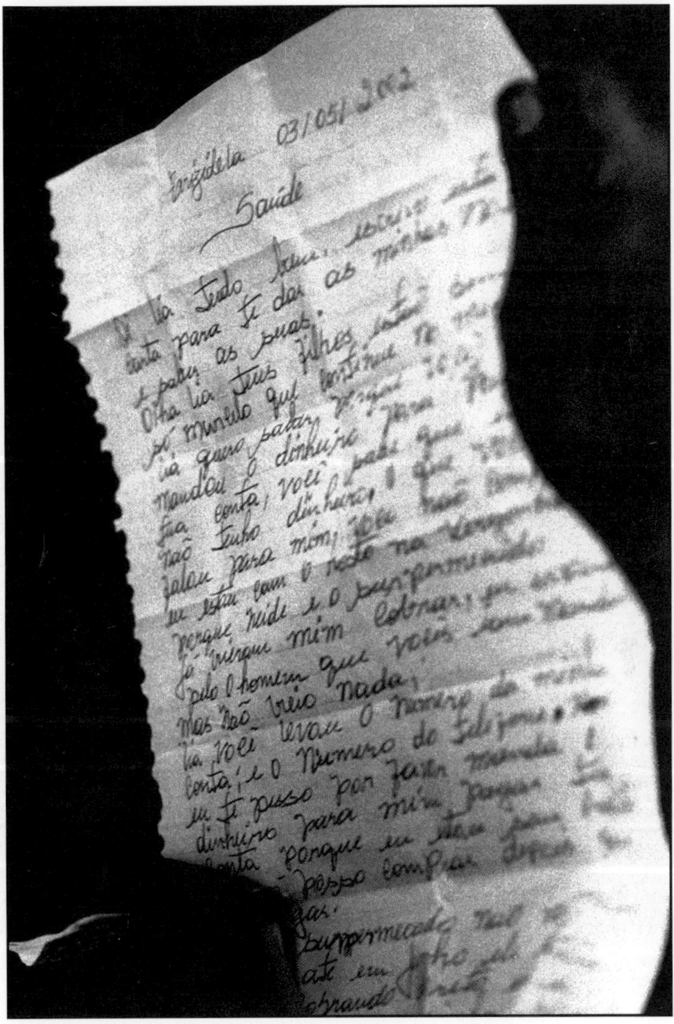

Carta para mulher. Fazenda Tuerê, maio de 2002.

Família à espera da volta do pai, preso em uma fazenda no sul do Pará, 1994.

Subgato ou gatinho: empreiteiro pequeno que pode também ser aliciado e aliciar pessoas conhecidas e mesmo parentes.

Aliciador: aquele que seduz o trabalhador e o convence a empreender a viagem para a fazenda. Pode ser alguém da própria área onde se dá o aliciamento ou de outra área. Em alguns casos, o próprio gato, gerente ou fazendeiro são aliciadores.

Dono de pensão: é o proprietário de locais precários próximos, em geral, de rodoviária, onde os peões em trânsito buscam refúgio ao chegarem à região. É um local propício ao aliciamento. Ali o peão do trecho passa a morar temporariamente, entre uma fazenda e outra.

Fiscal: pode ser fiscal do gato, isto é, o homem que fiscaliza a qualidade do trabalho executado pelos trabalhadores e impede fugas de descontentes. Normalmente utiliza armas e é, muitas vezes, considerado pistoleiro, jagunço.

Cantineiro: responsável pelo precário e único comércio onde são vendidos a comida e os instrumentos necessários para executar o trabalho. A cantina supre as necessidades mais urgentes dos trabalhadores, mas é a razão principal da dívida que lhes impede a saída da fazenda.

Peão: executa o trabalho de limpar e roçar pasto, derrubar mata, erguer e consertar cercas, preparar aceiros. Pode ser temporário na profissão ou do “trecho” (veja glossário). Segundo seu trabalho, pode ser chamado de motoqueiro, meloso, foiceiro, cerqueiro ou cuca. Se exerce uma liderança no grupo, pode ser conhecido como cabeça de turma ou de time.

Motoqueiro: opera a motosserra. Ou aluga a motosserra do gato ou tem a sua própria para a derrubada de árvores. Tem maior *status* que os demais peões. Em geral conta com um auxiliar.

Meloso: auxiliar do motoqueiro.

Foiceiro: trabalhador que utiliza como instrumento de trabalho a foice.

Cerqueiro: ergue e conserta cercas e faz aceiros para as proteger.

Cabeça de turma ou de time: peão que representa um pequeno grupo de trabalhadores diante do gato e do cantineiro.

Cuca: cozinheiro contratado pelo empreiteiro apenas para o serviço de cozinha, ou um trabalhador do grupo que se reveza com os demais na feitura da comida e em outras atividades, ou escolhido pelo próprio grupo para a tarefa. Pode ser escolhido para o trabalho em função de uma incapacidade, temporária ou definitiva, de desenvolver atividades que requerem muita força física ou porque gosta do trabalho. Em casos raros, pode ser uma mulher na cozinha.

Motorista: presta diversos serviços de transporte de pessoas e mercadorias para o empreiteiro.

A CAPACIDADE DE EMPREITEIRO

Nas propriedades maiores, para as atividades temporárias ou sazonais, é prevista a contratação de um ou mais empreiteiros. Da mesma forma que buscam gerentes competentes — como alguém com PhD em agronomia, que controle a qualidade de adubo, pulverização e, por satélite, a produtividade, como descreve um funcionário do GEFM/Cuiabá (Silva: 29.11.2001) —, os proprietários escolhem os empreiteiros entre os mais eficientes, capazes de concluir o serviço, da forma acordada, no menor tempo, pelo preço mais baixo. Para isso, as fazendas se interessam pelos conhecidos, evitando os que não são capazes de entregar o serviço adequadamente e evitando os que, depois de receberem a primeira parcela de adiantamento, desaparecem. Para saber quais contratar, os fazendeiros (ou seus gerentes) trocam informações entre si. O número de empreiteiros contratados depende do número de trabalhadores necessários, do tempo definido para a conclusão da atividade e da própria atividade a ser desenvolvida, das ferramentas utilizadas, das condições de acesso à área de serviço e de sua capacidade de coordenação e gerenciamento. Há empreiteiros que, com dificuldades, administram dez homens;

outros, como Luiz Bang Bang, de Porto Alegre do Norte, Chicô e Abilão, de Santana do Araguaia, que administram centenas ao mesmo tempo na mesma fazenda ou em fazendas diferentes. O último, por exemplo, através de sua empreiteira, a Selmag Ltda., firmou um "Contrato de Prestação de Serviços de Derrubada" com nove cláusulas com a empresa agropecuária Inajá Porá S/A, em 15 de março de 1984. A empreiteira deveria fazer desmatamento manual[9] de 1.724,7340 hectares de mata virgem, no prazo máximo de quatro meses, mantendo no mínimo, durante todo o período da empreita, 150 trabalhadores. Além disso, era proibido à empreiteira "o uso e porte de armas, bebidas alcoólicas, caça e pesca e acompanhamento de mulheres de vida livre" na área a ser derrubada pela fazenda Inajá Porá, durante uma audiência de conciliação e julgamento, realizada no fórum de Conceição do Araguaia, sem a presença do empreiteiro. Os trabalhadores revelaram, contudo, que, ao chegarem à fazenda, foram levados "para a frente de serviço pelo Sr. Braz e seus companheiros, chamados Baianão, Erisvaldo e Nego Amazonas; que estes homens estavam todos fortemente armados de espingardas e revólveres" (Ferreira: 30.1.1985). Aparentemente a cláusula proibindo a utilização de armas havia sido incluída após o escândalo da fuga dos trabalhadores ou havia sido feita apenas para salvaguardar a empresa dos possíveis problemas decorrentes da infração penal.

Um empreiteiro experiente recruta, de uma só vez, mais de 150 homens ou mesmo mais de mil homens. Normalmente, neste caso, monta uma estrutura de funcionamento em que terá aliciadores, cantineiros, "fiscais de serviço", motoristas, subempreiteiros, também chamados de "reta-*gatos*", e responsáveis pelas turmas. Faz parte da estrutura da própria fazenda, com freqüência, ter um corpo de "segurança", os *fiscais* que controlam a entrada e a saída das pessoas e os limites da fazenda. Os empreiteiros também possuem *fiscais* que observam a qualidade do serviço, o tempo gasto em sua execução, e impedem a saída de trabalhadores antes da conclusão da empreita. As duas milícias, a da fazenda e a do empreiteiro, com freqüência são armadas e se apóiam.

[9]Isso significava roçar todas as plantas "suscetíveis de cortes com foice" e derrubar todas as árvores, salvo as de mogno, pau-brasil ou jatobá. Era previsto que o toco das árvores cortadas não ultrapassasse trinta centímetros de altura do solo.

O recrutamento dos trabalhadores para as fazendas é feito através do empreiteiro ou de um preposto seu, como um mecanismo utilizado pelo dono da terra, para burlar as suas responsabilidades trabalhistas e seus encargos sociais (Almeida, 1988: 62).

A mão-de-obra temporária é recrutada em municípios distantes e, às vezes, também em pensões existentes no próprio sul do Pará, onde se encontram homens de outras regiões, sem dinheiro, procurando um serviço. O aliciador indeniza o dono da pensão pelos dias que o trabalhador ficou ali e o leva consigo. Essa operação tem sido chamada muitas vezes, tanto pelos empreiteiros quanto pelos próprios trabalhadores, como "venda" e "compra".

Para que a operação de recrutamento de homens tenha sucesso, o aliciador deve oferecer dinheiro como abono ou adiantamento aos recrutados e pode, dependendo das circunstâncias, oferecer a bebida alcoólica durante parte da viagem ou em toda a viagem ou mesmo não permitir que os trabalhadores bebam. Vejamos dois casos que ilustram esse fato. No primeiro, a bebida foi oferecida como atrativo para Marcos, de 17 anos, filho de dona Salustiana. Uma vez bêbado, embarcou, apesar dos apelos da mãe (Barras: 2001). Outro caso é o de Francisco das Chagas Ferreira. Em 1998, aliciado por Chico Tote, ele foi para a Brasil Verde. Neste caso, o *gato* proibiu a bebida. O *gato*, supunha Ferreira, temia ser enganado pelo trabalhador, que retornaria no meio do caminho (Barras: 2000). Para uma autoridade de Barras, a bebida é um mecanismo de defesa do homem "introspectivo" e "periférico". Através da bebida, ele extravasa seu comportamento, pois, por formação, é "omisso", "tímido", "acomodado". A bebida o torna mais "ousado". A bebida favorece a rebeldia, a desobediência, destrói relações familiares e comunitárias e, na fazenda, atrapalharia o ritmo e a qualidade do serviço (Barras: 2001). Por isso, quando é incentivada no percurso até a fazenda, não ultrapassa a porteira. Daí em diante é rigorosamente proibida.

Os trabalhadores temporários em geral chegam às fazendas em grupos de cinqüenta e sessenta, vindos no mesmo caminhão ou ônibus. Ou chegam até uma cidade mais próxima e ali, não havendo ainda estradas que liguem a cidade à fazenda, como foi comum nos anos 1970 em Xinguara, Redenção e Santana, e no início do século XXI em Tucumã e São Félix do Xingu —, embarcam em táxis-aéreos, organizados em grupos menores. Como esses, podem chegar outros grupos de trabalhadores desconhecidos entre si, contratados em cidades diferentes no mesmo ou em outros estados, que são distribuídos para locais diferentes da mesma fazenda. Os diversos grupos podem não ter contato e nem sequer saber da existência uns dos outros. Em uma grande propriedade, havendo mais de um *gato*, é possível que, mesmo individualmente, estes não saibam quantos homens estão trabalhando no imóvel naquele ano. Provavelmente o gerente tem essa informação, porque há um controle da entrada e da saída de pessoas da fazenda e o trabalhador só sai com uma autorização por escrito do cantineiro ou do *gato*. Os componentes do mesmo grupo são divididos na fazenda em equipes de trabalho, chamadas "turma", em Barras, ou "time", no Mato Grosso, compostas por seis, oito ou até dez homens, dependendo do serviço, das pessoas e das ferramentas de trabalho utilizadas. Os times ou turmas são dispersos em áreas extensas, delimitadas anteriormente, onde executarão suas tarefas.

A CADEIA DE MANDO

O trabalhador, uma vez na fazenda, recebe ordens do chefe de turma, que obedece ao "reta-*gato*" (subempreiteiro) e ao *fiscal*. Estes recebem ordens do *gato* geral, que obedece ao gerente. Atrás da estrutura hierárquica de poder e dominação há o proprietário, que detém o último poder. Este poder é tão grande que explica a descrição que Le Breton fez da entrada de Roque Quagliato em uma das salas da fazenda.

O chefe de turma trabalha como os demais, nas mesmas funções e, às vezes, o "reta-*gato*" também trabalha com os companheiros, experimentando dificuldades semelhantes. Se há *gatos* que aparentam indiferença quanto à sorte de seus subordinados, por outro lado, nem todos são alheios. Relações de compadrio e parentesco existem, facilitando o diálogo e a negociação num quadro em que normalmente a margem de diálogo é pequena ou inexistente.[10] Além de facilitar a negociação, essa familiaridade pode não só proteger o tra-

[10]Schwartz (1999: 256), ao tratar das relações entre os senhores de engenhos e os lavradores de cana na sociedade colonial brasileira, de seus interesses comuns e dos conflitos entre ambos, reconhece que os primeiros consideraram os últimos seus subalternos e tinham em relação a eles uma expectativa de "respeito e lealdade".

balhador como, às vezes, se torna a chance de uma mudança de lugar social, quando, por exemplo, o lavrador é convidado e aceita ser *fiscal* ou empreiteiro, dependendo das necessidades do trabalho e de sua capacidade em responder convenientemente às expectativas dos superiores. Há também *gatos* com diferentes níveis de poder e de responsabilidade. Um lavrador, responsável pelo pequeno grupo de trabalhadores, é um "gatinho" subordinado a um *gato* intermediário. O *gatinho* pode ser, inclusive, irmão, pai, ou filho de outro que é de seu grupo de trabalho e estar, como os demais, dependurado em dívida e ser impedido de sair enquanto não a houver quitado.

São muitos os campos de exercício de poder e de relações interpessoais ou grupais. Os campos se interligam, se misturam e não são estáticos. A rede de subordinação pode sofrer tensões. O peão é subordinado ao *gato* menor, que é subordinado ao *gato*; mas o *gato* menor pode ser um aliado do peão e se opor ao *gato*, e este pode divergir do gerente e dar um prejuízo ao patrão. Nessa cadeia de poder, ordens e contra-ordens, transitam amizade, fidelidade, parentesco, mas também tensão, ameaças e divergências entre as diversas esferas de hierarquia, que vão do fazendeiro ao *fiscal* do empreiteiro; entre estes e os trabalhadores e entre os próprios trabalhadores. Em todas as direções, permeiam tensões, como vimos no capítulo sobre o medo. Certamente pode haver tensões entre o cabeça de turma e os demais. Contudo, Diogo, de Barras, afirma não conhecer nenhum caso em que os membros da equipe tiveram atritos com um cabeça de turma e o recusaram. Em todos os casos a relação estabelecida foi boa, mas admite que, havendo conflito, a turma tem o poder de substituí-lo. E dá um exemplo. Se o cabeça de turma é "malcriado, ignorante demais que só quer levar o peão por cima da moita", há um acordo entre os membros do grupo e ele é destituído. Talvez Diogo reconheça apenas teoricamente relações difíceis entre o grupo e o "cabeça", justamente por ter exercido muitas vezes a função de cabeça de turma e ter sido feliz nessa tarefa ou, por discrição, prefira não citar exemplos negativos.

Armado, o empreiteiro principal se faz acompanhar por *fiscais* também armados. A violência, mesmo freqüente, nem sempre é gratuita, pois faz parte do mecanismo de controle do trabalho. E aquele que é vítima pode reagir, fugindo, enfrentando o perigo ou se adaptando à situação. Um jovem maranhense, com malária, fugindo de uma fazenda e buscando pernoite em

Rio Maria, explica: "Fui contratado pelo *gato* Pedro para trabalhar na fazenda Belauto. Ali a situação é difícil. Gostam de espancar peão e sonegar salário. Peão só se liberta fugindo. Lá só não se ferra quem aceita ser pistoleiro" (Rezende,1993: 19). Este decidiu não ficar imobilizado pelo medo, recusou-se a se tornar pistoleiro e fugiu. Os trabalhadores, dependendo do local de origem, chamam os *fiscais*, privadamente ou diante de representantes do governo, do STR ou da Igreja, de "guaxebas", jagunços ou pistoleiros. Há uma transição possível, um mecanismo de ascensão na escala de poder e mando, no interior da fazenda, aberta não a todos. Mesmo os que se dispõem a se tornarem *fiscais* não estão certos se serão aceitos. Há um período em que ele deve passar por provas que funcionam como uma espécie de seleção. Por um tempo deve ser "olheiro" de um *fiscal*, favorecer uma relação de amizade com este. Se for admitido, demonstrar coragem e habilidade com o manuseio de armas, fidelidade ao empreiteiro e ao fazendeiro, demonstrar competência na coordenação do trabalho, pode se tornar empreiteiro.

O QUE FAZ A FAMA DE UM EMPREITEIRO

O mecanismo de ascensão, que existe para os trabalhadores, existe para os empreiteiros mais bem-sucedidos. Estes adquirem um *status* entre os gerentes e os fazendeiros da região e até se constituem como firmas. Wilker Martins Jorge abriu a empreiteira Desmatadora Deus É Guia; Chicô, a Ema Empreiteira Ltda.; Adão Franco, a Empreiteira Reunida Ltda. São convocados outras vezes para as mesmas fazendas e acabam estendendo sua atuação para outras, mesmo distantes. Luiz Bang Bang, morando no Mato Grosso, trabalhou em São Félix do Xingu (PA). E tudo indica que a eficiência está ligada também à disposição do empreiteiro em utilizar a violência, pois os considerados mais duros foram renovadas vezes contratados pelas maiores fazendas, como Adão Franco, Abílio Dias de Araújo (Abilão), José Gomes Pereira (Zezinho da Codespar), Francisco Andrade Chagas (Chicô), Dilson Santos Monteiro. E continuaram sendo contratados, conforme levantamento realizado entre os anos 1986 e 1994, apesar dos problemas penais que suscitaram. Algumas fazendas terceirizavam o desflorestamento e o plantio do pasto através de mais de uma empresa. A Vale do Rio Cristalino, em 1983, tinha seis firmas empreiteiras (Soares, 1983).

O poder dos empreiteiros pode se estender além do próprio trabalho. Alguns adquirem terra e se tornam médios proprietários, comerciantes, donos de garimpo e entram na vida política. Além de Luiz Bang Bang, que se tornou fazendeiro, proprietário de garimpo e prefeito, Chicô, articulado e decidido, em 1995, com 51 anos, era também vereador pelo PMDB em Santana do Araguaia e possuía, no mesmo município, um supermercado com nome francês. Desde 1973, fretava carro para transporte de peão e, no mesmo ano, tornou-se empreiteiro da fazenda Campo Alegre. No início, afirmou um velho conhecido seu, era "humilde". A partir de 1974 começou a angariar fama de violento. Naquele período, trouxe um cunhado de Goiás para auxiliá-lo e escolheu como chefe de seus *fiscais* o goiano José Aristel. Em 1983 já era empreiteiro de fazendas do porte da Vale do Rio Cristalino, da Volkswagen, para a qual trabalhou anos consecutivos. Contudo, justamente nesta década de 1980, houve o registro de muitas acusações contra ele, através de depoimentos de fugitivos que procuraram a CPT, os STRs e o governo. Ao denunciar e requerer a prisão preventiva de Chicô, em 1993, pela "redução" de uma "vítima à condição análoga à de escravo"[11] na fazenda Mata Azul ou Serra Azul, o promotor Eliézer Monteiro Lopes enfatizou sua "fama de violento e implacável. A simples menção de seu apelido — Chicô — impõe respeito e, sobretudo, temor, pavor entre os trabalhadores. O gênio violento do denunciado é fato notório nesta cidade". O empreiteiro havia sido detido diversas vezes, entre 1980 a 1995, acusado de incorrer em diversos crimes, inclusive no de trabalho escravo, em pelo menos vinte fazendas em cinco municípios do Pará (Rezende, 1999: 65-66).[12]

Transformar-se em firma empreiteira era uma necessidade para atender as responsabilidades das fazendas beneficiadas, quando estas eram grandes e podiam ter dor de cabeça com a fiscalização do governo. De fato, isso não significou uma mudança qualitativa nas relações com os trabalhadores, que se traduziria pelo respeito às leis trabalhistas. Até o final dos anos 1990, os empreiteiros continuavam a não assinar a Carteira de

[11]Crime previsto pelo art. 149 do Código Penal brasileiro.

[12]E, pelo mesmo crime e por outros crimes — espancamento, ameaça de morte na fazenda Inajá Porã —, o mesmo promotor denuncia Francisco Andrade Chagas e três de seus *fiscais*: Francisco Salis de Silva, Absalão Miranda Rocha, José Aldo Alves da Cruz. Em 25.7.1993.

Trabalho e Previdência Social dos seus recrutados, nem respeitavam os direitos trabalhistas previstos pela lei, como o pagamento regular do salário, férias e imposto previdenciário, nem se preocupavam com as regras previstas de segurança de trabalho ou higiene. A partir do final dos anos 1990, com as freqüentes fiscalizações e multas empreendidas pelo GEFM, alguns empreiteiros assinaram as carteiras profissionais dos seus trabalhadores, sem necessariamente cumprirem as obrigações trabalhistas. Em alguns casos, recolheram as respectivas carteiras dos aliciados e as mantiveram no escritório: no caso de uma fiscalização, elas eram assinadas rapidamente, com fraude de data. Houve algumas melhoras, em alguns casos, nas instalações onde os recrutados dormiam e na qualidade da água que lhes era oferecida. Ainda utilizavam o esquema anterior de aliciamento e "imobilização", sob pretexto de dívida, através de métodos de coerção, inclusive física, para reter os trabalhadores,[13] mesmo quando as regras de aliciamento se adaptaram às conveniências e oportunidades.

A REDE DE PARENTES, AMIGOS E A IDENTIDADE DESCONHECIDA

Da mesma forma que os trabalhadores migram acompanhados muitas vezes por parentes e amigos, alguns empreiteiros se fazem acompanhar por familiares e amigos na rede do aliciamento e da empreita. Alguns destes empreiteiros, como Francisco Andrade Chagas, o Chicô, e Abílio Dias de Araújo (1983), o Abilão, moravam no município de Santana do Araguaia (PA) e trabalhavam em família. Chicô, que era piauiense, trabalhou com alguns de seus irmãos[14] diversas vezes e com o cunhado, Adão. Os irmãos recrutavam gente em pensões, em locais distantes, como o Mato Grosso,

[13]Um inquérito policial concluído em Conceição do Araguaia em 22.7.1983, e depois reaberto, contra as empreiteiras da fazenda Vale do Rio Cristalino, então pertencente à Volkswagen, afirmou: "Os '*gatos*' exercem uma fiscalização utilizando 'homens' normalmente armados, para evitar fugas de peões, que são freqüentes, principalmente os insolventes. E, quando há fugas de peão e quando são recapturados, são amarrados e espancados pelos 'fiscais' dos *gatos*." Mais adiante: "São procedentes as denúncias contra os empreiteiros (*gatos*) proprietários das firmas desmatadoras, de espancamento, de reterem os trabalhadores (peões). Principalmente os insolventes de serem forçados a trabalhar doentes" (Pereira, 1983).

[14]Waldemar, Ademar, João Francisco e Batista.

e tomavam conta de cantinas nas empreitas (Chaves, 1983). Contando com o suporte deles, em 1982, Chicô atuou como *gato* em quatro fazendas. O baiano Abilão pegava empreitas nas fazendas provavelmente desde 1975, quando tinha em torno de 23 anos. Contava com o irmão Manoel e com o sobrinho, Ariosvaldo Araújo Dias (1983). Ariosvaldo, com 19 anos, era útil para capturar trabalhadores.[15] Outros empreiteiros trabalhavam com a família: Adão Franco, com seus irmãos Juracy e Leomar; Dílson, com o irmão Hitomar; José Lúcio de Souza Araújo, com o irmão João; Raimundo Nonato, o Fogoió, com a esposa. Trabalhava em família Antônio Avelino, *gato* do Mato Grosso, que pegava serviço no Pará e no próprio Mato Grosso. Seus filhos José e Donizete o auxiliavam.

Os empreiteiros tinham suas estratégias de aliciamento desenvolvidas com maior ou menor eficiência. Os trabalhadores as observavam e tinham suas preferências ou rejeições. Da família de Avelino, preferiam Donizete, considerado "ativo", disposto a resolver os problemas. Em uma fazenda no próprio Mato Grosso, alguns adoeceram e dois morreram. Donizete cobrou do pai um transporte para os enfermos, que respondeu não ter carro para carregar peão doente. "Donizete disse que o pai estava como urubu em cima de carniça." Por isso, Tereso, do Recanto da Paz, peão de muitas viagens, se sensibilizava com o gesto de Donizete e, não só tinha dó de trabalhadores mas, às vezes, tinha também dos empreiteiros. Tinha restrição quanto a José, pois este era "lerdo" (depoimento, Recanto da Paz: 2000).

Alguns empreiteiros utilizavam os mesmos auxiliares com certa regularidade, como José Martins dos Santos, que contratou o mesmo motorista para transportar os peões em 1984 para a fazenda São José, em São Geraldo, e para a Santa Rosa, em Xinguara. Os empreiteiros podiam trabalhar simultaneamente para mais de uma fazenda e era comum trabalharem os mesmos empreiteiros nas mesmas fazendas nos mesmos anos. Por exemplo, as firmas de Chicô

[15]Ariosvaldo e três outros homens — Wilson, Otávio Nascimento e Zé Lopes — foram acusados de espancar e ameaçar de morte "Mathias de Tal" e o goiano Vanderlino Feliciano da Silva (1983). Ele negou haver participado do espancamento, mas reconheceu ter dirigido a camionete, a serviço de Abilão, auxiliando os três homens na captura de Jair Bala e outro peão, que foram espancados por Wilson e Otávio. A arma que tinha consigo — um Taurus, calibre 38, sem porte legal — pertencia ao tio empreiteiro.

e de Abilão, além de atuarem na Rio Cristalino, atuavam na Tartaruga. Aliás, o parceiro mais constante de Chicô era Abilão. Em pelo menos seis ocasiões trabalharam simultaneamente nas mesmas fazendas; o segundo parceiro de Chicô foi Edmilson Dantas, com quem trabalhou três vezes e, no mínimo uma vez, em 1986, trabalhou na Santo Antônio com o empreiteiro Luiz Bang Bang. Quanto aos *fiscais*, às vezes trabalhavam para o mesmo empreiteiro em fazendas diferentes. Por exemplo, Alonso e Nestor estiveram com Abilão na Forkilha nos anos de 1983 e 1984 e na Vale do Rio Cristalino, em 1983.

Ter certo *status*, participar de uma estrutura de poder, não significa necessariamente possuir uma identidade civil conhecida. A identidade dos *fiscais* e dos empreiteiros nem sempre é clara, pois utilizam apelidos. Alguns *fiscais* e empreiteiros são conhecidos por alguma característica, como a cor do cabelo ou o peso, um costume, uma profissão anterior, um aspecto psicológico ou alguma referência geográfica, como o nome de uma fazenda onde trabalhou ou o estado de onde veio. Por isso é possível encontrar *fiscais* conhecidos como Diabo Louro, Mãozinha, Neto Baiano, Cazuza, Bimba, e empreiteiros conhecidos como Chico Maninha, Zezinho da Codespar, Neném Simão, Baianão, Luís Caroço, Antônio Barbudo, Zezão, Luis Bala, Bang Bang, Zé Branco, Chico Cantineiro, Parazinho, Pedro Guindô, Chico Cabota, Fogoió, Meladinho, Quim, Zé Gordinho, Mané Branco. Alguns têm os presumidos nomes conhecidos só quando são presos e respondem a algum inquérito policial — Goiano se revela como Raimundo Nonato Silva, Sebastião da "Terezona" como Sebastião Pereira Dias — ou são encontrados durante uma operação do GEFM e da PF. A ausência de uma identidade civil clara não é exclusiva deles, e possivelmente nem sempre é um ato deliberado de ocultação, pois os trabalhadores, tanto no local de origem quanto nas temporadas nas fazendas, muitas vezes também se conhecem por apelidos. Nos depoimentos de fugitivos, no escritório da CPT, estes também não sabem o nome completo dos demais companheiros de turma, salvo, talvez, se estes são parentes próximos, gente da comunidade de origem e amigos antigos. Com freqüência, utilizam algo do prenome, como um diminutivo, o estado de origem, ou o estado onde a pessoa viveu: Zé Baiano, Mundico Maranhense, Toinho Piauí; às vezes desconhecem até o prenome. Na fuga de uma fazenda em Xinguara, José Pereira, de 17 anos, e seu companheiro foram capturados. José Pereira presenciou o assassinato do amigo. Ao depor sobre o fato, o menor sabia apenas que o amigo era conhecido como Paraná e devia ter pouco mais de vinte anos. Não sabia por que era conhecido como Paraná, não sabia o nome de seus pais e apenas suspeitava que estes morassem em Tucumã, no Pará. A companheira de Francisco de Assis, morto em Conceição do Araguaia, não sabia seu nome completo nem o endereço de seus familiares.

Às vezes, em vez de adotar um simples apelido ou utilizar o prenome, ou o nome de algum estado, por alguma razão, as pessoas trocam de nome. A troca de nome pode ser um mecanismo para fugir de perseguição por algum sério desentendimento com outra pessoa, um crime cometido e, assim, escapar da justiça, ou por outras razões, como no caso em que, por uma brincadeira entre amigos, a pessoa acabou sendo conhecida por outro nome, e este acabou incorporado ao dia-a-dia: o nome registrado pelos pais pode ser considerado feio ou inadequado pelo seu portador ou houve desentendimento entre os pais: um escolheu um nome, o outro não gostou e insistiu em chamar o filho pelo nome que mais lhe agradava. Com isso a pessoa acaba carregando duas identidades, uma, civil; outra, social. Em Barras, dona Maria Amância é conhecida como Erotide; Maria Gonçalves da Conceição, como dona Sinhá; Manoel do Rego de Moraes, como Alexandro. Em Marabá, Antônio, 38 anos, seis filhos, conhecido como Juvenal, explicou: o pai havia lido um "romance famoso". Era a história da vitória de Juvenal, um herói corajoso, sobre o dragão. Quando o filho nasceu, quis lhe dar esse nome. Contudo, na pia batismal, o padre sugeriu Antônio, nome de santo conhecido e estimado. O pai aceitou e ele assim foi batizado e teve o registro civil. Contudo, o "aceitar" do pai foi relativo. Não quis ofender a autoridade religiosa recusando a sugestão, mas nunca utilizou o prenome oficial para identificar a criança. E Juvenal passou a ser a única forma como ele é conhecido. "Se alguém falar Antônio, não é comigo." A troca de nome pode ser mais radical. Em Conceição do Araguaia, um jovem trabalhador, não gostando do nome civil que os pais lhe deram, foi ao cartório e, afirmando nunca ter sido registrado, conseguiu um novo nome que lhe pareceu mais simpático.

Alguns empreiteiros, apesar de incorrerem em violações de preceitos previstos pelo código civil e penal, se dedicaram à atividade sem problemas com a justiça por longo período. Abilão, por exemplo, quando interrogado pelo delegado, em 18 de julho de 1983, sobre escravidão na fazenda Vale do Rio Cristalino, revelou que trabalhava como empreiteiro havia mais de oito anos. Mas quem era ele? De compleição forte, bigode farto, camisa com listras coloridas em desenhos quadrangulares, grossa corrente de ouro onde tinha dependurado o crucifixo, ao se encontrar com uma equipe de parlamentares que investigava a fazenda Vale do Rio Cristalino, no mesmo ano, disse que tinha ali 408 peões e, destes, haviam fugido 16; que, de 184 trabalhadores que levou para uma empresa de Maceió, escaparam 25. Naquele momento, mostrou por própria iniciativa, capturado e amarrado, o amedrontado Antônio Andrade dos Reis, de 37 anos, com aparência de cinqüenta (*ESP*, 17.7.1983: 24). Não era a primeira denúncia contra ele, nem a última. Entre 1981 e 1994, diversos trabalhadores fugiram de 11 fazendas onde ele era empreiteiro e o denunciaram. Em 1995, havia mais de vinte anos que se mantinha no mesmo ofício (Rezende, 1999: 68).

O *STATUS* E A HIERARQUIA ENTRE OS TRABALHADORES

Entre os trabalhadores há uma hierarquia definida dentro da própria equipe de trabalho; ou a definição se realiza, antes de estar na fazenda, no transcurso da viagem ou mesmo antes da viagem. Na fazenda, um é escolhido como "cabeça" ou chefe dos demais pelo empreiteiro quando os componentes do time não se conhecem. Contudo, podem se conhecer bem ou superficialmente e, neste caso, a escolha é realizada pelos próprios trabalhadores. Se o conhecimento se dá no transcurso da viagem, ele é superficial, mas pode ter sido suficiente para alguém ter se destacado diante dos demais pela capacidade de comunicação, pela liderança nas brincadeiras, pela maturidade, ou a idade foi um componente inspirador de confiança e ele acabou sendo indicado para exercer essa função. Se os trabalhadores já se conhecem há mais tempo, moram próximos e são recrutados simultaneamente, é possível que haja algum que exerça uma liderança sobre os demais por ser um parente mais velho, alguém com capacidade de organizar pessoas, promover atividades recreativas — como uma partida de futebol na comunidade — ou com uma capacidade especial de produtividade pela força ou pela experiência. Ou a pessoa não tem uma característica pessoal ou social que lhe dê uma vantagem sobre os demais, mas pode ter sido justamente quem, ao saber da oferta do trabalho, entrou em contato com esses amigos ou conhecidos e os convidou. Quando a turma escolhe, conta o critério da "experiência", da "paciência" e da capacidade de articular relações vantajosas para o grupo. Neide Esterci constata existir entre os peões um código conhecido como "treita". Trata-se de um conjunto de "artifícios" utilizados para se "escapar da exploração". Mas vai além: é um mecanismo de

> ascensão na peonagem, não somente no que se refere às posições hierárquicas dentro da própria forma de organização do trabalho (peão — *chefe-de-time* — empreiteiro — *empregado*), mas também dentro do sistema de classificação dos próprios *peões* entre si, independente dessas posições e das qualificações específicas exigidas pela empresa e pelos intermediários (Esterci, 1987: 158).

Se a pessoa esteve anteriormente na fazenda, se conhece o cantineiro, o *fiscal* e o empreiteiro, isso é levado em conta. Em boa parte dos casos, a "experiência" está ligada à idade. Uma pessoa mais velha tem mais sabedoria para negociar as vantagens com os diversos intermediários da empreita. Por ser mais experiente e com algum "entrosamento com o *gato*", um "cabeça" de turma "sabe o rumo" e o "controla" melhor. Em um dos grupos, o chefe foi escolhido porque "só ele mesmo arrumava os serviços, ele que comandava". Mesmo sendo analfabeto, era capaz de negociar, de "conversar". Outro o auxiliava nas anotações das compras na cantina. Mas a razão também pode ser outra, como a limitação física. Um jovem piauiense, ao trabalhar na fazenda Brasil Verde, em Xinguara, com um problema na perna e um histórico antigo de doença, incapaz de manter o ritmo dos demais, foi escolhido como chefe. Ele podia assim parar no meio do trabalho, verificar o que os demais faziam, consertar os erros, sem um prejuízo sério na produção da turma, pois, de qualquer modo, mais lento. No primeiro caso, há um *status* ligado à experiência e à sabedoria. No segundo caso, mais que *status*, há uma atitude de solidariedade, uma forma de incorporar alguém ao trabalho em uma atividade menos desgastante fisicamente. A função de "cabeça" nem sempre é desejada, porque exige, em contrapartida, uma responsabilidade na correção dos erros dos companheiros, e isso gera conflito se não for encaminhado com perspicácia. Implica, pois, conhecer bem a tarefa e o melhor modo de executá-la. O piauiense com problema na perna não demorou a abdicar da chefia. Mesmo tendo diminuído sua atividade física, ainda era muito pesado e sentia-se incapaz; além disso, não dispunha de liderança para controlar o serviço dos demais. Outras tarefas específicas existem no *time* e são executadas pelo "motoqueiro", isto é, a pessoa que opera a motosserra, seu ajudante e finalmente o serviço de cozinha. Como o trabalho na motosserra é de maior risco e exige alguma perícia, ele goza de certo privilégio. A cozinha, considerada atividade "leve", é um local de incorporação de pessoas com menos aptidão ao trabalho de roço e derrubada de mata, por ser mulheres, homens doentes, aleijados e velhos. Contudo, trata-se de um serviço nem sempre tão leve, porque implica cozinhar em situação adversa, por falta de água corrente, pela precariedade do fogão — em geral três pedras, com um espaço para se fazer o fogo —, e pela distância que o cozinheiro tem de vencer para transportar a comida até os companheiros. Outra possibilidade é fazer a comida de noite, em um revezamento de responsabilidade: cada dia um homem cozinha. Quando o responsável pela cozinha não tem limitações físicas, trabalha em tempo integral preparando o alimento para um maior número de pessoas.

Nem todos os peões gostam de cozinhar, porque não sabem, acham chato ou consideram uma atividade do universo feminino. Diogo, de Barras, por exemplo, não gosta, mesmo tendo sido cuca no Pará. Sabe apenas fazer "comida grosseira para peão". É melhor ser cabeça de turma, explicou. Cuca permanece "só com a mão toda engordurada" e ainda recebe reclamação de "que a comida está ruim, está insossa, (...) salgada. E a gente trabalhando no outro serviço é melhor. Recebe menos reclamação". O motivo principal não é sujar as mãos, pois roçar e derrubar também sujam. A diferença está nas reclamações, pois domina melhor a foice e o machado. O dinheiro, contudo, recebido por um e por outro é o mesmo. Um cuca, segundo Diogo, não pode ser ao mesmo tempo cabeça do grupo, salvo se começa a atividade já como tal. Mas qual é a lógica desse raciocínio? Segundo Diogo, é impossível assumir as duas funções simultaneamente. "A pessoa botou [a outra] naquele serviço, fica só naquele serviço mesmo." Recebe aquela incumbência, não recebe outra. Da menor, com baixo prestígio, não se pode ir à maior, com mais prestígio; enquanto o inverso é possível. Se a pessoa primeiro é escolhida como *cabeça* de turma, então pode ser também cozinheiro, disse.

Algumas mulheres aparecem nas empreitas e acompanham o marido ou companheiro, que pode ser o empreiteiro, o *chefe* do time, ou podem estar sós. Em geral trabalham na cozinha e complementam o orçamento familiar. Soube de mulheres empreiteiras em dois únicos casos, sendo que uma destas trabalhava com o esposo. Em todo caso, como são sempre minoritárias em relação à população masculina, isso pode provocar problemas e requer, por isso mesmo, certos cuidados para não desencadear brigas. Toninho, gerente da fazenda Brasil Verde, colocou duas mulheres solteiras. Como os peões se interessaram por elas, foi obrigado a despedi-las. Na mesma fazenda, um vaqueiro havia gostado de uma "mulher alheia" e foi morto. Nesta fazenda, em outro depoimento, havia uma mulher que cozinhava para cinqüenta homens. Na fazenda Primavera, Manoel Ramos contou: "Vi um cara matando outro no campo de futebol. Era teima por uma mulher. Briga de peão com peão. Era a única mulher no meio de duzentos homens." Francisco das Chagas esteve em diversas fazendas no Pará. Em uma viu uma mulher que cozinhava para 42 homens e era auxiliada por uma parente. Na Rio Vermelho, Domingos viu um "gatinho" com a esposa. Ela cozinhava para o time. Mas a atividade feminina pode ir além da cozinha. Como percebeu Neide Esterci (ibidem: 165), algumas mulheres lavavam roupas para os parentes ou "para outros trabalhadores e, neste caso, sempre em virtude de um trato individual e em troca de alguma remuneração, também assumida por trabalhadores individualmente, e nunca em razão de um trato coletivo do grupo". Se não havia mulher, cada homem cuidava de sua própria roupa.

Em alguns casos, há a presença de homossexuais na cozinha, mesmo que nem sempre sejam aceitos pacificamente. José Alves disse que, ao contrário da maioria dos depoimentos, entre os peões sempre tem homossexual. Esteve em uma fazenda onde dois cozinheiros eram "bichas": Paulo e Wilson. "Aqueles faziam uma enrolada dos infernos. Só que esse Paulo era baderneiro. E o Zé Wilson arranjava um namoradinho. Ficava só com um namorado. Paulo namorava muito. Era bagunça." Eles normalmente, explicou, "cozinham igual mulher, porque praticam" (o trabalho na cozinha).

A maioria dos *gatos* não leva a mulher para a cozinha. Uns, porque não precisam; outros, por ciúme. Ou pelas duas razões. Zezinho da Codespar, muito ciumento e violento, espancava a mulher e não permitia que ela mantivesse contato com os peões.

As classificações e o vocabulário empregados pelos trabalhadores no Mato Grosso são ricos. Neide Esterci (ibidem), atenta ao fato, lembra, por exemplo, que havia *peões* chamados de "barriga", ou "barriga-verde" e outros, de "urutu", ou "urutu-cruzeiro". O dicionário Houaiss apresenta "barriga-verde" como sinônimo de "pirangueiro", ou seja, aquele que é reles, desprezível ou pessoa que se ocupa de atividade rural temporária; e urutu-cruzeiro como uma serpente venenosa da família dos viperídeos. Os primeiros eram vistos, explica Esterci, como os inexperientes, facilmente enganados; os últimos eram os que não se deixavam enganar, reagiam às tentativas de mentiras, às "treitas" e enganos dos intermediários. Os nomes compostos, ela explicou, eram um superlativo dos termos simples. Pela inexperiência, diziam que "'barriga não revolta', ou seja, não tem condições de fazer uma 'greve' ou meter-se com sucesso numa 'fuga' organizada". Tanto de uma região quanto de outra, havia os com mais ou menos experiência. Neide Esterci encontrou um, contudo, que era "reconhecido pelos demais como 'urutu-cruzeiro'". Era valorizado porque se mostrava eficiente em sua tarefa, não se tornara empreiteiro, e ao mesmo tempo era capaz de se desvencilhar de intermediários e conseguir o contrato do time composto por iguais diretamente com o fazendeiro. Se o trabalhador é esperto o suficiente para fugir às treitas dos intermediários, ele próprio pode ser suspeito de ser treiteiro. Um trabalhador, em Barras, afirmou categoricamente ao entrevistador que se um *peão,* ao retornar do Pará, dissesse estar "blefado" (isto é: nada obteve, salvo o prejuízo), mentia ou era preguiçoso. Mas esse trabalhador era suspeito de ser ele próprio treiteiro contra os companheiros, de cultivar com empreiteiros e *fiscais* acordos desleais.

Vimos na primeira parte desse capítulo que a obediência aos pais não é cega, tem suas circunstâncias. Também quanto à estrutura interna da fazenda existe uma "ética de situação", que é levada em conta, como explicou um trabalhador piauiense.

> Entrevistador: Dentro da fazenda quem é que deve mandar?
> Francisco: Na fazenda ali, primeiro é o dono. Aí vem o gerente.
> Entrevistador: Depois do gerente é quem?
> Francisco: Aí o chefe... O empreiteiro e o chefe da turma.
> Entrevistador: E tem que obedecer?
> Francisco: Tem.
> Entrevistador: E se der uma ordem que não presta?
> Francisco: Aí tem que sair fora.
> Entrevistador: Quem está devendo, tem que pagar?
> Francisco: Eu acho que sim.
> Entrevistador: E se o gato estiver enrolando, cobrando demais na cantina. Você acha que o peão tem que pagar assim mesmo?
> Francisco: Não aí, não tem jeito, não.
> Entrevistador: Nem sempre tem que obedecer.
> Francisco: É porque aí está tirando da gente. Mas, o que é certo, o dinheiro é dele. Dá o dinheiro, deixa o da gente livre...

A regra na fazenda, como na família, é a da obediência ao superior. Assim é organizada a vida das pessoas e dos grupos sociais. Há uma escala de *status* e de hierarquia que deve ser respeitada. O contrário seria a confusão. Contudo, não é a qualquer ordem que se obedece. A dívida deve ser paga em princípio sempre, mas, se houver fraude, a obrigação é suspensa. Atrás de cada fazenda, há uma hierarquia global que define a estrutura principal do trabalho, do mando e das relações sociais. E, atrás dessa hierarquia, há outras hierarquias que se definem e marcam gradações em função da idade, da força física, do parentesco, do compadrio, da raça (branco, negro, indígena), da origem geográfica (sulista, nordestino, nortista), do gênero, da força moral, ou do papel religioso de pessoas que têm suas histórias pessoais e as carregam consigo. As histórias também interferem na forma como se responde aos novos e velhos desafios e problemas. Neide Esterci (1994: 20-21), por isso, pode acentuar:

> Em função de critérios de sexo, idade, geração e outros, as pessoas ocupam posições diferenciadas na organização do grupo doméstico, na estrutura hierárquica das comunidades, dos círculos de vizinhança, das redes de parentesco. Energia física e capacidade de trabalho, condições de mobilidade, gosto e disposição para o risco e a aventura são atributos presentes sobretu-

do nos jovens; autoridade, confiabilidade, experiência e respeitabilidade encontram-se principalmente entre os mais velhos. Na composição da força de trabalho, os empregadores apostam na energia disponível dos jovens para a realização dos trabalhos e na autoridade dos mais velhos para fazer cumprir os compromissos. Os dominados também se organizam de acordo com seus atributos diferenciados: os jovens buscam nos mais velhos proteção e orientação, e não esperam deles equivalência em termos de trabalho.

Há gradações de hierarquias entre velhos e novos, entre espertos e não espertos, experientes e não experientes, como há hierarquia entre os migrantes antigos e recentes. Um pode ter "vantagens" em relação ao outro. Por isso, Sayad (1998: 64) afirmou, ao escrever sobre argelinos na França:

> os imigrantes recém-chegados, faixa situada na parte inferior da hierarquia interna da população imigrante (seria ingênuo acreditar que essa população é desprovida de toda hierarquia e de toda diferenciação social), estão mais inclinados a aceitar os trabalhos mais penosos, menos estáveis, menos remunerados etc.

No caso do imigrante estrangeiro, de uma ex-colônia, se ele é um imigrante antigo, tem certamente mais chance de obter informações sobre as oportunidades de trabalho e é conhecido por empregadores, conhece instituições públicas e particulares, pessoas e suas relações, possui maior domínio sobre o novo espaço cultural e geográfico do país onde se instalou. Isso representa uma vantagem em face do que acaba de chegar. É possível observar o mesmo fenômeno em pessoas deslocadas para fazendas na Amazônia. Ter estado ali anteriormente permite mais malícia no trato com os demais da cadeia de relações de trabalho; uma diferenciação quanto ao que acaba de chegar pela primeira vez. É possível que um novo migrante não consiga compreender a extensa rede de hierarquia e responsabilidades existente nas fazendas. Pode imaginar que o abuso é um ato unilateral cometido pelo mais próximo, que pode ser o *fiscal* ou o cantineiro. Não tendo contatos freqüentes com o empreiteiro, imagina que ele faria diferente, ou que o gerente ou o fazendeiro desconhecem os fatos. Vê como problema, não o sistema de relações e exploração que o submete, para o qual pode ter um olhar condescendente, mas apenas o que lhe parece um abuso, o que vai além do limite do suportável. Mas mesmo os mais velhos podem também não compreender que, atrás de tudo, há um sistema contínuo de violações de leis, de abuso de poder. Na ausência de oportunidade, na contínua experiência de uma vida à margem da cidadania, pode imaginar como natural aquilo que é violação de leis trabalhistas e infrações penais; por isso, quando um promotor em Santana do Araguaia puniu um *gato*, antes que este levasse para uma fazenda diversos homens, ele não foi compreendido. Diversos trabalhadores fizeram uma manifestação diante da casa da autoridade, reclamando porque não tinham mais trabalho. Ou, no caso de Barras, quando o STR começou a falar sobre as irregularidades legais cometidas pelos aliciadores, muitos trabalhadores passaram a se deslocar para o estado do Pará, sem ir antes ao sindicato. Primo Levi (1997: 15) descreve, em um romance, um prisioneiro de campo de concentração. Sua vida é tão difícil e terrível que não consegue olhar além do "solo", do cotidiano que asfixia e esmaga a liberdade e o conjunto de necessidades mais básicas. Ele não tem tempo para as "nuances" das "complexas estruturas de hierarquia". Em situações-limite, ontem e hoje, persiste o problema de não olhar além do imediato, desvendando os fios de um novelo, que compõe e explica a escravidão contemporânea.

A AÇÃO E A ESTRUTURA DE PENSAMENTO

Nem sempre poder e hierarquia estão juntos em Bali ou na Índia. Em Bali, a categoria nativa *negara* é um "'Estado teatro', com papéis definidos para a realeza, os sacerdotes e os camponeses" (Geertz, 1991: 25). Seu rei representa algo que independe dele mesmo, está inscrito na função que exerce e faz parte do código litúrgico da realeza. *Negara*, estrutura de ação, é igualmente uma estrutura de pensamento. Geertz denomina de "doutrina do centro exemplar" a busca da reprodução do mundo em escala menor como um "microcosmo da ordem sobrenatural", o que torna a vida da corte, com seus ritos, "paradigmática da ordem social, e não apenas um reflexo desta" (ibidem: 26). O passado é visto como um padrão imitável ao qual deve se submeter o presente (ibidem: 31). Essas questões postas acerca de um objeto tão diferente suscitam perguntas quanto ao trabalho nas fazendas paraenses. Certamente, as relações reproduzidas ali são mais que excessos de uns ou outros proprietários; revelam uma estrutura de pensamento, valores morais e ação de setores da classe patronal e da sociedade envolvente; revelam padrões semelhantes aos do tempo da escravidão legal do país e de relações paternalistas e ausência de cidadania. O trabalhador, contudo, não é passivo em face disso, mas analisa no espaço objetivo possível o que fazer, compartilha aspectos do pensamento dominante e recusa outros que considera "abusivos". Sem um mínimo de aceitação, o modelo de subordinação empregado seria ineficiente. Há uma representação e um "teatro", em que as pessoas representam para si e para outros. Estes podem ser parceiros no trabalho, autoridades federais ou estaduais, agentes de pastoral, pistoleiros, empreiteiros, gerentes ou fazendeiros.

Poder, obediência e hierarquia caminham ou não juntos. O *fiscal,* a serviço do empreiteiro em uma fazenda paraense, tem o poder das armas e possui, muitas vezes, outro poder, que é revestido de valores morais, com um nível de *status* na cadeia de hierarquia local, dependendo dos que compõem a hierarquia da sociedade envolvente. O exercício do seu poder se realiza entre e sobre trabalhadores e ele goza de algo que o protege e o legitima e que vai além dele, independe dele. O *fiscal* é aquilo que ele é para si, para os demais *fiscais*, para os peões, para aquele que o contratou e para as autoridades numa cadeia de *status* e *hierarquia* mutável, dependendo da conjuntura e da correlação de forças no qual se insere. Pode ser considerado um pistoleiro pelo trabalhador temporário que lhe é subordinado, pelo agente de pastoral, que o teme; pelo funcionário público que o encontra armado; pelo procurador que o denuncia e pelo juiz que acolhe a denúncia. Mas, aos seus próprios olhos e aos de seus superiores na fazenda, pode ser considerado um funcionário exemplar que cumpriu corretamente sua função, zelou pelo patrimônio da empresa, colocou para trabalhar pessoas preguiçosas, perigosas, de identidade duvidosa. Pode ser visto por algumas autoridades como um mal necessário e útil, um instrumento que torna eficiente o trabalho e permite o desenvolvimento produtivo da região. Talvez com algum excesso dispensável, mas compreensível. O fiscal mesmo pode se considerar apenas um trabalhador com um pouco mais de sorte que os demais, que galgou um degrau na hierarquia da fazenda, que cumpre com riscos de vida sua função. O peão é visto com toda a carga de depreciação que acompanha certos estranhos — bêbado, perigoso, preguiçoso, desrespeitador de famílias, vingativo, mentiroso — e pode se encontrar próximo da identidade também depreciativa atribuída no sudeste do Pará aos caiapós e carajás, contra quem os "brancos" declararam guerra mais de uma vez no século XX. Mas ele também poderá ser mais que peão: conhecido, parente, amigo, solidário, fiel, trabalhador. Há, pois, ordens diferentes de hierarquia. Uma é a ordem dos trabalhadores; outra, a da fazenda. Não são, contudo, ordens, distintas, inseparáveis e previsíveis, como noite e dia, sombra e luz. Elas se misturam, reforçando-se ou impondo limites mútuos. A ordem da fazenda não se restringe a uma única hierarquia. Ela tem distinções entre os que trabalham diretamente para o imóvel — têm carteira assinada e contrato direto — e os que exercem funções indiretas e temporária; e entre os que exercem funções "limpas" e os que exercem funções "sujas" ou ilegais.

A VIOLÊNCIA E A EFICIÊNCIA

Não obedecer ao pai e ir ao Pará significa submeter-se a outra obediência, esta existente na fazenda, como aprendeu Raimundo Filho, de Barras, que se submeteu a Zé Nilo na fazenda Primavera. Ele trocou uma certa por uma incerta. Tornou-se mais um, entre os 120 homens que foram do Piauí ao Pará. A relação entre o empreiteiro e o dono da fazenda Primavera era direta. Conforme Filho, Zé Nilo, "contratava o serviço com o fazendeiro e depois vinha contratar com a gente outro preço. Ele vivia de ganhar o dele". Os trabalhadores foram subdivididos em pequenos grupos para "pegar o determinado trecho de mata para desmatar". O sistema de hierarquia interno previa como chefe geral Zé Nilo, em seguida, "o chefe de cabeça de fazer empreita". Este último assumia a responsabilidade, por exemplo, de derrubar a mata de uma área correspondente a vinte alqueires, e coordenava seu grupo com quatro ou seis homens. Ao terminar, "ia prestar conta, pagar tudo que estava devendo" e veria se havia algum saldo a favor do grupo. O chefe de sua turma fazia "a feira" e prestava conta do serviço junto com os demais membros do grupo. Se houvesse saldo, devia dividi-lo com o grupo. Não tinha mais leitura que os demais, mas a seu favor havia a experiência, pois era "acostumado", havia estado ali anteriormente e tinha maior "entrosamento com o próprio *gato*". As relações pessoais e a experiência foram determinantes na hora de decidir quem seria o chefe.

> Para comer, exatamente, a gente anotava quantos hectares ia fazer, fazia um cálculo mais ou menos do valor, porque a gente sabia mais ou menos quanto era um hectare para desmatar. Em cima daquilo ali, é que ia avaliar o que ia tirar para alimentação. Quando a gente ia prestar conta, tinha que dar baixa em tudo que a gente gastou. Todo valor e dali o que sobrasse a gente dividia (...). Fazia uma cantina. (...). Comprava farinha, bota, foice para trabalhar, tudo que necessitava para o trabalho, o fósforo, tudo que fosse necessário tinha que comprar (trabalhador, Barras: 2001).

Os grupos eram formados por pessoas conhecidas. Se aparecia alguém desconhecido, conversava-se com o empreiteiro para saber quem era. Essa certa confiança no empreiteiro, conforme Raimundo Filho, se dava porque "ele não era um *gato* maltratador". Ora, se havia *gato* "bravo", havia também "manso". Zé Nilo, por exemplo, demonstrava ser amigo de um dos grupos. Mas ser diferente não resolvia tudo, porque existia o fazendeiro e a sua relação com o empreiteiro. Essa relação implicava negociações, por isso

> tinha que ter um entrosamento lá [do gato] com o fazendeiro para dizer que a gente estava lá há um determinado tempo e que ia trazer a gente embora para que a gente voltasse de novo. Essa facilidade. Porque também dependia do gato. Porque quando o gato era carrasco, ele não queria que fosse embora, queria que o peão ficasse, porque quanto mais tempo ficasse, mais lucro ele tinha dentro da fazenda, e ele não abria mão. Por isso, para o fazendeiro deixar passar, tinha que ter um tipo de uma licença para sair, que era libertado. O gato ia lá. O fazendeiro autorizava e avisava os pistoleiros que ia sair aquela turma; aí pronto, saía liberto. Era assim.

Mesmo Zé Nilo não sendo "carrancista" — bravo, inflexível —, sem "uma licença" não se saía da fazenda. Alguns desta turma fugiram pela mata, evitando a estrada. Houve uma expedição, sem sucesso, para capturá-los. Foram para um garimpo e não denunciaram a fazenda porque estavam intimidados pela dívida e temiam provocar uma reação violenta do empreiteiro quando retornassem a Barras. Houve como que um acordo tácito e o *gato* os deixou em paz. Raimundo Filho não tentou fugir: "eu pensava era em sair numa boa" e "nunca voltar pra lá. (...). Tinha que dar tudo da vida; tinha que trabalhar *esforçadamente*, sair cedo, no escuro, trabalhar até tarde" em um ritmo mais intenso de atividade. Terminada a empreita, foram liberados só com o dinheiro da passagem. Um único, que comprou cigarro, não pôde sair. Ele ficou "e, dessa ficância, ele até hoje nunca chegou, nunca apareceu, nem os pais sabem se é vivo ou não". Para Raimundo Filho, este companheiro havia errado ao manter o vício do cigarro e não ter aberto mão do sabonete.

Há conflitos, na intrincada cadeia hierárquica da fazenda, em que interesses se misturam e se opõem, em que pode não haver uma distinção clara quanto aos papéis de mando. Nem todos são iguais e nem todos representam da mesma forma os mesmos interesses. Aquele que hoje é guardião e aliado pode se tornar inimigo. Diversos grupos de empreiteiros e de *fiscais*, de fazendas onde são empreendidas fugas e denúncias, são compostos por pessoas que construíram a sua fama a partir de dois eixos: o da violência — por isso são tidos como pistoleiros — e o da eficiência na execução das tarefas recebidas — por isso são contratados. Basta haver uma indisposição entre as partes, a que contrata e a que é contratada, para desencadear reações imprevisíveis. Apesar de se explicitar um mecanismo de regras e "leis" nesses imóveis — há um caderno de anotações de compras na cantina, ninguém sai devendo, o trabalhador deve aprender quem manda —, elas podem ser rompidas e deixam de ser claras. Nem sempre se pode confiar em um código exato de conduta, nem quanto ao futuro dos peões, nem quanto aos beneficiados pelo seu trabalho. Os primeiros podem se sentir lesados ao se depararem com um serviço mais difícil do que o previsto, com valores alterados na contabilidade da cantina e no valor a ser pago por hectare trabalhado ou na medição do hectare. Para os últimos, há também uma margem de incerteza. Estes sabem que o controle não é absoluto, mesmo tentando demarcar com precisão para seus subordinados o perímetro de seus deslocamentos, vetando-lhes a liberdade do ir e vir, o perímetro de seus corpos, separando-os de outros, impondo-lhes limites e o perímetro de suas vontades. Os trabalhadores são mais que vítimas. São também agentes e podem reagir.

As relações da direção da empresa e, principalmente, do gerente com os demais subordinados são preenchidas por interesses mútuos que supõem serem atendidos pelo menos parcialmente, sem significar que, por isso, seja eliminado o conflito. Os superiores querem que as tarefas executadas pelos subordinados o sejam corretamente e supõem haver certa fidelidade. A fidelidade, marcada pela desconfiança, se estabelece ou é pressuposta entre o gerente e o proprietário; entre este e os empreiteiros; entre estes e os subempreiteiros, entre os próprios subempreiteiros e os chefes de time; entre estes e os peões. E o risco aumenta, se o *gato* mantém os trabalhadores apenas através do medo; ou se o fazendeiro não paga o combinado ao *gato*; ou se o *gato* não cumpre o prometido.

A POLÍTICA E AS ARMAS NA ASSIMETRIA DE PODER E DE HIERARQUIA

Tzvetan Todorov (1991), em um estudo sobre o México no século XVI, se depara com um problema: como os espanhóis venceram a civilização "mais brilhante do mundo pré-colombiano", conquistando o reino de Montezuma? Os maias e os astecas perderam durante a invasão espanhola — essa era uma razão importante — o controle da comunicação. Não eram mais capazes de compreender seus deuses ou eles haviam se calado.[16] Por isso, o autor podia se perguntar: "Teriam os espanhóis triunfado sobre os índios com a ajuda dos signos?" (ibidem: 59) Uns e outros, índios e espanhóis, tinham sua maneira de se comunicar.[17] Todorov percebe que não existe "nenhuma

[16]"A palavra dos deuses tornou-se ininteligível, ou então os deuses se calaram. 'A compreensão está perdida, a sabedoria está perdida' (Chilam Balam, 22). O livro maia de *Chilam Balam* (*Libro de los libros*, México, Fondo de Cultura Económica, 1948) é cortado por esta pergunta lancinante, incansavelmente formulada, porque já não podia obter resposta: 'Qual será o profeta, qual será o sacerdote que dará o verdadeiro sentido às palavras deste livro?' Os astecas, por sua vez, descrevem o início de seu próprio fim como um silêncio que cai: os deuses não lhes falam mais. 'Eles pediram aos deuses que lhes concedessem favores e a vitória sobre os espanhóis e outros inimigos. Mas devia ser tarde demais, porque não obtiveram mais nenhuma resposta em seus oráculos; então consideraram os deuses mudos ou mortos' (Duran, III, 77)" (Todorov, 1991:24).

[17]"Os índios e os espanhóis praticam a comunicação de maneiras diferentes. Mas o discurso da indiferença é um discurso difícil. Já notamos, em relação a Colombo: o postulado da diferença leva facilmente ao sentimento de superioridade, e o postulado da igualdade ao de indiferença, e é sempre difícil resistir a esse duplo movimento, ainda mais que o resultado final desse encontro parece indicar, sem sombra de dúvida, o vencedor: não seriam os espanhóis superiores, além de diferentes? A verdade, ou aquilo que, para nós, ocupará seu lugar, não é, porém, tão simples" (Todorov, 1991: 61).

diferença 'natural' dos índios no plano lingüístico ou simbólico". Ora, eles aprendiam a língua do colonizador, e nem sempre havia o movimento contrário, e dedicavam-se largamente à *interpretação*, num sofisticado e complexo universo de *adivinhação*, inclusive astrológico (ibidem: 61). Mas

> A primeira reação espontânea em relação ao estrangeiro é imaginá-lo inferior, porque diferente de nós: não chega a ser um humano, e, se for homem, é um bárbaro inferior; se não fala a nossa língua, é porque não fala língua nenhuma, não sabe falar, como pensava ainda Colombo. Assim, os eslavos da Europa chamam o alemão vizinho de *nemec*, o mudo; os maias do Yucatám chamam os invasores toltecas de *numob*, os mudos, e os maias *cakchiquel* se referem aos maias mam como 'gagos' ou 'mudos'. Os próprios astecas chamam os povos ao sul de Vera Cruz de *nonoualca*, os mudos, e os que não falam o *nahuatl* de *tenine*, bárbaros, ou *popoloca*, selvagens; partilham o desprezo que todos os povos têm por seus vizinhos, julgando que os mais distantes, cultural e geograficamente, não servem nem para serem sacrificados e consumidos (o sacrifício deve ser simultaneamente estrangeiro e estimado, ou seja, na realidade próximo). "Nosso deus não gosta da carne desses povos bárbaros. Para ele, é pão ruim, duro, insípido, porque falam uma língua estrangeira, porque são bárbaros"[18] (Todorov, 1991: 73-74).

Para Montezuma, a estranheza diante de um povo ou de outro variava, dependendo de graus de diferenças identificadas na língua e nos costumes. Nada, contudo, comparável com a estranheza sentida em relação aos espanhóis. Estavam diante de uma alteridade radical. Diante do rei, os mensageiros podiam expressar isso afirmando que tinham visto algo "aterrador", nunca visto antes. Diante do não conhecido, supunham estar diante de deuses. Colombo também sentia um estranhamento radical diante dos mexicanos. A diferença sentida pelo colonizador faz com que ele diminua o outro. Este não é humano, por isso é tratado como um animal (ibidem: 74).

Ora, estabelece-se uma assimetria quando se constrói uma relação entre pessoas com as situações econômica e social muito diferentes — uns in-

[18] Ele cita aqui D. Durán em *História de las Índias de Nueva Espana e Islas de la Tierra Firme* (México, Porrua, 1967: 3, 28).

clusive sendo considerados radicalmente *outsiders* —, e a assimetria é ampliada quando é acompanhada pelos obstáculos à compreensão do que se passa. Não dominar a linguagem do outro e deixar-se dominar pelo estranhamento insuperável podem ser fatais.

No caso que estamos focalizando, os privilegiados na relação — os fazendeiros — buscam conquistar outros espaços além do econômico e militar. Isso explica sua atenção para com a política partidária. O lugar ocupado na política é sinônimo de *status* e poder, abre portas para os financiamentos, os empréstimos vantajosos, o domínio sobre a polícia militar e civil, a construção de estradas favorecendo esta ou aquela propriedade, estes ou aqueles moradores. Alguns participam da política local, estadual ou federal, disputam cargos e se elegem. Dentre estes, destacam-se os que, além de empresários rurais, são médicos e ali exercem ou exerceram a profissão. Em Conceição do Araguaia, estiveram na direção do Poder Executivo local, entre 1976 e 2000 — salvo um mandato ocupado por um comerciante-fazendeiro —, três médicos-fazendeiros que se revezaram no poder: Giovanni Queirós, Carlos Cavalcante, Alberto Branco; um, Joaquim Gonçalves, foi vice-prefeito. Antônio Coelho, candidato a prefeito, perdeu as eleições para outro médico. Alguns fazem carreira política também no Legislativo. Cavalcante foi deputado estadual e Queirós, deputado estadual e federal em sucessivos mandatos. A profissão favoreceu o estabelecimento de relações de troca de favores e contraprestação de serviços que projetaram eleitoralmente esses homens. Em Rio Maria, alguns médicos-fazendeiros também exerceram funções no Poder Executivo local. Pai e filho, respectivamente, Eurico Pazes Cândido e Júnior, foram eleitos em mandatos não sucessivos, em que um foi vice-prefeito de um farmacêutico-fazendeiro; outro, de um dentista prático e fazendeiro. Moacir Pires de Faria, médico e fazendeiro, foi prefeito entre o mandato de Eurico e o de Júnior. Membros da família Mutran, que não eram médicos, mas empresários rurais ligados à pecuária e à extração e venda de castanha, exerceram por muitos anos cargos eletivos. Houve momentos em que simultaneamente, conforme Binka Le Breton (2002: 79), Guido era vereador em Marabá, seu filho Nagib era prefeito da mesma cidade e um segundo filho, Oswaldo, era "amante da juíza". O mais famoso membro da família Mutran e seu "decano" era Vavá Mutran, deputado estadual pelo Pará, e irmão de Guido. Alguns dos proprietários de terras no Pará são nacionalmente conhecidos como políticos ou empresários.[19]

Ser eleito ou nomeado para cargo público não é a única maneira de intervir na política. Parte dos empresários não se candidata ou se elege, mas apóia economicamente a eleição de pessoas que passam a ocupar cargos-chave na estrutura política municipal, estadual ou federal. Conseguem constituir inclusive uma fiel bancada parlamentar estadual e federal e, graças ao seu apoio, são capazes de estabelecer contatos diretos com governadores e ministros. Jairo Andrade, amigo do médico, fazendeiro e deputado Ronaldo Caiado, tornou-se o primeiro tesoureiro nacional da União Democrática Ruralista (UDR); foi cortejado por Fernando Collor em Redenção, na campanha presidencial de 1998, e manteve, em Brasília, audiência com parlamentares do Congresso e ministros de Estado (*Le Monde*, 25.4.1998: 13).[20] Luís Pires, ameaçado de ter uma de suas fazendas desapropriada por utilização de mão-de-obra escrava, mobilizou parlamentares do Tocantins que o defenderam diante do governo e conseguiram que a punição se tornasse um prêmio: recebeu pela desapropriação da fazenda um valor diversas vezes superior ao valor previsto pelo mercado. De fato, o poder e o *status* de um empresário rural, em muitos casos, ultrapassam as porteiras da fazenda, estendem-se até Brasília e lhe proporcionam privilégios.

As relações são assimétricas e complexas entre os pólos da relação de trabalho nas fazendas.[21] Na multiplicidade de sentidos que a categoria *obedecer* assume, há aquela da docilidade, da sujeição à vontade de ou-

[19]A relação estabelecida entre a terra e a política também pode ser inversa. Primeiro a pessoa se elege para um cargo público e depois se torna proprietária de fazenda.

[20]Possuía grande rebanho zebu, de raça gir, e despertava a atenção internacional também por isso (*Folha de Carajás*. 28.4.1995: 10).

[21]Mesmo nesse mundo assimétrico, há espaço, ainda que raro, de lazer, quando as tensas relações são suspensas temporariamente. O jogo de futebol, no fim de semana, pode ser um desses momentos, quando se misturam, disputando a bola, pistoleiro e peão. Nesse momento, o *status* faz parte do melhor jogador, invertendo por alguns minutos as relações. Ou o poder religioso de um lhe dá um prestígio que não teria na escala do trabalho, e pode impor um temor ao outro.

trem, de submissão ao mais forte.[22] Isso se manifesta mais claramente quando a assimetria das relações é maior por força das armas, do poder econômico ou religioso. Mesmo no espaço doméstico, obedecer significa muita coisa, até acolher a ordem do outro por puro medo. A criança, se não obedece, é punida física e moralmente. Fora do ambiente doméstico, na fazenda, há uma coerção irrespondível, se a relação for entre o *fiscal* intransigente e armado, um dos pólos visíveis e emblemáticos da rede de coerção, e o peão. Também aí não significa necessariamente uma atitude de subordinação irrestrita. Podem existir brechas de tergiversação. Entre os diversos membros da rede, há uma espécie de troca, envolvendo a negociação, o dinheiro, a arma, a coragem e o trabalho. Cada um tenta sobreviver melhor, ganhar mais, ou perder menos. A força de cada personagem depende de diversos fatores objetivos e subjetivos, e tudo pode se inverter se algo novo irrompe, como a chegada de autoridades federais ou um rompimento entre *gatos*, ou de *gatos* com o gerente. Aquele que vivia atemorizado é tomado de uma coragem que antes não se manifestava; ou aquele que agia com todo o poder, humilhado, é levado preso e responde a um processo criminal. A hegemonia da violência pode ser invertida. Aquilo que era, no interior do imóvel, hegemonia da força privada é desfeito por uma ação inesperada do Estado. Mas existe a obediência também quando se tem liberdade e condição objetiva para dizer não, se significa não apenas o acatamento de uma ordem, mas a ponderação, o conselho, o levar em conta a opinião do outro. Os trabalhadores, quando falam de obediência aos pais, expressam o aspecto de estar atento, ser respeitoso mesmo em casos de divergências. A relação estabelecida, admite-se, implica alguma reciprocidade, e quem goza de maior prestígio hierárquico, em situações especiais, presta obediência ao que normalmente lhe é subordinado. O gesto de beijo mútuo da mão entre pais e filhos expressa algo desses mútuos *respeito* e *obediência*. O pai e a mãe são sagrados e devem ter as mãos beijadas, como forma de cumprimento. Mas os dois também se curvam diante dos filhos e beijam suas respectivas mãos.

[22]Esterci trata da organização do trabalho em empresas agropecuárias, traçando as relações de coordenação e subordinação entre as diversas esferas de mando (1980: 123-132).

Torna-se necessário identificar, na pluralidade de contextos, quem detém o poder real, a quem se deve, de fato, temer e as diversas sutilezas existentes entre os próprios trabalhadores, que podem se dividir por estado de origem, por antiguidade na área, por esperteza ou por outra razão. No campo de concentração, o prisioneiro, conforme Primo Levi, também tinha seu desafio de classificação:

> Aprendemos rapidamente que os hóspedes do campo dividem-se em três categorias: os criminosos, os políticos e os judeus. Todos vestem roupa listrada, todos são Häftlinge, mas os criminosos levam, ao lado do número, costurado no casaco, um triângulo verde; os políticos, um triângulo vermelho; os judeus, que formam a grande maioria, levam a Estrela de David, vermelha e amarela. Os SS estão aqui, sim; poucos, porém fora do Campo, e raramente aparecem. Nossos verdadeiros patrões são os triângulos verdes, que podem fazer de nós o que bem querem, e, além deles, os das outras duas categorias que se prestem a secundá-los. E estes não são poucos (Levi, 1988: 31).

Em Bali, "o poder político era menos inerente à propriedade do que às pessoas; era uma questão de acumulação de prestígio e território" (Geertz, 1991: 38). No Araguaia, o poder político (e/ou militar) depende de um conjunto de fatores: a riqueza — expressa no tamanho da propriedade e no número de cabeças de gado no pasto —, a força física, a sedução e o convencimento, a capacidade de decidir e de formar ou dissolver alianças. As diferenças de *status* entre as pessoas marcadas pela desigualdade se dão por razões econômicas, sociais, psicológicas, culturais e físicas. Mas há mudanças, se determinadas combinações entre oportunidades e "qualificações" se derem. A destreza de um trabalhador ou a oportunidade tendem a mudar seu *status* na hierarquia do grupo de trabalho que aparentemente é composto por iguais; um peão, por sua liderança, coragem, habilidade no manejo da arma, relações pessoais, tem mais chance de se tornar chefe de turma, chefe de cantina, pistoleiro, subempreiteiro ou empreiteiro que outro. Se estão juntos poder — econômico, social, religioso e militar — e hierarquia, eles se confirmam e se fortalecem mutuamente. Isso acontece quando, por exemplo, o fazendeiro, além do título de propriedade e do *status* mais importante naquele espaço geográfico, possui também um capital não apenas econômico, mas social ou político. Em alguns casos, estando separados ou não, isso pode inverter ou perverter a relação hierárquica tradicional. Isso é possível em algumas situações. Por exemplo, quando os policiais, contratados para cuidar da segurança e do respeito às leis, se submetem a fazendeiros ou empreiteiros. Utilizando a farda, expressão simbólica de legalidade, usufruindo os privilégios dela decorrentes, eles se envolvem com o aliciamento e são suporte para a coerção contra trabalhadores que tentam fugir. Ou, dependendo da situação, os policiais abandonam a corporação militar e se inserem nos grupos de segurança privada envolvidos em mortes de trabalhadores rurais. A situação, em alguns momentos e em determinados lugares, por diversas razões, atinge número expressivo de pessoas.[23] O caso se torna mais grave quando atinge o Poder Judiciário, e um juiz de direito, por medo, é omisso ou monta uma companhia de táxi aéreo e participa diretamente do tráfico de pessoas da cidade para fazendas.

[23]Em 1985, fim dos governos militares e início dos governos civis, conforme o secretário de Segurança do estado do Mato Grosso, 1.600 policiais militares abandonaram a farda e se incorporaram a "firmas de segurança" privada, contratados por fazendeiros daquele estado com uma remuneração três vezes superior à que recebiam antes. Simultaneamente, um grupo de fazendeiros, não satisfeitos com seu órgão de representação sindical, promoveu leilões para compras de armas e criou uma representação alternativa, a UDR, mais beligerante no combate à reforma agrária.

CAPÍTULO V Não fragmentar a vida

VULNERABILIDADE

Veremos a seguir como migrantes submetidos a constante e implacável depreciação se tornam vulneráveis. Alguns têm uma história de dificuldades que precede a migração e vem da infância. Sendo adultos, muitas vezes não têm sequer as condições mínimas de viver sua cidadania e mesmo de constituir uma família quando se deslocam para as fazendas paraenses. De um lado, sua humanidade é desprezada por pessoas (prepostos dos fazendeiros ou os próprios fazendeiros), que as tratam mal diretamente, ou por outras que usufruem o seu trabalho (fazendeiros e gerentes), mas não as conhecem, não lidam diretamente com elas e são aparentemente indiferentes à sua sorte, alheias ao que pensam ou sofrem. Para uns, os demais são tão absolutamente diferentes, que não gozam do mesmo estatuto jurídico nem da mesma humanidade. Diante de tudo isso, os trabalhadores são obrigados a se proteger ou podem fragmentar-se. O sonho, mesmo que proibido pela situação política e social, pode sobreviver na Polônia em um campo de concentração ou no Brasil através de uma mãe que busca o filho desaparecido há anos.

A luta para sair inteiro de situações difíceis é de toda gente, tanto aquela que se desloca de Barras (PI), quanto a que se desloca do nordeste do Mato Grosso. Quando a história pessoal é difícil antes de começar a migração — como são os casos de Charles e do casal Fontes e Rilda, citados a seguir —, os desdobramentos podem ser ainda mais duros. O primeiro era um "peão do trecho", nascido no Mato Grosso, que percorreu o sul e sudeste do Pará, além do próprio Mato Grosso e o Tocantins, de fazenda em fazenda. Já o casal saiu de Goiás e se estabeleceu no Mato Grosso, mas o marido foi ao Pará. Em um e outro caso, há um pesadelo difícil de superar. São pessoas que carregam como que uma sina de infortúnios, de fatos sucessivos que não têm como administrar e fogem ao seu controle e vontade. Parece que, por mais que tentem, há sempre ranhuras, desacertos. Quem tem família mais estável pode se sentir um pouco mais protegido, mesmo se tem os sonhos podados e a vida cercada de limitações.

Neste capítulo, inspiro-me novamente em Abdelmalek Sayad, em Meillassoux e Pollak. Um, no seu estudo a respeito dos migrantes argelinos na França; outro, a respeito da escravidão africana e o terceiro, na sua reflexão sobre a memória em situações difíceis. Outros autores, de outras áreas, como Jurandir Freire Costa e Primo Levi, suscitam também reflexões que me parecem oportunas.

1. A DEPRECIAÇÃO

Abdelmalek Sayad (1998: 127-135) entrevistou um "exilado" argelino que só constituiu família com trinta anos e, como não pôde levar a esposa nem os filhos consigo para a França, o casamento fracassou. E ele se lamentava quanto ao casamento: "Talvez tenha sido a pior besteira de minha vida." E prosseguiu:

> Para que ter uma mulher quando você está sempre ausente, uma mulher cujo marido nunca está. Tive essa experiência, sei o que é; isso basta. É o que chamamos de homem que não pode ter uma casa, não tem o direito de ter uma casa. Então é melhor não tentar ter uma casa, uma mulher. Ela é viúva durante a vida de seu marido. É preciso estar louco, inconsciente, para aceitar semelhante situação (ibidem: 128).

No caso dos trabalhadores estudados no Mato Grosso e no Piauí, alguns tardam para constituir família, ou mesmo não a constituem. Outros se deslocam deixando para trás a esposa e os filhos e isso, se a ausência se prolonga, gera obstáculos para a manutenção do núcleo familiar. A dúvida se o outro volta, se há fidelidade de quem fica e de quem parte, a escassez de recursos econômicos que supram as necessidades mais vitais, tudo favorece rupturas ou a instabilidade nas relações afetivas.

O encontro com Fontes Santos e Rilda Santos, descrito em "A representação", revela problemas durante o trabalho na fazenda, mas também o acirramento de problemas anteriores ao aliciamento, em uma vida marcada por dificuldades de toda natureza. Fontes, liberto da fazenda do "cunhado" graças ao GEFM, provoca uma crise familiar. De um lado, Rilda estava brava com o "irmão"; de outro, não queria deixar de pertencer àquela família branca que tinha recursos econômicos, mesmo se destes ela jamais participava. Rilda, em princípio "adotada", era diferente não só pela cor da pele. Nunca a trataram como filha. Todavia, o fato de ter estado dentro de casa implicou acesso aos seus segredos e a certa cumplicidade existente ali. Entre os segredos, sabia que o "pai" matara um dos genros por vingança. Era uma "parenta" incompleta, e mais incompleto ainda era o parentesco do marido com a "família" dela. Lembrando Claude Meillassoux (1995: 28), a condição essencial para ser escravo era a incapacidade jurídica de ser parente, e Fontes não era de casa e não era "parente". Esposo e esposa viviam uma situação especial: eram explorados, submetidos a humilhações, mas, simultaneamente, encontravam-se em uma área cinza, que lhes proporcionava um parentesco fictício sem direito a herança, a estabilidade econômica ou a nome, mas lhes dava o *status* de entrar na "casa-grande". Fontes, contudo, se sentia culpado por ter sido "infiel" a Rilda. Ao não defender o "cunhado", favoreceu um rompimento oficial na relação do "parentesco" dela com a "família". A história de vida "roubada", expressão utilizada por Binka Le Breton (2002) para os "escravos modernos", pode ser apenas um momento mais agudo de uma trajetória de vida partida e dilacerada desde a infância e desde a história dos antepassados.

Além das razões econômicas, as razões familiares tornam a vida de algumas pessoas um problema já antes de irem ao Pará. Assim foi com o casal Fontes e Rilda, assim foi com Charles de Paula, nascido em 1960, no Mato Grosso. Sendo o mais velho entre nove irmãos, Charles quis escapar da violência paterna fugindo de casa com 14 anos. Libertou-se do pai, mas se tornou prisioneiro de um ciclo de instabilidade econômica (dívidas sucessivas), física (moradia, local de trabalho, município) e afetiva (senão passageiras). Em 1984, ao se evadir da fazenda Inajá Porã, recebeu o apoio e a assistência da CPT de Conceição do Araguaia.[1] Em 1985, através de um acordo judicial, foi indenizado pelo empreiteiro. Seis anos depois, escreveu uma carta para Ana de Souza Pinto, uma das pessoas que o havia atendido no escritório da CPT:

> O meu destino me leva em qualquer rumo deste mundo. Afirmo que é muito difícil essa vida de trabalhador rural, sem lugar para morar, vivendo de fazenda em fazenda, gleba em gleba. Percebo que encarar essa barra não é viver e sim, garra para sobreviver. (...) [A minha história] é como o caso dos meninos abandonados que são entregues à sorte do azar. Eu fui um e hoje sou maior e maduro, mas ainda me sinto menor e continuo caminhando sobre as calçadas do abandono.

Houve curtos períodos em que pareceu romper esse ciclo. "Vivo trabalhando com muita economia, para fazer um recurso para caminhar. A vida é custosa, sofrida. Hoje está estabilizada. Estou morando na periferia. Não tenho filhos e nunca me casei. Tive [só uma] temporada com minha Valdivina" (carta de 31 10.1995). Era, contudo, apenas aparente a estabilidade. O pai, que havia abandonado a família, retornou com 63 anos, "à beira da morte" com uma "doença que incha o coração, (...) fígado e pulmão. Não tem fôlego para falar. O que consigo, divido para ajudar ele. Faltava remédio. (...) Qualquer momento [ele] morre. (...) Eu vivo numa escassez danada. O pouco que salda é para a família". Com as relações familiares e econômicas difíceis, partiu mais uma vez para outras fazendas, sem obter sucesso. Retornou, constatando estar

> sofrido, mas estou bem de cabeça erguida, lutando pra vida. Não quero falar das mágoas nem das dores, mas eu fugi da justiça injusta da impuni-

[1]Nesta ocasião mantive meu primeiro contato com Charles. Depois nos encontramos pessoalmente algumas vezes. Aos poucos, voltamos a conversar por telefone e nos correspondemos com certa regularidade. A última correspondência recebida de Charles é de 2002. Até 1984, Charles nem sequer tinha registro civil de nascimento.

> dade punidora (...) temporariamente fico na casa de minha mãe (...), lamento para o resto da vida a perda do meu pai que faleceu (...). A gente não se sente contente, sabendo que tudo isso é o vai e vem da vida" (carta de 3.12.1997).

Lamentou a "justiça injusta", pois experimentou, várias vezes, o trabalho escravo e os responsáveis não foram condenados. A justiça, explicou, favorecia a "impunidade" de criminosos. Três anos depois, Charles escreveu um bilhete em que manifesta que seu mundo ainda era de conflito e insegurança:

> eu uso o endereço de minha mãe, mas não moro na casa dela. Moro onde trabalho numa fazenda e outra [coisa:] a saúde não vai bem, estou envelhecido precocemente, semicalvo e grisalho. Trabalho muito talvez. As causas de minha falta de saúde são o *stress*. Passo meses sem ver a mãe, relaciono mal com os irmãos que minimizam a mim, pelo fato da gente não ter [sido] criado junto, mas não dependo deles em nada, sofro sozinho, mas de cabeça erguida (carta de 20.12.2000).

Já não era mais o jovem Charles. Era um homem alquebrado, apesar de ter apenas quarenta anos. Sofria com problemas fora de casa, "mas estou bem de cabeça erguida, lutando pra vida", como escreveu em 1997; ou, se os problemas eram dentro de casa, "sofro sozinho" mas, de novo, insiste, "de cabeça erguida". Uma forma de sair do ciclo da instabilidade dos sucessivos deslocamentos era conseguir uma terra e constituir uma família. Mas ele não tinha

> paciência para esperar uma terra. Nunca encarei uma invasão. Nunca entrei no MST porque sou ligado no trabalho. Teria que trabalhar menos [na roça], para ter tempo de me dedicar [ao MST]. Quando trabalho sozinho, levanto às cinco horas. Às sete já almocei e fui trabalhar. Trabalho até as sete da noite (carta de 31.10.1995).

Por que não tinha paciência? Não poderia se inscrever no Incra para receber um lote e ir trabalhando até que o pedido fosse atendido? Ou não acreditava no Incra e sabia que, sem pressão sistemática e contínua, tudo era inútil e lhe faltava tempo, perseverança ou disposição para isso? Por que não "encarava" uma invasão? Talvez porque fosse norteado por valores morais, que pressupunham o direito à propriedade privada? Ou era o medo do conflito, da morte, da violência que uma invasão desencadearia? Ou, por outro lado, não lutava por uma terra, pois não possuía uma mulher, e um lavrador normalmente não suporta a solidão das matas sozinho? Derrubar a floresta, plantar, colher, fazer comida, lavar a roupa, cuidar dos porcos e de toda a criação, passar dias e noites na mata com seus ruídos e silêncios, isolado, sem uma companhia, era difícil. Não tinha paciência, talvez, por não existirem as condições objetivas necessárias para cuidar sozinho de uma roça, como posseiro. Não estabeleceu uma relação amorosa estável e não constituiu uma família porque, como outros *peões do trecho*, vivia uma história insegura, acrescida da experiência familiar dramática. Como era uma pessoa sensível, mesmo sendo austero consigo e com os outros[2], Charles se emocionava com as notícias[3], gostava de ler e sonhar.[4] E acumulava, como o migrante argelino entrevistado por Sayad (1998: 127-135), cujo casamento fracassou, uma sucessão de experiências negativas.

A vida dos migrantes é preenchida por deslocamentos geográficos e afetivos. A de Charles não foi distinta. Rompeu com o pai e saiu de casa para sucessivas fazendas em municípios e estados diferentes. E, sendo o primogênito e deixando para trás os demais, os irmãos não o perdoaram. Os deslocamentos e as rupturas afetivas também se deram em relação aos amigos, conhecidos nas diversas empreitas (carta de 31.10.1995). Ele, submetido à dupla e inexorável pressão — a interna e a externa —, precisava sobreviver. A pressão externa, oriunda de problemas econômicos e sociais, agravou a pressão interna, a familiar. Uma e outra se mesclaram, envelhecendo-o "precocemente", roubando-lhe a juventude e a saúde. Ele

[2]"Gosto pouco de música. Não tenho vaidade, nunca bebi, não danço, não fumo. Prefiro estar sozinho do que com pessoas que desagradam" (MT, 31.10.1995).

[3]"Vi uma entrevista na Bandeirantes [sobre a violência no sul do Pará]. Isso mexeu com meus sentimentos. Por mais que foi denunciado, foi pouco. Escuto reportagem da CBN" (MT, 31.10.1995).

[4]"Gosto de ler. Escrevi um livro [em versos de cordel]. Achei que não tava bom e interrompi. Quero escrever a história misturando sotaque goiano com paraense" (MT, 31.10.1995).

buscou as forças para enfrentar um quadro de permanente insegurança e precariedade dentro de si, em casa e em aliados, que se tornaram de casa, como um STR, uma pastoral de Igreja, um partido, uma companheira (mesmo que temporária), alguns amigos, a mãe. Poderia comparar essa situação do peão, concretizada na vida de Charles, envolta numa espécie de armadilha, com a vida de um homossexual portador do vírus do HIV. Este era submetido a crescentes pressões e sua esperança era que a ciência descobrisse a cura (Pollak, 1993: 232).

Charles traz à tona uma história repleta de lembranças difíceis e de longa duração. Ora, a memória pode ser contraditória e/ou complementar, como constatou Michael Pollak.[5] Segundo Pollak, a memória não é igual, nem linear. O mesmo fato pode ser compreendido, interpretado e descrito sob ângulos diferentes. Aquilo que foi desagradável para um, não o é, ou não o é da mesma forma para o outro, dependendo de um conjunto amplo de fatores. Ao recordar o passado, nem tudo também será recuperado. A chance de aumentar ou diminuir o esquecimento de um fato está ligada à distância maior ou menor no tempo, mas não só. O esquecimento se manifesta com mais freqüência em relação a aspectos considerados menos relevantes ou a lembranças que provocariam recordações indesejáveis e que, conscientemente ou não, se quer esquecer ou ocultar. A memória falha, através do esquecimento, ou falha modificando ou adaptando a lembrança ao discurso necessário, tornando possível a vida com as outras pessoas. Ou há o silêncio, às vezes necessário, útil ou doloroso.[6]

[5]Pollack contou com a contribuição de M. Halbwachs (*La Mémoire collective*. Paris, PUF, 1968) que, partindo da tradição metodológica durkheimiana ("como os fatos sociais se tornam coisas"), não compreendia na memória coletiva uma imposição, mas procurava nela o que havia de positivo; de H. Rousso (Le Syndrome de Vichy, 1944-198... Paris, Le Seuil, 1987) que acentua outro lado dessa memória, a imposição sobre outros que devem manter na história oral subterrânea suas memórias e, também, de P. Bourdieu (*Le Sens pratique*. Paris, Minuit, 1980) que reflete sobre a violência simbólica. Alguns dos textos considerados mais significativos de Pollak foram publicados após sua morte, em *Une identité blessé*. Dentre eles, "Mémoire, oubli, silence".

[6]Pollak fala de sobreviventes de campo de concentração, que podem manter-se em silêncio como uma forma de "encontrar um *modus vivendi* com aqueles que, de perto ou de longe, tinham, ao menos sob a forma de um consentimento tácito, assistido à sua deportação". Há ainda a história de judeus que negociaram com os nazistas, talvez esperando tornar menos dura a perseguição, ou menor o sofrimento do seu povo.

Falar sobre a própria vida, como fazia Charles, quando as suas relações familiares foram e continuavam sendo dolorosas, exigia um esforço do depoente.

A esperança de Charles e de outros, que tinham experiência similar nas fazendas, era a de quem não podia viver o binômio expresso em segurança e liberdade,[7] mas tais trabalhadores podiam acreditar em algo? Em alguma "cura"? A vida de Charles foi tecida por uma permanente inquietude, expressa em palavras que povoaram suas cartas e seus depoimentos — "ameaça", "humilhação", "vida custosa e difícil", "a gente não se sente contente", "caluniaram", "foragi", "*stress*", "minimizam a mim". Mas foi uma vida também marcada pela disposição de resistir, expressa ao escrever "sofro sozinho, mas de cabeça erguida" ou, "para cada problema, uma solução".

Neide Esterci (1994: 107-108) trata dos conflitos que os trabalhadores solteiros dizem ter tido com o pai como algo quase ritual, uma justificativa para sair, ir em busca de recursos, de conhecimento, de novas relações, para livrar-se da autoridade do pai, da proteção da mãe. Essa ruptura se expressa normalmente "no dizer que haviam saído sem ao menos despedir-se dele". Com a mãe a relação é diferente. Não saem de casa sem a bênção materna, e a mãe pode ser a mediação necessária para o retorno e a superação dos problemas com o pai. Certamente, no caso de Charles, a mãe também era aquela que tentava mediar um conflito que parecia insolúvel e se desdobrava. Primeiro era um conflito entre Charles e o padrasto; depois entre Charles e os irmãos. Aqui, contudo, algo favorecia. Charles conseguia manter contatos com a família, mesmo que às vezes à distância, pois ela tinha uma moradia fixa,[8] ele sabia escrever e utilizar o telefone público.

[7]Zygmunt Bauman, sociólogo polonês, afirmou: "Não seremos humanos sem segurança ou sem liberdade: mas não podemos ter as duas ao mesmo tempo", in *Comunidade: a busca por segurança no mundo atual* (Rio de Janeiro: Jorge Zahar Editor, 2003).

[8]Em alguns depoimentos constatei que há casos em que o trabalhador perde contato com a família. Por exemplo, uma liderança sindical do Mato Grosso saiu de casa no Maranhão ainda menino e demorou muito a procurar notícias de seus pais. Quando o fez, eles já não estavam mais na cidade. O dono de uma pensão que era sulista, antes de ir para o Mato Grosso, não quis acompanhar a família que se mudava para outra direção. Perdeu também os contatos e não sabe como refazê-los.

Outros trabalhadores se dispersam, não voltam e não mandam notícias porque não querem ou não podem, pois perderam os contatos e não sabem o novo endereço da família. Ou porque morreram de alguma doença, de acidente ou foram assassinados.[9] Alguns morrem e os que encontram seu corpo, presenciam sua morte ou são informados dela podem não saber sobre seu nome, ou sabem apenas o prenome, ou nada além de um apelido. A família, não sendo informada da morte, persistirá com a dúvida sobre a razão de sua ausência. De alguns existe a foto e a história da fuga e do assassinato. De outros, nem sequer a foto, só o testemunho de um dos sobreviventes. São homens que não só foram mortos fisicamente, mas tiveram uma outra morte, a simbólica, expressa na ocultação de suas identidades, quando não, dos próprios corpos. Mesmo que algumas dessas mortes tenham alcançado o noticiário da imprensa, sua identidade continuou oculta, como nessa reportagem de João Batista Natali:

> No ano passado, no município de Carutapera, os fiscais do Ministério do Trabalho localizaram um corpo e duas ossadas. Os trabalhadores tentaram fugir e foram mortos. Em Santana do Araguaia, no Pará, a Comissão Pastoral da Terra registrou em maio último o caso de um trabalhador de 28 anos que, doente, escapou da fazenda e se refugiou num acampamento de trabalhadores sem terra. Dois capangas do fazendeiro foram buscá-lo. Ele morreu com dois tiros, a 300 metros da palhoça em que foi seqüestrado. Tudo para dar o bom exemplo (*FSP*, 17.12.2000: A 18).

No caso, a reportagem fala de mortos, dá referências municipais, situa os fatos quanto às datas, ao número de tiros, mas não revela suas identidades. Muitos não retornam por outros motivos tais como a morte ou os atritos com os parentes. Há aqueles que não voltam porque, tendo insucesso econômico, ficam envergonhados e evitam comunicar-se com os familiares, aguardando dias melhores. Alguns, na busca desesperada

[9] Não há lista completa dos mortos nas fazendas; o que existe é uma relação elaborada pela CPT do sudeste do Pará, que registra, entre 1985 e 1999, em torno de cem peões assassinados ao tentarem fugir do trabalho cativo naquela região. Certamente contém um número abaixo da realidade.

para mudar sua história, escapam do círculo das fazendas, entram nos garimpos, imaginando descobrir muito ouro e, bamburrados, voltar como um vencedor.

O trabalhador se torna temporariamente emigrante e, por isso, temporariamente *ausente* e *presente*; ou se torna *peão do trecho,* quando se desliga mais profundamente dos seus laços de amizade e parentesco sem compor novos, permanece nesse círculo do trabalho nas fazendas paraenses, sem retornar ou inserir-se em outra opção de sobrevivência econômica. É um emigrante definitivo em relação a Barras ou ao Mato Grosso ou pelo menos por um período mais extenso que a média dos aliciados. Torna-se um imigrante definitivo nem sempre em um mesmo município do Pará, e é capaz de viver em trânsito, sucedendo-se em fazendas e pensões que o hospedam e o *vendem*. Ou há casos em que ele transita do Pará para o Mato Grosso, Goiás ou Tocantins. Pela fluidez de sua presença, pela ausência de residência fixa e determinada, pela falta de documentos de identidade, nem sequer exerce o direito constitucional do voto. Sem bens materiais e simbólicos, não existe nas estatísticas. Alguns dos peões rompem o cerco e se transformam em posseiros, ou são absorvidos como assalariados em atividade urbana ou rural. Estes também, não retornando ao estado de origem, serão imigrantes definitivos mesmo se, aparentemente, nada os impeça de retornar.

Há momentos em que a vida dos trabalhadores lembra aquela de certos imigrantes estudados por A. Sayad (1988:11), como acentuou Bourdieu no prefácio de *A imigração*. Eles são descritos por Sayad como "pessoas deslocadas", sem "lugar apropriado no espaço social e de lugar marcado nas classificações sociais". O imigrante se manifesta como alguém que, no seu deslocamento, não é "estrangeiro", mas também não é "cidadão"; é alguém na "fronteira entre o ser e o não-ser".

Através da migração e de tudo que ela implica, a pessoa sofre um processo de depreciação. Isso atinge tanto os submetidos à relação de escravidão por dívida no Brasil e a outros tipos de escravidão como pessoas submetidas a diversos sistemas coercitivos, mesmo se em intensidade e forma diferentes. Na escravidão africana, houve um duro processo de desqualificação moral dos capturados. Conforme Claude Meillassoux (1995: 82-83), em certas populações africanas havia um sistema de alianças entre clãs e entre castas, mesmo quando as pessoas se encontravam muito distantes de seu lugar de origem. E jamais, em vista dessas alianças, um indivíduo podia ser capturado pelos aliados ou pelos parentes, pois o *status* de que gozavam devia sempre ser mantido. Contudo, não ter laços de parentesco ou de aliança tornava a pessoa uma estranha e, por isso, passível de ser escravizada. E Meillassoux lembra que, entre os Mande, o capturado devia se matar. Não o fazendo, tornava-se um escravo, que "era um morto em *sursis*" ou, em outras palavras, um "morto social". Aquele que não tinha a coragem prevista do suicídio perdia a honra e a dignidade. Por aceitar viver de forma deficiente e limitada, por aceitar o "desprezo que o privava de personalidade", "era esbofeteado", tornado cativo e considerado por isso um morto-vivo.[10]

Há, de fato, muitas situações em que a vida perde a qualidade, em que o sobrevivente nega a própria vida. Hannah Arendt (1982: 280-281) "qualifica de recusa ou de negação à vida" o jeito como se comportavam os judeus que não resistiam e aceitavam como inevitável a forma como viviam na perseguição nazista. Eles tinham uma espécie de "morte social" e física. Primeiro foram isolados e perderam o estatuto jurídico, o que significou uma "morte cívica" e, em seguida, tiveram a outra morte. A situação dos imigrantes, compreende Sayad (1998: 270), equivale de certa forma a essa mesma "negação à vida" sofrida pelos judeus. Poderíamos reconhecer que, mesmo não havendo a expectativa social de um suicídio, como aquela dos africanos escravizados, ou a "morte" semelhante dos judeus ou dos imigrantes descritos por Sayad, alguns trabalhadores enredados e submetidos à rede do endividamento progressivo, cativos da dívida, e às vezes do álcool, já submetidos ao isolamento afetivo, econômico e geográfico, entram em um ciclo cujo fim pode ser trágico, de "negação à vida". Há uma espécie de suicídio na vida sem perspectiva dos "peões dos trechos", em que se alternam humilhações e violências em fazendas sucessivas, praticamente a troco de comida.

[10]Meillassoux cita, ao se referir a escravos como *estranhos absolutos*, Benveniste (*Le vocabulaire des institutions indo-européennes*, Ed. de Minuit, 1969: 360) e ao cativo como um morto em *sursis*, M. Izard ("Les captifs royaux dans l'ancien Yatenga", in Meillassoux, *L'esclavage em Afrique précoloniale*. Paris, Maspero (org.), 1975: 281-297)

Estar na pátria, em tese possuir definido o estatuto jurídico, significa pouco quando se é submetido a determinadas formas coercitivas e a liberdade não passa de uma abstração. Alguns, tragados pelas circunstâncias, não escapam por alguns anos da rede de trabalho cativo; outros traçam uma trajetória de construção da liberdade mesmo nos vãos de uma existência dilacerada. É verdade que as pessoas reagem de formas diferentes aos mesmos fatos e aos diversos pólos e à intensidade de violência, de abandono e de estranhamento, e têm, mesmo que limitados, seus próprios mecanismos de administrar a situação complexa quando ela se torna seu cotidiano. As razões para uma ou outra atitude dependem de alguns fatores pessoais, mas não só. O que diminuiria a margem dos riscos depende de alternativas de trabalho, de ações da sociedade civil e, principalmente, do Estado.

O trabalhador, não obtendo sucesso econômico no deslocamento, pela vergonha do fracasso, pode não mais retornar nem manter contato com os familiares. Voltar é, no caso, confirmar o insucesso. É desfazer o orgulho da partida, a prova da coragem no empreendimento de uma viagem ao desconhecido: é a destruição de um sonho.

O trabalhador migrante pode ter uma trajetória de dificuldades crescentes, antes mesmo de sair de casa e ser recrutado para o trabalho. Sua vida muitas vezes é marcada pela fome, pelo desemprego, por divergências familiares, como a de Charles. Uma vez aceito o convite para empreender a viagem, no seu transcurso e na fazenda, sofre desprezo, desconfiança, corre riscos de contrair doenças e, não raro, adoece, se acidenta, é ameaçado e, isolado, fica distante das informações.

Ao saírem de casa, os trabalhadores já partem aliciados ou se deslocam por conta própria até o Pará, onde será feito o aliciamento. Os primeiros partem endividados; os últimos serão enredados na teia do endividamento posteriormente. Tanto uns quanto os outros são submetidos a uma situação em que não mais detêm o controle seguro sobre si. Dependem em parte da vontade de outros, de quem as ordens nem sempre são consideradas claramente abusivas. Estes podem ocultar sua arbitrariedade, simulando generosidade, através de gestos que exigem inclusive reciprocidade de "favores" e, desta forma, os aliciados executam as tarefas com mais docilidade e certa anuência. Um desses mecanismos de domínio por parte dos empreiteiros, nos anos de 1970 e 1980, foi, em determinado momento do trabalho, liberar uma pequena parcela do pagamento dos *peões* e os brindar com um presente. Os homens eram levados à cidade para o encontro com mulheres e com a bebida. Sob o pretexto de que, ao beberem, causavam transtornos, a polícia os prendia. A ação policial era combinada com o empreiteiro, que viria "socorrer" os trabalhadores, "pagar sua fiança", libertá-los e levá-los consigo. Iam para a fazenda com mais uma dívida, a da fiança, e ainda agradecidos por terem sido salvos.

A dominação pressupõe o engano da vítima em um encontro desigual: um, armado, o outro, desarmado; um, protegido e, às vezes, favorecido por funcionários do Estado, o outro, só. Chegar à fazenda não significa alcançar o lugar conhecido, o espaço do acolhimento. Pode ser o aumento do desconforto expresso no ritmo e nas condições do trabalho, na moradia precária, na parca alimentação, na distância do local de origem, no isolamento da mata, na saudade dos que ficaram, no tratamento recebido. O problema é vivido não apenas pelos trabalhadores aliciados e levados ao estado do Pará, mas às fazendas de outras regiões. João Batista Gomes da Silva (depoimento, Brasília: 2001), do GEFM de Cuiabá, constatou o problema no Mato Grosso. O gerente de uma fazenda possuía "PhD em agronomia" e dispunha de um sistema de satélite para o controle da produtividade do pasto e do gado. Contudo, o tratamento dispensado aos trabalhadores era primitivo, como "se fossem uma impureza, uma erva daninha"; sem privacidade, eram vigiados mesmo quando faziam suas necessidades fisiológicas. Ser tratado como algo impuro, uma planta indesejável ou um animal repelente desqualifica a pessoa, degrada-a diante de si e do outro.

O migrante, já inseguro diante do novo, daquilo que ainda não conhece, quando enganado, pode generalizar sua desconfiança contra todos os paraenses ou contra todos os desconhecidos que encontra fora de sua cidade de origem. Quando foge de uma fazenda, tem a dúvida sobre o resultado: alcançará a cidade mais próxima? Ao chegar à cidade, não tem dinheiro para prosseguir a viagem, comer e se vestir. Diversos depoimentos revelam as dificuldades de uma fuga, mesmo quando ela é realizada com certo sucesso. Por exemplo, um jovem maranhense, com 15 anos, ao alcançar a cidade, estando com fome, tenta trocar um *short* por um prato de comida (Araújo: 24.12.1992). Outro jovem perde a camisa e encontra um tracajá na mata; em Xinguara, troca o réptil por uma camisa usada. O problema não termina. Desconhece a região e não sabe a quem procurar. Pensa em ir à Polícia Federal, mas há só uma, em Marabá, que é distante. Ou um terceiro sai às "dez horas da noite rasgando os pés", dorme na estrada, atando a rede em dois coqueiros, e sente muita insegurança, pois sabe que, se preso, na fazenda os *fiscais* têm "arma e podem torar a gente no tiro" (Pacoso: 2.4.1993).

O tesoureiro do STR de Barras, João Alves, reconhece que alguns trabalhadores, ao retornarem do Pará, graças a uma intervenção do GEFM, demonstram "vergonha" e se "acanham" em revelar que saíram pelo mundo para "trabalhar como escravos nas fazendas". No Mato Grosso, é possível também encontrar o mesmo acanhamento e vergonha entre os trabalhadores que ali estiveram. Os primeiros sentem vergonha por terem ido ao Pará, depois dos avisos do STR, das ponderações familiares. Contar o que houve é admitir o próprio erro. Os últimos sentem vergonha porque falar é reconhecer-se um "barriga-verde", peão ingênuo, capaz de se deixar enganar e dar motivo para ser alvo de chacota. Para os do Piauí, há a censura e uma atitude de compaixão; para os do Mato Grosso, uma desqualificação, mesmo se acompanhada por compaixão. Por que a diferença? No Mato Grosso, admitir ter sofrido o engodo é reconhecer-se incapaz, pois a região convive com os problemas da peonagem há anos, os trabalhadores desenvolveram técnicas de enganar, de fugir e dar prejuízo ao *gato* ou ao aliciador, expressas no vocabulário que classifica os peões — *urutu-cruzeiro*, *tatu*, *macaco*, *bola, quati, morcego*. Um advogado de empreiteiros lembra-se da dor de cabeça que eles podem dar aos aliciadores e empreiteiros depois que recebem o abono:

> Quando o caminhão ia buscar, passando na mata, então tinha um galho que passava por cima da estrada, muitos peões agarravam no galho, o caminhão ia embora e eles ficavam. Esse é o "peão macaco". Aí ele caía, voltava para trás e ia pegar abono de outro. Isso era muito comum aqui na região. "Peão bola" era aquele que pulava do caminhão e saía rolando pelo capim. E existiam varias denominações (depoimento, Redenção: 2000).

Alguns também chamam de peão *quati* aquele que pula do carro e *morcego* aquele que, ao pular do carro, se agarra ao galho de alguma árvore, como o peão *macaco*. Ou, sentindo-se lesados, os trabalhadores "dão o tombo no *gato*", deixando inacabado um serviço através de "cobras", isto é, eles prevêem "o percurso que o fiscal irá fazer na conferência do serviço, no momento da entrega, e deixam uma parte sem fazer, em local que o fiscal não consiga ver. É uma forma de resposta à exploração que sofrem" (Equipe pastoral..., 1983: 30). Portanto, podem ser "cobras" e deixar "cobras". São "cobras" não apenas porque espertos, mas no sentido de enfurecidos, perigosos, se não "matam, aleijam", como um urutu-cruzeiro; e deixam "cobras", mentindo, dizendo terem concluído algo que ainda está por fazer. Portanto, ir para uma derrubada no Pará, contratado por um *gato*, e ser enganado geram vergonha e a depreciação social de ser considerado tolo. É melhor, pois, não falar sobre o engodo, salvo em privado. Talvez isso explique o silêncio de um trabalhador de Recanto da Paz, no Mato Grosso, que conseguiu se libertar da fazenda Vale do Rio Cristalino, em Santana do Araguaia, em 1983.[11] Até então nada havia falado aos seus vizinhos de roça, mesmo tendo vivido uma história emblemática por envolver torturas e assassinatos de algumas pessoas, e outras centenas em trabalho escravo.

Em Barras, no Piauí, os trabalhadores não parecem ter desenvolvido as mesmas técnicas de burlar o *gato* para se defender das artimanhas dos homens das fazendas. Além disso, a diária para as atividades braçais em Barras, quando existia, oscilava entre três e quatro reais, enquanto nos municípios em torno de Vila Rica e Caseara, no Mato Grosso, entre sete e dez reais.[12] As chances de um trabalhador de Barras eram menores, a vida mais difícil, sob o ponto de vista de oportunidade de trabalho e remuneração, havendo ainda a seca e a fome. Ao mesmo tempo, as oportunidades dos trabalhadores do Mato Grosso eram maiores e, não existindo o fenômeno da seca prolongada, havia menos fome. Pela dificuldade vivi-

[11]A empresa só efetuou a indenização em 1997, 13 anos depois, quando quis leiloar a fazenda. Houve um embargo judicial, graças à ação movida por advogados da CPT em nome de três das vítimas, condicionando o leilão ao pagamento dos seus direitos trabalhistas.

[12]Cf. pesquisa de campo realizada em julho e agosto de 2000. No início de agosto o dólar estava cotado a US$ 1,80.

da, eram mais numerosos os lavradores de Barras dispostos a correr o risco de ir ao Pará e serem lesados, sem que isso significasse que receberiam dos amigos e vizinhos uma desqualificação social.

2. O SONHO

> Nas longuíssimas noites polonesas, o ar da enfermaria, denso de tabaco e odores humanos, saturava-se de sonhos insensatos. Este é o fruto mais imediato do exílio, do desenraizamento: a prevalência do irreal sobre o real. Todos sonham sonhos passados e futuros, de escravidão e redenção, paraísos e inverossímeis inimigos: inimigos cósmicos, perversos e ardilosos, que penetram em todos como o ar. Todos, com exceção talvez de Cravero, e certamente de D'Agata (Levi, 1997: 171).

O segundo, D'Agata, "um limpíssimo pedreiro siciliano", no campo de concentração, "não tinha tempo de sonhar, porque estava obcecado pelo terror dos percevejos. Esses incômodos companheiros não agradavam a ninguém, naturalmente; mas todos terminaram por acostumar-se", salvo D'Agata (Levi, 1997: 171). O primeiro, Cravero, era um turinense, "um patife consumado, puro, sem nuances, daqueles que é raro encontrar, e nos quais parecem tomar corpo e figura humana as abstratas hipóteses criminosas do código penal" (Levi, 1997: 165). Há sonhos que podem povoar as vidas humanas, mas há também vidas que nem sequer sonhos sensatos ou "insensatos" têm tempo ou possibilidade de acalentar.

Em uma reportagem de Ricardo Kotscho[13] sobre as carvoarias em Carmo do Rio Pardo (MS), um dos 10 mil carvoeiros (grande parte oriunda de Minas Gerais), Fábio, de 16 anos, falou não possuir sonho. Só o esperava a morte e "depois que morrer, acabou". Nas entrevistas realizadas para este estudo, ao perguntar se o entrevistado tinha algum sonho, uma esperança, a resposta inicial, às vezes, era a surpresa com a própria pergunta, como se fosse inadequada. De fato, nem sempre se sonha.

Maria Branca se considerava realista e havia abandonado os sonhos. Não tinha esperança de que o filho ou o genro pudessem retornar com algum

[13]Foi ao ar no programa *SBT repórter*, na noite de 7.11.1995.

sucesso do sul do Pará e também não manifestava nenhuma esperança quanto a uma solução econômica no Piauí. Do Pará muitos chegavam sem ou com pouco dinheiro, doentes, e ela os auxiliava. Quando algum trabalhador recebia dinheiro, era insuficiente para os gastos, explicou Maria Branca, "com a própria saúde e não recompensa porque a saúde nunca é compensada mesmo do jeito que a gente quer. Fica sempre com o sintoma".

> *Pergunta*: Não tem nenhuma esperança de sucesso nas idas ao Pará?
> *Maria Branca*: Não.
> *Pergunta*: Mas há outra solução?
> *Maria Branca*: A esperança que eu tenho não é nem dizer: fique aqui e ganhe tanto dinheiro. O que eu queria dos meus filhos era que eles tivessem paciência com a vida, mesmo pobrezinhos, porque de outros modos a gente não tem esperança para ganhar dinheiro pra viver dignamente. Aqui no Piauí, não. Não tem como. Pesquisando bem a cabeça, depois que a gente localiza um lugar só pra pensar, não existe. Lugar bom aqui no Piauí, não (Barras, 19.7.2000).

Pessimista também era Frederico, homem de 54 anos, casado, nove filhos. Além de *peão* nas derrubadas de mata, temporária e simultaneamente aliciou trabalhadores. Nada o distinguia dos demais, nem a casa, nem a roupa, a cor, a cultura ou a situação econômica e, por isso mesmo, deslocou-se ao Pará empurrado por igual precisão. Quanto ao sonho, disse: "Eu fui por influência do povo" que dizia ser possível ali "arrumar muito dinheiro, que era bom da gente ganhar, mas não ganha nada não". Por causa da promessa, partiu e depois contou que "tudo o que ganho chega aqui em casa, uma semana, duas, acabou-se, (...) é pouco". Mas permanecer no município alimenta algum sonho? Para Frederico

> É melhor, mesmo que estando em casa com a minha esposa, digo: (...) não vou sair mais (...), porque não adianta a gente sair. Não ganha nada [indo], [a pessoa] perde tempo. Perde lá, tem uma despesa lá e outra aqui, chega aqui não dá para fazer nada. (...) então, vou me aquietar em casa que é melhor. Trabalhar mesmo por aqui, assim [a pessoa] vê se arranja um servicinho por aqui. Assim estou trabalhando. Fico em casa mesmo agora (depoimento, Barras: 2000).

Mesmo mantendo uma relação especial com o *gato* e com o dono do imóvel, pois atraía outros para o trabalho, não compensava partir, e esse sonho de ganhar dinheiro se desfez. Uma posição parecida com a de Frederico era defendida por um dos diretores do STR de Barras. J. Branco considerava ser melhor "se controlar" e "trabalhar no nosso Piauí". Pois, quando a pessoa era solteira, empreendia viagens atrás de melhorias, "mas quando [o rapaz] casa, se aquieta, vive mais, mais bem de vida do que vivendo por esse mundo de meu Deus aí afora". Aos que o contestavam, insistia: "com certeza o dia melhor a gente encontra é aqui, no nosso Piauí". E ponderava que "a necessidade empurra a gente pra gente ir também, mas é a gente que faz também. Eu analiso por mim". Pareceu-lhe, pois, que o trabalhador não era irremediavelmente obrigado a fazer isso ou aquilo. Havia uma margem de possibilidade, pois "a gente faz também". Fazia também o quê? Fazia a vida, a mesma gente que era "empurrada" pela "necessidade" também empurrava a necessidade e construía uma nova história pessoal. A pessoa existia além da fatalidade, da sorte inevitável. Não se podia esquecer, todavia, que J. Branco era sindicalista, alguém que, na luta, encontrou uma resposta inclusive econômica. Ele era mantido pelo movimento sindical e tinha um conhecimento profissional maior que os demais. Sabia, por exemplo, dirigir carro (depoimento, Barras: 2000).

Frederico e Maria Branca não eram os únicos que tinham os sonhos podados. O único sonho de Aparecida Conceição era continuar "quebrando coco babaçu", ela explicou. No meio da sua fala, contudo, deixou de ser entrevistada para se tornar entrevistadora. Quis saber se o pesquisador iria ao sul do Pará e, principalmente, "você vai ter notícia de meu filho?". Nesse momento o entrevistador compreendeu por que ela tinha tomado a iniciativa de ser entrevistada. Ela havia enxergado, no estranho, aquele que talvez a fizesse reencontrar o filho, pois havia morado no Pará e socorrido fugitivos de fazendas. Diante disso, foi à sede do sindicato procurar aquele sobre quem sabia pouco, mas o bastante. Seu sonho agora ia além do quebrar coco. Era reencontrar o filho. O estranho tornou-se menos estranho e, por isso, a mulher falou sobre o aliciamento sofrido pelo filho, contou ter ido atrás do aliciador em Barras, perguntou-lhe pelo seu rapaz, se este havia permanecido no Pará. O filho nem sequer era "um rapaz feito", tinha

15 anos e não era de andar na "folia dos outros", mas foi seduzido. "Os outros foliaram e ele, um rapaz novo, foi" (depoimento: Barras: 2000). Viajou sem documento, contra a vontade dos pais. Naquele momento não era mais o adolescente, tinha 38 anos, uma filha, e enviou uma foto da criança. Mas por que ela própria ainda não ia ao Pará, atrás dele?

> Porque não sei onde ele mora direito. Eu não sei onde é. Eu só sei notícia variada. Eu não sei notícia com certeza. Se eu soubesse com certeza (...) tinha ido lá. (...) eu não sei onde fica essa Xinguara. Agora eu me taco daqui, pego um carro aqui e vou para lá, não acerto, ando envarruando com a cara pra cima pela cidade (...)! Por isso, se eu soubesse, eu ia (depoimento, Barras: 2000).

Alguns trabalhadores diziam não ter sonho, apenas pesadelo. Não adiantava sequer conseguir uma terra em Barras, pois era um lugar sem movimento. Venderiam o quê se não dava para plantar "legume" naquela terra? E, se a terra produzisse, venderiam para quem? (trabalhador, Barras: 2001). Outro foi duro: os sonhos tinham acabado e esperava apenas a morte (trabalhador, Recanto da Paz: 2001). Para esses, há uma negação do presente, mas o que há no passado? O passado não é totalmente bom e, pior, o futuro lhes parece sem perspectivas de mudanças.[14] Mas, para outros, havia sonhos. Destes, uns eram modestos, como comprar uma cama, uma roupa, uma bicicleta, um pouco de comida, um remédio, ter recursos para brincar no festejo da igreja ou viajar. Alguns manifestavam desejo de ter saúde e casa. Os sonhos mais constantes eram ter trabalho, terra, estudar e principalmente ganhar dinheiro. Um havia sonhado ser padre e se tornou diretor do STR. Boa parte dos sonhos dependia de um dinheiro ou de uma solução que podia vir de fora (Barras, 2000 e 2001).

As pessoas entrevistadas no Mato Grosso revelam sonhos coincidentes com as de Barras, como possuir uma bicicleta, uma terra, um emprego, uma casa e dinheiro. Mas havia também quem sonhava ter um carro

[14]Ademir Pacelli Ferreira (1999:121), ao estudar o nordestino no Rio de Janeiro, se inspira em Clarice Lispector (*A hora da estrela*. Rio de Janeiro, Francisco Alves, 1991, 18a. ed.) que tem na personagem Macabéa uma mulher para quem "falta um futuro" e, ao mesmo tempo, "sente-se impregnada pela nostalgia de um futuro que não teve".

(liderança sindical, Terra Limpa: 2000), e uma mulher do "ambiente" revelou que havia sonhado que suas duas filhas casariam virgens. Entregou-as aos cuidados de uma tia que morava em outra cidade. Lamentava, pois a tia não conseguiu cumprir com a obrigação de proteger as meninas e ambas haviam casado grávidas (Porto Félix, 2000).

Os sonhos de conseguir um emprego apareceram com freqüência em toda parte. Um dos trabalhadores desejava morar na cidade "fazendo qualquer coisa". Por exemplo, trabalhar como vigia, que era uma função que não exigia saber ler, supunha. E ficaria feliz se recebesse mensalmente um salário mínimo[15] (Barras: 2000). A resposta revelava algo aparentemente simples, mas, de fato, tratava-se de uma imagem invertida da situação que ele vivia: vestia-se mal, morava na roça, sem iluminação elétrica, sem chance de se divertir assistindo à televisão, não tinha prestígio social e, raramente, acesso ao dinheiro; como segurança, morando na cidade, teria acesso à energia elétrica, à televisão, ao salário, ao prestígio social oriundo da farda e da arma. De fato, os sonhos, quando existem, falam daquilo que os trabalhadores concebem como uma vida minimamente decente, daquilo que idealizaram como conforto e vida melhor.[16]

Algumas vezes, ao falarem do sonho de estudar, os trabalhadores referiam-se a si mesmos ou aos seus filhos, ou a ambos. Em Terra Limpa (MT), Valderice (2000), que manifestava mais sonhos que o marido, queria terra e, principalmente, que a filha estudasse: "Se eu fosse uma pessoa

[15]Em 21.3.2003, o salário mínimo nacional era de RS$ 200,00, ou equivalente a US$ 58,73.

[16]Entre trabalhadores alemães do pré-guerra, que se sentiam escravizados pelas máquinas e haviam sido entrevistados pelo contramestre Adolf Levenstein, cuja obra, *Die Arbeiterfrage*, foi publicada em 1912, Barrington Moore (1987: 272-294) constata que "havia três elementos principais em suas imagens de uma vida feliz. O primeiro era simplesmente uma visão do presente despido de seus aspectos mais desagradáveis. O segundo era o futuro construído em termos de um passado rural idealizado, ou mesmo uma versão idealizada do que eles tinham visto ou ouvido sobre a vida rural de sua época. Tratava-se de uma contra-imagem, o reverso da vida como eles a conheciam. Finalmente, havia a marca das idéias socialistas. A proporção desses elementos variava de indivíduo para indivíduo. Em algumas das respostas aparece um deles; em outras, eles podem estar combinados — ou embaralhados — como em um sonho" (ibidem: 293). Em um dos depoimentos, um mineiro expressa seu sonho: "Quando eu voltasse do turno, comeria até me fartar; depois, um passeio a pé pelo bosque, um trago de cerveja e um descanso na cama, para estar em boa forma no próximo turno — faria para mim uma boa casa e assim poderia viver em algo que fosse meu" (ibidem: 293-294).

que tivesse um estudo, eu não era como sou hoje. Eu era alguma coisa, porque o interesse por algumas coisas eu tenho." A menina tinha oito anos e devia estudar "para não viver dependendo dos outros como eu vivo. Viver se acabando na [atividade] braçal igual (...) o pai dela. Não quero isso não. De jeito nenhum. Eu quero que ela seja alguma coisa na vida". E ela própria gostaria também de aprender a escrever:

> Valderice: Eu tenho vontade de escrever muitas coisas. Mas acontece que eu não sei. Deus não me deu esse dom ainda, num sabe? Pode ser que um dia chegue nas minhas mãos. Mas até agora...
> Pergunta: E o que você gostaria de escrever?
> Valderice: Ahhhh, muitas coisas... Ihhh! Tenho vontade de escrever história... Tenho vontade de escrever coisa romântica. Tinha vontade de escrever assim... Como é, meu Deus? Eu nem sei explicar muita coisa.
> Pergunta: Você conta história para sua filha?
> Valderice: Conto.
> Pergunta: História que você inventa?
> Valderice: Tem umas assim que eu sei, de vez em quando eu conto.
> Pergunta: Você inventa história para ela?
> Valderice: Não. Não gosto de inventar.
> Pergunta: Você disse que gostaria de contar histórias. É história da realidade?
> Valderice: Eu prefiro contar a história da realidade.
> Pergunta: Você gostaria de escrever a sua vida, por exemplo?
> Valderice: Gostaria. Gostaria como se apresenta. Mas eu não sei. (...)
> Pergunta: E as histórias do seu marido, você tinha vontade de escrever?
> Valderice: Se eu soubesse, já tinha era feito a carta há muito tempo, sabe? Com a história dele aí. Se eu soubesse, mas como eu não sei. Eu sou uma pessoa, o seguinte: não gosto das minhas coisas ir contando para todo mundo, sabe? Eu tenho esse sistema comigo desde de miudinha. Minha coisa é dentro de mim mesmo. Se eu tenho que contar uma história, do meu marido, não gosto de estar falando para todo mundo. Tipo um dicionário. Uma coisa assim... Escrever e guardar. Gosto sendo só de casa. Só entre eu mesma. Então dessa vez está para esclarecimento.

Aparentemente Valderice se manifesta como alguém que é fatalista e que atribui seu analfabetismo à falta de um "dom" dado por Deus e não às situações sociais vividas desde a infância. Contudo, sua história revelava alguém capaz de lutar contra as adversidades e de enfrentar, se necessário, até empreiteiros para defender a vida de seu marido. Ao mesmo tempo, se de um lado ela é discreta e não quer tornar público aquilo que considera privado, nem quer que a foto e a identidade do esposo sejam publicadas, aceita de bom grado que os sofrimentos dele se tornem conhecidos.

> *Binka*: Você está de acordo, se eu escrevo no meu livro a história do seu marido, para alertar os outros? Sem botar o nome dele?
> *Valderice*: Sem botar o nome dele? Sem botar o retrato dele, a foto... O que aconteceu com ele...
> *Marido*: Por mim pode tirar até foto. [risos] Pode bater foto, dona... Não tem nada não.
> *Valderice*: Têm muitos por aí que sofrem. Têm muitos que sofrem muito mais do que ele. Então não quero que o que aconteceu com o meu marido aconteça com ninguém. Principalmente, com pessoal que trabalha para ter o pão de cada dia. Não me importa que escreva, não. De jeito nenhum.

É possível ter algum sonho, quando se vive uma situação de fome, de subemprego e, mesmo temporariamente, de uma migração que leva ao trabalho escravo? Acalentam-se de qualquer forma sonhos, e muitos destes são circunscritos ao espaço da possibilidade. Aquilo que para uns é apenas uma realidade banal, para outros pode ser horizonte de vida. Dá-se o passo, mesmo no sonho, às vezes, conforme o tamanho das pernas. Ou, pelo contrário, sonha-se o "impossível", principalmente quando se é jovem ou quando se vive uma situação especial. As situações tensas e difíceis são diversificadas, como são diversificadas as respostas dadas pelas pessoas. Nessas situações, alguns reagem a cada momento de forma diferente. E mesmo a alteridade, que é mais intensamente sentida por uns, não o é por todos.

Ser do próprio país e gozar teoricamente de um estatuto jurídico definido pelo Estado pode nada significar para os trabalhadores e a liberdade ser apenas uma abstração, dependendo do nível de coerção recebido em fazendas. Ora, o peão não é visto como preguiçoso, dado à briga e à bebida, incompetente, um perigo para as famílias ou nem sequer é considerado como um ser igual? A relação que se instala entre o proprietário do imóvel, o *gato*, o *fiscal* e o trabalhador é mesclada de "estranhamentos" e "alheamentos". Um estranhamento perigoso, porque construído numa dessemelhança que justifica o desprezo, o ódio ou uma atitude permeada de indiferença quanto à sorte do outro. Enquanto a relação próxima e pessoal entre os prepostos e o trabalhador pode degenerar até em violência física, a relação entre o proprietário (ou a direção da empresa que, normalmente, tem sede em outra região) e o trabalhador pode ficar na esfera do "alheamento". O dono se interessa apenas pelo resultado da empreita, não lhe interessam os "detalhes" das relações com os *peões*, não presencia os mecanismos de controle, não assiste às sessões de violência física e não determina que matem os fugitivos. Se seus prepostos o fazem, nada sabe nem gostaria de saber. Diversos proprietários de terra alegaram, quando acusados, desconhecer notícias de abusos ou violências perpetrados por seus empreiteiros ou "fiscais". Um gerente de empresa agropecuária, pertencente a uma firma multinacional, diante da apresentação de provas inquestionáveis dos crimes contra trabalhadores dentro da fazenda, perguntou, em 1983: "Mas qual fazenda aqui age de outra forma?" E desafiou: "Citem o nome de pelo menos uma fazenda!" Vinte anos depois, em 7 de março de 2003, em noticiário de uma rede de televisão brasileira, foi entrevistado o proprietário de uma carvoaria no Mato Grosso do Sul, enquanto funcionários da DRT faziam uma vistoria. Para os representantes do governo, o que havia nas carvoarias era uma série de irregularidades que configuravam a prática do trabalho escravo. O empresário, para se justificar, dizia que em todas as carvoarias as relações dos empresários e trabalhadores eram iguais.

Os que estão ausentes física ou psicologicamente e não se sentem responsáveis podem nos lembrar o rei Leopoldo II, da Bélgica, pessoa estimada e conceituada pela sua "filantropia", que sacrificou 10 milhões de africanos, como escravos, no chamado Estado Livre do Congo, entre 1885 e 1908, sem ter colocado os pés ali. Não conheceu diretamente nem as vítimas nem muitos de seus algozes. Talvez dormisse tranqüilo, pois as vítimas, estando distantes, facilitavam o "alheamento" do monarca (Hochschild, 1999).[17]

Uma reflexão interessante, mesmo tratando de outro aspecto do alheamento, foi feita pelo psicanalista Jurandir Freire Costa (2000: 77-89). Ao escrever sobre a violência no Brasil, trata do processo de "alheamento em relação ao outro" das elites nacionais, isto é, dos que monopolizam os recursos econômicos nacionais e detêm "instrumentos que consagram as normas de comportamentos e aspirações como recomendáveis e desejáveis" e trata da "idéia de irresponsabilidade em relação a si". Afirma o autor que muitos têm discutido sobre nossa capacidade de tornar estranho o outro, aquele que não é de "*chez nous*". Muitos, à sua maneira, demonstraram que podemos desconhecer o outro como um igual e, por isso, nos afastamos dele. Em vez de lhe sermos hostis ou de o perseguirmos, podemos desqualificá-lo enquanto "sujeito como ser moral". Jurandir Freire Costa afirma:

> No estado de alheamento, o agente da violência não tem consciência da qualidade violenta de seus atos. Se o possível objeto da violência nada tem a oferecer-lhe, então não conta como pessoa humana e pouco importa o que venha a sofrer; se, ao contrário, tem algo que interessa ao violentador, sua única qualidade relevante é a de ser suporte dos objetos ou predicados desejados, e o que quer que lhe aconteça é igualmente relevante para quem deseja apenas apropriar-se daquilo que cobiça (Costa, 2000: 79-80).

Jurandir Freire Costa (2000:80), retraduzindo Hannah Arendt, afirma que a indiferença leva à anulação do outro em sua própria humanidade, "é

[17]O monarca, em nome dos valores da civilização, ocupou e dominou em nome pessoal o Estado Livre do Congo, com área 75 vezes superior à própria Bélgica. Enquanto se apresentava como um protetor dos africanos e inimigo do tráfico negreiro, retirou desse território o equivalente, em 1998, a um bilhão de dólares, saqueando o que havia de minério, látex e marfim, segundo Adam Hochschild. Além disso, sacrificou a metade do país, transformou homens e mulheres em escravos (e não se tratava de escravidão "legal"), permitiu a utilização da tortura e do assassinato como prática corriqueira. Leopoldo tinha as mãos limpas, não empunhou pessoalmente o chicote nem a arma de fogo, apesar de ser responsável por algo tão trágico quanto o Holocausto na Segunda Grande Guerra.

uma forma pela qual se manifesta a banalidade do mal". No nosso caso, a vítima da violência tem algo a oferecer a esta *elite*: o trabalho e o lucro a baixo custo. Contudo, do seu jeito, de seu modo, os trabalhadores traçam uma trajetória de busca da liberdade nas rachaduras possíveis de uma existência que não deve ser fragmentada.

Migrar implica entrar em um universo em que há carências, perplexidades, o novo invade, e é necessário adaptar-se ao estranho. Mas também é mais do que isso, é troca, aprendizado e intercâmbio com outros de novas formas e concepções. Rompe-se com a mesmice de uma vida com fronteiras limitadas e, no risco, aprende-se, alarga-se e se dilatam as fronteiras do próprio ser. Ou não. Aquele trabalhador que se desinstala do conforto de uma cultura que tem como referência e se integra a uma outra comunidade também sofre rupturas que podem fragmentá-lo. Torna-se "presa de duas almas", como diria Per Johns, citado por Ademir Ferreira,[18] em trabalho sobre o processo de exclusão dos migrantes, em especial os nordestinos que se deslocaram para a construção civil do Rio de Janeiro, que ele encontrou nas emergências psiquiátricas da cidade.

De fato, os resultados de um processo difícil de adaptação não são iguais para todos. Há os que aprendem mais, ao sofrer o engano e o fracasso; os que saem feridos e se recompõem aos poucos; os que se adaptam, podendo, em alguns casos, se inserir na lógica da exploração, e então o universo de seu sonho passa pela transformação em outro eu, transmuta-se em *fiscal* ou *gato*, repetindo com outros aquilo que sofreu. Dependendo do grau de desajuste, em vez de "surtar", viver o grau máximo da "alteridade radical", deslocado dos seus, do universo conhecido e dominado, sucumbir com "o esfalecimento de seu eu", como acontece com alguns dos migrantes estudados por Ademir Ferreira (1999), este trabalhador, transmutado, pode identificar-se com o agressor e assumir a agressividade do outro.

[18]A. Ferreira (1999: 24-25), ao refletir sobre o sujeito que "precisa circular no tempo e no espaço, estranhando-se e reconhecendo-se em sua multiplicidade", lembra uma entrevista concedida pelo escritor e filho de migrante Per Johns, ao explicar que os deslocamentos provocam "esse ser ambíguo e privilegiado, ao mesmo tempo estrangeiro e nativo" (*O Globo*, 24.9.95). Para Johns, nascer entre duas línguas, acarreta "o 'estilhaçamento' do próprio interior do sujeito; ele seria 'presa de duas almas'".

O surto se manifesta quando há uma ruptura interna, porque os mecanismos de ajustamento não mais funcionam. Neste caso, para reforçar e não esfacelar o eu, a pessoa busca uma saída, que é deixar de ser só oprimida e tornar-se também opressora, mesmo se essa atitude significa adotar uma posição que pode ser considerada moralmente condenável. Ele "aprendeu" a regra, reproduziu a cultura da brutalidade e não "surtou". Tornou-se pistoleiro, por exemplo, e o preço moral foi alto.

CAPÍTULO VI

Os acusados falam

(...) a funcionária Aparecida, além de todos os defeitos já narrados (...), é pessoa viciada em bebida e mentirosa; que, acrescenta também, Francisco Machado e Francisco Ferreira não sabiam trabalhar na roça, tendo o interrogado lhes dado emprego porque os mesmos estavam passando até fome (...)

(fazendeiro Antônio Barbosa de Melo,
em interrogatório na PF: 1997).

(...) nós é que somos escravos dos peões. Afinal, temos que arranjar-lhes emprego, sustentá-los e ainda cuidar deles

(fazendeiro no Pará, *Veja*: 24.7.1991).

QUANDO FALAM

Após o período de coleta de dados, quando comecei de fato a elaborar este trabalho, uma questão parecia se impor: os fazendeiros sabiam o que se passava em suas propriedades? Se sabiam, agiram apenas movidos pela cobiça? Como eles se explicam? O que, como e de onde eles falam sobre tais assuntos? Não seria possível, neste momento, e não é esse o objetivo, retornar ao Pará para entrevistá-los. Mesmo assim, vou tentar compreender esses pontos, utilizando outras fontes de informações disponíveis, como depoimentos em inquéritos policiais, peças de processos judiciais e a imprensa. Através da imprensa, diversos proprietários, gerentes e empreiteiros de fazendas têm se manifestado. As entrevistas nem sempre são obtidas com facilidade. O ex-deputado "Vavá" Mutran, suspeito de ter utilizado com muita freqüência mão-de-obra escrava em suas propriedades e de ter cometido crimes de homicídio contra posseiros e contra um fiscal estadual, não foi sequer educado: "Não vou responder nada! Quem gosta de fazer revista que vá dar o cu!" (*Caros Amigos*, nº 12, abril de 2002: 9).

Diversos denunciados não quiseram falar porque se exporiam e dariam ainda mais repercussão às denúncias. Ou preferiram não falar por não confiarem no entrevistador. Ou, pelo contrário, desejaram falar para se defender. Outro motivo que os levava a falar era o prazer e o orgulho de poderem revelar seus sucessos empresariais. A possibilidade de conseguir uma entrevista depende da habilidade e do grau de confiabilidade revelados pelo entrevistador. Binka Le Breton (2002), que me acompanhou na viagem ao Mato Grosso em 2000, ou Luiz Macklouf Carvalho, jornalista de *O Estado de S. Paulo* (5.11.1994), são alguns dos que foram recebidos por fazendeiros e obtiveram longas conversas com eles. O resultado é desigual nestes casos. Um dos fazendeiros, sofisticado, apresentou as grandes conquistas de empreendedor e falou muito pouco sobre o tema específico. O outro concedeu uma entrevista de grande repercussão, pois admitiu ter cometido crimes e revelou que o Poder Judiciário e a polícia do estado do Pará eram coniventes com ele.

Certamente o que se passou nas fazendas, o sistema de ilegalidade penal e trabalhista, presente com tanta insistência, só se explica diante da força política manifestada por esses homens, como veremos a seguir.

Nós somos contra o trabalho escravo, se é que ele existe

(deputado Asdrúbal Bendes, PMDB/PA: 24.6.2003).

DESINFORMAÇÃO?

Quando o GEFM entrou na fazenda, encontrou diversas irregularidades e um bilhete do cantineiro dirigido ao *gato* Edmilson Dantas de Santana, que prestava serviço para diversas fazendas simultaneamente.[1]

> Olha, Edmilson, esse pessoal que fica mais distante da cantina — como os roçadores lá da Táxi e os motoqueiros que ficam mais longe da cantina estão reclamando porque quando eles chegam na cantina já estão com fome e não tem nada para eles comer ou merendar. Então eu quero que você

[1]Trabalhava para as fazendas Guaraparã, de João Geraldo Pereira, Santa Rosa, de Adenilson Rodrigues da Silva, Agropal Agropecuária Palmeiras Ltda. (ou fazenda Táxi-Aéreo), de Ricardo Miranda e Donizete Miranda. Fiscalização coordenada por Claudia Márcia Ribeiro Brito, do GEFM.

> mande ou traga biscoito — leite ninho — doce condensado — rapadura — doce creme de leite — margarina. Traga essas coisas, a gente vende por um preço bom. Já que estão exigindo — traga mais ovos — mortadela. Aqui estão precisando de velas — cebola — alho — prestobarba (...) (relatório de fiscalização de 15.1.2003).

Era mais uma comprovação de que o sistema de dívida prevalecia ali para impedir que os trabalhadores saíssem. É possível saber se os fazendeiros desconhecem os "excessos" cometidos pelos empreiteiros e os fiscais? É um problema "apenas" de cobiça, desejo incontrolável por lucros moralmente condenáveis? Ou se está diante de uma "ignorância"? Contudo, em que consiste a "ignorância"? Ora, ignorar é não ter conhecimento de algo. Pode-se não ter conhecimento de valores adotados pelo senso comum, pelas leis ou pelos costumes. Ou pode-se ter conhecimento das leis, mas não dos fatos considerados pela legislação e pelo costume como criminosos, sobre os quais se é acusado. Se o fazendeiro, por exemplo, utiliza um intermediário — o empreiteiro — na relação com os trabalhadores, pode haver crimes contra estes sobre os quais ele não foi informado e com os quais não compactuaria. Por isso, seria "ignorante" destes atos e não teria responsabilidade sobre eles. Mas nem sempre a relação se dá através de intermediários. O caso da fazenda Santa Rita, citado há pouco, é um exemplo de ação direta de proprietário no crime, pelo qual foi condenado (Rondoniagora: 5.3.2002). Outro exemplo dessa condição é o de uma carvoaria mantida na fazenda Jataí, no município goiano com o mesmo nome. Os dois irmãos proprietários utilizaram, em jornadas de 16 horas, dezenas de homens aliciados em Minas Gerais, e eles próprios reprimiram os que tentaram fugir, aplicando-lhes surras com cintas e varas, ou mesmo matando um dos trabalhadores (*Veja*: 4.3.1998). Estes proprietários e outros, como Gilberto Andrade, Jairo Andrade ou Benedito Mutran, no Pará, trataram diretamente com os trabalhadores, não ignorando, pois, os fatos dos quais eram acusados.

E se as relações são através do empreiteiro? Nesse caso, o empresário, sua família e seu gerente são preservados de um conflito mais aberto com as vítimas. A presença do intermediário pode mantê-los "ignorantes" de fatos que provocariam inquietações morais ou legais. As relações tendem a ser impessoais e o proprietário se sente de alguma forma menos responsável pelos "excessos" dos fiscais ou *gatos*, não alimenta escrúpulos e alega, diante das autoridades e da imprensa, nada saber sobre o descumprimento da regras penais e trabalhistas, mesmo quando, por anos sucessivos, haja repetição de denúncias.

Os proprietários das fazendas acusadas de incorrer na prática da escravidão, em geral, negam a veracidade da acusação e defendem seus empreiteiros. No processo de desqualificação das denúncias, afirmam que elas são infundadas e veiculadas por razões "sensacionalistas e oportunistas"; tudo "não passa de uma safadeza orquestrada para denegrir" seus nomes (*Jornal do Brasil*: 18.6.1987: 8), ou, como garantiu o presidente do Sindicato dos Produtores Rurais de Marabá, Diogo Naves, ali não havia trabalho escravo e mesmo "nem gostava dessa palavra". Nasceu e foi criado "dentro de uma fazenda (...) e jamais viu trabalho escravo no local". Tufi Mutran Filho também defendeu a classe dos pecuaristas de Marabá, "formada por pessoas 'sérias, trabalhadoras e honradas'. E acusou os fiscais do Ministério do Trabalho de em alguns casos aparecerem nas fazendas de arma em punho, como se o fazendeiro fosse um bandido" (*O Liberal*: 18.6.2003). Alguns lamentam: "nós é que somos escravos dos peões. Afinal, temos que arranjar-lhes emprego, sustentá-los e ainda cuidar deles" (*Veja*. 24.7.1991);[2] e sofrem mais que constrangimentos, com a fiscalização empreendida pelo GEFM e por agentes da PF, pois, além de a propriedade ser invadida, eles e seus funcionários podem ser detidos e terem danos econômicos. A razão dessas operações parece-lhes ser de natureza ideológica,[3] empreendidas para favorecer alguém[4]. Não só os empresários sofrem nas mãos dos trabalhadores, mas a fiscalização se comporta como se buscasse entre os fazendeiros e seus empreiteiros al-

[2]Eudoro Santana, que presidia a Assembléia Legislativa do Ceará, faz esta citação em *Órfãos da Abolição: tráfico de trabalhadores e trabalho escravo* (1993: 48-49). A Assembléia havia instalado uma Comissão Parlamentar de Inquérito (CPI) a respeito do tema, concluída em março de 1992. Santana foi seu relator e, de posse dos dados da CPI, publicou o livro.

[3]Carta do delegado do Sindicato Rural de Vila Rica (20.7.1995) e Requerimento de Liberdade Provisória em São Félix do Araguaia (MT) (24.7.1995).

[4]Relatório de fiscalização da Sefit, na fazenda Maringá, Comodoro (MT) (1 a 8.4.1996).

gum "terrorista".[5] Por isso conclamam que se unam a eles, seus detratores, as "facções políticas ideológicas, que tanto depreciam a região (...) para produzir alimento, gerar impostos e dar emprego".[6] Há os que lamentam ser impossível desenvolver projetos agropecuários na Amazônia, respeitando simultaneamente as regras trabalhistas e penais, dada a escassez de mão-de-obra, sua desqualificação profissional, a baixa produtividade, a ausência de documentação, o analfabetismo e a desintegração social. Há ainda quem, como Marcos Ribeiro, proprietário da fazenda Primavera, admita: "Reconheço que os bois recebem um tratamento muito melhor que os peões." Mas explica que a culpa não era dos fazendeiros: "Eu não forneço água limpa porque eles não gostam, eles preferem beber da água do córrego." E continua:

> Nós devemos manter esses homens ocupados nas fazendas para que eles não se juntem ao Movimento dos Sem Terra.
>
> Se uma ONG dessas que defendem direitos humanos entrar nas nossas fazendas, nós vamos todos em cana. (fiscalização do GEFM, dez. 1996).

Há argumentos não apenas dos que moram no Pará, mas de outros que moram fora e se beneficiam dessa modalidade de trabalho. Acusado de cumplicidade com o trabalho escravo e com a violação das leis do país, Romeu Bezerra, brasileiro, vice-presidente da maior importadora de mogno nos EUA, a Aljoma Lumber (de Medley, na Flórida), reclamou do governo brasileiro. Segundo ele, o governo estabeleceu tantas restrições ao corte e ao transporte da madeira que tornou "impossível embarcar mogno legalmente". Quanto ao trabalho escravo na Amazônia, afirmou: "Hoje em dia, não existem coisas como essa." E reclamou tratar-se de "mentiras", por interesse político, difundidas por funcionários do governo "que querem se eleger e querem a bandeira verde os apoiando" (*O Globo*, 26.3.2002: 12).

[5]Ruth Vasconcelos, que, na época, era coordenadora do Gertraf, escreveu ao autor (20.8.1995). Ela foi nomeada pelo ministro do Trabalho e Emprego, Jacques Wagner, no início do governo Lula da Silva, em 2003, para a Secretaria de Inspeção do Trabalho.

[6]Mesmos argumentos da carta do delegado do Sindicato Rural de Vila Rica (20.7.1995) e do Requerimento de Liberdade Provisória (24.7.1995).

Como o problema não se restringe ao Pará ou à Amazônia, às vezes encontramos também entrevistas publicadas sobre o assunto em outras regiões do país. Um desses casos é o do líder do Partido da Frente Liberal na Câmara Federal, Inocêncio Oliveira, denunciado por 25 trabalhadores na DRT do Piauí. Eles haviam trabalhado em roçado na fazenda Caraíbas, na divisa de Maranhão e Piauí, por um mês e meio, e recebido em média apenas R$ 20,00[7] por todo o período; não possuíam Carteira de Trabalho e Previdência Social assinada e eram obrigados a pagar pelas ferramentas, roupas e outros produtos que o proprietário fornecia. Os fiscais do trabalho descobriram que estes homens viviam em situação "degradante", moravam em "barracos precários e a água estava armazenada em um recipiente plástico onde estava colada a mensagem 'Não reutilizar esta embalagem". "No entender do ministério [do Trabalho] isso caracteriza trabalho 'análogo à escravidão." No primeiro momento a assessoria do parlamentar afirmou que ele não ia ao imóvel há meses, mas os trabalhadores deram outra versão. Ele ia pelo menos uma vez por mês para acertar o pagamento dos recrutadores da mão-de-obra, que no caso eram os empreiteiros (*Folha de S. Paulo*: 20.3.2002). O deputado negou as acusações, mas reconheceu que "'como em toda a fazenda da região e do Brasil' os serviços temporários são gerenciados por um *gato*, que contrata mão-de-obra avulsa". E concluiu: "Não tenho relação com esse processo" (*O Globo*, 24.3.2002: 14). O repórter Gaspari perguntou ao parlamentar se, mesmo sendo "praxe", não era "também uma monstruosidade" a relação de subempreita nas fazendas da região. Inocêncio admitiu: "É, e acho que deveríamos nos sentar para resolver o problema da informalidade do trabalho tanto no meio rural quanto nas áreas urbanas." Contudo, só depois do escândalo, o deputado determinou ao seu administrador que não aceitasse mais "trabalhadores empreitados sem carteira" (*O Globo*, 31.3.2002: 12).

[7]Em 26.3.2002, os R$ 20,00 equivaliam a US$ 8,51, pois US$ 1 correspondia a R$ 2,56.

> *Inventaram (...) que os fazendeiros da região [do sul e sudeste do Pará], ou a sua grande maioria, mantêm trabalhadores escravos. Não é verdade! Eles nos ajudaram a desenvolver a região e a constituir o melhor rebanho do estado do Pará, um dos maiores do Brasil. Não podemos aceitar essa pecha. Parece que no Pará só existem bandidos: o fazendeiro é tratado como bandido (...). Vamos apelar para quem?*
>
> (deputado Asdrúbal Bentes, PMDB/PA: 24.6.2003).

DEFENDEM-SE E ACUSAM

Um exemplo das complexas relações entre fazendeiro, peões e *gatos* é aquele de Antônio Barbosa de Melo, dono das fazendas Alvorada e Araguari. Para ele, os peões não deviam ser tratados como vítimas, mas como réus. Estes eram "preguiçosos", de "vida promíscua", "troca[va]m bota por pinga", eram ladrões, não sabiam trabalhar, fugiam deixando dívidas. Entre eles havia uma mulher mentirosa e bêbada que "armava" toda essa denúncia contra ele.[8] Outro exemplo vem de um preposto do fazendeiro Luiz Pires, da fazenda Flor da Mata, Geraldo José Ribeiro. Quando o GEFM, coordenado por Valderez Maria Monte Rodrigues (set. 1997), constatou que ele trabalhava de forma irregular e a empresa que havia constituído em seu nome já havia dado baixa na Receita Federal, Geraldo explicou: "Quem trabalha com a gente é só marginal." Isso justificava contratá-los de forma irregular. Contudo, se a justiça não acredita nesses argumentos e tem provas que considera irrefutáveis, os proprietários dos imóveis podem ou não admitir a existência do problema. Se admitem, tendem a transferir a responsabilidade para outros. Barbosa de Melo, no interrogatório judicial, negou que permitisse a "escravidão branca" em suas terras. Pelo contrário, orientava os *gatos* para que cobrassem "o menor preço possível" na cantina, não gostava de "judiar" dos *peões* e

[8] Depoimentos do fazendeiro A. B. de Melo na PF (15.4.1997) e na Justiça Federal de Marabá (26.8.1997).

até lhes oferecia assistência quando estavam doentes. Se o *gato* não lhes pagava, ele próprio o fazia. Em 22 anos, só duas vezes contratou diretamente os peões. Até então não havia sido preso ou processado. Salvo "quando era rapaz novo", pois tentaram casá-lo na delegacia e ele escapou (*O Liberal*, 29.9.1994: 12). Em 1998, apesar de continuar alegando inocência, não escapou à lei e foi condenado pela Justiça Federal de Marabá por crime tipificado como de redução de pessoas a uma condição "análoga" à de um escravo.[9]

No jogo de deslocamento de responsabilidades, não é apenas o proprietário que tenta escapar. Em outro caso, o gerente de uma fazenda reconheceu, diante de uma série de evidências presenciadas por diversas testemunhas, a existência da escravidão no imóvel. Depois negou. O fato se deu durante uma visita de parlamentares, sindicalistas e da CPT à fazenda Vale do Rio Cristalino, em Santana do Araguaia, em 1983. A comitiva tinha sido convidada para visitar a fazenda após uma série de denúncias feitas pela CPT de Conceição do Araguaia terem sido veiculadas pela imprensa nacional e internacional. No transcorrer da visita, algumas pessoas confirmaram as denúncias, às quais acrescentaram outras. Em um momento de descontrole, o gerente, irritado, perguntou à equipe investigadora: qual a fazenda na região que utilizava a mão-de-obra de outra forma? Era como se constatasse a desarticulação entre a necessidade, que se impunha pela realidade, e o estatuto legal.

Nem sempre, mesmo diante de um flagrante, o proprietário reconhece existir a escravidão em suas terras, pois ele pode divergir do que seja escravidão e daquilo que é legal ou justo. Lembrando Clifford Geertz (1997: 11), deve-se estar atento, pois o que se vê depende do lugar em que é visto, e das outras coisas que são vistas ao mesmo tempo. Ou, repetindo Guimarães Rosa (1984: 291): "Um sentir é do sentente, mas outro é o do sentidor." Isso é, não basta sequer estar no mesmo lugar social para se ver da mesma forma. Depende do grau de informação que se tem, dos valores adotados e, mesmo, da história de vida da pessoa.

[9]Crime previsto no art. 149 do CPB. Em 2001 e em 2002, houve contra ele novas denúncias de incorrer no mesmo crime (cf. Arquivo da CPT/Xinguara).

Jairo Andrade, acostumado a mandar e a ser obedecido, ao ter seu imóvel fiscalizado por agentes da PF e por fiscais do Ministério do Trabalho, agiu e falou a partir de sua posição de fazendeiro com muitas fazendas, o gado numeroso, grande extensão de pastagem e grande número de subalternos e uma história de vida moldada por uma agressividade que não conseguia esconder. Habituado a controlar pessoalmente seu patrimônio, zelou por ele e envolveu-se em um tecido de valores e significados. Por isso, quando interpelado por funcionários do governo federal, sentiu-se ofendido e, tratando-os com rispidez, negou-se a apresentar os documentos solicitados. Recusou-se ainda a pagar aos funcionários e, ainda diante das autoridades, destratou o empreiteiro e empurrou um peão. Foi multado, mas a multa, por ser pequena, não seria cobrada. Depois, recebeu Danielle Rouard, do *Le Monde* (25.4.1998: 13), a quem garantiu que, ao contrário das acusações, não utilizava mão-de-obra escrava. Manifestou sua surpresa pelo fato de a Igreja Católica demonstrar compaixão pelos peões e não por ele, um "desbravador" que, com suor, construíra um expressivo patrimônio. Sentia-se injustiçado, pois beneficiava os pobres oferecendo trabalho. Para Jairo tudo era simples: quem deve é obrigado a pagar, mesmo trabalhando sob coerção física; enquanto não saldar a dívida, deve ser retido na fazenda. Nisso ele não percebeu problemas morais ou jurídicos. Se essa não for a lei, o problema é da lei. Aliás, uma das características da personalidade deste fazendeiro — a franqueza com que defendia suas idéias, inclusive diante de jornalistas — deixava seus familiares em apuros.[10]

O fazendeiro tinha prestígio junto a figuras importantes e podia demonstrá-lo. Conforme Luiz Macklouf Carvalho (*O Estado de S. Paulo*:

[10]Suspeito de ter contratado pistoleiros para assassinar trabalhadores rurais e um deputado, Jairo confirmou ter subornado a polícia, admitiu que ele mesmo participou de assassinatos, enumerou as mortes, descreveu como foram realizadas, informou onde enterrou as vítimas e fez ameaças (*O Estado de S. Paulo:* 5.11.1994: A: 27-28). Procurados pela polícia, dois de seus filhos alegaram que o jornalista havia inventado a reportagem. Quando localizado, o fazendeiro afirmou que havia dito aquilo por "brincadeira" e que não imaginava que seria publicado. Talvez o hábito de fazer tais brincadeiras fosse antigo. Sete anos antes ele havia afirmado que matava quem ameaçasse suas terras (*Jornal do Brasil*: 28.6.1987: 17), logo após ter sido acusado do assassinato do advogado e deputado estadual Paulo Fontelles (*Jornal do Brasil*: 18.6.1987: 8).

5.11.1994), "na parede elegante do escritório" da fazenda Forkilha, Jairo posava ao lado do presidente Juscelino Kubitschek. No entanto, havia começado a vida modestamente como tratorista e revelou capacidade surpreendente em acumular fortuna, pois possuía mais de 100 mil cabeças de gado espalhadas por diversos estados, além de dirigir empresas em áreas urbanas (*Le Monde*, 25.4.1998: 13); foi o primeiro tesoureiro nacional da União Democrática Ruralista e sua fama de produtor chegou ao exterior. Por isso, recebeu a visita de uma comitiva oficial vinda da Índia (*Folha de Carajás*, 28.4.1995: 10). Na campanha presidencial de 1998, subiu no palanque com Fernando Collor, em Redenção, foi prestigiado por ele e manteve audiências com parlamentares do Congresso e com ministros (*Le Monde*, 25.4.1998: 13).

A relação dos fazendeiros cujas propriedades foram denunciadas nos últimos anos é extensa ("Introdução": quadro 1) e, em "Migração", apresentei alguns deles, nem todos ricos como Jairo Andrade. Mas havia outros tão ou mais ricos, como os membros da família Quagliato. Os Quagliato construíram primeiro uma fortuna com cana-de-açúcar, usinas de álcool e criação de gado em São Paulo, Paraná, Goiás e Pará. Um deles, Roque Quagliato, em 1972, ampliou os negócios familiares, abrindo uma fazenda no sudeste do Pará. Conforme Binka Le Breton (2002: 205-219), só no Pará eles tinham 160 mil hectares de terras próximas de Xinguara, onde concentravam um rebanho que podia ser composto por até 150 mil cabeças. Para produzir carne de boa qualidade, utilizavam tecnologia de ponta e, repetidas vezes, usavam também escravos, conforme a CPT e alguns funcionários do Ministério do Trabalho. Mantinham relações com o mundo político e empresarial e, em 1986, hospedaram o casal real da Suécia em uma das fazendas do Pará. As relações estabelecidas com a casa real sueca vinham do fato de a rainha Sílvia ser irmã da cunhada de Roque Quagliato.

Diante das denúncias contra uma de suas fazendas, em 1993, João Luiz reagiu: "Refutamos com a maior indignação qualquer alegação de trabalho escravo. Todos os trabalhadores na fazenda têm plena liberdade de ir e vir, jamais [são] reduzidos à condição de escravidão" (ibidem: 211). Anos depois, em 1997, a justiça não estava convencida dos argumentos de João

Luiz Quagliato e ele foi condenado criminalmente, mesmo que a sentença tenha sido suspensa.[11] Novas denúncias de utilização sistemática de mão-de-obra escrava eram feitas e, finalmente, graças a problemas dessa natureza em uma das fazendas do Grupo Quagliato, a Brasil Verde, desde 1998, o Estado brasileiro responde a uma petição impetrada na OEA. Nem assim ele deixou de ser acusado de reincidente nos anos subseqüentes.

Os fazendeiros, algumas vezes, se apresentam como tendo uma vida penosa, por sofrerem acusações que lhes parecem artimanhas de inimigos, e têm sobressaltos com as acusações que sofrem e com as fiscalizações de seus imóveis por parte do GEFM e da PF. Sentem-se verdadeiros "pais" para com seus subordinados e, em contrapartida, recebem "injúrias".[12] Um dos que se consideram vítimas, Gilberto Andrade, era dono de 12 mil hectares e 5 mil cabeças de gado apenas em Paragominas. Lamenta que ele e os demais fazendeiros sejam escravos dos peões e não o contrário. E conclui que eram obrigados a conseguir emprego para esses homens, "sustentá-los e ainda cuidar deles" (*Veja*, 24.7.1991). É interessante verificar a identidade existente entre a imagem que o escravagista fazia de si mesmo e dos seus escravos no período da escravidão legal e a construída por alguns dos chamados escravagistas contemporâneos. Os primeiros também se reconheciam como pais e protetores; eram aqueles que orientavam e alimentavam os escravos que seriam boçais e incapazes de se administrarem. Não é por outra razão que, em 1758, o título de um

[11]João Luiz, como incurso nas penas previstas pelo artigo 203 (frustrar, mediante fraude ou violência, direito assegurado pela legislação do trabalho), acrescido do crime continuado previsto no artigo 71 do CPB, foi condenado em 1999. O processo tramitou pela Lei 9.099 de tal forma que conseguiu ser submetido a uma pena alternativa. Em vez de o fazendeiro ser preso, ele distribuiu cestas básicas. E, em benefício oriundo da mesma lei, foi extinta sua punibilidade. Como vimos anteriormente, situações semelhantes favoreceram outros fazendeiros. Caetano da Silva, condenado, apelou em liberdade. Antônio Barbosa de Melo, condenado, conseguiu cumprir a mesma pena alternativa de João Luiz. Outro, Luiz "Pires", acusado do mesmo crime de escravidão, teve a fazenda Flor da Mata desapropriada. Mas a desapropriação foi um prêmio. Recebeu um valor quatro vezes superior ao do imóvel.

[12]Tomás de Aquino (1225-1274), um dos mais influentes teólogos do mundo cristão, criador do tomismo, admitia: "Que um homem seja escravo e não outro é coisa que, de um ponto de vista absoluto, não tem razão natural, mas só razão de utilidade, portanto é útil ao escravo ser governado por um homem mais prudente, e é útil a este último ser ajudado pelo escravo" (S. Th., II,2, q. 57, a. 3, ad. 2º.).

livro sobre aspectos jurídicos e religiosos da escravidão era *Etíope resgatado* e, como subtítulo, *empenhado, sustentado, corrigido, instruído e libertado* (Rocha: 1992). Os escravos não estavam preparados para a liberdade e para o trabalho, pensavam abolicionistas e não abolicionistas no século XIX, e afirma Joseli Nunes Mendonça (2001: 32-37) que essas idéias acabaram, de certa forma, sendo adotadas no século seguinte mesmo por cientistas sociais de prestígio:

> Florestan Fernandes, Octavio Ianni, Fernando Henrique Cardoso e Emilia Viotti da Costa consideram que os libertos [da escravidão] expressaram uma rejeição natural ao trabalho porque, quando escravos, foram submetidos aos maus-tratos, à violência, ao trabalho compulsório. Além disso, ponderaram que os libertos estiveram desprovidos de elementos socialmente importantes para sua integração na sociedade livre, em decorrência da desorganização familiar, da falta de "instrução" e de "senso de responsabilidade", que, entre outros fatores, eram tomados como característicos da vivência do escravo (ibidem: 36).

Como os escravos não estavam preparados para a liberdade, esta deveria ser realizada de forma gradual e acompanhada. Retornando a Gilberto Andrade, este suspeitava que, atrás da denúncia formulada contra ele, havia uma ação coordenada com o objetivo de atingi-lo. A indignação de Gilberto Andrade era partilhada por diversos outros. Mas quem "denegria" os empresários e por quais razões? As "armações" partiam de fontes variadas. Eles supunham que eram "armações" desencadeadas por peões fugitivos, por entidades sindicais, sociais (como o MST), religiosas (como a CPT), pela imprensa, por funcionários do Estado (parlamentares, fiscais e agentes dos ministérios do Trabalho e da Justiça, promotores e juízes) e até pelo presidente da República e um de seus ministros. Reclamações deste tipo partiram, por exemplo, do empresário Marcus Ribeiro de Carvalho.

Em 1997, conforme um relatório de fiscalização do Ministério do Trabalho, foram encontrados 242 "empregados" na fazenda Primavera, em Curionópolis (PA), que pertencia a Carvalho e a outros dois sócios. Destes, 166 não tinham carteira de trabalho assinada, haviam sido aliciados em seis estados e eram submetidos a sete empreiteiros. Havia, concluía o relatório, além de trabalho "degradante", trabalho "forçado", pois os trabalhadores não tinham liberdade para sair da fazenda enquanto tivessem débito com o *gato*. Carvalho reagiu à denúncia feita pela procuradora Neide Cardoso de Oliveira, contra ele e seus dois sócios.[13] Em 1998, ao depor na Justiça Federal de Marabá, disse que o processo era "fruto de armação política do presidente da República e do anterior ministro do Trabalho".

Roque, da família Quagliato, também tinha suas reclamações. Ao receber a imprensa de Xinguara lamentou, afirmando que não era fácil ser fazendeiro. Enquanto em outros ramos as pessoas eram invejadas e admiradas, como empresários rurais, eles sofriam acusações que considerava indevidas, como as de explorar seus funcionários, apesar de produzirem a cesta básica alimentar mais barata do mundo: "Se você for um megafazendeiro, será tido como um vilão, explorador de mão-de-obra, porém isso não é verdade, porque, justamente por ser grande, ele tem condições de remunerar melhor a sua mão-de-obra, garantindo todos os direitos dos seus trabalhadores." E acentuou: "No meu entender, que eu saiba, não existe trabalho escravo no sul do Pará. O que pode existir são fazendas com empregados sem carteira assinada e sem garantia de salário mínimo" (*Folha de Carajás*, PA: 28.4.1995).

Os acusados podem se sentir incomodados diante do acusador que é incapaz de compreender a natureza móvel das regras, de perceber que as leis devem se adaptar a seus interesses patronais. Muitos, como Jairo Andrade, se consideram benfeitores daqueles que são tratados como suas vítimas. Para eles, os reclamantes foram justamente aqueles que os lesaram, trouxeram-lhes prejuízos e não eram, destarte, vítimas. Por isso os acusados reagem às acusações reafirmando que geram trabalho, são produtivos e, sem eles, os peões viveriam em uma situação pior. Em entrevista para *Brasilien Nachrichten* (nº 84/1984: 66), o suíço Friedrich Brüegger, por exemplo, nega as acusações de trabalho escravo na Vale do Rio Cris-

[13]A promotora, em 8.8.1997, os acusou da prática de crime previsto nos artigos 149 e 203 do CPB, "pelas condições de trabalho subumanas [infligidas contra seus trabalhadores], agravadas pela impossibilidade de deixarem o local do trabalho face o eterno endividamento". O artigo 203 prevê: prática dos crimes de frustração, mediante fraude, dos direitos trabalhistas.

talino — da qual é gerente — e critica a Igreja por tornar pública a fuga de três jovens da fazenda. Para ele, a propriedade, ao contrário da Igreja, gera empregos e, se as denúncias contra os *gatos* fossem justas, eles seriam punidos. Como os *gatos* principais, Abilão e Chicô, acusados de forma tão sistemática por tantos atores — governantes, autoridades eclesiásticas, imprensa mundial sob a influência dos "trustes" internacionais etc. — não eram processados e, menos ainda, condenados, conclui ele, podia-se admitir que as acusações não correspondiam à verdade. A revista *Brasilien Nachrichten,* contudo, registrava logo depois, que a polícia acabava de libertar cem trabalhadores da mesma fazenda e que o *gato* Abilão tinha sido preso com quatro de seus pistoleiros. Friedrich Brüegger, ao ler o que pensava um padre da região, acusando a Sudam de ser a responsável pela concentração das terras, concluía: bastava isso para provar que o padre considerava a riqueza privada um crime. Para o gerente, havia razão para duvidar da honestidade ideológica das intenções da CPT de Conceição do Araguaia, quando auxiliava os trabalhadores. Por que acusar justamente a Vale do Rio Cristalino, quando as demais empresas agiam da mesma forma? Para Brüegger, a Igreja sabia que outra forma de implantar um projeto agropecuário não havia e, por trás da sua acusação, existia uma motivação *marxista*. Era uma Igreja *de esquerda*, querendo tomar as terras dos grandes proprietários e distribuí-las aos peões.

Dois anos depois, no final de 1986, a Coordenadoria de Conflitos Agrários do Mirad publicou o documento *Trabalho escravo*, enumerando 167 propriedades no país suspeitas de utilizarem trabalho escravo. Um dos acusados, o empresário Champalimaud, de Unaí (MG), reagiu em matéria paga com o título "Trabalho escravo ou preparo de rapina?". Ele dizia remunerar "em demasia" os empregados e lamentava ser acusado de injusto. Queriam sua fazenda para distribuí-la aos lavradores. Como nunca houve conflitos agrários na propriedade que justificassem sua desapropriação, nem havia conflitos nas imediações e, caso houvesse, dever-se-ia "buscar no Mirad o seu fabricante ou fautor", a acusação de escravidão era um pretexto. E lembrava que "o conflito agrário é pressuposto ideal para a legitimação do confisco". Tratava-se de uma conspiração com o objetivo de "roubo" de terra, prática "socialista-comunista", nos moldes da "Rússia bolchevique", coisa montada por "comunistas e seus acólitos", e que a sua experiência pessoal ensinava que não se deveria deixar de dar "resposta pronta aos marxistas e àqueles que lhe vestem a pele" (*Folha de S. Paulo*: 10.2.1987).

Champalimaud, ao contrário de Brüegger, não acusava pessoas ou entidades da sociedade civil, mas setores do governo. E considerou desnecessário responder pontualmente às acusações do Mirad, optando por desqualificá-lo. Certamente, tanto Champalimaud quanto Brüegger divergiam não só quanto a números ou fatos, mas ideologicamente, de setores da Igreja e, no caso de Champalimaud, de funcionários do Mirad. A premissa de ambos era o valor inquestionável da propriedade; ao contrário da posição oficial da Igreja Católica no Brasil e de setores do governo. Para os últimos, a terra tinha uma função social. Ela devia ser de "trabalho" e não de mera "exploração", escrevia a CNBB (1980) na conclusão de uma assembléia geral realizada em Itaici (SP). Os bispos católicos afirmavam no texto que a "terra de todos" havia se transformado "em terra de poucos" e atacavam a política de incentivos fiscais que estaria a "serviço da grande empresa". Para eles, a "terra era um dom de Deus a todos os homens". No mesmo ano, o papa João Paulo II, em visita ao país, declarou-se a favor de uma reforma agrária. E apresentou a razão: "sobre toda propriedade particular pesava uma hipoteca social". Quanto ao Mirad, criado em 1985, no início do governo civil, uma equipe coordenada pelo antropólogo Alfredo Wagner, com o apoio do ministro Nelson Ribeiro, documentava as violências e os conflitos fundiários e, sobre tais fatos, mantinha informado o governo e a opinião pública. Contra essa "ideologia" do Estado e da Igreja Católica, eram formuladas as reclamações.

GENEROSOS E SEVEROS

Um sistema paternalista estabelece entre os subordinados e seus senhores um vínculo no qual há expectativas recíprocas. Isso se constata mesmo na escravidão legal, como revela um estudo de Eugene D. Genovese sobre o Sul dos Estados Unidos. Ali foi criada "uma espécie de sociedade paternalista *sui generis* do ponto de vista histórico". E ele explica que o fato de "insistir na convergência das relações de classe, tal como se manifestaram no paternalismo, não equivale a menosprezar o racismo ou negar as intoleráveis contradições situadas no cerne do próprio paternalismo" (1988: 22). Conforme ainda Genovese, e como abordei na "Introdução", a escravidão antiga e moderna supunha que o escravo era apenas um *instrumentum vocale*. Contudo, tal afirmação se revelaria sem sentido na América, pois "a insistência do paternalismo em obrigações mútuas — deveres, responsabilidades e, em última instância, até direitos — representava, implicitamente, a humanidade dos escravos" (ibidem: 23). Já com o fim do antigo mercado de escravos da Antiguidade e as mudanças ocorridas no mundo, inclusive pela "sutil pressão moral de um cristianismo em ascensão", acabou havendo o estabelecimento de "um mundo senhorial em que senhores e servos (não escravos) tinham, em relação aos outros, exigências e expectativas recíprocas". E, na Europa, criou-se um mecanismo de ocupação e domínio das terras, baseado em uma "ideologia paternalista tradicional da qual os proprietários de escravos sulistas (nos Estados Unidos) consideravam-se herdeiros" (ibidem: 22). E, continua o autor:

> Cada vez mais os senhores de escravos do Sul (...) passaram a residir em suas *plantations*, e na altura de fins do século XVIII haviam se convertido numa enquistada classe dominante regional. O paternalismo encorajado pela proximidade física de senhores e escravos foi enormemente reforçado pelo fechamento do tráfico de escravos africanos, o que obrigou os senhores a dedicar mais atenção à reprodução de sua força de trabalho (ibidem: 23).

Ao contrário de Genovese, que estudou a escravidão legal, Christian Geffray (1995) estudou algo da história posterior, após o fim da escravidão legal. Como Geffray explicou, ele pesquisa as formas originais de autoridade social ou política latino-americana, chamadas de tradicionais ou arcaicas na Amazônia brasileira, incluindo as que considerou "formas brutais de exploração ou insidiosas da dominação social", que utilizavam uma "ficção de comércio" e uma "dívida imaginária". Tendo constatado "o mesmo fenômeno em diversas atividades de produção", ele pretendeu

> mostrar como, sobre um plano político mais geral, estas figuras de autoridade social e política ditas tradicionais aparecem intimamente, senão organicamente, ligadas a uma modalidade particular, pericapitalista, de circulação de riquezas — a qual parece ter determinado depois de longo tempo as modalidades da produção, e as formas e funções do Estado, provavelmente no conjunto da América Latina. Se esta maneira de ver for exata, um certo número de práticas, representações ou sentimentos comuns no Brasil (assassinatos políticos e sociais, corrupção generalizada, valorização da mentira...) deveriam ser observadas, não mais como crimes, nem mesmo como a expressão de uma fraqueza ou de uma falência das grandes instituições, mas antes, positivamente, como o fruto da função real que é coletivamente reservada a estas na vida social (ibidem: 8-9).

Diante das diversas relações de trabalho em geral baseadas na "dívida imaginária", inclusive em Marabá (PA), ele concluiu que aquilo que existe ali não é escravidão, mas uma relação "paternalista", "herdeira" e "irmã" da escravidão. Segundo Christian Geffray, o termo designaria uma forma de dominação brasileira, sem prejulgar, contudo, a natureza dos procedimentos de exploração aos quais esta dominação se associava. Na Europa, designaria uma forma particular e primitiva de exercício de autoridade capitalista, no começo da era industrial, quando os patrões cuidavam eles próprios das necessidades sociais de seus empregados, providenciando educação, alojamento, saúde, armazém etc. Os patrões assumiam a função de distribuidores de favores e teciam relações de dependência pessoal. O paternalismo era como um mecanismo de exploração que pressupunha a redistribuição. Tratava-se, para ele, de uma forma diferente de capitalismo, mesmo sendo intimamente dependente (ibidem: 126-127). O que distinguia a relação paternalista da escravidão, explicava, era muito pouco. Na primeira relação, "os chefes das células de produção (...) sabem meter a mão na massa, dissimulando momentaneamente suas armas"; uniam a "mão-de-obra à redistribuição dos bens, de sorte que o saldo monetário desapareça imaginariamente atrás da ficção da redistribuição" (ibidem: 128).

Entre as vítimas da exploração "paternalista", Christian Geffray citou dois homens, José Pereira e Paraná, que em 1989 tentaram escapar da fazenda Espírito Santo, em Xinguara (ibidem: 54-55). Mas, ao contrário do que ele pretendeu, este é um dos exemplos que enfraquecem a defesa de que predominava uma relação paternalista, não escravagista no sudeste paraense, a partir da década de 1970, apesar da forma como alguns patrões se expressaram, inclusive o dono da terra, o deputado Benedito (ou Vavá) Mutran.

Nas relações paternalistas, é comum o patrão (senhor ou seu preposto) conhecer e ser pessoalmente conhecido pelo subordinado.[14] No caso brasileiro, é comum também o senhor auxiliar esporadicamente com remédios, transporte, oferecer casa e trabalho e muitas vezes ser padrinho dos seus filhos. Dissimula os excessos através da promessa e da expectativa de proteção. Não é raro que os vínculos substantivos de dependência sejam acrescidos pelos de gratidão entre as partes, apesar de existir uma exploração econômica. Mas o patrão também é capaz de utilizar violência contra seus subordinados quando algum deles desobedece ou demonstra infidelidade. Uma "dívida moral" em relação ao senhor da terra ou ao seu preposto pode se sobrepor à "dívida jurídica" do patrão. Ir à justiça ou fugir, mesmo com a consciência dos direitos legais, é ser infiel e ingrato, é não reconhecer a "dívida moral" para com aquele que o acolhe e socorre — ou promete socorrer — nos momentos cruciais. Procurar os "direitos" é violar uma retribuição de dons recebidos.[15]

Não é provável, contudo, estabelecer as relações paternalistas quando as relações são de curta duração. Essa duração limitada explica em parte a observação, já citada em outro contexto, de Neide Esterci (1994: 12), quando constata que a arbitrariedade, a violação de acordos estabelecidos e a violência são tão freqüentes que "o consentimento dos subordinados parece não importar absolutamente". Aparentemente não lhes interessa sequer o poder de dominação (que pressupõe um nível de concordância por parte do dominado).

[14]Por isso Genovese (1988: 23) podia afirmar que o paternalismo era reforçado "pela proximidade física de senhores e escravos".
[15]Sobre a coerção no mundo dos engenhos em Pernambuco, em meados dos anos 1990, veja Lygia Sigaud (1996).

O paternalismo de um membro da família Mutran, por exemplo, se manifestava concretamente em relação à população estabelecida em Marabá, São Geraldo e regiões vizinhas. Para uma gente composta por posseiros, pequenos lavradores, coletores de castanha, assalariados estáveis das fazendas, clientela inclusive eleitoral do empresário rural, estabelecia-se a relação paternalista, mas não em relação aos seus trabalhadores temporários. Mutran incorporava a figura do pai severo e poderoso, generoso e rico. Para os que lhe fossem fiéis saberia retribuir; para os demais, usaria a força. Se de um lado atraiu ódio em Marabá e cidades vizinhas, de outro atraiu simpatia e popularidade. E a popularidade, talvez aliada à corrupção, o elegeu deputado e fez, de parentes próximos, prefeito e vereador. Ele foi, inúmeras vezes, denunciado por utilizar gente escravizada, abusar sexualmente de pessoas idosas e crianças, mandar assassinar posseiros, mulheres grávidas e, finalmente, matar com as próprias mãos um fiscal da Secretaria da Fazenda.

Vavá Mutran é um entre outros empresários rurais. Tanto ele como os demais representam não um capitalismo atrasado, mas um capitalismo moderno, eficiente, conectado ao mercado internacional, mas, ao mesmo tempo, capaz de incorporar no processo rotineiro produtivo, em certas situações, formas consideradas arcaicas de relações de trabalho. Em José de Souza Martins (1994: 2 e 20) é possível encontrar que a "escravidão por dívida" ou a "escravidão temporária" são "formas coercitivas extremadas da exploração capitalista". "Surgem onde o conjunto do processo de reprodução capitalista do capital encontra obstáculos ou não encontra as condições sociais e econômicas adequadas a que assuma, *num dos momentos* do seu encadeamento, a forma propriamente capitalista." E cita algumas empresas denunciadas por utilização de trabalho escravo na área rural da Amazônia brasileira.[16] Entre estas empresas uma das mais denunciadas, a partir de 1983, se encontrava no município de Santana do

[16]Essas são as empresas identificadas por J. S. Martins: "Bradesco — Banco Brasileiro de Descontos S. A., BCN — Banco de Crédito Nacional, Banco Bamerindus, Sílvio Santos, Bordon, Lioqüifarm, Daniel Keith Ludwig, Manah, Camargo Corrêa, Eletronorte, Café Cacique, Volkswagen (que depois vendeu sua fazenda na Amazônia ao grupo Matsubara), Supergasbrás e White Martins S.A.". Pelo menos cinco delas tinham fazenda no sudeste do Pará.

Araguaia (PA). Era a multinacional Volkswagen, que, ao mesmo tempo que empregava mão-de-obra escrava na região, pagava historiadores para que investigassem se ela havia utilizado mão-de-obra escrava na Alemanha durante a Segunda Grande Guerra. Foi confirmado que ela utilizou escravos na Alemanha e, como reparação pelo erro, teve início um programa de indenização daquelas vítimas ou de seus parentes mais próximos.

O exemplo de Christian Geffray (1995: 54-55) sobre José Pereira é especial. É um caso que envolve menor, homicídio, tentativa de homicídio, e que obtém repercussão internacional. Em 1992, a CPT, a Human Rigths Watch e o Cejil impetraram, através da OEA, em Washington, uma interpelação contra o governo brasileiro. O proprietário da fazenda, deputado estadual Vavá Mutran, já era conhecido por outras dezenas de denúncias. Desde o início, negou e lamentou as acusações que lhe foram imputadas e, como outros fazendeiros, apresentou-se também como um "pai" para seus subordinados, pois os "empregava" e cuidava deles (*Veja*: 24.7.1991). De fato, não só ele se considerava um pai zeloso, mas seus milhares de eleitores, que lhe proporcionavam mandatos sucessivos, compartilhavam essa mesma impressão. Era um pai severo, mas um pai. Contudo os peões o conheciam superficialmente ou nem sequer o conheciam.

Conforme Vavá, a denúncia não passava de "uma safadeza orquestrada" para atingi-lo e afirmava que a vítima denunciante, José Pereira, de 17 anos, nunca havia trabalhado na sua fazenda (*Folha de S. Paulo*: 22.10.1989). O menor, com o rosto desfigurado por uma bala, que entrou pela nuca e saiu por baixo de seu olho direito, alegava haver fugido da fazenda Espírito Santo na companhia de outro jovem, o Paraná.[17] Os dois foram capturados pelo *gato* e por alguns de seus fiscais. Eles assassinaram Paraná e tentaram matar Pereira, que se salvou por ter fingido estar morto (Rezende, 1992: 102-118).

[17]Christian Geffray (1995: 54), equivocadamente, escreveu que "La balle ressortit par le visage, arrachant l'oeil droit du jeune homme" ou, "José, qui feignit la mort et perdi son oeil par la balle d'um tuer" (ibidem: 59). A bala, de fato, não "arrancou" o olho de José Pereira nem o deixou cego, mesmo que tenha lhe causado problemas sérios. Além de ter o rosto desfigurado pelo tiro e de o olho lacrimejar com freqüência, a bala atingiu um de seus dedos, danificando-o irremediavelmente.

Dias depois da denúncia de José Pedreira, a PF entrou na fazenda, libertou diversos trabalhadores que ainda estavam retidos ali, mas não prendeu ninguém. As provas de que alguém da fazenda Espírito Santo incorrera no crime previsto pelo art. 149 e em homicídio pareciam irrefutáveis, mas Mutran, no depoimento policial, afirmou que desconhecia "os crimes que estavam sendo praticados em sua fazenda, alegando, ainda, que ali somente comparecia de trinta em trinta dias para receber prestação de contas do administrador", mantinha os trabalhadores com um padrão de vida elevado, oferecia-lhes assistência médica e havia construído uma escola para seus filhos. De fato, ele se referia ao corpo de funcionários permanentes da fazenda e não aos temporários dos quais partiam as denúncias.

Na justificativa, para não incluir Mutran na "Denúncia" (17.12.1993) formulada contra quatro *gatos* e contra o administrador da fazenda, o procurador Almerindo Trindade afirmou que Mutran havia colocado "sua propriedade à disposição da autoridade policial para averiguação de suas alegações. Essa averiguação não foi possível, por falta de verba para o deslocamento dos policiais". De acusado, o pecuarista passou a testemunha. Se no primeiro momento ele negou enfaticamente, depois afirmou desconhecer os fatos e, mesmo, os peões. Afirmava que, se houvesse algum crime, era de responsabilidade dos empreiteiros. Ou, quem sabe, do administrador Machado, que morava no imóvel. Em 1997, nas alegações finais, a procuradora federal Neide Oliveira constatou que o proprietário do imóvel havia afirmado: "Sobre os crimes que ocorreram, apenas ouviu a negativa do administrador da fazenda, sendo que não hesitou em demiti-lo por causa da omissão em lhe contar o acontecido, que, à época, foi televisionado." Admitir o crime só foi possível responsabilizando outros.

Por que antes insistiu em negar o que parecia óbvio? Negou por confiar nos seus empreiteiros e no seu administrador? Ou saberia de tudo e estava convicto de que seus homens agiram corretamente? A falha foi terem deixado fugir José Pereira e Paraná e, ao capturá-lo, não o terem matado? Com o acúmulo de denúncias, Mutran foi obrigado a depor numa Comissão Parlamentar de Inquérito da Câmara Federal e perdeu o mandato parlamentar. Finalmente, foi processado e condenado. No entanto, a condenação não foi pelos homicídios e crimes contra peões e posseiros, mas pelo assassinato do funcionário público, que, além de pertencer a uma categoria com capacidade eficiente e rápida de mobilização, era membro da maçonaria de Marabá. Para Mutran, o esquema de controle social se esgotou. Pelo menos, temporariamente.

E o caso José Pereira? Em abril de 2003, ao lançar o Plano Nacional de Erradicação do Trabalho Escravo, o presidente da República, Luiz Inácio Lula da Silva, assinou, depois de tão protelado pelo governo anterior, o pedido ao Congresso Nacional para que fosse inserida no orçamento da União a indenização a José Pereira.[18] Era, de fato, uma resposta de solução amigável à Comissão Interamericana de Direitos Humanos da OEA, antes que esta publicasse um relatório que constrangeria o governo brasileiro, omisso nas investigações das denúncias e na punição dos responsáveis pelo crime de trabalho escravo e homicídio na fazenda do parlamentar. O Senado, em junho de 2003, em votação simbólica, aprovou a indenização a ser paga a José Pereira, no valor de R$ 52 mil. O projeto, contudo, retornou à Câmara dos Deputados, por ter sofrido emenda no Senado (*Jornal do Senado*: 26.6.2003).

REINCIDENTES NAS DENÚNCIAS

Há indícios de que boa parte dos proprietários sabe do que se passa em seus imóveis, mesmo quando não participam diretamente do aliciamento e das tarefas de controle dos trabalhadores. Isso é possível deduzir pela reincidência de crimes constatados pela ação do GEFM em algumas propriedades por anos consecutivos e denunciados pela CPT do sudeste do Pará, em 2001 (documento CPT/Marabá, 2002). A mesma reincidência no crime se repete no ano seguinte. Em *Conflitos no campo Brasil: 2002*, publicação anual da CPT, Antônio Canuto (2003: 10) observa que, de 147 ocorrências no Brasil, 116 eram no Pará. Das 5.559 pessoas identificadas

[18]Atendia assim ao parágrafo 52 de "Ações específicas de promoção da cidadania e combate à impunidade", do Plano Nacional, onde consta: "Concretizar a solução amistosa proposta pelo governo brasileiro à Comissão Interamericana de Direitos Humanos da OEA para o pagamento da indenização da vítima de trabalho escravo, José Pereira, da fazenda Espírito Santo/PA."

como escravizadas, 4.227 eram também do Pará. E Canuto apresenta um quadro demonstrando que, das 116 fazendas denunciadas no Pará, dez eram reincidentes.[19] Algumas delas, de proprietários já citados, como a Rio Vermelho, da família Quagliato, a Forkilha, de Jairo Andrade, e Cabeceiras, de um dos Mutran. A fazenda Alvorada, por exemplo, foi seis vezes reincidente, sendo que seu proprietário, Antônio Barbosa de Melo, já havia sido condenado pelo crime em 1999 (ibidem). Em relação a 2002, somando as dez fazendas apresentadas por Canuto a outras sete detectadas na documentação da própria CPT e na minha documentação, 14,65% das fazendas são reincidentes. Quando tomamos um tempo maior, confirmamos o diagnóstico. No sudeste paraense, de 270 fazendas denunciadas de 1969 a abril de 2003, 62, ou seja, 22,96% delas foram reincidentes (quadro 1, de "Introdução"). Algumas muitas vezes: Brasil Verde, 11 vezes, Forkilha, dez vezes, Primavera, 13, Rio Vermelho 12, Vale do Rio Cristalino, 11. Isso demonstra que as penalidades leves não impedem que se incorra no mesmo crime.

Os proprietários que moram longe e não freqüentam assiduamente seus imóveis podem ter menos informação, mas são informados globalmente pelos seus gerentes dos mecanismos de controle exercido pelos empreiteiros para manter as pessoas trabalhando. Sem alguma forma de apoio da fazenda, o empreiteiro não teria a mesma eficiência nos mecanismos de coerção sobre os peões. Ora, se ignorar totalmente o problema é pouco provável, pode-se julgar as intenções e as responsabilidades? Talvez o discurso irritado de alguns dos denunciados revele mais uma convicção do que uma atitude de ocultação da verdade. Muitos se sentem de fato "benfeitores" de suas vítimas e ludibriados por elas. Muitos conhecem a lei e não concordam com ela, outros talvez não a conheçam.[20] Contudo, este não é o problema que preocupa as organizações que combatem o tra-

[19]São Pedro, em Rio Maria; Estrela de Maceió e Rio Dourado, em Cumaru do Norte; Surucucu e Alvorada, em Água Azul do Norte; Rio Vermelho, Ouro Verde e Acapulco, em Sapucaia; Forkilha, em Santa Maria das Barreiras; Cabeceiras, em Marabá. Além dessas, tenho como reincidentes (quadro 1, "Introdução") as fazendas: Bannach, Cannaã, Esmeralda, Estrela de Alagoas, Santa Inês, Veluma e Vinte e Um.

[20]É verdade que não se pode alegar inocência por não se conhecer a lei.

balho escravo. A questão não se encontra na esfera da subjetividade, mas da prática. Convictos de que a humanidade dos aliciados foi atingida duramente, exigem a aplicação do artigo 149 do CPB e reivindicam a ampliação da pena e, mesmo, o aceleramento da aprovação de uma emenda constitucional, prevendo o "perdimento" da propriedade onde se configurar o crime de trabalho escravo.[21]

Diante do que vimos, pode-se constatar que, mesmo que não admitam existir o trabalho escravo em suas propriedades ou afirmem ignorar sua existência, diversos proprietários consideram legítimos os mecanismos de controle e coerção exercidos contra os trabalhadores e a legislação trabalhista e penal divorciada da realidade rural. Sentem-se desbravadores, "pioneiros", "novos bandeirantes", prejudicados pelas denúncias e fiscalizações empreendidas pelo governo. Esse sentimento de legitimidade ou de correção pode ser compartilhado por parte da sociedade envolvente e mesmo por autoridades. Funcionários da DRT do Pará, até a década de 1990, revelam esses sentimentos em seus relatórios e, em algumas ocasiões, os proprietários contaram com o apoio da PM na captura de trabalhadores fugitivos, por exemplo, nos municípios de Santana do Araguaia, Floresta e Marabá, no Pará (arquivos da CPT e do autor).

[21]Projeto de emenda constitucional (438/2001), de autoria do senador Ademir Andrade, com a redação de autoria do deputado federal Paulo Rocha (232/1995), apensada à primeira, que altera o artigo 243 da Constituição Federal.

CAPÍTULO VII O acordo rompido e a variada resistência

Pretendo indagar se pode existir, na ordem civil, alguma regra de administração legítima e segura, tomando os homens como são e as leis como podem ser

(Rousseau, 1978: 21).

POR QUE SUBMETER-SE?

Sendo ilegal, como se mantém persistente e prolongada a escravidão por dívida e por que há pessoas que se deixam reduzir a escravos? Por que muitas pessoas nem sequer manifestam claramente seu repúdio a essa prática? É possível que a "vítima" não se considere "vítima"? As pessoas podem, em grau variável, aceitar como legítimos e inevitáveis certos sofrimentos, por desconhecerem a lei e o direito, por não terem como se rebelar ou mesmo como sobreviver; caso contrário, a própria dor se tornaria insuportável. Para que se rompa a noção de inevitabilidade quanto à escravidão, é preciso que se adquira alguma noção de indignação moral. Como afirma Barrington Moore (1987: 622), para que ocorra o sentimento de indignação, "as pessoas têm de perceber e definir sua situação como conseqüência da injustiça humana: uma situação que não necessitam, não podem e não devem suportar".

Para tratar de tais temas, apresento uma reflexão sobre o acordo entre o trabalhador e o empreiteiro, a forma pela qual a trama tecida pela escravidão esboça seus primeiros momentos e, em seguida, o rompimento do acordo e suas conseqüências, dentre elas a resistência e a consciência da injustiça. E já, de forma preliminar, poderia afirmar que diversas circunstâncias favorecem a alteração do equilíbrio precário entre as formas de ofensa e a autoridade moral daquele que oprime. A ofensa em si não provoca necessariamente um rompimento entre as partes nem destrói a autoridade moral do opressor, mas constitui certamente um dado fundamental para que isto se realize. Nos campos de concentração, conforme o relato de Primo Levi (1988 e 1997), o sofrimento infligido aos presos nem sempre significou um enfraquecimento da autoridade moral do governo alemão ou da direção do próprio campo. Alguns dos presos, inclusive, reproduziram mecanismos da repressão que sofriam contra presos mais frágeis. Contudo, a situação também confirmou, para outros, no duro cotidiano, as razões de sua aversão ao modelo nazista, ou trouxe, para os que aparentemente eram indiferentes à política, perguntas sobre sua legitimidade. Algumas vezes, nos relatos dos *peões* que fugiram ou foram libertados, há a manifestação de um sentimento de indignação moral pelo engodo sofrido na quebra do contrato.

Os princípios de desigualdade e de igualdade são variáveis no tempo, no espaço, e as disputas em torno desses princípios são os fundamentos do senso de justiça e do sentido da ira moral. Certamente por isso, Rousseau (s/d: 8) constatou que "a ordem social é um direito que nasce não da natureza, mas de convenções".[1] E sabemos, lembrando novamente B. Moore (1987), que, quando alguém faz um investimento grande, espera uma recompensa maior e, se essa expectativa é frustrada, ele pode se sentir prejudicado pela "lei da justiça distributiva".[2] Em certas sociedades ou em certos momentos, constata-se que o valor atribuído ao trabalho masculino pode ser superior ao feminino, ou as mesmas atribuições diferentes de valores podem opor o trabalho intelectual ao manual, o trabalho da pessoa branca ao da pessoa negra, o trabalho do nativo ao do estrangeiro.

[1]Em Rousseau, a sociedade não é natural ao homem, mas nasce de um contrato estabelecido livremente e aceito por todos. Em função deste contrato social, o indivíduo aliena sua vontade à vontade geral, que é infalível. Seu trabalho principal — *O contrato social* — foi uma referência importante para a Revolução Francesa e exerceu influência sobre o chamado liberalismo político.

[2]Essa lei pode ser rompida, conforme Moore (1987: 75-76), sem ocasionar ira, por exemplo, em sociedades que vivem da caça, se ela não for bem-sucedida. Aí admite-se um grau de imprevisibilidade. "A atitude que prevalece amplamente em sociedades estratificadas letradas e não letradas é um padrão bastante vago" e fundado nos costumes e generoso "vinculado a uma relação de *status* específico". A ampliação dessa ênfase dependeu certamente do desenvolvimento do comércio e do artesanato. "Mesmo na sociedade ocidental moderna, a noção de justiça distributiva pode nem sempre aparecer espontaneamente." E Moore cita experiência em instituição correcional, onde o tratamento era ameno, com um objetivo terapêutico. Ainda aí havia reclamações dos detentos. A igualdade que previam era a igualdade mecânica. Por isso, "a vida era mais justa numa prisão normal, dirá um interno, porque todos eram absolutamente iguais".

Uma série de preconceitos justifica diferenças salariais e até diferenças no tratamento dispensado às pessoas.

ACORDOS E FRONTEIRAS

Quem vive em sociedade[3] enfrenta, conforme B. Moore (1987: 29-31), "os problemas da autoridade, da divisão do trabalho e da distribuição dos bens e serviços", e a sociedade formula algum princípio de desigualdade social (mesmo "tosco"), que deve ser admitido e vivido, e as pessoas ensinarão umas às outras a adotá-lo. O sucesso desse empreendimento é variável. Se há uma concordância, poderíamos pensar em uma espécie de *contrato* entre os membros da sociedade, ora explícito ora implícito. O contrato se refere a "um conjunto de limites sobre aquilo que tanto governantes como os súditos, os grupos dominantes e os subordinados devem fazer. Há também um conjunto de obrigações mútuas que mantém unidos os dois grupos" (ibidem: 38-39).[4] Um contrato que certamente traz diferenças significativas, podemos concluir. Diferenças e privilégios que ora favorecem um, ora outro, apesar de não estarem codificados em leis ou tratados.

Ao escrever sobre os "princípios políticos" em *O contrato social*, Rousseau (1978: 36) afirma que "a passagem do estado de natureza para o estado civil determina no homem uma mudança muito notável, substituindo na sua conduta o instinto pela justiça e dando às suas ações a moralidade que antes lhes faltava".[5] Vivendo em algum tipo de sociedade, as pessoas

[3]Falar em sociedade significa, para Moore (1987: 31), falar de um "corpo mais amplo de habitantes num território específico que tem um sentido de identidade comum, vive sob um conjunto de arranjos sociais distintos e o faz, na maior parte do tempo, em um nível de conflito que exclui a guerra civil".

[4]Mesmo utilizando com freqüência o conceito "contrato social", Moore não comenta Rousseau, que escreve sobre o tema e é considerado, com Voltaire, um dos maiores nomes literários do século XVIII. Moore (1987: 38-39) afirma que "embora as teorias tradicionais sobre o contrato social pareçam hoje bastante desacreditadas por parte dos sagazes cientistas sociais, elas contêm efetivamente uma perspectiva relevante, sustentada por abundantes evidências".

[5]Homem "natural", em Rousseau, seria o "homem em sua essência mental e biológica de simples indivíduo" em contraposição ao "estado civil" ou à sua condição social. Cf. observação de L. Gomes Machado em nota de rodapé (Rousseau, 1987: 36).

adotam alguns princípios morais, mas, para que eles sejam observados, há mais que um único mecanismo de convencimento. Não se pode imaginar que o convencimento do outro seja apenas através da fraude, da força ou do medo. Adotam-se também valores e comportamentos pela argumentação e pela empatia. O conjunto de instrumentos sociais — seja a família, o grupo, a aliança entre as pessoas ou a religião — transmite noções de valores e regras de obediência e submissão que em geral são incorporadas pelos indivíduos. Quanto mais admitidos, mais esses valores e regras serão observados e menos resistências sofrerão. Contudo, alguns podem manifestar divergência e adotar comportamentos que serão considerados desviantes dessas normas e poderão sofrer algum tipo de sanção.

Normalmente, os valores de uma sociedade não derivam apenas dela, mas de um contexto amplo em que outras sociedades concorrem, os complementam ou os reforçam. Um habitante de Barras, Terra Limpa, Porto Feliz ou Recanto da Paz recebe um código de valores transmitido pela família, pela comunidade, pelas emissoras de rádio do município, mas também de outros estados e da capital, pelos programas estaduais ou nacionais de televisão, por pessoas que chegam de outras regiões e têm poder de interferir na formação dos valores, como as lideranças religiosas, os professores, os médicos, os sindicalistas ou os políticos. O intercâmbio de valores produz, às vezes, situações de ambigüidade e mesmo querelas, pois, em alguns momentos, diversos indivíduos na mesma sociedade traçam a fronteira entre os *nossos* valores e os *deles,* de diferentes maneiras. Se estivermos em uma comunidade ainda mais diversificada — como as do norte do Mato Grosso e as do sul e sudeste do Pará —, cuja população é composta por uma mescla de pessoas oriundas de regiões distintas, e as pessoas trouxerem consigo informações e hábitos culturais de múltiplas origens, torna-se especialmente difícil estabelecer a distinção entre o *nós* e os *outros*, ou, como em Elias e Scotson (2000), entre os *estabelecidos* e os *outsiders*.

Nesse universo, em que nem tudo é tão visível, mas é perpassado pela ambigüidade das relações e dos valores que se entrelaçam, podemos pensar na ira enquanto fruto de uma razão plural. Uma frustração, por exemplo, pode ser a razão de uma ira contra o outro, contra uma situação ou até contra si mesmo, e pode produzir ações de destruição ou autodestruição. Não se pode compreender a ira levando em conta apenas uma razão que seria inata[6] ao gênero humano, nem apenas devida à *dinâmica social*. E não conhecemos satisfatoriamente nem a *razão inata* nem a *dinâmica social*, afirma Moore (1987: 32), reconhecendo, contudo, ser possível compreender melhor a "única natureza humana que podemos observar: aquela que é modificada e moldada pelos imperativos da vida em diferentes tipos de sociedades. Nessa forma a natureza humana é, na verdade, altamente plástica", por isso se manifesta "a capacidade humana para suportar o sofrimento e o abuso, por mais trágico que isso seja".

Quando um grupo de trabalhadores se reúne na execução de alguma atividade, ele o faz freqüentemente pressupondo uma relação de hierarquia, formal ou informal, de coordenação, mando ou coerção. Uma hierarquia que, sendo desejada ou considerada necessária, é estabelecida pela aceitação voluntária. Se a hierarquia se constitui pelo desejo expresso, através da indicação realizada pelos membros do grupo, do costume, da lei, goza de determinada aceitação. Contudo, se ela se efetua principalmente ou unicamente pela coerção, em geral é considerada indesejável e é, ou não, recusada. A recusa (ou a manifestação do desagrado) se revela por um, por diversos ou pela totalidade dos membros do grupo de uma forma pacífica ou violenta, de modo claro ou sutil. Para Moore (1987: 36), é evidente que existe a coerção exercida tanto pelo sentimento de dever quanto "pela falta de qualquer dever moral de obediência". De uma forma

[6] O "inatismo" é uma doutrina que pressupõe existir no homem um conhecimento e um princípio prático que não são resultados da experiência e são, por isso, considerados inatos. É uma doutrina presente na tradição filosófica platônica e estóica. No século XVII foi retomada pelo platonismo renascentista. Contudo, Descartes e Leibniz lhe imprimem um novo significado. Para o primeiro, há idéias inatas, enquanto capacidade de compreender e pensar as essências imutáveis, eternas e verdadeiras das coisas. De modo parecido, Leibniz compreendia haver verdades que se revelavam imediatamente, sem necessidade de prova, de verificações. Estas eram inatas. Para Kant há formas de conhecimento que se dão *a priori*, sem derivar de experiência. Conforme Abbagnano (2000: 548-549), "o inatismo pertence, hoje, ao número das doutrinas não mais discutidas, porque não são mais discutidos os problemas cujas soluções elas constituiriam. Na filosofia moderna, quando se admite que alguma coisa precede a experiência (como o faz, p. ex., o idealismo hegeliano), esse algo não é um complexo de idéias ou de virtualidades, mas toda a razão ou todo o espírito".

pura não existe nem uma nem outra. Por si, a força não é suficiente para manter todo o controle sobre indivíduos ou sobre grupos de pessoas, subsistindo um espaço de resistência moral. Rousseau (s/d: 11) pôde afirmar que, sendo a força um poder físico, não podia resultar moralidade dos seus efeitos, por isso "ceder à força é um ato de necessidade; não de vontade; o será, entretanto, de prudência". Ao ter que decidir por uma fuga, porque ficar é insuportável, o trabalhador não se depara apenas com os riscos físicos da própria fuga, mas também com o sentimento de que está infringindo uma lei moral que lhe pesa: o compromisso de pagar a *dívida*, mesmo que fruto de uma fraude. Isso reforça o poder do empreiteiro. Um poder que vai além da força física. Além da coerção pelo dever moral e a simples coerção física, há, escreve Moore (1987: 36), o mercado, que coordena da produção à distribuição dos serviços e dos bens e não trata todos de igual modo, principalmente os mais recentes nas relações do mercado, os que se introduzem nesse universo com "pressupostos éticos muito diferentes", e há ainda o costume:

> Sob este, grupos relativamente limitados de pessoas formulam normas para si próprios e vivem mais ou menos de acordo com elas. A regularidade e a ordem porventura existentes em tal comportamento provêm da sanção e da vigilância mútuas, sem que nenhuma pessoa ou grupo conquiste suficiente vantagem, a ponto de ser capaz de dominar ou controlar os outros (ibidem).

Continua o mesmo autor afirmando que a vigilância e a barganha mútuas existem também nas relações de autoridade. Para ele, isso fica claro naquilo que chamou de "contrato social implícito". Moore utiliza a categoria *contrato social* com cautela, por considerar que ela tem o poder de ocultação da realidade. Não existe, segundo ele, uma espécie de "carta platônica" entre os membros da sociedade. O que existe, de fato, é uma relação de sondagem entre os súditos para saber o que impunemente é possível fazer e, assim, definir com exatidão os próprios limites, até que os descubram pela própria experiência. E, "quanto mais estável a sociedade, mais estreito o âmbito onde têm lugar tais testes e descobertas.

Quanto menos estável a sociedade, mais amplos e extensos os limites". No entanto, reconhece, há sempre algum limite; ou não haveria sociedade:

> Neste sentido, os termos do contrato social estão sempre sendo renegociados. Os governantes sabem que há certos limites a seu poder, a partir dos quais eles não podem esperar concordância. (Isto era válido até mesmo nos campos de concentração nazistas.) E para continuarem como governantes, eles precisam de súditos. Enquanto isso, existem entre os súditos padrões de aprovação e condenação que formam a fonte de tais limites (ibidem:39-40).

Ora, esse contrato implícito (ou esta sondagem) explica parte das reações de grupos de pessoas diante de certos fatos. Quando a ação do fazendeiro, do empreiteiro ou de seus prepostos vai além de determinados limites considerados suportáveis ou justos, se alguns ainda assim não esboçam uma reação visível e parecem entregar-se àqueles que os maltratam,[7] outros reagem de alguma forma. O nível de exigências tanto varia de um lado quanto do outro. Ora, o trabalhador individualmente ou uma parte dos trabalhadores ou a totalidade de um grupo de trabalhadores considera inadmissível as exigências que lhes são feitas. Ora, o fazendeiro, o empreiteiro e seus auxiliares consideram admissível ou não determinadas reações ou atitudes dos subordinados. Como o critério do que é justo ou injusto, apesar do "contrato", tem um nível de admissão que varia de pessoa a pessoa, de grupo a grupo — dependendo inclusive do nível de necessidade experimentada e/ou de informação existente —, investigadores podem se deparar com fatos que consideram surpreendentes. Por exemplo, na fazenda Vale do Rio Cristalino, em Santana do Araguaia, em 1983, um empreiteiro apresentou por iniciativa própria, aos jornalistas e aos

[7]Durante a ação nazista, o comportamento de alguns judeus surpreendia. Alguns não fugiam, segundo Bettelheim (1985: 203-208.233), como que dominados e paralisados pelos próprios bens materiais. Não eram capazes de exercer domínio sobre os próprios bens, mas eram possuídos por eles. Ou, nos campos de concentração, a maioria caminhava para a câmara de gás com os próprios pés, sem reagir, apesar de serem mais numerosos do que os guardas. Poderiam matar diversos de seus algozes antes de serem mortos e não o fizeram, salvo muito raramente. Preferiam a morte à vida que lhes era reservada.

parlamentares, um homem que ele havia capturado. Ele estava seguro de que o homem lhe devia e era normal que fosse obrigado a trabalhar. Não sabia sequer o que era legal ou ilegal e, desconhecendo o conteúdo do contrato social, e tendo outro código de valores, sentia-se lesado e não compreendia que alguém pensasse diferente. A mesma ausência de sentimento de direito violado poderia partir do trabalhador. Em Barras, por exemplo, os diretores do STR, depois de serem informados a respeito dos problemas que seus membros estavam tendo no Pará, resolveram atuar energicamente para com os aliciadores, mas não foram compreendidos. Em 2003, ao conseguirem interditar um ônibus que ia para o sul do Pará, levando pessoas recrutadas ilegalmente, os aliciados se revoltaram não contra quem os recrutava, mas contra a direção sindical. Cercaram o prédio do sindicato, cobrando dos seus diretores a liberação do ônibus, pois precisavam do trabalho.[8] Algo parecido havia se dado na década de 1980, em Santana do Araguaia, quando foi determinada a prisão de um dos *gatos* mais famosos da região. Suas "vítimas" não gostaram e cercaram o fórum, reclamando a soltura do *gato* porque, sem ele, não teriam trabalho.

A sensação de opressão ou o critério de justiça estão também relacionados com a história das pessoas. Alguém, aliciado ou capturado e submetido à escravidão em uma fazenda, traz as lembranças do passado para o novo momento e vai tentar recriar comportamentos e valores a partir dessa memória. Ou mesmo, conforme Moore (1988: 628), nas circunstâncias da escravidão legal, "os oprimidos trazem para a nova situação padrões de condenação sob a forma de recordações do passado". Segundo ele,

> Foi possível aos escravos criar e manter uma subcultura e subsociedade próprias. Eis a razão provável da relação entre o senhor e escravo conter tal potencial de ira. Esse potencial não se devia à privação e à degradação, ou melhor, não a elas isoladamente, visto que podem matar a vontade de resistir. Com esta mistura de ira e dependência — e, muito provavelmente, também ira da dependência —, a relação poderia ter sido muito

[8]Agradeço à antropóloga Antonieta Vieira essa informação prestada em 2.4.2003.

ambivalente, passando do ódio à dependência e até à afeição bastante rápido, segundo expectativas e circunstâncias momentâneas (ibidem: 628-629).[9]

Se as condições de habitação e alimentação do trabalhador na escravidão por dívida não são muito inferiores à vivida antes do aliciamento, as atuais podem não ser razão suficiente de ira; se as condições de cidadania vividas anteriormente não eram tão superiores à atual, o indivíduo prejudicado tem menos motivo para demonstrar ou sentir a inconformidade; contudo, se houver uma forte ruptura com a situação vivida anteriormente e se não existe razão que pareça plausível para a ruptura, a pessoa prejudicada pode ser levada a uma reação de desespero ou ira e pode se sentir motivada a reagir.

Retornando a Moore, ele afirma que "mesmo a escravidão nas plantações não era uma instituição total como o campo de concentração".[10] Ora, a situação que ele descreve é de uma escravidão de longa duração em que o próprio sistema de paternalismo, como vimos em Genovese (1988: 21-25), podia estar presente. No nosso caso, de uma escravidão de curta duração, o exercício de controle sobre as pessoas variava segundo o *gato* e o fazendeiro, o número de pistoleiros, o tamanho da fazenda, as condições de comunicação com o mundo externo, a propriedade e a distância entre ela e a cidade mais próxima.

Mesmo se o *gato* não está informado da existência de um contrato social, ele existe, independente da sua consciência ou da concordância do indivíduo ou do grupo prejudicado. O contrato é definido não apenas pelas expectativas das partes, mas também pelo conjunto de leis do país. Na prática, esse contrato será ou não obedecido dependendo tanto da capa-

[9]Quanto à situação de ruptura da organização social, Moore (635-637) critica a posição marxista que defende a idéia de "que as mudanças sociais econômicas necessariamente *causam* as mudanças sociais e intelectuais". Para ele, nem sempre isso é verdade. Não aceita que "os padrões de condenação" do indivíduo ou do grupo social se firmem apenas quando "o sofrimento tem de crescer rápido o suficiente para que as pessoas não se acostumem a ele", pois, "em si, a ruptura pode apenas causar apatias, confusão e desespero".

[10]E Moore observa no rodapé da página: "O campo de concentração tampouco foi uma instituição total. O termo é um exagero, porém útil para certos fins."

cidade de controle que o Estado exerce sobre seus cidadãos quanto do nível de concordância que o contrato goza entre os que devem se submeter a ele, desfrutando sua proteção ou sendo ameaçado por ele. Uma empresa, próxima da área urbana e da fiscalização, inclusive dos meios de comunicação social, estará mais atenta a se submeter a esse controle do que uma empresa distante da vigilância das autoridades e da opinião pública, principalmente se suas vítimas não possuem a informação sobre seus direitos legais, nem os mecanismos que possibilitam mobilizar o Estado ou a opinião pública a seu favor. Nos estados menos organizados ou menos rígidos no controle de suas leis, é mais fácil burlá-las; ou, se o Estado é de exceção — por exemplo, uma ditadura — e os meios de comunicação são submetidos ao seu controle, dependendo das boas relações com os governantes, é mais fácil violar as leis — e cometer abusos — ou fazê-las aplicar de acordo com seu próprio interesse.

Violar um preceito pode implicar punição. A punição, contudo, nem sempre atinge todos os seus infratores de forma igual e tende a ser mais ou menos suave ou mesmo não existir dependendo das condições econômicas dos acusados, de sua capacidade em se defender juridicamente e em tecer uma rede de alianças que os protegerá. A aplicação do que é considerado justo é desigual, e mesmo o conceito de justo varia segundo fatores que já observamos e de acordo com outros, como a classe social, a religião, a idade, o local de origem, a cor de pele, a etnia e a idade. Segundo B. Moore (1987: 53),

> Podemos definir uma punição injusta como sendo aquela que suscita reação imediata, seja porque ela é imerecida, seja porque é excessivamente severa ou cruel, ou por alguma combinação das duas razões. À luz da variedade, da ingenuidade e da crueldade que os homens demonstraram ao punir e torturar uns aos outros, pode parecer, à primeira vista, estranho que possa existir algo remotamente semelhante a uma concepção universal de punição injusta.

E B. Moore (1987: 53-55) acredita que é possível reduzir a alguns princípios essa concepção e cita que, entre os Kapauku, o que há de pior é prender alguém. A essência da humanidade é a liberdade, na visão Kapauku. Para alguns povos, as punições devem estar de acordo com as classes e castas já codificadas. Nesse sentido, "quanto menos 'humana' a vítima, mais cruel e dolorosa a punição justificável". As classes e castas inferiores são compostas, por isso, por pessoas "menos humanas". Ora, no capítulo anterior vimos que o tratamento dispensado aos trabalhadores braçais em fazendas paraenses, mesmo se considerados desumanos e ofensivos por estes e por seus aliados (membros da CPT, da CUT, da Sefit, da PF, da promotoria ou da justiça), não é tratado como um problema por outros que mantêm uma atitude de "alheamento" diante destes. Para alguns (fazendeiros, empreiteiros, fiscais e até membros da DRT e da PF), o que se passa ali, em termos de repressão e controle social, é considerado normal e inevitável. Há uma naturalização do crime, como algo irrefutável que compõe o cenário, e se expressa através de argumentos como estes: "é o único modo de trabalhar na região", "todos fazem assim"; "é o costume". No mesmo imóvel, simultaneamente, os trabalhadores permanentes poderão usufruir relativo conforto e o rebanho tem à sua disposição um tratamento incomparavelmente superior. Nada lhe falta — alimentação, água, remédio, veterinário, instalações modernas. Tudo é planejado para garantir um arsenal do que há de mais sofisticado para a sua comodidade. O quadro desigual de tratamento dispensado aos trabalhadores temporários pode ser considerado normal para alguns deles e para os beneficiados pela sua ação. Nos cálculos de empreita, o *peão* pode considerar correta a diferença de valor atribuído ao trabalho, dependendo de certos fatores. Admite, por exemplo, como justa a diferença paga porque um utiliza como instrumento de trabalho a motosserra e outro, a foice. O primeiro, por desenvolver uma atividade mais especializada, deve receber mais. Aceita como normal a diferença do valor pago ao que é mais eficiente, porque este é forte ou porque se dedica mais e produz mais no menor espaço de tempo, reconhecendo existir uma pessoa menos eficiente e outra mais eficiente.

Há trabalhadores que aceitam a desigualdade como justa e inata entre os indivíduos. E, pôde constatar B. Moore (1987: 262-266), era possível que os trabalhadores industriais alemães não reagissem de forma uniforme ao que recebiam como valor conveniente dos salários, levando em conta dados comparativos de 1871 e 1913. Somente os operários política e intelectualmente "avançados" apresentavam "objeções articuladas". Outros, vindos do campo mais recentemente, "aceitavam as disposições vigentes de forma dócil, para grande decepção das organizações sindicais". Para estes, era necessário dizer claramente quais direitos possuíam, de modo que aos poucos eles pudessem incorporar novas noções de justiça e de direito. "É difícil imaginar uma demonstração mais clara da idéia de que o senso de injustiça possa ser uma aptidão adquirida: uma resposta ao mesmo tempo aprendida e historicamente determinada, não uma reação humana automática e instintiva." Os trabalhadores não precisam aprender a sentir dor. Já a sentem. Precisam aprender, isso sim, a perceber que ela não é inevitável (ibidem: 265-266).

As pessoas, em sociedade, interagem com as da mesma classe, com as de classe social diferente, são levadas a adotar valores comuns e não apenas vivem entre conflitos e tensões. Esses valores possibilitam a existência de um acordo, mesmo quando a relação pode levar à ruptura. Isso talvez explique o poder de subjugar existente mesmo em situações-limite de escravidão legal ou ilegal, nas quais o escravo é capaz de adotar os valores do seu senhor, cooperar com ele, tornar-se feitor dos demais e, em campos de concentração, os prisioneiros exercerem entre si uma relação de controle e coerção, que imita a dos seus carcereiros.[11] Por isso Primo Levi (1988: 31) descreveu que, em Auschwitz, seus "patrões" de fato eram outros prisioneiros. Há mais que conflito de interesses entre as pessoas e as exigências de ordem social acrescidas pela classe dominante; há alguma harmonia e, sem esta, seria improvável o funcionamento de qualquer pacto de contrato social:

> Com efeito, alguns dos instrumentos sociais mais eficazes são aqueles através dos quais a sociedade mais ampla procura fazer com que os indivíduos moldem e definam seus próprios interesses de tal maneira que se tornem congruentes com a ordem social; que aceitem com prazer sua parte na barganha do contrato social, quando as compensações diretamente materiais são muito frágeis (Moore, 1987: 58).

[11]Como demonstram B. Bettelheim (1985) e M. Pollak (1993).

Entre compulsão e acordo é articulado um jogo em que o grupo dominante e o subalterno, mesmo que parceiros em condições desiguais, participam de alguma forma, seja por convicção, seja por representação, ou por ambas. Quanto maior a compulsão, menor o acordo. Para lidar com o outro, se ele é mais poderoso e, ainda mais, se detém o monopólio da violência, um indivíduo ou um grupo de pessoas, para sobreviver, se submete e atribui ao seu próprio trabalho um valor inferior e aceita o sofrimento e a degradação. No ardil perigoso das relações interpessoais e institucionais, para se proteger, pode ser necessário encontrar razões psicológicas e sociais que justifiquem a depreciação de si e dos seus. Essa submissão pode ser interiorizada e passada de uma geração a outra, se as condições sociais que a geraram se mantiverem estáveis.[12] Conforme Bruno Bettelheim (1985: 81),

> Os controles interiores constituem-se apenas com base em relações pessoais, não pela obediência às exigências da sociedade. São internalizados apenas quando nos identificamos com pessoas queridas, respeitadas e admiradas; pessoas que internalizaram essas exigências como nós, ao se identificarem com pessoas que respeitavam. Quanto mais alguém se adequa aos padrões da sociedade num nível superficial de conveniência ou medo, menos internaliza suas diretrizes e menos serão estas internalizadas por seu filho.

Ele reconhece, contudo, que "a identificação também pode dar-se com base no medo, mas, antes, neste caso, as conseqüências são destrutivas e não beneficiarão nem a sociedade, nem o indivíduo". Ora, em situações nas quais as pessoas são submetidas a uma experiência de forte pressão, o comportamento pode também ser inesperado. E B. Bettelheim (ibidem: 19-20) o reconhece quando afirma ter sofrido um "tremendo choque" em suas idéias, que eram fruto de estudos de literatura psicanalítica, ao se tornar prisioneiro em um campo de concentração. Ali percebeu que o ambiente tinha influências inesperadas sobre as pessoas. Pela teoria que ele havia adotado, o ambiente bom deveria gerar pessoas boas e o ambiente mau,

[12]Sobre o assunto, veja Moore (1987: 58-98).

pessoas más. "Todavia", surpreende-se, "as mesmas más condições sociais também revelaram, talvez até tenham despertado, novas qualidades positivas em pessoas que jamais as tinham demonstrado antes." Se a sociedade é importante na formação da personalidade do indivíduo, inclusive virando "a personalidade de cabeça para baixo", (...) "ficava claro que era o homem o fator decisivo no que diz respeito ao que ele é e será dentro da sociedade, independente desta". Valores, conceitos, costumes não são irremovíveis, mesmo em situações em que tudo parece conspirar contra as mudanças. Sobre isso, Barrington Moore (1987: 98-99) cita exemplos da Índia. Os *intocáveis*, em determinado momento, se recusaram a constranger um membro da casta a cumprir as obrigações esperadas dele; ou, um jovem intocável brigou na escola quando o chamaram por seu nome de casta. Alguns fatores e "tendências históricas" podem "alterar o equilíbrio entre a aceitação da autoridade moral do opressor e várias formas de ofensa. As últimas não culminam necessariamente numa rejeição dessa autoridade moral, embora constituam provavelmente um ingrediente essencial dessa rejeição".

O medo une mais o mundo do que a coragem

(Carlos Drummond de Andrade).

A QUEBRA DO ACORDO E A INDIGNAÇÃO

A recompensa monetária é desejada pelo trabalhador na empreita no Pará, levando em conta o resultado alcançado, sem esquecer as diferenças físicas do terreno a ser beneficiado, para atividades similares, pois essas diferenças — pedras, formigas, insetos, barro, floresta densa ou não, mata ou capoeira — interferem na produtividade. E fica indignado quando descobre ter sido informado incorretamente sobre o tipo de solo e de mata, as dificuldades muito superiores ao previsto, diminuindo a produtividade e, por isso, a remuneração. Agravando o motivo de sua insatisfação, não possui o controle seguro sobre o seu saldo, dependendo de informações unilaterais do *gato*, quanto às compras na cantina, aos gastos de viagem e aos cálculos referentes à área trabalhada. E pode não conseguir acompanhar a lógica contábil da qual se torna prisioneiro, sendo ou não analfabeto. O peão e seu grupo podem expressar uma *não-compreensão* ou um desacordo não apenas em relação aos cálculos do pagamento previsto pelos hectares trabalhados e à dimensão da área beneficiada, mas também aos gastos na cantina. Ou compreendem perfeitamente e, justamente por não concordarem, afirmam não compreender (em vez de dizerem claramente que estão sendo ludibriados). Sabendo da possível reação violenta do cantineiro, do fiscal ou do *gato*, agem com cautela. Não é sem razão que Rousseau (s/d: 8) escreveu que, ao se levar em conta apenas a força e o que ela pode provocar, "quando um povo, obrigado a obedecer, obedece, faz bem".[13] Pois bem, mesmo discordando, a forma de dizer não pode ser mais sutil, e *não compreender* significa dizer implicitamente não; significa já esboçar um primeiro sinal de desacordo, um tímido lutar pelo que considera seu direito. *Não compreender* pode ser uma forma de ocultação da inconformidade ou mesmo uma maneira de revelar a inconformidade. Como argumenta Moore (1987: 264), ao tratar de trabalhadores na Alemanha no final do século XX, ele constata que em atividades por tarefa ou jornada, com freqüência os trabalhadores, na perspectiva de sindicatos, não compreendiam o sistema de remuneração. Mas, para o autor, "é muito possível também que eles entendessem perfeitamente os descontos, mas não os aceitassem, fingindo não compreendê-los".

Os trabalhadores podem querer e mesmo reivindicar um melhor tratamento, uma recompensa econômica mais favorável, sem estar defendendo o mesmo saldo para todos. De fato, não fazem uma defesa de algo igualitário. Eles pressupõem a diferença. Consideram uns mais lentos ou eficientes que outros; uns mais dispostos a empreender tarefas mais demoradas e cansativas; outros, preguiçosos. Deve-se receber segundo o trabalho executado dentro de determinada situação. Para trabalho diferente,

[13]Mas, prosseguirá o filósofo, "assim como quando pode repelir seu jugo, e o repele, age ainda melhor, porque, recobrando sua liberdade em virtude do mesmo direito que o oprime, ou tem-no para recuperá-la, ou não existia para tirar-lha".

recompensa econômica diferente.[14] Mas, ao reagirem levando em conta tais concepções, os peões estão de fato indo contra outra concepção, aquela que os trata ilegalmente como escravos, que não os trata como membros da sociedade, mas se beneficia de seu trabalho.

Não querendo ser escravos, os peões utilizam o raciocínio de homens livres para uma situação em que deixam, mesmo temporariamente, de ser livres. O conflito, aberto ou discreto, está armado e alimenta uma ira. O grupo de peões, tangido pela necessidade de desagrado, pode provocar mudanças e romper a relação existente. E, quando as pessoas compreendem que "um mundo se desfaz" e "a crueldade impera, o homem não pode continuar com as atividades normais" (Bettelheim, 1985: 206). O *peão* possui, nos limites de sua história pessoal e social, um conjunto de valores transportados consigo para a nova situação vivida. Os valores são negociados até determinados limites que, ultrapassados, exigem dele uma resposta. A resposta é variada e condicionada não só por ele, mas pelas condições sociais e físicas do local. Mesmo sendo grande a capacidade de suportar os maus-tratos e o medo de errar, de agir sem pensar,[15] em certas situações algumas pessoas reagem; consideram inaceitáveis certos fatos ou ações, abrindo caminho para a rebeldia. Podem tentar a fuga, mesmo se implica riscos crescentes. As fugas sucessivas de trabalhadores da fazenda Arizona, no sul do Pará, apesar das violências contra os capturados, demonstram a freqüência da insubordinação em face do inaceitável. O crescimento da coerção, com modalidades cada vez mais cruéis — espancamentos, assassinato, violência sexual — em uma sinistra "pedagogia", não foi suficiente para reter pessoas que consideraram estar sofrendo violações profundas de sua humanidade.

Para superar qualquer opressão, é necessário romper o *feitiço* da sensação ou da certeza de uma inevitabilidade insuperável. Nem todos estão seguros quanto à possibilidade desse rompimento. Conforme João Batista Gomes

[14]Veja Moore (1987: 266-267).

[15]O personagem rosiano trata desses cuidados: "Acho que eu não tinha conciso medo dos perigos: o que eu descosturava era medo de errar — de ir cair na boca dos perigos por minha culpa. Hoje sei: medo meditado — foi isto. Medo de errar. Sempre tive. Medo de errar é que é a minha impaciência. Mal. O senhor fia? Pudesse tirar de si esse medo-de-errar, a gente estava salva" (Rosa, 1984: 173).

da Silva (depoimento, Brasília: 2001), médico do GEFM, "o peão, com medo, reage como o boi que não tem consciência de que é mais forte que o arame". O presidente de um STR (depoimento, Terra Limpa: 2000) dizia que os fazendeiros e os empreiteiros se aproveitavam "de um povo que não cobra direitos (...) e que está acostumado com maus-tratos, porque se sujeitaram a tudo. Por outro lado, o povo não confia na justiça. Não vai atrás e fica difícil para todo lado". Aproveitando-se da desinformação dos trabalhadores e do desinteresse das autoridades, os fazendeiros e seus prepostos exploram os trabalhadores de fora, com a utilização de mão-de-obra escrava; os da região, grilando suas terras. Contudo, se alguns, de fato ou aparentemente, não resistem, como também aparentemente não resistiam centenas de milhares de prisioneiros de campos de concentração nazistas,[16] há e havia uma resistência em um e outro caso, difusa ou clara, dependendo da vítima e de seu contexto. Os trabalhadores rurais, migrantes temporários, reagem de alguma forma, mesmo limitados pela precariedade, pela palavra amordaçada, pela ausência do poder econômico e das armas, pelo abandono em que se vêem, pelo desconhecimento do local onde se encontram, pela surpresa e pelo estranhamento e por tantas outras razões.

O medo e a dor não suscitam necessariamente desespero nem justificam por si uma atitude de revolta. Razões religiosas, políticas ou psicológicas favorecem o conforto diante da dor e do medo ou a explicação para uma coragem moral que justifica a insubordinação diante de uma pessoa, de um grupo, ou da sociedade.[17] Vemos que, entre os trabalhadores, mes-

[16]"Por que, então — e é esta a pergunta que persegue todos os que estudam os campos de extermínio —, por que milhões de pessoas caminhavam sem resistência ao encontro da morte (...)?" (Bettelheim, 1985: 208).

[17]Moore (1987: 134-160) reflete sobre o tema no capítulo "Autonomia moral e personalidade humana". Sobre a resistência, ele também escreve terem existido "redes informais de cooperação entre os prisioneiros, com o intuito de mitigar ao menos algum dos rigores de uma guerra hobbesiana de todos contra todos. A síntese dessas duas tendências opostas para a atomização e a cooperação era, como veremos, o seu aspecto mais horrível. Os SS eram capazes de perverter, para seus próprios objetivos cruéis, as redes de cooperação social que se originavam espontaneamente, as quais, de outra maneira, teriam constituído focos de oposição ou de desintegração da sociedade dos campos. Finalmente, indivíduos diversos, marcados por experiências históricas e sociais diferentes, mostravam suas próprias variações em sua capacidade para sobreviver, assim como em sua escolha ou rejeição das estratégias de sobrevivência que a sociedade dos campos criava" (id: 102).

mo em situações as mais adversas, houve alguma manifestação de resistência ou rebelião.

O *peão* não pode ser visto apenas como alguém que sempre é uma vítima complacente, um fraco inclusive no sentido moral. Há resistências segundo suas possibilidades e elas se manifestam na lentidão com que as pessoas executam as tarefas, nas palavras, na cautela e nas denúncias. Ou as pessoas, às vezes, resistem abertamente, atentando contra a vida do aliciador e do *gato*, ou ameaçando o fazendeiro. Neide Esterci (1987: 150-159), que enumerou algumas reações de peões, citou a chamada "malandragem", que consiste em executar mal o trabalho, prejudicando a qualidade do serviço, e a pressão exercida contra o empreiteiro e contra o gerente da fazenda. Uma pressão que pode chegar à ameaça física e é conhecida, entre os trabalhadores, como "greve". E há ainda o abandono individual ou coletivo do imóvel, que consiste na fuga. De fato, esta última reação pode começar antes de se chegar ao imóvel, mesmo na pensão, durante a viagem de aliciamento ou finalmente no trabalho, quando se engana o aliciador e o *gato*.

Se a opressão é inevitável, porque sua sustentação psicológica, social, moral, religiosa, física, legal ou militar são intransponíveis, a pessoa subordinada ou espectadora pode ser levada a uma acomodação ou a uma adaptação diante do fato ou ao desespero, sem buscar alternativas de superação. Em caso de interferência de convicções religiosas, pode ocorrer uma atitude que vai além da acomodação ou do desespero. A situação, em tese, pode deixar de parecer opressiva e se tornar algo desejável, e o trabalhador pode encontrar aí uma explicação religiosa para seu infortúnio, de tal forma que ele próprio, aliás, pode infligir a si um jejum, uma dor física e a própria morte. Toda dor pode ser vista como ocasião benéfica e necessária de purificação. Ou, ao contrário, a convicção religiosa pode ser ocasião de uma atitude de contestação e inconformidade, apesar de todas as evidências de que, por exemplo, forças irresistíveis (militares ou sociais) impediriam qualquer mudança.[18] Convicções políticas ou religiosas, morais ou cultu-

[18]Thomas Münzer, crítico social, não se preocupava em respaldar as necessidades de mudanças em razões sociais ou políticas, mas em razões de natureza teológica. Para ele, escreve Moore (1987: 217-218), "o máximo que se podia esperar era uma saída utópica em direção a uma comunidade 'genuína', construída de acordo com aquilo que a Bíblia 'realmente' dissera. Essa corrente de pensamento ainda subsistia nos socialistas utópicos, que floresceram na França pouco tempo antes de 1848".

rais podem justificar ações dolorosas infligidas a si ou a outrem, como nos casos dos suicidas palestinos, japoneses ou muçulmanos que, em certas situações, são capazes de carregar explosivos no próprio corpo ou pilotar aviões, transformados em bombas, atingindo intencionalmente alvos militares ou civis, ou monges budistas ou pacifistas que se incendeiam para manifestar determinado desacordo, ou viúvas indianas que se deixam queimar com os corpos de seus esposos. Admitindo que não se trata de uma fatalidade insuperável, é necessária ainda uma disposição moral de indignação para se construir ou optar por uma outra situação que não seja considerada injusta ou opressiva. Mas, quando se fala de disposição moral, é bom se perguntar sobre suas qualidades. B. Moore (136-137) distingue, quanto à moral, três qualidades humanas distintas: a "coragem", que é a capacidade de resistir; a "capacidade intelectual", para reconhecer que as regras são opressivas, e a "inventividade". A última significa que a pessoa possui "a capacidade de criar, a partir de tradições culturais vigentes, padrões historicamente novos de condenação ao que existe".

Ora, só se resiste a uma pressão quando há uma discordância em relação a ela, quando a pessoa se sente incomodada e quando tem a disposição de enfrentar os riscos da própria resistência. A resistência pode se manifestar contra um aspecto ou a totalidade de uma relação entre pessoas, grupos, ou contra regras ou violações de regras. O reconhecimento de uma discordância ou a própria discordância intelectual pode ser difícil. No caso de estar informado das regras e perceber que o violador da lei é o outro, dependendo das circunstâncias, ele reagirá contra este. Ou, se um trabalhador intui que algo não é justo ou correto e não tem a certeza de que está com a razão, pode ficar imobilizado. Também se torna imobilizado se imagina que há uma lei que protege o empreiteiro, e resistir significa, neste caso, ir contra a lei e isso ele pode não querer. Ou a ação pode se dar quando revê seu relacionamento com a própria noção de respeito à lei, ou chega à conclusão de que esta é injusta, recusando-a. A história pessoal, a cultura, a sociedade em que a pessoa vive ou foi formada, tudo contribui para a tomada de atitudes diante de algo que se deseja rejeitar — algo que é novo e inesperado, ou não tão novo e mesmo previsível.

A resistência pode ou não vir acompanhada pela ira. Este sentimento se manifesta por muitas razões e em muitos lugares e momentos, e uma de suas razões pode ser moral. Ora, as relações no interior das fazendas, entre peões e os que usufruem seu trabalho, são permeadas de respeito, medo ou tensões, ou mesmo de ira, porque um acordo é rompido. E trata-se do rompimento de um acordo implícito ou não de relações de respeito e civilidade no tratamento pessoal, quanto às condições de trabalho, à remuneração e à duração da empreita. Não estamos, no caso estudado, diante de uma contestação ao modelo social e político que permite na prática essa relação considerada injusta.[19] Os trabalhadores contestam — e, às vezes com ira — o que é considerado fora da normalidade, aquilo que viola o admissível para a sua consciência moral. Mas, por outro lado, constatam que certos comportamentos são considerados um rompimento de um acordo implícito de civilidade ou de justiça por uns e não por todos; alguns podem considerar algo inaceitável e outros, não; alguns aceitam a subordinação; outros, em situações similares, se tornam irados. Não é raro que tanto as vítimas quanto os parentes das vítimas ou os sindicalistas que os representam tenham dúvida sobre quem está cometendo erros; não é incomum ao pesquisador deparar com um discurso acusatório de um trabalhador contra outros trabalhadores, legitimando a ação dos empreiteiros e de seus homens. Em uma das entrevistas que veremos adiante, enquanto a mãe e um dos filhos expressavam o medo do que podia acontecer no Pará, o pai admitia problemas mas, aparentando tranqüilidade, insistia que, se os filhos andassem "direito", todo "lugar era fácil". Dois de seus filhos, inclusive o que concedia a entrevista, tinham sido libertos recentemente de uma fazenda paraense pela ação da Sefit e da PF. Ou outros, principalmente os jovens, em determinadas situações não demonstram o medo. Se o fazem, sofrem uma desqualificação moral e têm a virilidade questionada. Por isso, repetindo Guimarães Rosa (1976: 20): "Obra de opor, por medo de ser manso, e cau-

[19]Moore (1987: 127) lembra que uma "tarefa cultural básica que se coloca para qualquer grupo oprimido é a de solapar ou destruir a justificação do estrato dominante. Tais críticas podem assumir a forma de tentativas de demonstrar que o estrato dominante não cumpre as funções que alega cumprir, violando, desse modo, o contrato social específico. Com muito mais freqüência, elas tomam a forma de indivíduos do estrato dominante que fracassam no cumprimento do acordo social. Tal crítica deixa ilesas as funções substanciais do estrato dominante".

sa para se ver respeitado. Todos tretam por tal regra: proseiam de ruins, para mais se valerem, porque a gente ao redor é duro dura."

> *Morrerei com os poucos que me acompanham, porque nos é preferível morrer como rebeldes, a viver como escravos*
>
> (Sandino).

RESISTÊNCIA COLETIVA

Em geral, as manifestações de resistência são individuais. A dificuldade de uma articulação coletiva se explica porque os trabalhadores não conhecem suficientemente a fazenda, a região, nem os demais grupos de trabalhadores que se encontram na área. A própria mata funciona como elemento propício ao isolamento, separando pessoas que têm o mesmo interesse. Uma ação coletiva se dá a partir de um planejamento anterior para que se atenda a determinados objetivos ou, diante de um fato inesperado, as pessoas reagem juntas movidas por um sentimento que as une. Nesse caso, pode haver ou não um planejamento. As ações podem ser coordenadas por alguém com alguma experiência anterior, por alguém com uma maior capacidade de comunicação que direcione o grupo para a ação ou por alguém que assumirá a liderança por outra razão, como a rapidez na proposta de ações. Contudo, a maioria dos trabalhadores não tem experiência em ações articuladas, não participou de sindicatos, de partidos políticos, de comunidades religiosas inspiradas na *teologia da libertação*[20] ou em grupos evangélicos em que os leigos têm participação

[20] A *teologia da libertação*, surgida no final dos anos 1960 na América Latina, tem, entre seus teóricos mais expressivos, Gustavo Gutiérrez, Leonardo e Clodovis Boff, Juan Segundo e J. B. Libânio. A elaboração das reflexões teológicas se faz unindo à fé os métodos de análise da realidade social e econômica de inspiração marxista e a prática religiosa inserida no mundo da política, do sindicato e das organizações consideradas "progressistas". A ênfase está na leitura da Bíblia e na luta pelo respeito ao meio ambiente e pelos direitos humanos no sentido mais largo, em que se inserem os direitos econômicos, sociais, raciais e de gênero. Dentre os grupos religiosos mais identificados com a *prática da libertação* se encontram as Comunidades Eclesiais de Base.

mais ativa e recebem uma espécie de treinamento para ações coletivas em função de metas definidas com clareza e coordenadas por uma equipe com a distribuição de tarefas. Tal fato torna mais difícil a articulação comum de atitudes contestatórias e, quando há uma ação coletiva, em geral ela se realiza como resposta a um problema inesperado e não é fruto de algo pensado e planejado com antecedência. Mesmo que sejam difíceis e raras as ações coletivas, isto não significa que não existam. Neide Esterci (1994: 111) reproduziu um depoimento de 1974, feito pela mãe de um peão no Mato Grosso, que confirma a existência também de resistências coletivas:

> Aí, depois, teve um homem que adoeceu lá, peão, que ele tinha muitos peões, muitos... estava na hora de morrer. Esse homem, dizem que reclamava, pedia a eles para tirarem ele, mandar para a terra dele, que ele estava naquele estado. Aí eles diziam que não, que não podiam tirar. Quando viram que o homem morria, tiraram. Chegaram bem aqui, no aeroporto, acabou de morrer. Aí, os peões que ficaram lá tomaram o caso a sério: "Vamos embora!?" Aí, todo mundo combinou para vir embora. E era tudo armado: os que tinham revólver, era revólver; os que tinham espingarda, vinham com espingarda; os que não tinham nada disso, vinham com facão, e os que não tinham nada, cortaram cada um cacete e vinham todos armados com cacete, espingarda, revólver...

Em todo caso, o exemplo demonstrou que, mesmo sendo um grupo composto por pessoas armadas, só uma morte foi capaz de ser o estopim de uma reação coletiva. Talvez antes não estivessem interessados em sair ou estivessem individualmente interessados, mas eram incapazes de se articular. A morte de um deles, todavia, desencadeou uma disposição no grupo que o levou a decidir pela partida e pelos cuidados da partida. Quem não possuía arma de fogo improvisou uma com um pedaço de madeira. Esse caso demonstra que um fato grave provoca reações também graves.[21] Anos depois, uma das coordenadoras do GEFM, Cláudia Brito (depoimento, Brasília: 2001), confirmava que a resistência podia estar ligada à

[21] E demonstra que, em situações especiais no Mato Grosso e às vezes no Pará, na década de 1970, alguns peões conseguiam entrar armados em fazendas.

solidariedade entre os atingidos pela coerção, principalmente quando a situação se agravava.

Outro limite dos trabalhadores, além da inexperiência na luta social organizada, se encontra na esfera dos valores. No caso, a "greve" — isto é, a manifestação de desagrado inclusive através das armas — era considerada inadequada e indevida. Apesar de os posseiros da mesma região paraense freqüentemente não terem experiência anterior em organizações — que de certa forma os prepárariam para essas eventualidades —, eles criavam seus mecanismos de proteção contra pistoleiros a partir dos contatos que tinham entre si e entre outros grupos de posseiros que viviam situação similar: trabalhavam em roças comunitárias ou agrupadas, mantinham equipes que se revezavam entre o trabalho e a vigilância, utilizavam cachorros para detectar gente estranha na área, aprendiam a fazer munição, mantinham pessoas escondidas no caminho da roça, de tal forma que, havendo deslocamento de pistoleiros ou de policiais para o local onde trabalhavam, lançariam foguetes anunciando o perigo.[22] Teriam assim tempo para se esconder ou organizar a defesa. Contavam com as mulheres para o transporte de armas, munições e notícias, porque tinham mais chances de passar pela polícia sem levantar suspeitas. Em um dos conflitos de terra mais violentos e perigosos, uma camponesa, de uma igreja pentecostal, mesmo contra a orientação de seu pastor, era uma peça privilegiada nessa tarefa. Os cabelos compridos, a roupa severa e a Bíblia tornavam-se seu passaporte para o trânsito entre os grupos armados, sem o perigoso constrangimento de uma revista realizada pela polícia ou pelos pistoleiros. O confronto com forças policiais ou privadas lembrava o da guerrilha que havia sido concluída em 1974, às margens do Araguaia. Alguns dos posseiros mais antigos haviam conhecido os guerrilheiros e presenciado os confrontos entre estes e os soldados.

O mesmo nível de organização coletiva dos posseiros não existiu entre os peões, e não poderia existir. Mesmo tendo em comum a situação econô-

[22]Sobre o tema da resistência há estudos interessantes, como os de Neide Esterci (Conflito no Araguaia, 1987, e Escravos da desigualdade, 1994). Além destes, há Cooperativismo e coletivização no campo: questões sobre a prática da Igreja popular no Brasil e Igreja e questão agrária, de 1985.

mica de pobreza, sendo uns e outros em geral agricultores sem terra ou com terra insuficiente, oriundos das mesmas regiões, havia algo que os diferenciava. Uns, os *peões*, estavam em trânsito, não moravam na fazenda nem no sul e sudeste do Pará. Além de desconhecer muitas vezes a região, eles não tinham relações de amizade e de parentesco com pessoas estabelecidas na região e não desfrutavam a liberdade de ir e vir. Os outros, os posseiros, moravam ali, conheciam a região e tinham um arco de apoio possível, inclusive familiar. Estes, aos poucos, em contato com outros moradores mais antigos na área, descobriam aliados que eram úteis nos momentos de maior perigo, como os diretores dos STR da região e os membros da CPT.

Nos anos 1970 e 1980, período de maior intensidade tanto dos conflitos pela posse da terra quanto do trabalho escravo no Araguaia paraense, os posseiros de áreas diferentes começaram a ter encontros e trocas de experiência. Os posseiros de São Geraldo do Araguaia elaboraram suas leis, quando souberam que os de outra região do Pará haviam criado as chamadas Leis de Anilzinho, que consistiam em regras mínimas elaboradas pelos próprios trabalhadores para enfrentar os problemas não só no conflito de terra, mas também após as ameaças mais fortes. Na ausência de regulação pelo Estado dos limites das terras e seu uso, eles tinham os seus juízes e suas instâncias para dirimir conflitos internos, com regras claras sobre venda de lotes e brigas de vizinhos.

Além do nível da articulação dos próprios peões ser frágil, com pouca capacidade de ações coletivas eficientes, ela se agravava porque os que se sensibilizavam com a causa também não conseguiam dar respostas ao problema. As mudanças começam a ocorrer em 1986, quando Nelson Ribeiro tomou posse como ministro do Mirad e, no Incra, foi criada a Coordenadoria dos Conflitos Agrários. A partir deste momento, o movimento sindical e a CPT têm como interlocutores alguns funcionários do governo federal. Mas ainda eram poucas as possibilidades de ação. O conjunto dos coordenadores das DRT e os agentes da PF continuavam indiferentes ao problema, e o resultado das fiscalizações, quando havia, era muito modesto: alguma multa que jamais era paga.

Os fatos mais relevantes, que ampliaram o leque de pessoas de órgãos governamentais e da sociedade civil preocupados com os problemas fundiários — conflitos pela terra e trabalho escravo —, surgiram com os previsíveis assassinatos do sindicalista Chico Mendes, de Xapuri, no Acre, e, posteriormente, em 2 de fevereiro de 1991, do sindicalista Expedito Ribeiro de Souza, de Rio Maria (PA). A imprensa nacional e internacional, que havia divulgado a primeira morte, movida principalmente pela força de pressão do movimento ecológico, divulgou a segunda, por uma série de coincidências: Expedito, ameaçado de morte por defender trabalhadores rurais, dera uma série de entrevistas para jornais e revistas brasileiros e estrangeiros entre novembro e dezembro de 1990, falando das ameaças que sofria, e a maior organização não-governamental de direitos humanos dos Estados Unidos, a Human Rights Watch, em janeiro de 1991, havia publicado um longo relatório sobre o Brasil, com forte destaque para estas ameaças.

Em um momento de fortes e crescentes pressões do movimento ecológico para que não houvesse financiamento de projetos que implicassem danos ambientais, foi realizada no Rio de Janeiro a conferência internacional sobre o meio ambiente, a Rio-92. O governo brasileiro, nesse contexto, mudou sua política de incentivo aos financiamentos para a implantação de empresas agropecuárias na Amazônia. Sem os financiamentos e incomodados pelas denúncias de que utilizavam mão-de-obra escrava na região, a maioria das grandes empresas agropecuárias, que possuíam outros interesses em outras áreas de produção ou desenvolviam atividades financeiras mais lucrativas, venderam suas terras.

Com a indignação que a morte de Expedito provocou, foi criado em Brasília o Fórum Nacional de Combate à Violência no Campo, que trouxe mais aliados aos considerados escravos por dívida. Membros do Poder Executivo, do Legislativo, da Procuradoria-Geral da República e de diversas organizações civis começaram a se encontrar uma vez por mês e a elaborar sugestões de encaminhamento de soluções legais para o Congresso Nacional e de soluções preventivas e curativas para o governo federal.

Como um dos resultados desses encontros, foi criado o Gertraf para o "combate ao trabalho escravo", e seu objetivo era "implementar ações articuladas entre as diversas áreas de governo, uma vez que, além do cunho eminentemente trabalhista, a questão do trabalho escravo envolve aspectos sociais, econômicos, criminais e ambientais entre outros" (Vilela e Cunha, 1999:37). Para maior eficiência, ele era subordinado à Câmara de Política Social do Conselho de Governo e se fazia integrar por representantes de sete ministérios,[23] sob a coordenação do Ministério do Trabalho. A estrutura operacional do Gertraf era o GEFM, criado em 1995.

A existência do GEFM trouxe novidades nas relações de forças entre os que eram simpáticos aos trabalhadores e os fazendeiros. No Mato Grosso, por exemplo, provocou mudanças no comportamento dos patrões. Mesmo que os peões continuassem desarticulados, algo pôde ser feito. Uma comissão, articulada no estado através de um padre, com a participação do STR local, da Igreja Católica, da Câmara dos Vereadores e prefeitura, com o apoio do GEFM, obteve sucessos por um período no final dos anos 1990. Segundo um sindicalista, antes "a coisa era solta". Naquela época, "o *gato* levava o peão, [que] era sacrificado, era penalizado. Do jeito que acontecia lá, ninguém sabia de nada, o peão trabalhava no sistema escravo mesmo" (Terra Limpa, 2000). A situação havia mudado: tanto os trabalhadores conheciam seus respectivos direitos quanto os fazendeiros, suas obrigações. Por isso, as condições de habitação melhoraram e os trabalhadores recebiam "água mais decente e um filtro d'água". Os fazendeiros, informou o sindicalista, "pagam praticamente certo, não os direitos, mas o trabalho é pago mais certo. Não existe tanta enganação, antes a coisa era precária" (ibidem). No caso, a ação coletiva era desencadeada a partir da mobilização de organizações da sociedade civil, religiosa e política. Os trabalhadores, mesmo atuando individualmente, podiam ter acesso à ação coletiva de outros que os protegiam. E as ações, que eram voltadas para o trabalho rural, acabaram repercutindo na área urbana, provocando transformações nas relações que, até então, eram informais e não obedeciam à legislação trabalhista em vigor.

A reação não apenas individual também pode vir, com certa freqüência, dos trabalhadores em situações de escravidão em outras áreas, como as das grandes usinas de cana-de-açúcar alagoanas. Ali a rigidez do controle os atemorizava, como manifesta um relatório de fiscalização da Sefit. As

[23]Ministérios do Trabalho; da Justiça; do Meio Ambiente, dos Recursos Hídricos e da Amazônia Legal; da Agricultura e do Abastecimento; da Indústria, do Comércio e do Turismo; da Política Fundiária; da Previdência e Assistência Social.

pessoas eram aliciadas em zonas pobres de municípios vizinhos. Deviam receber por produção e os empreiteiros distorciam a "aferição arbitrada ao final da jornada". Ao entrar nas propriedades, a equipe de fiscalização chegou a constatar a presença de "vigias fortemente armados" e observou que "os trabalhadores rurais da região são desconfiados e dificilmente levantam, de forma espontânea, diante da fiscalização, questões em forma de denúncia. Limitam-se a responder às perguntas da fiscalização". Contudo, essa posição muda "na segunda semana de operação, quando as notícias já haviam circulado entre os trabalhadores". Estes, então, "enquanto grupo", "manifestavam-se coletivamente" (Sefit, dezembro de 1995).[24] O fato de terem tempo para conhecer melhor as autoridades e a notícia de que seus direitos poderiam ser reparados, "circular" entre o grupo, dando-lhes tempo de conversar sobre o assunto, propiciava uma resposta, não somente individual, mas coletiva.

João Batista da Silva (depoimento, Brasília: 2001), do GEFM de Cuiabá, afirma que, se na operação de fiscalização governamental há algum peão já liberto antes, o medo do grupo de trabalhadores se torna menor e eles falam com mais facilidade. O medo diminui também quando há um embate entre os funcionários do governo e o fazendeiro diante dos trabalhadores. A prepotência existente até então por parte do fazendeiro e de seus homens é quebrada e ele não é mais aquele que tem a hegemonia do controle social e da violência. A confiança é total quando os trabalhadores constatam que as autoridades brigam por causa deles. A partir daí começam a falar — alguns, inclusive, diante do fazendeiro — e são capazes de prestar informações que haviam omitido no primeiro depoimento.

Mas outros tipos de ações coletivas e inesperadas, por defenderem empreiteiros e aliciadores, surpreenderiam sindicalistas e grupos que combatiam a existência do trabalho escravo, como vimos em alguns casos (como o ônibus interditado com homens recrutados em Barras e a prisão de um empreiteiro em Santana do Araguaia). O fato surpreenderia, pois a

[24]A fiscalização, coordenada por Ruth B. Vilela, atingiu oito destilarias e fazendas produtoras de cana-de-açúcar em quatro municípios, onde foram encontradas 2.808 pessoas em trabalho "degradante", com exploração também de mão-de-obra de crianças, adolescentes e de mulheres, e foram lavrados 123 autos de infração.

ação coletiva dos *peões* se deu contra os que, em princípio, tentavam protegê-los do engodo e a favor de quem os prejudicaria. Temos, assim, reações coletivas especiais, em situações especiais.

> *Mas esse povo do Pará é todo revoltoso. Por qualquer coisa tira a vida do outro. Por qualquer coisinha*
>
> (mãe de trabalhador, Barras: 2001).

CUIDADOS

O casal José e Francisca (depoimento, Barras, 2001) teve um filho, Antônio, que foi ao Pará. Após ouvir tantos outros pais em situação similar, o entrevistador pensava ouvir que estes haviam também sofrido muito com a partida do filho. José não negou ter se preocupado com os perigos, contudo, explicou: "Todo lugar tem perigo, mas a gente pode muito bem evitar o perigo." Por exemplo: "Aqui eu me governo, porque estou debaixo de minha sombra, mas se eu chegar na sua sombra, eu só entro em sua liberdade; eu não posso chegar na sua liberdade e entrar de casa adentro, sem você me dar a liberdade." Pistoleiro não pede licença para entrar, frisou, por isso "a gente tem que pedir, tem que se humilhar a ele e aí passa. O perigo não tem perigo, aonde a gente vê acolá qualquer coisa, o sujeito passa lá por longe, não sendo com a gente".

> Pesquisador: O senhor fica preocupado com essa saída dos filhos?
> José: Não fico muito preocupado não, porque aqui o cara tem que furar a vida. Ele é quem se faz.
> Francisca: Toda a preocupação é com a mãe mesmo...
> José: Sei que eles acham melhor lá, porque corre mais dinheiro. É um meio de ganhar mais. E aqui o nego fica parado. Passa um mês que não tem dinheiro nem para uma brincadeira.
> Pesquisador: O senhor não teme que algum pistoleiro mate seu filho numa fazenda do Pará?

> José: Pistoleiro? Não. De pistoleiro... Em qualquer lugar acontece um malfeito.
> Francisca: Eu tenho medo...
> José: Em qualquer lugar acontece um malfeito. Agora, se a gente andar direito, todo lugar é fácil. Agora se andar como um qualquer, qualquer coisa, qualquer movimento, ele acha barreira em qualquer canto. Mas, se andar tranqüilamente... Só se for um bandido mesmo que queira tirar a vida mesmo.
> Francisca: Mas é coisa que acontece.
> José: Tirar a vida deles. É perigoso, mas tem que levar a vida mesmo.
> Francisca: Logo, quando meus filhos ganham o mundo, eu recomendo muito, para eles saberem andar, respeitarem as pessoas, se uma pessoa caçar conversa com eles, eles não dizerem nada. Ficarem calados. Tudo eu ensino os meus filhos quando eles ganham o mundo.
> (...)
> Pesquisador: Está certo o *gato* proibir o trabalhador de sair da fazenda e, se sair, ele mandar pegar?
> José: Por uma parte dele é certa. Por outra não é, porque às vezes a pessoa está achando que não está ganhando dinheiro aí quer fugir para outra fazenda para ver se melhora a vida dele. Não são todas as fazendas que são iguais. Têm umas melhores, outras mais ruins. Têm uns homens melhores e outros mais ruins também. Às vezes acontece da pessoa fugir por causa disso. Passa para outro setor pensando que é melhor.
> Pesquisador: O *gato* está certo quando manda o pistoleiro atrás do trabalhador?
> José: Não está certo, não. Se já fugiu deixa esse diabo ir embora, o que está devendo e o que não está... Mas eles não querem...
> Francisca: O que acontece muito. Eles mandam atrás e até matam. Tem morrido muitas pessoas. Às vezes mandam atrás e matar.
> Antônio: Tirar a vida de uma pessoa... Porque não tem dinheiro que pague a vida de uma pessoa. Tirar por uma mixaria... É triste demais.
> Francisca: Mas esse povo do Pará é todo revoltoso. Por qualquer coisa tira a vida do outro. Por qualquer coisinha (depoimento, Barras: 2001).

Três pessoas com os traços recorrentes de uma mesma família, professando a mesma religião, morando no mesmo local, com a mesma condição econômica e educacional — todos analfabetos —, vivendo, em princípio, um mesmo código de valores, não apresentavam a mesma leitura sobre o mesmo fato, nem, aparentemente, os mesmos sentimentos. Mas também, cada um, no cenário da casa, representa no seu discurso um lugar social ocupado no interior da família. E isso, o lugar social, os tornava também diferentes. Ora, o que significa "andar direito" para o pai e para a mãe? Sair do universo doméstico e conhecido e penetrar no espaço não conhecido, no mundo, que vai além das fronteiras da vila, requer uma atitude de prudência. Se alguém "caçar conversa", não dizer nada. O silêncio pode ser a segurança, principalmente quando se está num mundo de pessoas "revoltosas", ou que são estranhas e estão se sentindo lesadas. O modo como se "anda" delimita os riscos na perspectiva dos pais. Nesse caso, aparentemente a vítima é responsável pelo que lhe faz o agressor, pois todo lugar pode ser "fácil" se o trabalhador "andar direito". Estaríamos diante de uma atitude de simpatia para com aqueles que representavam de fato uma ameaça mesmo física para seus próprios filhos? Trata-se de algo como a simpatia que os prisioneiros nos campos de concentração exprimiam pela própria SS?[25] Mas, e se o empreiteiro manda o pistoleiro ir atrás do trabalhador fugitivo? O pai, cauteloso — pois não conhece suficientemente o entrevistador —, afirma que, por um lado, o empreiteiro está certo e por outro, não; tenta evitar a emissão de um julgamento de valor contra ele, chama o fugitivo de "diabo", mas admite os riscos mesmo para quem anda "direito", quando reconhece que há também "bandido" no Pará. Neste caso, o perigo é grande. De fato, "andar direito" não é suficiente, em qualquer lugar ou situação, para eliminar os riscos, pois as fazendas não são iguais, reconhece.

Cabe à mulher representar o lado mais visível do cuidado, por isso, ao ouvir o marido aparentando despreocupação, concluirá que "toda a preo-

[25]"Os prisioneiros antigos sentiam grande satisfação se, durante a dupla contagem diária dos prisioneiros, eles se tivessem mantido em sentido corretamente ou se houvessem feito uma saudação enérgica. Orgulhavam-se de ser tão inflexíveis ou mais do que a SS. Em sua identificação, chegavam a ponto de imitar as atividades de lazer da SS. Um dos jogos a que os guardas se dedicavam era descobrir quem agüentava apanhar mais tempo sem gemer. Este jogo era imitado pelos presos antigos, como se eles já não apanhassem bastante sem repetir a experiência como brincadeira (Bettelheim,1985: 137-138).

cupação é com a mãe mesmo". Ao marido, cabe exprimir o lado masculino da coragem, por isso ele afirma não se preocupar "muito", porque o homem precisa se "fazer", e se fazer homem significa "furar a vida", ou seja, enfrentar dificuldades que confirmam sua maturidade como provedor doméstico. O jovem, que esteve no sul do Pará, reconhece de pronto, ao contrário do pai, a existência do risco — "lá é perigoso demais", "tirar a vida de uma pessoa (...) é triste demais" — e só sai de casa porque não é possível ficar, explicou.

O cuidado é ainda mais necessário quando há alguma tensão entre as pessoas e as relações são desiguais. Nesses momentos, a palavra deve ser cercada de maior atenção e, às vezes, nem sequer é utilizada como instrumento de manifestar a insatisfação. O medo principal do piauiense Sebastião Pedreira (depoimento, Barras: 2000) era de não poder sair da fazenda por causa de dívidas. Dependia, naquele momento, de uma espécie da carta de alforria, ou seja, uma autorização que permitiria sua passagem pelo esquema de segurança da empresa e do *gato*. A relação com o *gato* era ambígua, pois, apesar disso ou justamente por isso, Pedreira admitia que, "de uma certa forma, confiava" nele. Confiava porque "não era um *gato* maltratador", como outros eram. Mas confiava apenas parcialmente, apenas de "certa forma". Na própria fazenda ele tinha ouvido que ali havia *gato* pior. Qual a razão de "confiar"? Na verdade, para Pedreira, devia-se estabelecer com o empreiteiro uma relação que eliminasse as arestas, tornando menos traumática a vida já tão perigosa. Por isso, ele vivia um jogo de sedução incerto e necessário, em que demonstrava cumprir determinados cuidados, como o de empreender um "esforço máximo", trabalhando muito e gastando pouco, e assim obter um saldo. Houve uma representação vital, criada a partir do medo, em que previu demonstrar não apenas ser bom trabalhador (para a contabilidade do *gato*), mas também fingir estar contente e mesmo disposto a retornar caso saísse. Aí, sim, era possível conquistar o *gato* que negociava com o proprietário do imóvel (ou com o gerente) a sua liberdade e os pistoleiros não o deteriam. Nem todos se dispunham a arriscar a vida em uma fuga. Pedreira, por exemplo, não queria fugir porque "pensava era em sair numa boa". E, por isso, montou com os amigos uma maneira de sair e "nunca voltar para lá".

> Tinha que dar tudo da vida. Tinha que trabalhar esforçadamente, sair cedo, no escuro, trabalhar até tarde. A gente saía cinco horas da manhã. Teve um período (...), para gente ter mais economia, nós tivemos que cozinhar à noite. Até eu cozinhei dessa vez. No final (...) [trabalhava] levando a comida pronta. (...), quando era de manhã, quatro horas da manhã, tomava o café e saía levando a marmita paro o mato. Aí só ia todo mundo junto. Assim a gente conseguiu tirar mais um lucrozinho. Pescando, sem ir muito na cantina, [comprar] só o necessário. Aí a gente conseguiu se libertar (depoimento, Barras: 2000).

> *Elpídio o atalhou: "Vai embora, nego. E se fugir te boto soldado no seu rasto"*
>
> (Bernardo Elis, 1987:41).

PALAVRAS: AMEAÇAS RECÍPROCAS

A palavra é uma faculdade de expressar idéias através de sons articulados, mas também é mais que isso. É um instrumento importante de comunicação e diálogo, delimita os espaços sociais a partir do poder econômico, ideológico, hierárquico, restaura e conquista direitos ou impõe desejos e subjuga outros: qualifica pessoas e expressa sentimentos. Uns detêm mais facilidade de labutar com as palavras pelo lugar social ocupado, pelas oportunidades de desenvolver seu uso, por habilidades próprias, pelo acesso ao estudo e à informação. O trabalhador parte em direção ao Pará carregando suas potencialidades e limitações e, conforme esses e outros fatores, sentirá necessidade de utilizar instrumentos de pressão para o estabelecimento daquilo que considera seu direito ou direito de seu grupo. A decisão de agir virá do sentimento de injustiça sofrida na quebra de contrato por parte do empreiteiro ou do aliciador, e um dos instrumentos a ser empregado é a palavra. Para alguns será o primeiro instrumento pelo qual revela sua inconformidade. Essa manifestação se dará no caminho para as fazendas, no próprio local onde executará as tarefas da empreita ou posteriormente.

Para empregar a palavra, é melhor utilizá-la corretamente. Um homem recrutado no Piauí aprendeu que, ao empregá-la inadequadamente, poderia ser punido. Apesar da insatisfação que sentia, "não podia alterar, falar positivo com eles, porque eram os chefes, ninguém podia falar mais nada". Era a primeira tentativa de fazer valer o que considerava seu direito. Mas havia uma hierarquia simbólica expressa na utilização desse instrumento. Mesmo tendo vontade de "falar positivo", a prudência ensinava que, com os que detêm o poder, nem tudo pode ser dito. Não obtendo sucesso, iria procurar outra alternativa. Denunciou, então, o fato à Polícia Federal e ao GEFM e, com eles, retornou à fazenda. No retorno, a palavra era novamente um instrumento importante. Indicaria aos funcionários da União onde estavam os demais retidos e sua palavra adquiria agora um espaço de poder de que antes não gozava. A situação, assim, mudava radicalmente. Encapuzado e protegido pelos agentes governamentais, a situação se invertia, e quem até então não tinha prestígio voltava fortalecido. No entanto, estar encapuzado revelava que fundamentalmente a inversão era temporária. Depois daquele momento ele reassumia o lugar social subalterno de onde vinha e corria outros riscos, inclusive de vida (depoimento, Barras: 2001).

A palavra às vezes vem acompanhada por lágrimas e obtém resultado. Um menor do Piauí chegou a uma fazenda paraense levado pelo aliciador. O gerente da fazenda, ao perceber que recebia um menor, recusou-o e o mandou embora sem oferecer nenhum auxílio para que isso fosse possível. O menor chorou, ficou indignado e "desfalou" o *gato*. "Como vou fazer comigo?" O *gato* não se comoveu: "Tu dás teus pulos." Se o *gato* e o aliciador foram indiferentes, o grupo dos companheiros não o foi. O "cabeça" da turma o levou para a casa de um amigo, onde o jovem permaneceu alguns meses até poder retornar para sua casa (depoimento, Barra: 2000). Nesse caso, a palavra foi acionada e provocou uma resposta, mesmo que não daquele que de fato era o alvo. Em outros casos, as palavras se ampliam e podem gerar discussões. Um trabalhador entrou em discussão com o fiscal, rompendo a relação de subordinação esperada. O trabalhador se sentia ofendido e ofendia. Alguns do mesmo grupo intervieram: "Acalma, largue de mão porque ele é aperreado demais. Ele é mais doido que você." A pessoa deve ter o bom senso para saber até onde é possível ir. Além desse limite pode ser perigoso. Isso o grupo era capaz de perceber e, por isso, foi um mediador no conflito (depoimento, Barras: 2000). Em outro caso, um homem foi morto em uma fazenda próxima de Xinguara (PA). Sua esposa, sabendo, foi de Barras até a fazenda. Estando ali, percebeu que os canais de comunicação estavam obstruídos. Sua palavra não era ouvida e sentia-se impotente. Diante disso, telefonou para autoridades de Barras e conseguiu, através delas, que a fazenda facilitasse seu retorno a Barras (depoimento, Barras: 2000). Outra mulher, cujo filho fora ao Pará havia alguns anos e não dera notícias, recebeu um telefonema dele. Pedia urgentemente R$ 1.000,00.[26] Um dinheiro que não tinha e nunca tivera. Seu recurso foi ir até a rádio do local com uma carta pedindo socorro (depoimento, Barras: 2001).

Quanto aos depoimentos colhidos no Mato Grosso, em alguns soubemos de *peões* que reclamam e ameaçam *gatos*, cantineiros, donos de pensões, sem obter sucesso; de empreiteiro que mandou que os trabalhadores calassem a boca. Há ainda um trabalhador que, gravemente ferido, exigiu, não mais a remuneração — que, percebeu, não teria —, mas pelo menos a passagem para a cidade de origem. Lá a esposa o auxiliaria na busca de atendimento médico-hospitalar. Vimos um caso, ainda no Mato Grosso, em que um diretor sindical, ameaçado de morte por defender pessoas escravizadas, reagiu. Se uma das lideranças locais fosse morta, disse, o movimento social que o apoiava reagiria com violência igual ou superior. E ele crê que assim, com a palavra, sustou o possível plano de assassinato. Ora, aquele que vinha com o pressuposto da força, que navegava sua prepotência nas ameaças e nas ações, enfrentava uma resposta fria. A palavra que imperava confrontava-se com a do outro, que reagia com o mesmo vigor. O silêncio previsto foi rompido. O subordinado, aquele que devia se manter na esfera do espanto, parecia ter superado o espanto, e espantava o adversário, nas brechas de resistência que conseguiu construir (depoimentos, Mato Grosso: 2000).

A guerra das ameaças não se restringiu ao Mato Grosso nem apenas à questão do trabalho escravo. Em São Geraldo do Araguaia (PA), nos anos

[26]Equivaliam a US$ 427, em 23.5.2001.

1970 e 1980, houve conflitos pela posse da terra[27] e pela utilização de trabalho escravo, com dezenas de ameaças e assassinatos promovidos por certos fazendeiros e policiais militares. Uma das vítimas foi Raimundo Ferreira Lima,[28] odiado por defender trabalhadores rurais e ser candidato a presidente do STR de Conceição do Araguaia em oposição ao candidato apoiado pelo governo militar. À medida que a situação se tornava mais perigosa para as lideranças, quando a Polícia Militar e os pistoleiros invadiam com mais freqüência, saqueavam e queimavam casas e roças, estupravam mulheres, assassinavam pessoas, os trabalhadores espalhavam boatos. Divulgavam que, se algum trabalhador ou aliado fosse assassinado, eles invadiriam a propriedade de onde partisse a ordem e matariam tudo, de gente a galinha. Vingar-se-iam de forma implacável e nada ficaria em pé. Imediatamente houve um recuo na espiral de violência. A violência, contudo, voltou dois anos depois, quando os fazendeiros acionaram a PF e o Exército a seu favor. Estes trataram o problema da resistência dos trabalhadores como subversão política, prenderam lavradores e padres do município.

A palavra serve, como vimos, dependendo das variadas circunstâncias, para a negociação, para estabelecer ou ampliar o conflito, para a denúncia, para o pedido de socorro e para trocas de ameaças. Seu uso, quando se está numa atitude subordinada, requer alguns cuidados, caso contrário, pode criar em vez de solucionar problemas. Ela é também um instrumento importante nas mãos dos que coordenam. Ernestino, dono de uma pensão e ex-empreiteiro, explicava que não era qualquer um que podia tocar uma empreita. A função exigia uma sabedoria nas relações com os trabalhadores. Ele explicou que o *gato*

[27] Trabalhadores ocuparam dezenas de milhares de hectares de latifúndios, cujas áreas eram improdutivas ou de titulação precária e forçaram o Instituto de Colonização e Reforma Agrária (Incra) a regularizar essas ocupações. A tensão aumentou com ações mais ousadas dos trabalhadores, e o governo, preocupado com o possível caráter ideológico das ações, criou o Grupo Executivo de Terras do Araguaia-Tocantins (Getat) para atuar na região e instalou em São Geraldo do Araguaia um dos escritórios do Getat e uma guarnição do exército.

[28] O "Gringo", como era conhecido, morava em Itaipavas, município de São Geraldo do Araguaia. Em 29 de maio de 1980, retornado de Conceição do Araguaia, foi seqüestrado e assassinado em Araguaína (TO).

> Tem que ser muito enérgico; tem que ter diversas temperaturas. Na hora que peão está bravo, o empreiteiro tem que estar manso. (...) Peão pode ficar bufando "É porque eu vou te matar, porque eu vou te fazer isso". Como eles falam mesmo, aí não pode ter medo, nem ficar bravo. Se tiver medo, não toca o serviço. Se ficar bravo, briga com o peão e pronto. Aí a Polícia Federal chega, fecha o serviço e pronto. Muitos peões se comunicam com as autoridades. Sempre foi assim e a PF agiu.

O empreiteiro podia muito, mas não podia tudo. Experiente, sabia que os trabalhadores não eram completamente indiferentes ao que lhes acontecia, mas se enfureciam e utilizavam a palavra para manifestar o descontentamento e para ameaçar. Por isso, ele mesmo, apesar de estar em uma situação privilegiada sob diversos aspectos, devia ter suas cautelas. A palavra é uma das formas de manifestar o cuidado necessário quando se está fora de casa em situações novas.

Abdelmalek Sayad (1988: 132), em seu estudo sobre os migrantes argelinos na França, constata que estes, em seus contatos interculturais, são levados a adotar "um olhar espantosamente crítico" e "uma atitude profundamente reflexiva". Culturalmente expostos e submetidos, com experiências de "espanto e de 'desconcerto'", devem ser cautelosos diante do outro. Os nossos trabalhadores, submetidos e subordinados econômica e culturalmente, diante do desconhecido, dentro e fora da fazenda, protegem-se em salvaguardas de linguagem. O argelino, entrevistado por Sayad, manteve silêncio sobre aspectos familiares e conjugais; os nossos têm outras razões para se preservar e até razões parecidas. No passado, alguns deles permaneciam de forma mais estável subordinados a um fazendeiro no Piauí ou em outro estado, e o fazendeiro possuía nome e rosto conhecidos e visíveis, podiam se tornar compadres. A proximidade não eliminava a subordinação, mas criava vínculos e fortalecia um sistema de troca de "dons", de expectativas recíprocas. Ser compadre de certa forma protegia ou dava a impressão de maior proteção. Nas relações (provocadas intencionalmente) do endividamento progressivo na Amazônia, os trabalhadores, transformados em peões, estabelecem contatos com os empreiteiros e "fiscais" e, em geral, só indiretamente com o dono da terra. O proprietário é alguém sem rosto, uma empresa poderosa ou uma família que mora distante. O peão tece relações com iguais e desiguais numa complexa rede de subordinados e coordenados, de submissão e mando e, de alguma forma, ele se torna uma peça numa engrenagem (às vezes) impessoal e de curta duração. Ele e sua família podem se proteger pela palavra ou pelo silêncio.

RELIGIÃO COMO REFÚGIO E RESISTÊNCIA

Para o agrônomo dr. Joaquim[29] (depoimento, Barras: 2001), "a religião era um freio para a comunidade de baixa renda". Sem ela, as pessoas teriam reações violentas por causa da situação de desigualdade social e da injustiça. Contudo, para outras pessoas, como Gonçalves e a esposa, ambos analfabetos, que procuravam o filho havia dez anos, a "crença" era "tudo na vida" e alimentava-lhes a esperança. Ela era rezadora e o casal agradecia a Deus "por lhes dar forças e [por eles] não serem muito esmorecidos", pois ambos eram conformados com o que possuíam e com as "crises" por que passavam. Os dois pensavam muito nas dificuldades, se benziam e pediam perdão a Deus. Sempre se precisava estar preparado para a morte, ser conformado e, explicaram, ninguém devia se desesperar e querer se matar, como aconteceu com um jovem de 18 anos que procurou Gonçalves. O rapaz, só depois da conversa, desistiu do suicídio (depoimento, Barras: 2000).

Os trabalhadores de Barras, em geral, diziam que tinham fé, que eram católicos e que rezavam individualmente quando estavam nas fazendas do Pará. Um deles explicou que, na fazenda Rio Vermelho, as pessoas rezavam em silêncio na sua rede, "de mãos postas". Francisco, cuja religião era "não beber nem fumar", rezava o pai-nosso e a ave-maria e levava consigo uma imagem de santo Antônio (depoimento, Barras: 2000). Alguns afirmavam resistir graças à fé. Uma destas pessoas era Lúcia, de 49 anos, cujo marido

[29] Foi eleito, nesse mesmo ano, prefeito de Barras. Possuía certa erudição e havia exercido cargo administrativo na burocracia do Incra em Brasília e em Teresina.

foi assassinado. Ela explicava que, certos dias, “ia dormir só Deus sabe as condições (...) junto com meus filhos. Mas só reclamo para Deus”, pois só “Ele mesmo me dá a força”, e “sabe as condições” para suportar tudo. Contava, contudo, com o auxílio de uma vizinha da mesma idade e também muito pobre. A vizinha a confortava e socorria com sua parca comida nos momentos mais agudos de fome. Era uma mãe para Lúcia e para seus filhos (depoimento, Barras, 2001). Outro trabalhador havia perdido a esperança de sobreviver. Se tivesse sorte e saísse vivo, promoveria um “culto dos crentes” em sua casa. Era católico, mas havia feito a promessa, pois um padrinho havia se convertido à “crença”. Não havia cumprido a promessa, mas a cumpriria (depoimento, Barras: 2000).

Os depoimentos colhidos no Mato Grosso confirmam que, havendo orações nas empreitas no Pará, entre os católicos, estas eram realizadas individualmente, mesmo quando um dos trabalhadores tinha alguma participação mais intensa na vida da igreja no local de origem. Fora da fazenda, a família rezava em casa e na igreja. Em um dos casos, a avó pedia a Deus que nada acontecesse ao neto (depoimentos, Terra Limpa: 2000). O pai de um dos rapazes queria ir atrás, quando soube dos perigos que o filho corria. Disseram-lhe que não conseguiria entrar na fazenda. Para a mãe de um dos rapazes, o jeito era “pôr nas mãos de Deus. Deus não desampará”, insistia. E a avó fazia “promessa, rezava” também e se “apegava a Deus de dia e de noite”. E buscou e encontrou apoio do padre (depoimento, Recanto da Paz: 2000). A mãe de José de Santos rezava de uma forma que “criava calo no joelho”. Ela era rezadora de terço, explicava o rapaz (depoimento: Porto Feliz: 2000). No caso do Mato Grosso, a maioria dos entrevistados e dos trabalhadores que iam ao Pará eram também católicos. Um e outro, mesmo sendo católicos, mantiveram algum contato com os evangélicos. Um casal explicou que, ao se acidentar o esposo, a mulher buscou apoio dos “crentes” para a comida (depoimento, Terra Limpa: 2000).

O medo por vezes é tão grande que o trabalhador, mesmo sofrendo humilhação, pode decidir não fugir, esperando um milagre, como consta um inquérito instaurado pela PF de Imperatriz (MA) em outubro de 2001. Os peões, humilhados pelas condições de trabalho, pela qualidade da alimentação e da água e pelas ameaças de violência — como aquela de que teriam cortadas as partes dos seus corpos, "junta por junta" —, eram também humilhados pela esposa do empreiteiro, que cuspia nos seus pratos e em seus rostos. Perdendo a esperança de sair da fazenda, ficaram imobilizados temporariamente. Quando foram libertados pelas autoridades, um deles "agradeceu a Deus" e reconheceu que, sem elas, "jamais sairia da fazenda". Outro, casado, com três filhos menores, dizia ter "ansiedade" para sair e também "agradecia a Deus" pela chegada da polícia. Se não fosse por ela, "iria morrer lá, pois não tem como fugir, nem tampouco sobreviver com o dinheiro ganho lá, pois nunca está com saldo, ou seja, está sempre devendo ao aliciador José Milton" (DPF/Imperatriz /MA: 4.10.2001).

Na hora do medo, sofrendo tantas dores e receios, sobram as mãos para as armas, ou para as rezas, diria Riobaldo, o personagem rosiano (1984: 292). Ora, a reza não deixa de ser também uma arma e um bálsamo, e serve não apenas para os *peões* e para os seus. Serviram também para Fátima, dona de um "ambiente" que atendia os *peões* em trânsito pelo Mato Grosso e os estabelecidos ali. Ela ia regularmente à missa com duas das "meninas"; outras três preferiam ir para a igreja Deus é Amor. Das nove, sete estavam participando, por devoção, da romaria do Senhor do Bonfim. Elas rezavam pedindo saúde e proteção para si e para outros. Uma maranhense da igreja Assembléia de Deus, com a Bíblia debaixo dos braços, saiu só de seu estado e entrou no Pará procurando desesperadamente o filho desaparecido. Tinha a certeza da proteção de Deus na sua busca (Merz, 1997; *Veja*, 12.11.1997: 106-108).

Tanto o fato de ser da mesma área do *gato* quanto o de pertencer à mesma denominação religiosa não suprem as razões de tensão e riscos entre as partes. Muitos *gatos* se consideram católicos ou vivem um sincretismo religioso parecido com os de suas vítimas. Um destes, Sebastião da Teresona, agira nos anos 1980, em Marabá, onde coordenava um grupo de pistoleiros que estava a serviço de fazendeiros. Cometiam diversos assassinatos de peões e posseiros. Em 1985, entre suas vítimas havia, além de mulheres grávidas, uma menina de 11 anos, Leonilde Resplandes. Ela não só perdeu o companheiro, mas foi violentada e queimada viva pelos homens do grupo de pistoleiros. Quando Teresona foi finalmente preso, um jornalista entrou em sua casa e encontrou "orações para fechar o corpo" que ele em geral carregava consigo.[30] Além de Teresona, outros *gatos* também manifestavam de alguma forma sua fé. Luiz Bang Bang explicou que mexer com tantos peões, de uma só vez, era "um dom de Deus" e Zezinho da Codespar, *gato* acusado de ser também pistoleiro no sul do Pará, nos anos 1970 e 1980, conforme seu advogado, era "católico de tendência espírita" (depoimento, Redenção: 2000).

Na vida real e na literatura, o temor de Deus e das forças do mal se apresentam, nas diversas escalas das relações de coordenação e subordinação, para os mais diversos personagens. Pois mesmo Riobaldo, o jagunço corajoso de Guimarães Rosa (1984: 292), com suas dúvidas, refletia: "É preciso de Deus existir a gente, mais; e do diabo divertir a gente com sua dele nenhuma existência." Deus e o diabo existem? Confiava no primeiro; ele era necessário. Diversos dos jagunços conhecidos por Riobaldo (1984: 142-143) também estavam envoltos em orações e relações com forças do além. Temiam os que talvez tivessem pactos com o demônio e os odiavam, querendo vingança. As forças do além, no tenso mundo religioso do *Grande sertão*, povoavam as ansiedades. O próprio herói-jagunço Riobaldo pensou em fazer também um pacto, tão incomodado ficou diante de um inimigo que parecia invencível, e perguntou a um dos companheiros se este teria coragem. Não tinha (id: 381-382). Ora, nem só peões, seus familiares e mulheres de "ambiente" careciam de muita oração. Ela era uma necessidade também para os outros elos da relação. É sintomático que muitas das propriedades, acusadas pelos trabalhadores de utilizar com freqüência mão-de-obra escrava, tenham nome religioso.

[30]Sobre o pistoleiro sugiro o filme *Igreja dos oprimidos*, de Jorge Bodansky e Helena Salem, com a produção cinematográfica de L. C. Barreto, em 1985, e o filme *Terra queimada de sangue*, de Guy van de Beuque, produzido pela UFRJ, em 1986.

MALANDRAGEM

Sabendo, talvez, que "sertão é onde manda quem é forte, com as astúcias" (Rosa, 1984: 18),[31] as formas de resistência se manifestam inclusive naquilo que também é chamado de "malandragem".[32] É possível ouvir muitas histórias de "malandragem" tanto no Mato Grosso quanto no Pará. Os trabalhadores contam histórias de pessoas que receberam abono e fugiram sem pagar, que executaram mal as tarefas, prejudicando o empreiteiro e o fazendeiro, e de outras que incorreram em desobediências com astúcia. Há o caso de alguns jovens que estavam em uma fazenda e foram proibidos de ir à fazenda vizinha jogar bola. Apesar da proibição, alguns o faziam sem que os fiscais percebessem (Terra Limpa, 2000). Outros conseguiam introduzir, mesmo que apenas por um período, alguma garrafa de cachaça na fazenda e burlar a fiscalização. Para escapar de uma fazenda onde a repressão era especialmente rigorosa, três jovens, um deles filho de um sindicalista do Mato Grosso, conseguiram enganar o cantineiro e os *fiscais,* apresentando-lhes um papel. Disseram que era uma convocação do Exército, com data determinada, para que se apresentassem ao serviço militar. Se não o fizessem, o Exército vinha atrás. Como o cantineiro e os fiscais não sabiam ler e temiam ter um problema com o governo, liberaram os jovens (Recanto da Paz: 2000). Contudo, sabiam os trabalhadores que não eram apenas eles os malandros. Malandros eram também seus aliciadores e os que usufruíam seu trabalho. Um trabalhador diz: "Não tem empreiteiro bom. Fazendeiro é pior. Nem conversa com a gente. O Zé Antônio era tão treiteiro que, quando a gente veio embora (...) mais empurrava a Toyota que andava dentro dela" (ibidem). Havia aqueles, no entanto, que não consideravam justa essa esperteza, como José Pipoqueiro (Rio Maria: 2000), que, mesmo tendo escapado da morte em uma fazenda em 1976, defendia os *gatos,* justamente por causa das malandragens dos aliciados. Havia, reclamava, muito "peão nó cego", que "não gostava de trabalhar".

[31]E, continua: "Deus mesmo, quando vier, que venha armado! E bala é um pedacinhozinho de metal!..." (Rosa, 1984: 18).

[32]Como Neide Esterci (1987: 150-159) constatou e foi citado no início desse capítulo.

Outras pessoas também não concordavam, reclamavam dos *peões* e não confiavam neles. Havia trabalhadores que fingiam estar doentes, com a esperança de enganarem o empreiteiro ou o fazendeiro. Se fossem levados à cidade, teriam chance de fugir (trabalhadores, Terra Limpa: 2000). Uma antiga dona de pensão, Maria Dedé, e seu compadre Manoel concordavam que "peão dava trabalho" e, às vezes, fugiam da pensão ou da fazenda (Porto Feliz: 2000). Indignado, um casal de fazendeiros relatou que sabia de um prejuízo sofrido por um empresário rural no final dos anos 1990. O GEFM, acompanhado pela PF, havia vistoriado a situação trabalhista dos seus funcionários. O quadro era completamente irregular e houve denúncia de trabalho escravo. Os *peões* foram organizados em fila para serem reembolsados. Contudo, a notícia havia se espalhado, atraindo outros que, sem ter trabalhado ali, receberam indevidamente. O relato de fato semelhante, acontecido em torno de vinte anos antes, foi possível ouvir de Ernestino, dono de uma pensão:

> Que é a época que eu vim para São João [1979], eles já tinham denunciado... Peão que trabalhava lá, porque eles não gostavam de pagar. Aí eles [a PF] vieram ali ó... E gente que nunca trabalhou em fazenda se infiltrava no meio dos peões e eles pagavam tudo. Malandragem mesmo. Eles levaram uma senhora, uma velhinha que tinha na região aí, dizendo que tinha cozinhado lá. Só que os peões falavam que nunca viram aquela mulher na fazenda. E o fazendeiro: "Não. Essa mulher nunca andou lá não." "Paga a mulher!" "Pago." Pagou sem ela nunca ter cozinhado para ninguém lá (dono de pensão, Terra Limpa: 2000).

Mas malandragem acontecia também em sua pensão, por isso ele ali mantinha um homem vigiando os hóspedes:

> Ernestino: Ele passava acordado, cuidando. O encrenqueiro ia fugindo, ele corria: "Seu Tino, o peão está fugindo." Eu ia, pegava ele e voltava para trás. Aquele eu já pegava: "Então vamos fazer o seguinte: você tem sua mala com suas roupas, suas botinas, você tem um toca-fitas, eu vou guardar esses trens aqui, e vou só te entregar a hora que o empreiteiro chegar e te buscar. Se você fugir, vai fugir sozinho, vou pegar todos os seus trens." E guardava numa despensa.

> Pesquisador: Eles não tentavam brigar com o senhor?
> Ernestino: Não brigavam não. A gente ia numa boa: "Não faça isso. Você chegou aqui dizendo que estava com fome, vinha vindo de carona, o motorista pagando o sortido para você, outra hora não pagava. Eu te dei comida. Já estão com oito, dez dias que eu estou te dando almoço, janta, café-da-manhã. Por que fazer isso? Uma hora vai pesar para você." Dava conselho. Aí ele voltava e ficava numa boa. (...) O peão que foge da fazenda também dá prejuízo. Fogem vários peões de lá depois que [o empreiteiro] paga a pensão, (...) [e] tinham [recebido] um abono muito alto. Gastavam o dinheiro. O peão já ia devendo muito. Aí, fugia também. O fazendeiro não é quem perdia. Quem perdia aquilo era o empreiteiro (ibidem).

O dono de pensão classificava os trabalhadores, reconhecendo existir entre eles os *encrenqueiros* e os *malandros*. Para lidar com estes, havia o mecanismo de convencimento, que ia da conversa, acompanhada pela retenção de objetos pessoais do fugitivo, a uma advertência: "uma hora" a fuga podia "pesar". E quanto aos peões das fazendas, o prejuízo de uma fuga era alto, atrapalhando a vida do empreiteiro?

> Ernestino: Atrapalha, não. Não era muita gente que tentava fugir. A coisa não era fácil, não. Tinha que pegar o serviço com o fazendeiro, bem pego mesmo. Ele [o fazendeiro] pagava que era para ele ficar livre daquilo. Só queria saber do serviço, não queria saber de despesa com nada mais.
> Pesquisador: Isso só funciona se o empreiteiro for enérgico?
> Ernestino: É. Tem que ser... É o que eu estou dizendo: (...) Não é para qualquer um fazer um serviço estranho desse não. (...)
> Pesquisador: Na década de 1970, tinha problema com a Polícia Federal?
> Ernestino: Era só ir lá. Toda vida tem [problema]. Se o peão souber chegar numa delegacia, pedir: "Eu quero ligar para Polícia Federal porque eu estou sendo prejudicado." A polícia da região, eles sabem como é que faz. O sindicato sabe. Pode dar um jeito para o peão. O peão ligava lá e vinha [a Polícia]. Cansou de vir. Veio na [fazenda] Reunida, veio na [fazenda] Codeara também. Não tinha assim de ficar perseguindo, não. Mas, se desse denúncia, eles vinham mesmo. Na Reunida, veio a Polícia Federal, antes de 1979. (...) Hoje tem mais fiscalização que naquela época. Porque, na-

quele tempo, o Ibama não fiscalizava. Então derrubava, porque eu acho que decerto o governo queria que abrisse mesmo, porque aqui era só mato. Então não tinha fiscalização.
Pesquisador: Algum empreiteiro chegou a ser preso por isso, naquela época?
Ernestino: Não. Do meu conhecimento, não. Foi preso não, naquelas épocas até... Que eu sei, foi preso um aqui na Codeara. Teve um na Vila Rica que foi preso, também, que eu não sei o nome dele. Esse daqui da Codeara, eu sei. Foi o Madigar. Por não gostar de pagar o peão. Diz que era muito ruim para peão. Aí a Polícia Federal fazia ele subir no... Não tem aqueles coqueiros que têm um espinho assim, o babaçu? Fazia ele subir lá em cima. Isso eu vi nos braços dele, tudo... Criou uns carocinhos duros assim, de ele agarrar nos coqueiros. Diz que subia lá em cima, daí faziam ele descer de novo. Acabava o espinho do coqueiro, mandavam ele subir de novo. Judiaram muito dele. Judiaram muito desse homem. Era nessa fazenda Codeara, aqui na beira do rio. Perto de Santa Terezinha, para lá...
Pesquisador: Por que a polícia fez isso?
Ernestino: Ele judiava do peão, não é? Mandava bater no peão. Tinha guarda-costas. Mandava judiar do peão. Esse é o único que eu conheci. Agora tem uns outros aí, que também... Um desses foi preso, foi detido, aí liberaram porque a denúncia não era como foi lá.
Pesquisador: É possível abrir uma fazenda com tantos peões, sem judiar de peão?
Ernestino: Mas se o empreiteiro não gostar do problema, quando ele vê que é preciso judiar, ele manda ele embora. Perde o que ele deu. E eu acho que é o certo. Manda ele embora. Para evitar o problema. Se o empreiteiro tem a cabeça certa, ele não vai judiar do peão, porque judiar não vai retornar nada para ele. Vai enganar o problema. Não compensa.
Pesquisador: Você segurava os objetos do peão. Se ele foge da fazenda, o que o empreiteiro deve fazer?
Ernestino: Deixar ir embora... Eu mesmo... Nunca aconteceu isso comigo. Mas se eu fosse no peão, eu falasse com ele para não fugir, e ele teimasse e não quisesse obedecer, não voltar para trás, eu tinha que deixar ele embora. Eu não ia brigar com ele, lutar com ele, porque aí eu ia me complicar. Ele ia ficar me marcando ou então eu, se chegasse a brigar com ele, a polícia ia lá e ia prender nós dois, ia ter um xadrez,

> ia ficar feio para mim. Não é? Se ele falasse: "Não. Eu não vou ficar, eu vou embora." Tinha que deixar ir embora. Só que isso nunca aconteceu. Comigo não. Sempre chegava numa boa, explicava como era, do jeito que ele chegou e a condição que ele estava. O serviço já estava arrumado para ele trabalhar, eu achava melhor ele ir trabalhar. Fazer o nome dele. Podia voltar para ali de novo. Às vezes recebia ele novamente, nem que depois eu não pegava mais. Mas eu tinha que levar desse jeito para agradar a ele, para ele não ficar com raiva de mim. Aí outra vez ele chegava e eu: "Não... Agora não está tendo empreitada, não está tendo serviço, aí me aperta, não dou conta de sustentar, se não tiver um patrão certo." Aí eu descartava ele. Eu ia escolhendo os que não me davam trabalho... No começo tinha que pegar qualquer um, não é? Mas aí eu ia classificando: os bons eu ia pegando. Aqueles que davam trabalho, que gostavam de chegar bêbado demais, fora de hora, às vezes duas horas da manhã: "Quero comer." O horário de comida lá era das oito horas até 11 horas. Eu arrumava. Mas depois de 11 horas fechava, aí chegava gente lá, uma hora, duas da manhã, a mulher tinha que levantar, eu tinha que levantar e fazer comida. Senão eles não aceitavam, eles estavam pagando, era diária. Eu levantava. Mas aí falava: "Ó, veja se vocês vêm mais cedo. Já são duas horas. Duas horas nós estávamos, mais de três horas dormindo já." Muitos deles vinham assim mesmo, outros não (ibidem).

Para Ernestino, o empreiteiro "tem um serviço estranho" e requer ser esperto com os fazendeiros, para não assumir compromisso sem lucro. Também deve estar atento aos peões porque, e novamente os classifica, há os *bons* e os não-bons. Os últimos (*encrenqueiros* e *malandros*) são aqueles dados à bebida e à indisciplina, que chegam de madrugada com exigências descabidas; provocam, com suas fugas, prejuízo econômico e problemas com a polícia. Desde a década de 1970, eles acionavam a Polícia Federal, através dos sindicatos e, depois dos anos 1980, com a instalação de cabines de telefones nas cidades, a denúncia havia se tornado mais fácil. A justiça da PF, na visão de Ernesto, era da lei de Talião, se o *gato* "judiava" do peão, era também "judiado" pela polícia. Alguns tinham fama de não respeitarem as famílias.

> Pesquisador: Os peões não mexiam com a sua esposa? Não davam trabalho?
> Ernestino: Não. Não mexem, não. A gente faz separado, para lá, não tem problema, não. Peão! Eles têm nome de peão, mas é tudo... Tem gente que quer ser o bom da boca, como diz o outro, mexe com família, não respeita família. Tem peão que é o maior respeito. Nunca tive problema. Eu tinha filha solteira, moça dentro de casa. Nunca ninguém se adiantou com ela. Nunca teve problema. Isso aí manda muito da pessoa também. Eu acho que, se uma mulher estiver bem-vestida e tratar a pessoa séria, com respeito, aí ela é respeitada, não tem como não respeitar a pessoa que está bem no modo de ser respeitada. Hoje em dia também, tem que ter caráter, quem provoca isso é a própria... [E se dirigindo a Binka Le Breton continuou] A senhora me desculpe eu falar, mas é a própria mulher, que anda quase nua. Têm mulheres que andam quase nuas. Depois diz que o cara que é tarado. Não é não. Eu acho que a mulher é mais tarada do que ele [risos]. Provocam. Eu falo para minha mulher, falo para as minhas filhas: "Não existe o tarado. Existe mulher que provoca o sujeito. E o sujeito às vezes tem aquela mente de..." (ibidem).

Com sua experiência, Ernestino reconheceu existir todo tipo de trabalhador e que, para cada um, havia uma forma de lidar, num jogo de avanços e recuos, de firmeza e atenção, em que não se devia demonstrar medo, mas também não se devia agir pelo mero impulso. Ser adequadamente "enérgico", sem provocar rompimentos. Essa era a questão central. A malandragem do peão se manifestava quando ele, sabiamente, não sendo mais vítima, deixava em apuros o outro (o fazendeiro ou seus prepostos), com uma inversão temporária de força. A inversão era provocada pela ação da PF e isso influía no comportamento dos dois lados do litígio. Ainda a respeito do assédio sexual, tudo se reduziu ao recato feminino. Os trabalhadores só avançavam quando elas queriam. A mulher, na concepção de Ernesto, era sedutora, e o homem, o seduzido.

A onça mata o novilho porque o raciocínio da onça é que ela deve viver, e se o novilho é tenro tanto melhor: eis o estatuto universal

(Machado de Assis in *Memórias póstumas de Brás Cubas*).

REAGIR FISICAMENTE

Uma ação violenta pode ser provocada por objetivos claros, conhecidos ou não. Pode ter a finalidade de estabelecer ou restabelecer, dependendo da causa, uma situação considerada de direito; pode ser construída como um ato deliberado ou de impulso, para usufruir algum benefício pessoal ou social, monetário, moral, sexual ou religioso. O ato, sendo realizado por impulso, pode ter sido provocado por um desequilíbrio emocional irresistível ou por uma súbita indignação moral. A violência pode ser realizada por uma ou mais pessoas, contra um indivíduo ou contra um grupo, pode ser simbólica ou física e produzir conseqüências individuais ou sociais. A violência também pode ser uma resposta a uma violência anterior. Diante de uma situação considerada injusta, tomada de ira, a pessoa reage de muitas formas. Alguns, como vimos, optam por expressar seu descontentamento através de palavras ou de ações consideradas sagazes. Contudo, sendo ineficientes ou insatisfatórias, esgotam a paciência e, sem disposição de manter outras formas de reação, as pessoas podem reagir fisicamente. Em alguns casos, a violência física eclode abertamente, atentando contra a vida do outro, que, no caso estudado, pode ter de um lado os *peões*, do outro, os aliciadores, fiscais, empreiteiros e fazendeiros. Ou pode ser uma violência entre os próprios trabalhadores, ou dos aliciadores, fiscais e empreiteiros entre si. A atitude tomada varia também segundo a idade, o sexo, a força física e o grupo em que a pessoa está inserida.

No Mato Grosso, era possível ouvir histórias de reações físicas como resposta por sentimentos de injustiças sofridas. Os *gatos* e os pistoleiros sabiam, por exemplo, que os trabalhadores, em certas situações, se conseguissem fugir, se vingariam. O medo era maior quando uns e outros moravam na mesma região de suas "vítimas". Um pistoleiro havia sido morto, lembram-se. Os próprios trabalhadores falaram sobre peão que, ao sair da fazenda, matou o *gato*, como foi citado no capítulo do medo, e sobre *gato* que matou peões. Silva, trabalhador maranhense com 42 anos, morando no Mato Grosso, na sala de sua casa, por exemplo, disse que esteve no Pará desde meados dos anos 1970. Depois de ouvir uma descrição minuciosa de um trabalhador assassinando um empreiteiro, o entrevistador perguntou se ele conhecia outra história de peão que havia matado *gato*.

> Silva: Virgem Maria, nessa região lá é difícil o gato escapar.
> Pesquisador: E você conhece história de gato que matou peão?
> Silva: Aí, é o seguinte: sempre eles matam, mas é mais incubado. Mandam os outros matarem e a gente pensa que é briga, mas não é. É gato mandando matar.
> Pesquisador: Tem gato bom?
> Silva: Olha, é difícil. É difícil mesmo. Eles só querem para eles. Então não tem [gato] bom (trabalhador, Terra Limpa: 2000).

Outro trabalhador do Mato Grosso também relatou as possíveis reações dos peões em seus grupos. Ao descrever sua própria fuga com outros homens de uma fazenda, depois de quatro meses trabalhando sem receber nada, disse que eles estavam dispostos a fazer uma "besteira" se encontrassem o *gato* no caminho. E ressaltava: o trabalhador, enganado, faz "confusão". Silva, o maranhense, lembrava-se de "confusões" de seus pares:

> Silva: (...) Peão, você sabe como é peão, não é?
> Pesquisador: Como é o peão?
> Silva: Um é de um jeito, outro é de outro. E aí um dia deu uma confusão lá. O peão lascou um prato de comida na cara do cozinheiro e aí começou a coisa. Começou a briga. (...) quebraram tudo, foi a maior bagunça. Era peão demais. Outros peões entraram na briga. Para brigar! Quebraram tudo lá dentro.
> Pesquisador: Você também brigou?
> Silva: Eu não. Eu não tava nem lá. Quando eu cheguei a confusão já tinha passado. Aí o gato foi com o gerente. Aí acalmou tudo. [O gerente] falou para o gato separar [os trabalhadores]. Aquele peão não ia mais comer lá, aonde estava esse cozinheiro.

Le Breton: A comida estava ruim?
Silva: Eu acho que era [risos]. Porque Ave Maria! Quando tem muita gente assim, é difícil a comida ser boa, não é?
Pesquisador: Mas tem peão muito bravo?
Silva: Virgem Maria, Deus do Céu!
Pesquisador: Brigam mesmo na equipe?
Silva: Na mesma equipe. Um dia mesmo eu trabalhei em um time que um peão não matou o outro porque eu levantei de noite. Foi em Rondônia. Nós quatro estávamos blefados porque estávamos roçando mal. Aí inventaram um negócio, que o cara estava roçando malfeito e o fazendeiro não recebia. O peão foi falar comigo, o outro, para eu roçar perto dele. Eu fui roçar perto dele. Isso era perto de um campo, isso. Eu vi: ele estava fazendo o serviço malfeito. E eu disse: "Nós temos que melhorar o serviço porque somos todo mundo [prejudicado] se o serviço estiver malfeito. Você faz um serviço desse malfeito e como faz para nós recebermos? O homem não paga, fica mais difícil." Aí [ele]: "Quem falou para você?" "Eu que estou vendo bem melhor. O que se passou aí foi um serviço malfeito." Então ele não falou mais nada. Quando foi de noite, ele ia matar o cara. Só não matou porque eu acordei. O barraco balançou, quando ele desceu da rede. Aí, eu tinha uma espingarda, uma espingarda até assim, quando eu olhei, assim, que eu foquei com a lanterna, ele vinha com a faca na mão para matar o cara. Aí eu digo: "Oh, Pernambuco, para onde tu vai?" Aí, ele: "Não vou para lugar..." "Que não vai o quê! Guarda essa faca aí." Aí quando falou isso os cabras se levantaram. Aí ninguém dormiu mais, eram duas horas da manhã. Amanheceu o dia. Eu digo: "Tu ias matar o cara?" "Não ia matar ninguém não." "Que não ia o quê, rapaz!" Aí depois... Esse cara era malfazejo. A polícia de São Paulo sujou a identidade dele. Ele me chamou para matar e roubar. Matar na rua. Eu tinha coisa de uns vinte... 21, 22 [anos]. Aí, eu digo: "Não rapaz. Enquanto eu puder trabalhar, eu não posso fazer isso. Eu não posso, fazer o quê? Tenho que trabalhar. Se você quiser fazer, faz você só."
Pesquisador: Tem muito peão que tem crime?
Silva: Ah, tem!
Pesquisador: Você falou de três fazendas no Pará, onde esteve a partir de 1974: Sandra, Pixiúma e Jari. Esteve em outras?
Silva: Tem muita fazenda mais. Fui na Amazônia, mas nem sei o nome mais, não. No Pará eu fui a mais duas. Eu fui nessa Fazenda Maciel II. E um dia desses, eu fui à fazenda Rio Dourado (trabalhador, Terra Limpa: 2000).

Silva relata diversas histórias nas quais os trabalhadores tomam individualmente iniciativas e provocam, ou tentam provocar, ações violentas contra companheiros ou contra empreiteiros. O primeiro exemplo, uma iniciativa individual, acaba se tornando um problema coletivo. Ao se indispor com o cozinheiro, provocou uma reação em cadeia. No exemplo seguinte, quando um dos componentes do "time" se insurge, aproveitando a noite, para assassinar aquele que lhe havia advertido sobre a qualidade do serviço, o grupo inteiro se envolve e passa o resto da madrugada acordado. Houve ainda o exemplo cujo saldo é a morte violenta do empreiteiro. Nesse caso, a "vítima" é mais que "vítima", é alguém com iniciativa própria, capaz de uma modalidade de resposta, como nos exemplos anteriores, que deixa inseguros os mais bem colocados na escala de coerção da fazenda.

Um advogado em Redenção tinha histórias que revelavam a não-passividade dos trabalhadores, suas estratégias curiosas de fugas, mas que também demonstravam um temido empreiteiro, Zezinho da Codespar — cuja fama ainda hoje permanece em diversos estados —, correndo riscos.

> Em 1978 ou 79 eu vi, em frente ao Bradesco, em Redenção, chegar um peão. Eu conversava com Zezinho. Ele [o peão] disse: "Eu quero ver se o senhor vai acertar comigo agora ou não." E mostrou uma peixeira de trinta centímetros de lâmina. E ficou a oitenta centímetros do Zezinho. O Zezinho disse: "Esse neguinho é trabalhador." Pediu uns 150 cruzeiros ao dono do armazém e pagou para o peão. Dias depois, o peão me contou a seguinte história. Tinha trabalhado em uma fazenda na beira do Araguaia, na [região do município da] Floresta. Havia pego a derrubada. Eram lotes de dez alqueires. Esse sujeito e dois companheiros terminaram antes dos outros. Foram acertar lá no rancho. O Zezinho mandou o fiscal ver a qualidade do serviço. E o Zezinho disse que não ia acertar não. Que era para eles ajudarem os demais terminarem o trabalho. Ele disse que não ia ficar. O Zezinho disse: "Você vai ficar porque o rei aqui sou eu." Então, quando o peão me contou essa história, ele disse que tinha ido no armazém porque sabia que o Zezinho vinha buscar mercadoria aqui. Lá na mata o Zezinho tinha dito que ele era rei, mas aqui em Redenção o peão era rei. Principalmente com uma faca na mão. Pelo que soube, o peão voltou a

> trabalhar para o Zezinho. Na hora do encontro, Zezinho não demonstrou medo. Colocou até a mão no ombro do trabalhador (advogado, Redenção: 2000).

No Piauí, as histórias a respeito de violência física no Pará foram mais raras. Contudo, houve referência a ações violentas desencadeadas contra *fiscal* que quase foi cortado na foice, por ter tratado com "burridade" os peões. Ou ainda depoimentos como o de João (Barras: 2001), aquele pai que parecia não temer o deslocamento dos filhos para as fazendas do Pará e acusava os que tinham problemas de serem *desobedientes*. Este também reconheceu existir a ação de mando que extrapola os limites daquilo que ele próprio considerou razoável e admissível. De fato, em toda e qualquer sociedade, não importa o tipo de autoridade existente, há divergências, que podem ou não redundar em reações violentas entre seus membros ou destes em relação a membros de outras sociedades, simultaneamente ou não. As reações violentas podem se manifestar através de estruturas legais de repressão organizadas e/ou através de ações privadas. O sentimento de vingança — considerado por Moore uma forma primitiva de ira moral —, manifestado por indivíduos ou pela sociedade, é localizado tanto em sociedades consideradas primitivas quanto em sociedades mais complexas, e pode ser estimulado ou reprimido. Ora, esse sentimento pode significar

> uma reafirmação da dignidade e do valor humanos, após a injúria ou o dano. Ambos são sentimentos básicos subjacentes à ira moral e ao sentimento de injustiça. A vingança é uma forma de igualar as coisas e, com certeza, uma forma que nunca funciona completamente. Não existe a restauração completa por injúrias já infligidas. A vingança é possivelmente a forma mais primitiva de ira moral (Moore, 1987: 38).

Toda cultura, reconhece Moore (1987: 49-50), "parece dispor de *alguma* definição de crueldade arbitrária por parte dos detentores da autoridade". Tanto um lado da relação quanto o outro podem distorcer, em benefício próprio, a concepção do que é crueldade ou arbitrariedade e podem violar, entre si, a reciprocidade.

Vingar-se através de uma ação violenta é, de certa forma, um desdobramento da ira do trabalhador, mas também uma desconfiança de que a justiça jamais funciona corretamente. No caso dos trabalhadores nas fazendas paraenses, são homens que normalmente nunca tiveram a chance de falar com um advogado nem sequer estiveram diante de um promotor ou de um juiz. O funcionamento do aparelho judiciário é algo distante. O que há de mais próximo de sua experiência é a Polícia Militar e a Polícia Civil de sua cidade, salvo quando na fuga estiveram no Exército ou na PF ou quando foram libertos pelo GEFM e pela PF. E as Polícias Militar e Civil nem sempre são referências animadoras. A vingança pode também ser uma atitude incontrolável, sem se medir as conseqüências, ou confusa, por não se saber exatamente o que fazer ou pela sensação de desamparo, insegurança ou medo que a pessoa ainda sente.

O autor italiano Primo Levi descreve uma cena de vingança que demonstra um ódio acumulado por anos de dor e a manifestação do ódio na situação concreta vivida. Era o final da guerra, alguns dos sobreviventes do campo de concentração se encontram com soldados alemães não mais prepotentes e violentos, mas vencidos, famintos e humilhados. Um dos ex-prisioneiros dos nazistas "tirou um pão e o mostrou àqueles fantasmas, e o pôs no chão. Mas pretendeu que viessem pegá-lo, arrastando-se no chão: o que fizeram docilmente" (Levi, 1997: 199). Quem até então tinha rastejado agora ainda podia fazer pouco, mas o que podia ele aproveitava: retribuía o gesto e tinha a seus pés os que simbolicamente representavam o grupo que o havia submetido.

FUGIR

Muitos tentam, em vão, através da conversa, do trabalho mais intenso, da aliança com o pistoleiro, com o empreiteiro, ou mesmo através da força física, uma solução para o problema encontrado nas fazendas. Alguns, finalmente, optam pela fuga. Outros não tentam outra coisa, senão a fuga, desde o início. Em geral, os que fogem imediatamente ou tentam fugir são antigos no ofício da empreita e, por isso, agem sob qualquer pretexto ou sem pretexto visível. Basta uma oportunidade. Para certo número de trabalhadores, em situação alguma há o desejo de empreender a fuga. O medo físico ou moral os retém. Para os mais novos também, a fuga pode se dar sem a tentativa anterior de uma solução negociada. Se desconfiam, não crêem em solução proveniente do diálogo ou da barganha, e escapam sós ou acompanhados. É verdade que os novos normalmente empreendem a fuga quando a situação lhes parece claramente insuportável, ou quando ela fere profundamente sua noção de justiça. Alguns empreiteiros e mesmo alguns fazendeiros não mantêm sequer uma aparência de respeito para com eles; então, nesses casos, a incidência das fugas é mais numerosa. Um dos fazendeiros que não se preocupavam era Jairo Andrade. João Batista (depoimento, Brasília: 2001), funcionário do Ministério do Trabalho, conta, por exemplo, que, em uma de suas operações do GEFM, o fazendeiro quase matou um peão diante dos funcionários do ministério e da PF. O trabalhador só sobreviveu porque se escondeu no meio do gado e Jairo Andrade não quis perder um boi por causa de um homem.

No Piauí, foi possível ouvir diversos trabalhadores falando das suas próprias fugas das fazendas do Pará, e sobre histórias de pessoas capturadas que, ao tentarem escapar, foram surradas, outras também mortas e os seus corpos queimados. Para obter sucesso, explicavam, devia haver uma estratégia. As partidas devem ser empreendidas após as 23 horas, quando todos dormem e tudo fica mais tranqüilo. Uma chuva também pode ser uma ocasião oportuna, porque os pistoleiros diminuem a vigilância e se recolhem em locais abrigados. É mais prudente, durante a fuga, seguir pelo capim, margeando a estrada ou, não havendo ainda capim, pela mata. Bem distante da fazenda, com cuidado, tentar uma carona. O fugitivo evita o caminho que passa pela sede da fazenda, pois ali há homens armados. Algumas fugas são individuais ou em grupos de até 14 homens e são suspensas por algumas razões, como uma febre inesperada (trabalhadores, Barras: 2000).

A decisão pela fuga nem sempre é simples. Alguns ficam com dúvida e pensam: se não partem, passarão "a vida inteira (...) humilhados e subordinados". Se fogem, podem ser presos. Em um dos casos, alguém mais revoltado sugeriu a fuga ou a "resistência". Domingos, um dos trabalhadores, achou perigosa a “resistência”, mas ainda não tinha segurança quanto à fuga. A idéia da fuga começou a circular e houve adesões de outras pessoas dos times mais próximos, principalmente quando descobriram, entre eles, alguém com experiência anterior de fuga. Uma noite, ao perceberem a chegada de um caminhão de gado, a maioria — entre 28 e trinta homens, todos piauienses — pegou a bagagem e pulou dentro da carroceria do caminhão, com a cumplicidade do motorista. Dois fiscais, inutilmente, tentaram impedir a saída do grupo, que arrombou a porteira da fazenda. Alguns quilômetros depois, foram alcançados pelo capataz com oito homens armados, e a possível “resistência” acabou. Mesmo assim, quando receberam ordem de entrar no carro para retornarem à fazenda, Domingos e outros três conseguiram, na confusão, empreender mais uma fuga e se esconderam no mato próximo à estrada, onde ficaram até se certificar de que seus capturadores tinham, de fato, ido embora. A única arma de que dispunham era um facão. Horas depois, foram acolhidos por alguns peões que não conheciam e estavam trabalhando na fazenda ao lado. Ficaram com eles, mas foram também enganados, pois o novo *gato* não lhes pagou. Quando finalmente conseguiram escapar desta empreita, nem todos quiseram denunciar o que haviam sofrido (depoimento, Barras: 2001).

No Mato Grosso, era mais comum ouvir descrições de fugas de trabalhadores relatadas por sindicalistas, agentes de pastoral da Igreja Católica, donos de pensões e mulheres de “ambiente”. Um sindicalista contou que um casal, ao escapar, foi capturado. O marido, além de preso e amarrado, foi espancado. A mulher empreendeu nova fuga e buscou socorro na casa paroquial (depoimentos, Porto Feliz: 2000). O dono da pensão sabia de histórias de fugas tanto das fazendas quanto de seu estabelecimento (depoimento, Terra Lima: 2000). Entre os casos narrados pelos trabalhadores, há o de cinco homens que estavam indecisos quanto à oportunidade e aos riscos de uma fuga. Diante do impasse, montaram uma mentira que confundiu a equipe do empreiteiro (depoimento, Recanto da Paz: 2000). Outra história — esta do trabalhador Feliciano — afirma que, em 1983, ao partir de uma fazenda, ele viu corpos de peões assassinados na fuga (depoimentos, Terra Lima e Recanto da Paz: 2000). Para alguns trabalhadores, ficar na fazenda era menos perigoso que fugir. Houve grupo de peões que, temendo as conseqüências da fuga, tratava bem o pistoleiro para ver se, estando nas suas boas graças, todos saíam vivos (depoimento, Recanto da Paz: 2000).

Escapar da fazenda no Pará não é tudo, explicavam os trabalhadores no Piauí. Uma vez fora da fazenda e do perigo imediato de ser capturado, alguns retornam para sua casa, outros vão para alguma fazenda ou garimpo e não procuram denunciar o que sofreram. Outros ainda procuram alguma instituição, como a CPT, pedindo inicialmente auxílio para retornar à família e, às vezes, se dispõem a denunciar publicamente o que sofreram e a reivindicar os direitos lesados e a soltura dos que ainda são mantidos retidos na empreita (depoimento, Barras: 2001). Já alguns vão diretamente à CPT, ao STR, à PF ou ao Exército para denunciar. Pela documentação da CPT de Xinguara, sabemos que fugitivos de uma fazenda, em agosto de 1984, buscaram, sem sucesso, o socorro da Polícia Federal. Através de agentes de pastoral de Conceição do Araguaia e de Redenção, os trabalhadores se sentiram em parte protegidos e alguns, parcialmente indenizados. Destes, alguns retornaram à casa; outros, sem moradia regular, submeteram-se a novos aliciamentos e, possivelmente, a novas fugas. O que demonstra que o circuito da escravidão sofre apenas interrupções breves e prossegue devorando antigos e novos clientes.

Conclusão

Percorri, em sete capítulos, um itinerário que levou em conta a vida de pessoas aliciadas e de suas famílias, tendo em vista a noção de "estabelecidos" e *outsiders*. Muitas pessoas buscaram construir ou reconstruir suas existências ou sobreviver, em situações freqüentemente adversas, em fazendas dedicadas à agropecuária no Pará. Este livro buscou abranger, sob aspectos diferentes, a representação, a migração, o medo, a hierarquia e a resistência de homens e mulheres de um município do Piauí e de quatro municípios do Mato Grosso, afetados diretamente pela relação com essas fazendas. Dediquei ainda um capítulo aos "denunciados" pelo Estado ou pela sociedade civil. Eis algumas observações que de alguma forma foram postas no transcorrer deste estudo:

1. No primeiro capítulo, ouvi atores e personagens diferentes, em lugares sociais diferentes, e me detive nas complexas e ambíguas representações de quem prestava informações e nos desafios para decodificar o que estava subjacente às palavras e aos gestos, o que já era conhecido ou o novo. Constatei que em todos os locais havia algo a representar, mesmo se o "cenário", o "palco", os "bastidores" e a possibilidade de controle da "platéia" diferissem de uma situação para outra. Representar não é necessariamente fingir ou ocultar a "verdade". Representar também é utilizar códigos e etiquetas previstos nas relações humanas, conforme os grupos sociais afetados, e essa representação é sofisticada porque varia segundo a situação existente: o grau de proximidade e confiança existentes entre as pessoas, o conteúdo, a hora e o local do que é dito.

2. Os trabalhadores, quando partem para as fazendas do estado do Pará, são movidos pela necessidade de complementar o orçamento doméstico, mesmo quando têm uma pequena propriedade. Os membros de uma mes-

ma família — pai e filhos — podem partir sozinhos ou vão juntos. Às vezes eles se revezam nas viagens. O fato de alguns empreenderem novas viagens revela que alguns pelo menos obtêm recursos monetários que resolvem problemas de dívidas ou gastos urgentes e necessários, como constatam Maria Antonieta Vieira e Ana Pinto (2003: 82). Em alguns casos, as relações estabelecidas entre os trabalhadores e a fazenda se tornam de certa forma rotineiras; estes trabalhadores são considerados de confiança, e o Pará lhes parece "muito bom pra quem faz tudo bem-feito" (idem: 85) e os que reclamam, eles suspeitam, andaram fazendo algo errado.

3. Os que partem, contudo, não são movidos por uma atitude somente racional que leva em conta apenas as leis de probabilidade no sucesso em ganhar dinheiro. Há ainda o desejo de experimentar o novo, principalmente sendo jovens. Quando pensamos em outras situações, podemos comparar a decisão destes migrantes com a daqueles que, no século XVI, se alistaram para empreender uma viagem desconfortável em direção a terras distantes e estranhas nos precários navios portugueses ou espanhóis.

4. Empreender a viagem, saindo do Piauí ou do Mato Grosso, não é exatamente a mesma coisa. O trabalhador de Barras, em princípio, tem mais chances de superar as dificuldades, pois conhece e é conhecido pelos demais que viajam com ele. Os que iniciam a viagem a partir do Mato Grosso têm relações pessoais mais frágeis com os companheiros que embarcam juntos. As amizades começam a ser construídas com freqüência só no percurso da própria viagem, por isso o controle social e a responsabilidade diante dos outros são menores.

5. Certamente o fato de as pessoas não se conhecerem, quando embarcam no Mato Grosso, propicia mais conflitos entre elas do que entre as que saem do Piauí e se conhecem; contudo, mesmo aí, em momentos de maior perigo ou necessidade, é possível encontrar gestos de solidariedade. A ausência de relações de conhecimento anteriores não significa uma liberdade total para fazer o que quiserem, ou uma ausência de solidariedade ou responsabilidade. Além do mais, o que chega também precisa construir uma identidade diante dos demais, caso contrário, o estranhamento cresce e provoca problemas.

6. De alguma forma, os trabalhadores que partem do Piauí são controlados pelos que ficam. Ao retornarem, devem responder diante dos pais, dos parentes e dos vizinhos pelo modo como se comportaram. Ser natural

do mesmo lugar, ter padrões de expectativas parecidos não significa necessariamente ausência de conflitos, mesmo que os conflitos internos não sejam necessariamente manifestados para os de fora.

7. O medo, nesse mundo de exclusão do direito, atinge os trabalhadores e também faz parte do horizonte dos aliciadores, dos que moram ou estão ali com certa freqüência, inclusive os proprietários. Há conflitos na intrincada cadeia hierárquica da fazenda, onde interesses se misturam e se opõem. Nem todos são iguais e nem todos representam do mesmo jeito os mesmos interesses. Aquele que hoje é guardião e aliado pode se tornar inimigo.

8. A maioria dos empreiteiros e dos *fiscais* é composta por pessoas que construíram sua fama a partir de dois eixos: o da violência, por isso são tidos como pistoleiros, e o da eficiência na execução das tarefas recebidas, por isso são contratados. Os métodos de coerção não são exercidos de maneira e intensidade iguais pelos fazendeiros e seus prepostos. Eles variam de acordo com as suas disposições, com o grau de resistência encontrado e com o contexto em que se realiza o trabalho.

9. Determinadas indisposições entre as partes — a que contrata e a que é contratada — podem desencadear reações violentas e, para uns e outros, o futuro é incerto. Isso, contudo, não significa que resta apenas o medo ou que ele é igual para todas as partes envolvidas. Os primeiros têm mais razões para temer, por não disporem dos mesmos recursos militares e econômicos que os últimos. Além de se encontrarem distantes do local de origem, estão igualmente longe de uma rede de solidariedade proveniente do parentesco, da amizade e da vizinhança, mas, mesmo entre estes, o medo é desigual. Para uns, o medo, mesmo existindo, não é cotidiano nem é algo que lhes preocupe sempre. Para outros, mesmo havendo perigos, existe a esperança de jamais serem atingidos.

10. Há indícios de que boa parte dos proprietários sabe o que se passa em seus imóveis, mesmo quando não participam diretamente do aliciamento. Isso é possível constatar pela reincidência de denúncias a respeito das mesmas fazendas por anos consecutivos (documento CPT/ Marabá, 2002; Canuto, 2003: 10). Os proprietários que moram longe e não freqüentam assiduamente seus imóveis podem ter menos informação, mas sabem globalmente das formas de controle exercido pelos empreiteiros para reter as pessoas no trabalho. Sem algum apoio da fazenda, o

empreiteiro não teria a mesma eficiência na coerção. Ora, se a ignorância total do problema é pouco provável, podem-se julgar as intenções e as responsabilidades dos acusados? Talvez o discurso irritado de alguns dos denunciados revele mais uma convicção do que uma atitude de ocultação da verdade. Muitos se sentem de fato "benfeitores" de suas vítimas e ludibriados por elas. Estes talvez conheçam a lei e não concordem com ela, outros talvez não a conheçam.[1] Alguns consideram legítimos os tipos de controle e coerção exercidos contra as pessoas e acham a legislação trabalhista e penal divorciada da realidade rural. Sentem-se desbravadores, "pioneiros", "novos bandeirantes", prejudicados pelas denúncias e fiscalizações empreendidas pelo governo.

11. O sentimento de que é justa e legítima a coerção pode ser compartilhado por parte da sociedade envolvente e mesmo por autoridades.[2] Contudo, tal fato não preocupa as organizações que combatem o trabalho escravo. A questão, para elas, não se encontra na esfera da subjetividade, mas da prática. Convictas de que a humanidade dos aliciados foi atingida duramente, exigem a aplicação do artigo 149 do CPB e reivindicam a ampliação da pena e, mesmo, o aceleramento da aprovação de uma emenda constitucional prevendo o "perdimento" da propriedade onde se configura o trabalho escravo.[3]

12. Persiste, com o passar dos anos e das diversas políticas governamentais, o fluxo de pessoas do Piauí em direção ao Pará e persistem as ações do GEFM e da PF. No levantamento referente ao ano de 2002, a CPT detectou que o estado que mais enviou gente para as fazendas paraenses foi o Maranhão. Mas constatava também uma novidade: havia no Pará pessoas aliciadas no Rio Grande do Sul e Minas Gerais. O aliciamento realizado nessas regiões para o estado do Pará sempre se mostrou raro, mesmo nos anos 1970. E, nas décadas seguintes, ainda fo-

[1]É verdade que a lei pressupõe que todos a conheçam. Não se pode alegar inocência por não conhecê-la.

[2]Por exemplo, diversos funcionários da DRT do Pará, até a década de 1990, revelaram tais sentimentos em seus relatórios. Em algumas ocasiões, os proprietários contaram ainda com o apoio da PM na captura de trabalhadores fugitivos, como aconteceu, por exemplo, nos municípios de Marabá, Santana e Floresta do Araguaia, no Pará (arquivos da CPT e do a.).

[3]Projeto de Emenda Constitucional (438/2001), de autoria do senador Ademir Andrade, com a redação (232/1995), de autoria do deputado federal Paulo Rocha, apensada à primeira, que altera o artigo 243 da Constituição Federal.

ram menos freqüentes as informações de peões aliciados no Sul ou Sudeste e levados ao Pará. Mas não foram raros os aliciados nestas mesmas regiões, em suas áreas de maior pobreza e de maior intensidade de desemprego, para trabalhar no Mato Grosso do Sul ou em outras regiões do próprio Sul e Sudeste.[4]

13. No princípio da pesquisa, além de não ter em vista estudar o que pensavam os acusados, as razões que levaram algumas pessoas, mesmo precisando de trabalho, a não empreenderem a viagem não fizeram parte das perguntas formuladas. As respostas a respeito disso foram obtidas de forma dispersa e ocasional. Através delas é possível perceber que alguns não partiram porque tinham medo, porque a família se opôs firmemente ou porque não tinham saúde. É provável que em famílias estáveis, com relações mais harmoniosas entre seus membros, os pais e as esposas consigam com mais freqüência reter em casa seus filhos e maridos.

14. As tensões domésticas explicam parte das razões dos que saíram temporária ou definitivamente do Piauí ou do Mato Grosso. Entre os que empreendem as viagens para outras terras, apesar de ser de longe o que mais os motiva, a necessidade econômica não pode ser vista como a única razão. Problemas complexos raramente têm uma única causa. O estudo ficaria incompleto se não ressaltasse que existem — e não poderia ser de outro modo, quando se trata de seres humanos — razões subjetivas.

[4]Ainda em maio de 2003 a imprensa carioca (*Jornal do Brasil*, 14.5.2003) anunciava uma *blitz* de "agentes federais" na Usina Santa Cruz, em Campos, Rio de Janeiro. A PF instaurava um inquérito para investigar "a prática de trabalho escravo" envolvendo 540 trabalhadores aliciados no vale do Jequitinhonha (MG).

Bibliografia

LIVROS E ARTIGOS

ALENCASTRO, Luiz Felipe de. *O trato dos viventes: formação do Brasil no Atlântico Sul*. 2ª ed., São Paulo: Companhia das Letras, 2000.

ALMEIDA, Alfredo Wagner B. de. "O trabalho como instrumento de escravidão": *Humanidades*, Brasília: UNB, nº 17, ano V-1988.

ABERCROMBIE, M., HILL, S. e TURNER, B. S. *The Penguin Dictionary of Sociology*. 4ª ed. Londres: Penguin, p. 317-318, 2000.

ABBAGNANO, Nicola. *Dicionário de filosofia*. São Paulo: M. Fontes, p. 347, 2000.

ASI — Anti-Slavery International. "Formas contemporâneas de escravidão" in *Trabalho escravo no Brasil contemporâneo* (VV.AA.). Goiânia: Loyola, p. 49-70, 1999.

——. *The Reporter and Aborigines' Friend*, Londres, Vol. 13, nº 8, série VII, 1992.

AMAT — Associação dos Municípios do Araguaia e Tocantins. *Sul e sudeste do Pará: hoje*. Belém: Unicef, 1996.

AUDRIN, José M. *Entre sertanejos e índios do Norte: o bispo dom Domingos Carrerot*. Rio de Janeiro: Agir, 1946;

ARENDT, Hannah. *L' Impérialisme*. Paris, Fayard, 1982;

——. *Eichmann em Jerusalém — um relato sobre a banalidade do mal*. São Paulo: Companhia das Letras, 2000.

——. *Homens em tempos sombrios*, São Paulo: Companhia das Letras, 1999.

ARISTÓTELES. *Política*. São Paulo: Martins Fontes, 2001.

BALES, Kevin. *I nuovi shiavi — la merce umana nell'economia globale*. Milão: Feltrinelli, 2000.

BERREMAN, Gerald D. "Etnografia e controle de impressões em uma aldeia do Himalaia" in *Desvendando máscaras sociais* (VV. AA.) 3ª ed. Rio de Janeiro: Francisco Alves, p. 123-174, 1990;

BETTELHEIM, Bruno. *O coração informado: autonomia na era da massificação*. Rio de Janeiro: Paz e Terra, 1985.

BOURDIEU, Pierre. *O campo econômico: a dimensão simbólica da dominação*. Campinas: Papirus, 2000.

BRASIL, Constituição (1988). *Constituição da República Federativa do Brasil*. Brasília, DF: Senado, 1988.

BRETON, Binka Le. *Vidas roubadas: a escravidão moderna na Amazônia brasileira*. São Paulo: Loyola, 2002.

BRUGGER, Walter. *Dicionário de filosofia*. São Paulo: Ed. Helder, 1962.

CANUTO, Antônio. "Entre a euforia e a realidade" in *Conflitos no campo — Brasil* (VV. AA.): *2002*. Goiânia, CPT/Loyola, 2003: 8-12.

CARDOSO, Ciro Flamarion S. *Escravo ou camponês? O protocampesinato negro nas Américas*. São Paulo: Brasiliense, 1986.

CARDOSO, Fernando Henrique. "Palavra do presidente — trabalho escravo — 27.6.95" in *A experiência do Grupo Especial de Fiscalização Móvel*. (Brasília): Ministério do Trabalho e Emprego, 2002.

——. *Capitalismo e escravidão no Brasil meridional: o negro na sociedade escravocrata do Rio Grande do Sul*. 3ª ed. Rio de Janeiro: Paz e Terra, 1977.

CASALDÁLIGA, Pedro. "Escravidão e feudalismo no norte do Mato Grosso". (São Félix do Araguaia): 1970.

——. "Uma Igreja da Amazônia em conflito com o Latifúndio". (São Félix do Araguaia): *Carta Pastoral*. 1972.

——. "Questão agrária, uma questão política". *Depoimento perante a CPI da Terra* no Congresso Nacional. 14.6.1977.

CASTILHO, Ela Wiecko. "Considerações sobre a interpretação jurídico-penal em matéria de escravidão" in *Estudos Avançados*. São Paulo, Instituto de Estudos Avançados, vol. 14, nº 38, janeiro/ abril de 2000.

——. "Em busca de uma definição jurídico-penal de trabalho escravo" in *Trabalho escravo no Brasil contemporâneo* (VV.AA.). Goiânia, CPT, p. 81-100, 1999.

CASTRO, Ferreira de. *A Selva*. 10ª ed. Lisboa: Ed. Guimarães & Cia., 1945.

CASTRO, Hebe M. Mattos e SHNOOR (org.). *Resgate: Uma janela para o oitocentos*. Rio de Janeiro: Topbooks, 1995.

CERVANTES DE SAAVEDRA, Miguel de. *Dom Quixote de la Mancha*. São Paulo, Abril Cultural, 1978.

CLIFFORD, James. *A experiência etnográfica: antropologia e literatura no século XX*. Rio de Janeiro: Ed. UFRJ, 1998.

CNBB. "Igreja e problemas da terra" in *Revista Eclesiástica Brasileira*, vol. XL. Petrópolis: Vozes, p. 136-152, 1980.

Comissão Pastoral da Terra. *Conflitos no Campo — Brasil* (VV. AA.): *2002*. Goiânia, CPT/Loyola, 2003: 8-12.

——. *CPT: pastoral e compromisso*. Petrópolis: Vozes, 1983.

COSTA, Emilia Viotti da. *Coroas de glória, lágrimas de sangue: a rebelião dos escravos de Demerara em 1823*. São Paulo: Companhia das Letras, 1998.

COSTA, Jurandir Freire. "A ética democrática e seus inimigos — o lado privado da violência pública" in *O desafio ético*. Rio de Janeiro: Garamond, 2000.

COUTINHO, Luis Paulo, e BARBOSA, Rubens. "Desamparo, a recompensa ao peão escravo da Amazônia" in *A Amazônia Brasileira em Foco*, boletim nº 8 (reproduz artigo do *Jornal do Brasil* de 22.4.1973) publicado pela Comissão Nacional de Defesa e pelo Desenvolvimento da Amazônia (CNDA), 1973: 73-84.

CUNHA, Euclides. *À margem da história*. 3ª ed. Lisboa: Lello & Irmãos Editores, 1922.

CUNHA, Neiva Vieira da. "O espírito do sanitarismo": Narrativas de profissionais da Saúde Pública dos anos 30. 2002. Tese (doutorado em sociologia e antropologia) — Programa de Pós-Graduação em Sociologia e Antropologia do Instituto de Filosofia e Ciências Sociais da Universidade Federal do Rio de Janeiro, Rio de Janeiro.

DASTUR, Françoise. *A morte: ensaio sobre a finitude*. Rio de Janeiro: Difel, 2002.

DAVATZ, Thomaz. *Memórias de um colono no Brasil: 1850*. Belo Horizonte: Itatiaia, 1980.

DAVIS, David Brion. *O problema da escravidão na cultura ocidental*. Rio de Janeiro, Civilização Brasileira, 2001.

DUMONT, Louis. *Homo Hierarchicus: o sistema das castas e suas implicações*. 2ª ed. São Paulo: Edusp, 1997.

EISENBERG, Leon. *"Éthique et science de l'homme"* in L'Unité de l'homme. Paris: Seuil,1974.

ELIAS, Norbert. Mozart, sociologia de um gênio, Rio de Janeiro: Jorge Zahar Ed., 1995.

——. e SCOTSON, John. *Os estabelecidos e os* outsiders, Rio de Janeiro: Jorge Zahar Ed., 2000.

ÉLIS, Bernardo. "A enxada" in *Veranico de janeiro: contos*. Rio de Janeiro: J. Olympio, p. 37-61, 1987.

——. *O tronco*. São Paulo, Martins, 1956.

Enciclopédia Barsa. São Paulo: Encyclopaedia Britannica Consultoria Ltda. Vol. 7, 1990.

Equipe Pastoral da Prelazia de São Félix do Araguaia. "O peão entrou na roda, ô peão" in *Cadernos do Cedi 11*. Rio de Janeiro: Tempo e Presença, p. 10-32, junho de 1983.

ESTERCI, Neide e REZENDE FIGUEIRA, Ricardo. "Efeitos legais e institucionais das lutas contra as formas atuais de escravidão no Brasil" in *Direito Federal*, Revista da Associação dos Juízes Federais do Brasil, ano 20, nº 66, janeiro a março de 2001: p. 201-220.

ESTERCI, Neide. "A dívida que escraviza" in *Trabalho escravo no Brasil contemporâneo* (VV.AA.). Goiânia: CPT, p. 101-125, 1999.

——. *Escravos da desigualdade: estudo sobre o uso repressivo da força de trabalho hoje*. Rio de Janeiro: Cedi, 1994.

——. *Conflito no Araguaia: peões e posseiros contra a grande empresa*. Petrópolis: Vozes. 1987.

——. "Capitalismo, escravidão e a ilusão do trabalho livre" in *Tempo e Presença*, p. 24-28.

——. "Campesinato e peonagem na Amazônia" in *Anuário Antropológico/78*. Rio de Janeiro: Tempo Brasileiro, p. 117-139, 1980.

——. "Peonagem na Amazônia" in Separata da revista *Dados*, nº 20, p. 123-133, 1979.

FERRÃO, Silva. *Teoria do Direito Penal*. 1857, volume 6º.

FERREIRA, A. Pascelli. *O migrante na rede do outro: ensaios sobre a alteridade e subjetividade*. Rio de Janeiro: TECorá, 1999.

FINLEY, Moses I. *Escravidão antiga e ideologia moderna*. Rio de Janeiro: Graal, 1991.

FRANCO, Maria Sylvia de Carvalho. *Homens livres na ordem escravocrata*. 4ª ed. São Paulo: Unesp, 1997.

GARCIA JR., Afrânio. *Libertos e sujeitos — sobre a transição para trabalhadores livres do Nordeste*. RBCS, nº 7, vol. 3, p. 6-41, jun. 1988.

GEERTZ, Clifford. *Negara, o Estado teatro no século XIX*, Lisboa: Bertrand Brasil — Difel, 1991.

——. *O saber local: novos ensaios em antropologia interpretativa*, Rio de Janeiro, 2ª ed., Vozes: (1997) 1999.

GEFFRAY, Christian. *Chroniques de la servitude en Amazonie brésilienne, Essai sur l'exploitation paternaliste*. Paris: Karthala, 1995.

GENOVESE, Eugene D. *A Terra prometida — o mundo que os escravos criaram*. Rio de Janeiro: Paz e Terra, 1988.

GINZBURG, Carlo. *O queijo e os vermes — o cotidiano e as idéias de um moleiro perseguido pela Inquisição*. São Paulo: Companhia das Letras, 1998.

GOFF, Jacques Le. *A História Nova*. São Paulo: Martins. Fontes, 1993.

GOFFMAN, Erving. *A representação do eu na vida cotidiana*. 8ª ed. Petrópolis: Vozes, 1999.

GORENDER, Jacob. *O escravismo colonial*. 2ª ed. São Paulo: Ática, 1978.

GRINBERG, Keila. *Liberata — a lei da ambigüidade: as ações de liberdade da Corte de Apelação do Rio de Janeiro no século XIX*. Rio de Janeiro: Relume-Dumará, 1994.

HAERING, Bernhard. "Livres e fiéis em Cristo, teologia moral para sacerdotes e leigos" in *Teologia moral geral*, Vol. I. São Paulo: Ed. Paulinas, 1979.

HUNGRIA, Nelson e FRAGOSO, Heleno. *Comentários ao Código Penal*. Vol. VI. Rio de Janeiro: Forense, 1980.

HOCHSCHILD, Adam. *O fantasma do rei Leopoldo — uma história de cobiça, terror e heroísmo na África Colonial*. São Paulo: Companhia das Letras, 1999.

HUMAN RIGHTS WATCH. *The small hands of slavery: bonded child labor in India*. Human Rights Watch Children's Rights Project, Human Rights Watch/Asia. Nova York, Human Rights Watch, 1996.

——. *Children of Sudan: slaves, street children and child soldiers*. Human Rights Watch/Africa: Human Rights Watch Children's Rights Project. Nova York, Human Rights Watch, 1995.

——. *A modern form of slavery: trafficking of Burmese women and girls into Brothels in Thailand*. Asia Watch and the Women's Rights Project. Nova York, Human Rights Watch, 1993.

IANNI, Octávio. *A luta pela terra: história social da terra e da luta pela terra numa área da Amazônia*. Petrópolis: Vozes, 1978.

IANNI, Octávio e PATARRA. *Estudos de população, II Conceição do Araguaia*. São Paulo: Cebrap, 1978.

INÁCIO, Rodolfo Cascão. *Democratização do poder local — uma experiência no Araguaia*. Rio de Janeiro: Fase, 1992.

LEVI, Primo. *É isto um homem?* Rio de Janeiro: Rocco, 1988.

——. *A trégua*. São Paulo: Companhia das Letras, 1997.

MAESTRI FILHO, Mário José. *O escravismo antigo: o escravo e o trabalho, luta de classe na antiguidade, resistência e escravidão*. Campinas: Universidade Estadual de Campinas, 1988.

MARQUES, Alfredo e outros. "Escravidão" in *Enciclopédia Mirador Internacional*. São Paulo-Rio de Janeiro: Encyclopaedia Britannica do Brasil Publicações Ltda., p. 4033-4043, 1975.

MARTINS, José de Souza. *A Reforma Agrária e os limites da democracia na "Nova República"*. São Paulo: Ed. Hucitec: 1986.

——. "A reprodução do capital na frente pioneira e o renascimento da escravidão no Brasil", in *Tempo Social*, revista de sociologia. USP, vol. 6, números 1-2, 1994 (edit. jun. 1995).

——. "A escravidão nos dias de hoje e as ciladas da interpretação" in *Trabalho escravo no Brasil contemporâneo*. São Paulo: Loyola, p. 127-164, 1999.

MATTOSO, Kátia de Queirós. *Ser escravo no Brasil*. 2ª ed. São Paulo: Brasiliense, 1988.

MEILLASSOUX, Claude. *Antropologia da escravidão — o ventre de ferro e dinheiro*. Rio de Janeiro: J. Zahar, 1995.

MENDONÇA, Joseli Maria. *Cenas da Abolição: escravos e senhores no Parlamento e na Justiça*. São Paulo: Ed. Fundação Perseu Abramo, 2001.

——. "A arena jurídica e a luta pela liberdade" in *Negras imagens: ensaios sobre cultura e escravidão no Brasil*. L. M. Schwarcz, Letícia Vidor de Souza Reis. São Paulo: Universidade de São Paulo/Estação Ciência, p. 117-138, 1996.

MERZ, Martin. "Entre onças e gatos". In *Caderno do CEAS*, nº 172, nov./dez. 1997.

MINISTÉRIO DO TRABALHO E EMPREGO. A experiência do Grupo Especial de Fiscalização Móvel. Ministério do Trabalho e Emprego, Brasília: 2002.

MONTEIRO, John Manuel. *Negros da terra: índios e bandeirantes nas origens de São Paulo*. São Paulo: Companhia das Letras, 1994.

MOORE Jr., Barrington. *Injustiça: as bases sociais da obediência e da revolta*. São Paulo: Brasiliense, 1987.

MOREIRA NETO, C. A. "A cultura pastoril do Pau d'Arco" in *Boletim do Museu Paraense Emilio Goeldi*. Antropologia nº 10, março de 1960.

MOREYRA, Sérgio Paulo. "Introdução" in *Trabalho escravo no Brasil contemporâneo*. São Paulo: Loyola, 1999.

ORDUÑA, Ricón (et al.). "Práxis Cristã" in *Moral fundamental*, vol. I. São Paulo: Ed. Paulinas, 1983.

OLIVEIRA FILHO, Moacyr. *Rio Maria — a terra da morte anunciada*. São Paulo: A. Garibaldi, 1991.

ORGANIZAÇÃO DOS ESTADOS AMERICANOS — COMISSÃO INTERAMERICANA DOS DIREITOS HUMANOS. Documento 29, rev. 1. Washington: 1997.

PALMEIRA. Moacir. "Casa e trabalho: nota sobre as relações sociais na *plantation* tradicional" in *Revista Contraponto*, ano 2, nº 2, novembro 1977.

PINKY, Jaime. *A escravidão no Brasil — As razões da escravidão. Sexualidade e vida cotidiana. As formas de resistência.* 17ª ed. São Paulo: Contexto, 2000.

PINTO, Ana de Souza e VIEIRA, Maria Antonieta da Costa. *Relatório de pesquisa OIT — Trabalho escravo: sul e sudeste do Pará — 1995-2002.* (Inédito) Janeiro/fevereiro 2003.

PINTO, Lúcio Flávio. *Amazônia, a fronteira do caos.* (S. l.): Falangola (s/d).

POLLAK, Michael. *Une identité blessé — etudes de sociologie et d'histoire.* Paris, Éditions Métailié, 1993.

——. "Memória e identidade social" in *Estudos Históricos 10: teoria e história.* Rio de Janeiro: vol. 5, n. 10, p. 200-215, 1992.

——. *Os homossexuais e a Aids: sociologia de uma epidemia.* São Paulo: Estação Liberdade, 1990.

REZENDE FIGUEIRA, Ricardo. *A Justiça do Lobo: posseiros e padres do Araguaia.* Petrópolis: Vozes, 1986.

——. *Rio Maria, canto da terra.* Petrópolis: Vozes, 1993.

——. "O trabalho escravo, a exclusão do direito" in *O social em questão.* Vol. 2, nº 2, 1997, Rio de Janeiro: PUC, Departamento de Serviço Social. Semestral.

——. *Quão penosa é a vida dos senhores — discurso dos proprietários sobre o trabalho escravo.* 1999. Dissertação (mestrado em ciências em desenvolvimento, agricultura e sociedade). Curso de pós-graduação em desenvolvimento, agricultura e sociedade da Universidade Federal do Rio de Janeiro. Rio de Janeiro.

——. "Condenados à escravidão" in *Trabalho Escravo no Brasil contemporâneo* (VV.AA.). Goiânia, CPT, p. 165-208, 1999.

RICCA, Paolo. "L'espérance au coeur du mal" in *Courrier de l'ACAT.* Paris: n. 201-202, p. 26-29, 2000.

ROCHA, Manoel Ribeiro. *Etíope resgatado, empenhado, sustentado, corrigido, instruído e libertado — Discurso sobre a libertação dos escravos no Brasil de 1758.* Petrópolis: Vozes, 1992.

ROSA, Guimarães. *Grande sertão: Veredas.* 16ª ed. Rio de Janeiro: Nova Fronteira, 1984.

ROSS, W. D. *Aristote.* Paris: Payot, 1930.

ROUSSEAU, Jean-Jacques. *O contrato social — ou princípios do direito político* in "Os Pensadores". 2ª ed. São Paulo, Abril Cultural, 1978.

PITT-RIVERS, Julian. "La ley de la hospitalidad" in *Tres Ensayos de Antropología Estructural.* Barcelona: Anagrama, Serie Sociología y Antropología, p. 48-86, 1973.

SANTANA, Eudoro. *Órfãos da Abolição — tráfico de trabalhadores e trabalho escravo.* Fortaleza: Assembléia Legislativa do Ceará, Imprensa Oficial do CE, IDCE: 1993.

SAYAD, Abdelmalek. *A Imigração — ou os paradoxos da alteridade.* São Paulo: EDUSP, 1998.

SENTO-SÉ, J. Lins de Albuquerque. *Trabalho escravo no Brasil.* São Paulo: Ed. LTr: 2000.

SCHWARTZ, Stuart B. *Segredos internos: engenhos e escravos na sociedade colonial, 1550-1835*. São Paulo, Companhia das Letras, 1999.

SHAKESPEARE, William. "Júlio César" in *Júlio César e Antônio e Cleópatra*. São Paulo: Melhoramentos, p. 17-124, s/d.

SIGAUD, Lygia. "Direito e coerção moral no mundo dos engenhos" in *Estudos Históricos*, Rio de Janeiro, vol. 9, nº 18, 1996: 361-388.

SILVA, Benedicto (Org.). *Dicionário de Ciências Sociais*. Rio de Janeiro: Ed. FGV, 1986.

SILVA, Eduardo. *Negociação e conflito — a resistência negra no Brasil escravagista*. Eduardo Silva, João José Reis. São Paulo: Companhia das Letras, 1999.

SIMMEL, Georg. "O estrangeiro" in *Georg Simmel — Sociologia*. São Paulo: Ática, p. 182-188, 1983.

SUTTON, Alison. *Trabalho escravo: um elo na cadeia da modernidade no Brasil de hoje*. São Paulo: Loyola, 1994;

TAVARES DOS SANTOS, José Vicente. *Dominação e violência no espaço agrário*. Brasília: Sociedade Brasileira de Sociologia, 1997 (20 páginas).

TIERRA, Pedro. *Dies Irae — oito testemunhos indignados e uma ressurreição*. Brasília, 1999.

TODOROV, Tzvetan. *A Conquista da América: a questão do outro*. São Paulo: Martins Fontes, 1991.

——. *Nós e os outros: a reflexão francesa sobre a diversidade humana*. Rio de Janeiro, J. Zahar, 1993;

TORRÈS, Dominique. *Esclavages: 200 millions d'esclaves aujourd'hui*. Paris: Éditions Phébus: 1996.

VIEIRA, Maria Antonieta da Costa. *Caçando o destino: um estudo sobre a luta de resistência dos posseiros do Sul do Pará*. 1981. Dissertação (mestrado em antropologia) — Pontifícia Universidade Católica de São Paulo, São Paulo.

VILELA, Magno. *Uma questão de igualdade: Antônio Vieira e a questão negra na Bahia do século XVII*. Rio de Janeiro: Relume Dumará, 1997.

VILELA, Ruth Beatriz Vasconcelos e CUNHA, Rachel Maria Andrade. "A experiência do Grupo Especial de Fiscalização Móvel no combate ao trabalho escravo" in *Trabalho Escravo no Brasil Contemporâneo* (VV. AA.). Goiânia: CPT, p. 35-42, 1999.

WEBER, Max. *Economia e sociedade — fundamentos da sociologia compreensiva*. Vol. I. Brasília: Universidade de Brasília, 1994.

WERLY, Richard. *Iqbal: l'enfant esclave*. Paris: Librairie Arthème Fayard, 1995.

WHITMAN, Walt. *Canto de mim mesmo*. Lisboa: Assírio & Alvim, 1992.

IMPRENSA

A Tarde, BA.: 9.6.2003.

Brasilien Nachrichten: nº 84/1984.

Caros Amigos, Edição Especial, nº 12, abril de 2002.
Correio do Estado (MS): 28.10.2002.
Correio do Estado: 7.9.2002.
Diário do Pará: 07.6.2000.
Folha de Carajás, (PA): 28.4.1995; 24.9.1999.
Folha de S. Paulo: 10.2.1987; 22.10.1989; 5.6.1999; 25.11.1999; 17.12.2000; 6.10.2001; 16.10.2001; 20.3.2002; 28.8.2002; 3.9.2002; 6.9.2002; 27.9.02; 30.9.2002; 20.10.2002; 22.10. 2002; 27.10.2002; 28.10.2002; 23.4.2003.
Jornal do Brasil: 22.4.1973; 18.6.1987; 28.6.1987; 11.1.1989; 28.6.00;11.10.2000; 18.10.2000;22.6.2001;13.2.2002;27.7.2002;3.8.2002;13.8.2002;28.8.2002;29.8.2002; 2.9.2002;3.9.2002;5.9.2002;6.9.2002;13.9.2002;18.9.2002;22.9.2002;14.5.2003.
Le Monde: 25.4.1998.
Jornal do Senado: 26.6.2003.
Jornal do Tocantins (TO): 18.10.2002.
New York Times: 25.3.2002.
Notícias do Tribunal Superior do Trabalho: 16.10.2002.
O Dia: 23.8.2001.
O Estado de S. Paulo: 9.3.1973; 14.9.1973; 12.5.1974; 13.8.1988; 5.11.1994; 29.9.2002
O Globo: 13.2.2002; 17.2.2002; 24.3.2002; 26.3.2002; 31.3.2002; 27.5.2002.
O Liberal (PA): 20.8.1988; 29.9.1994; 11.8.1999; 12.12.1999; 28.6.2000; 17.4.2002; 18.6.2003.
O Povo: 21.6.1998.
Província do Pará (PA): 17.3.1999.
Revista da OAB, outubro/2002.
Rondoniagora: 25.3.2002.
Veja: 24.7.1991; 4.3.1998; 24.3.1999; 4.9.2002.

Documentos por nome do informante

ALVES, Tarley. Inquérito policial: "Termo de depoimento prestado por Tarley Alves", perante um delegado da PF após fiscalização na fazenda Santo Antônio de Indaiá (4.7.1991).
Antônio. Inquérito policial: "Termo de Declaração" de Antônio recolhido pelo delegado Gervário da Silva (21.9.1984).
ARAÚJO, Abílio Dias. "Termo de declaração que presta o sr..." in inquérito policial. Conceição do Araguaia (18.7.1983).
——. "Contrato de Prestação de Serviços de derrubada" firmado por Inajá Porã S/A e Selmag Ltda. Conceição do Araguaia, PA (16.3.1984).
——. "Aditivo a contrato de prestação de perviços de derrubada" firmado por Inajá Porã S/A e Selmag Ltda. Conceição do Araguaia, PA (3.7.1984).

ARAÚJO, Anselmo Cardoso. "Menores submetidos a trabalho escravo em Água Azul e problemas no garimpo das Malvinas", declaração prestada em Rio Maria a Ricardo Rezende Figueira (24.12.1992).

BARROS, José Orlando. Declaração por escrito feita no escritório da CPT de Marabá (28.1.1998).

BENTES, Asdrúbal. Pronunciamento do deputado federal do PMDB/PA na Câmara dos Deputados. Sessão 122.1.52.0 (24.6.2003).

BRITO, Claúdia Márcia Ribeiro. Coordenadora de um dos GEFMs: "Relatório de Fiscalização" nas fazendas Guarapará, de João Geraldo Pereira, Santa Rosa, de Adenilson Rodrigues da Silva, Agropal Agropecuária Palmeiras Ltda. (ou fazenda Táxi-Aéreo), de Ricardo Miranda e Donizete Miranda (15.1.2003).

——. Informação prestada ao autor em Brasília durante uma Câmara Técnica (29.11.2001).

——. "Ação de Fiscalização Móvel Sul Pará, Municípios de Xinguara, Curionópolis, Parauapebas" em relatório de viagem do GEFM/DRT-PA (10.12.1996).

CHAVES, João Francisco. "Termo de declaração que presta o sr..." Inquérito policial. Conceição do Araguaia (18.7.1983).

DIAS, Arisovaldo Araújo. "Termo de declaração que presta o sr..." Inquérito policial. Conceição do Araguaia (18.7.1983).

FERREIRA, Enivaldo da Gama — juiz de direito. Termo de audiência de Conciliação e julgamento. Fórum de Conceição do Araguaia (30.1.1985).

FREIRAS, Charles P. C. Carta ao autor. Campinópolis, MT (31.10.1995).

JORGE, Wilkens Martins (Desmatadora Deus é Guia) e seus dez pistoleiros — Antônio Pereira da Silva, Moesses Pereira da Silva (o Neguinho), Vilmar Pereira de Souza, Carlos Nascimento da Costa Souza, Domingos dos Reis, Paulo da Costa Silva, Francisco Pereira da Silva, Edmilson Pereira da Costa Souza, Sivaldo Teixeira da Mata, Levy Inácio Balbino — foram denunciados pelo Ministério Público de Redenção por crime cometido na fazenda Arizona, pertencente a Eudenice Novaes Campos. Ela tinha como procurador Marcos A. Novais Santana. O cartório do único ofício de Redenção declarou o "extravio" dos autos do processo-crime, nº 11/90 (25.8.92).

LIMA, Antônio Pereira. Depoimento. Rio Maria no arquivo da CPT de Xinguara.

LOPES, Eliézer Monteiro — Promotor de Justiça. Denúncia contra Francisco Andrade Chagas e três de seus *fiscais,* por crime previsto no art. 149 do CPB, cometido na fazenda Inajá Porã. Santana do Araguaia (PA) (25.7.1993).

NOGUEIRA, Antônio César. "Termo de declaração" Inquérito Policial. Conceição do Araguaia (17.8.1984).

MELO, A. B. de. Inquérito Policial: Depoimentos do fazendeiro na PF (15.04.1997); depoimento na Justiça Federal de Marabá (26.8.1997).

OLIVEIRA, procuradora Neide Cardoso de. Denúncia contra proprietários da fazenda Primavera por prática do crime previsto nos artigos 149 e 203 do CPB (8.8.1997).

PACOSO. "Trabalho escravo na fazenda Mogno, em Rio Maria", depoimento prestado a Ricardo Rezende Figueira (2.4.1993).

PEREIRA, José Maria Alves. Inquérito policial: "Relatório" conclusivo do Delegado de polícia de Conceição do Araguaia sobre denúncias de trabalho escravo na fazenda Vale do Rio Cristalino (22.7.1983).

RODRIGUES, Valderez Maria Monte. Membro do GEFM/Cuiabá prestou a informação ao autor em Brasília durante uma Câmara Técnica (29.11.2001).

——. *Relatório de fiscalização — Operação São Félix do Xingu, PA.* SEFIT/GM, Região 01. (set. de 1997).

ROZIERS, Henri Burin. "Nota da Comissão Pastoral da Terra Sul do Pará". Xinguara (18.2.2003).

——. "Trabalho escravo: a punição da desapropriação se torna prêmio para o fazendeiro — o escândalo da desapropriação da fazenda Flor da Mata no sul do Pará", nota em nome da CPT de Conceição do Araguaia (5.11.98).

SCHMITT, Arnaldo. *"Denúncia: vão 6 bilhões do povo para o latifúndio da Volkswagen.* Câmara Federal, s/d.

SILVA, João Batista Gomes da. Membro do GEFM/Cuiabá prestou a informação ao autor em Brasília durante uma Câmara Técnica (29.11.2001).

SILVA, Vanderlino Feliciano da. "Termo de declaração que presta o sr..." in Inquérito policial. Conceição do Araguaia (18.7.1983).

SILVA, Wanderson Quadros. "Rolando de fazenda em fazenda". *Mostra de Quadrilhas* de Rio Maria (PA) (7.7.1996).

SOARES, deputado Expedito. "Relatório de viagem à fazenda Vale do Rio Cristalino, da Volkswagen do Brasil, estado do Pará, dias 5, 6 e 7 de julho de 83". Palácio Ibirapuera, São Paulo (1.8.1983).

SOARES, José. *Declaração*. Depoimento de pequeno empreiteiro sobre ameaças sofridas. Rio Maria (15.6.1998).

TRINDADE, procurador Almerindo. Denúncia contra quatro *gatos* e contra o administrador da fazenda Espírito Santo (17.12.1993).

VASCONCELOS, Rute. Ministério do Trabalho: Carta ao autor (20.8.1995).

VIANA, Natal. Informações. Arquivo da CPT de Xinguara (1983).

Documentos por temas

Carta de Charles P. C. Freitas a Ricardo Rezende Figueira, MT (31.10.1995).

Carta do delegado do Sindicato Rural de Vila Rica (20.7.1995) e requerimento de liberdade provisória em São Félix do Araguaia, MT (24.7.1995).

Carta do delegado do Sindicato Rural de Vila Rica (20.7.1995).

"Contrato de prestação de serviços de Derrubada" firmado por Inajá Porã S/A e Selmag Ltda, representado por Abílio Dias de Araújo. Conceição do Araguaia, PA (16.3.1984).

Contrato: "Aditivo a Contrato de Prestação de Serviços de Derrubada" firmado por Inajá Porã S/A e Selmag Ltda., representado por Abílio Dias de Araújo. Conceição do Araguaia, PA (3.7.1984).

Denúncia formulada pelo procurador Almerindo Trindade contra quatro *gatos* e contra o administrador da fazenda Espírito Santo (17.12.1993).

Denúncia formulada pelo promotor de Justiça Eliézer Monteiro Lopes contra Francisco Andrade Chagas e três de seus *fiscais* por crime previsto no art. 149 do CPB, cometido na fazenda Inajá Porã. Santana do Araguaia, PA (25.7.1993).

Denúncia formulada pela procuradora Neide Cardoso de Oliveira contra proprietários da fazenda Primavera por prática do crime previsto nos artigos 149 e 203 do CPB (8.8.1997).

Denúncia formulada pelo deputado federal Arnaldo Schmitt: *Denúncia: vão 6 bilhões do povo para o latifúndio da Volkswagen*. Câmara Federal, s/d (início dos anos 1980).

Depoimento de Antônio Pereira Lima, em Rio Maria, no arquivo da CPT de Xinguara.

Depoimento de Anselmo Cardoso Araújo, em Rio Maria, a Ricardo Rezende Figueira (24.12.1992).

Depoimento (oral) de Cláudia Márcia Ribeiro Brito. Coordenadora de um dos GEFM em Brasília durante uma Câmara Técnica (29.11.2001).

Depoimento (oral) de João Batista Gomes da Silva. Membro do GEFM/Cuiabá em Brasília durante uma Câmara Técnica (29.11.2001).

Depoimento de José Orlando Barros no escritório da CPT em Marabá (28.1.1998).

Depoimento de José Soares. Declaração de pequeno empreiteiro sobre ameaças sofridas. Rio Maria (15.6.1998).

Depoimentos do fazendeiro A. B. de Melo e na Justiça Federal de Marabá 26.8.1997.

Depoimento de Pacoso: "Trabalho escravo na fazenda Mogno, em Rio Maria" a Ricardo Rezende Figueira. Rio Maria (2.4.1993).

Depoimento (oral) de Valderez M. Rodrigues. Coordenadora de um dos GEFM em Brasília durante uma Câmara Técnica (29.11.2001).

Documento da CPT/Marabá (2002).

Informações prestadas por Natal Viana em arquivo da CPT de Xinguara (1983).

Inquérito policial: "Relatório" do delegado regional de polícia de Conceição do Araguaia, José Maria Alves Pereira, sobre denúncias de trabalho escravo na fazenda Vale do Rio Cristalino (22.7.1983).

Inquérito policial: "Termo de declaração que presta o sr. João Francisco Chaves". Conceição do Araguaia, inquérito policial: "Termo de declaração que presta o Sr. Abílio Dias Araújo". Conceição do Araguaia (18.7.1983).

Inquérito policial: "Termo de declaração que presta o Sr. Vanderlino Feliciano da Silva". Conceição do Araguaia (18.7.1983).

Inquérito policial. "Termo de declaração que presta o sr. Ariosvaldo Araújo". Conceição do Araguaia (18.7.1983).

Inquérito policial. "Termo de declaração" de Antônio César Nogueira. Inquérito policial, Conceição do Araguaia (17.8.1984).

Inquérito policial: "Termo de declaração" de Antônio recolhido pelo delegado Gervário da Silva (21.9.1984).

Inquérito policial: "Termo de depoimento prestado pelo Secretário do Trabalho do Pará", perante um delegado da PF após fiscalização na fazenda Santo Antônio de Indaiá (4.7.1991).

Inquérito policial: "Termo de depoimento prestado por Tarley Alves", perante um delegado da PF após fiscalização na fazenda Santo Antônio de Indaiá (4.7.1991).

Inquérito policial: depoimentos do fazendeiro A. B. de Melo na PF (15.4.1997).

Ministério do Trabalho: Carta de Rute Vasconcelos ao autor (20.8.1995).

Ministério Público de Redenção denunciou o *gato* Wilkens Martins Jorge (Desmatadora Deus é Guia) — e seus dez pistoleiros — Antônio Pereira da Silva, Moesses Pereira da Silva (o Neguinho), Vilmar Pereira de Souza, Carlos Nascimento da Costa Souza, Domingos dos Reis, Paulo da Costa Silva, Francisco Pereira da Silva, Edmilson Pereira da Costa Souza, Sivaldo Teixeira da Mata, Levy Inácio Balbino — por crime cometido na fazenda Arizona, pertencente a Eudenice Novaes Campos, que tinha como procurador Marcos A. Novais Santana. O cartório do único oficio de Redenção declarou o "extravio" dos autos do processo crime, n° 11/90 (25.8.92).

Nota da CPT do sul do Pará assinada por Henri Burin de Roziers (18.2.2003).

Nota da CPT de Conceição do Araguaia assinada por Henri Burin des Roziers: *Trabalho escravo: a punição da desapropriação se torna prêmio para o fazendeiro — o escândalo da desapropriação da fazenda Flor da Mata no sul do Pará* (5.11.98).

Pasta Vale do Rio Cristalino, arquivos da CPT de Xinguara e do A. (1983-2001).

Pronunciamento do deputado federal Asdrúbal Bentes (PMDB/PA, na Câmara dos Deputados em Brasília. Número de sessão: 122.1.52.0 (24.06.2003)

Requerimento de liberdade provisória expedido por advogado de fazendeiros em Vila Rica (24.7.1995).

"Relatório de fiscalização" do GEFM, coordenado por Claúdia Márcia Ribeiro, nas fazendas Guarapará, de João Geraldo Pereira, Santa Rosa, de Adenilson Rodrigues da Silva, Agropal Agropecuária Palmeiras Ltda. (ou fazenda Táxi-Aéreo), de Ricardo Miranda e Donizete Miranda (15.1.2003).

Relatório de Fiscalização — operação São Félix do Xingu, PA. Sefit/GEFM, região 01, coordenada por Valderez Maria Monte Rodrigues (setembro de 1997).

Relatório da Secretaria de Fiscalização do Ministério do Trabalho na fazenda Primavera, em Curionópolis (PA) (1997).

Relatório da Secretaria de fiscalização do Ministério do Trabalho na fazenda Boa Esperança, São Félix do Xingu (setembro de 1997).

Relatório da Secretaria de Fiscalização do Ministério do Trabalho na fazenda Maringá, Comodoro (MT) (1 a 8.4.1996).

Relatório de fiscalização: "Ação de fiscalização móvel sul Pará, municípios de Xinguara, Curionópolis, Parauapebas", coordenada por Claudia Márcia Ribeiro Brito. GEFM/ DRT-PA (10.12.1996).

Relatório do subdelegado da DRT por fiscalização na fazenda Santa Isabel (1994).

"Relatório de Viagem à fazenda Vale do Rio Cristalino da Volkswagen do Brasil, estado do Pará, dias 5, 6 e 7 de julho de 83". Deputado Expedito Soares, Palácio Ibirapuera, São Paulo (1.8.1983).

"Termo de audiência de conciliação e julgamento" realizado diante do juiz de direito da 2ª vara, Enivaldo da Gama Ferreira. Conceição do Araguaia (PA) (30.1.1985).

Posfácio

O livro de Ricardo Rezende Figueira descreve de maneira detalhada as formas de aliciamento de trabalhadores para atividades envolvendo a "escravidão por dívida", e como os trabalhadores participam desse aliciamento: pressões econômicas, sonhos de mudança, saídas e estratégias individuais; parte de um movimento mais geral da realidade da exploração e da subordinação destes trabalhadores.

Através de entrevistas inseridas num cenário e fornecendo um conjunto de representações, o leitor é apresentado aos sujeitos da pesquisa através da relação pesquisador/pesquisado, relação que envolve tensões, revelando todo o drama das famílias envolvidas na saída de seus filhos e maridos. Revelação de um mundo de machos, de medos e de valentias, sugerindo fragilidades mas também a força das mulheres, mães e esposas que esperam a volta de seus familiares, assim como lutam pelo reencontro dos mesmos, ainda que este reencontro seja apenas a confirmação de sua morte.

Ricardo vai além dos autores que utiliza para pensar o chamado "Trabalho Escravo", na medida em que seu conhecimento prévio do fenômeno lhe dá enorme capacidade de conhecimento. A pesquisa ela própria é precedida por uma longa trajetória, de uma experiência vivida de militância, que dá "carne e osso" ao tema da cultura.

Não é de se estranhar que Ricardo tenha se inspirado no livro *A imigração*, de Abdelmalek Sayad, um autor que participa do mundo dos migrantes, ele próprio um deles, tendo, portanto, um envolvimento que permite conhecer e, ao mesmo tempo, viver e sofrer junto com aqueles destituídos temporariamente de sua identidade e cultura no processo da migração argelina para a França. Ricardo, não sendo um migrante aos moldes argelinos, "migra" para a vida religiosa com uma missão de defender aqueles subordinados e explorados que clamam por um pedaço de terra, e se dedica a lutar junto a eles pelos direitos dos trabalhadores posseiros e dos trabalhadores peões submetidos à exploração do trabalho através da "escravidão por dívida". Vai buscar em Sayad inspiração para entender esse trabalhador que é "obrigado" a migrar, mesmo sabendo ser vítima de uma subordinação próxima à escravidão clássica, em busca de perspectivas econômicas e de vida para si e suas famílias.

Em Norbert Elias (em seu livro sobre "os *estabelecidos* e os *outsiders*") se inspira para nos revelar a diferença no interior daqueles pertencentes a uma mesma classe. O fato desse pertencimento não é por si só fonte de solidariedade. Assim, aqueles originários de Barras têm um tipo de vivência da migração diferente daqueles que migram de Mato Grosso.

A análise do medo, inspirada em Guimarães Rosa, é um dos pontos altos do trabalho, se constituindo quase em outro livro, tendo uma unidade analítica e literária que poderia originar uma outra publicação.

Ricardo mostra como o empreiteiro, essa figura ambígua, o mediador, utilizado na cadeia de exploração, também explorador, manipula os "aliciados" com um discurso, ora de promessas, ora de ameaças, mediado por classificações que destituem esses trabalhadores de qualidades humanas, como sua estigmatização como "aqueles que não têm mãe". Mas os exploradores, os dominantes, também querem ter alguma legitimidade em sua maneira de dominar (ver E. P. Thompson em *Senhores e caçadores*), trazendo para si a qualidade de beneméritos, qualidade também a que se atribuem os que estão acima deles na cadeia da dominação, como os fazendeiros. No entanto esta escassa legitimidade, baseada no espaço social no qual se situam, limita-se na própria maneira como vêem os trabalhadores aliciados "sem mãe".

Os caminhos dos trabalhadores, a saída de casa para o mundo das fazendas em Mato Grosso e o abandono temporário de suas condições de vida originárias, apontam para um movimento de busca e de transformações. Aqui é possível perceber-se uma homologia com a trajetória do próprio autor.

Os caminhos de Ricardo, saída de casa para uma vida religiosa, implicam uma busca de mudança, uma sociedade mais justa, e especialmente contra a violência das formas de dominação envolvidas na escravidão por dívida. Seus caminhos, passando pela atuação pastoral, pela CPT, e por sua formação como cientista social, fizeram-no reunir vários olhares, a partir de diversos momentos e espaços. Como padre, ativista e cientista social, concentra em si próprio a história de uma crença na justiça, de uma vida de crença na igualdade e na solidariedade. Um olhar de fora e de dentro que vê e aponta para as ambigüidades e as diferentes formas de viver injustiças e de narrá-las.

O livro nos remonta à história desta história. O subtexto do livro seria a história de Ricardo e suas motivações religiosas e políticas, visando à defesa dos oprimidos, à reafirmação da verdade, ao exercício da coragem e à luta contra o medo. Por outro lado, a passagem pela universidade permitiu o distanciamento necessário para um outro olhar, um outro encontro, tão profundo e corajoso, conhecer não para destruir como foi o caso de Cortez no México. Mas um novo olhar para "não deplorar, não rir, não detestar, mas compreender" (Bourdieu em *A miséria do mundo*, citando preceito de Espinosa). Explicar o porquê da manutenção desta forma de exploração que é a da escravidão por dívida, esta é a pergunta que atravessa o livro. Os dominados submetem-se, não por aceitar e legitimar a dominação, mas por uma tradição de subordinação que se repete de geração a geração. Em que a saída é também uma esperança de mudar, a busca de jovens que saem e voltam numa sucessão continuada, repetindo um percurso que sabem ser perigoso, mas que, como numa tragédia grega, cumprem um destino. Destino imposto por aqueles que os vêem como objeto material do trabalho, usado sem atribuir-lhe qualquer atributo humano. Através da força, e de afirmativas estigmatizantes, como "o peão não tem mãe", o trabalhador torna-se um não ser, um estranho, um migrante. Uma sina que envolve riscos e homens. Há uma sedução para a partida e os aliciadores, pertencentes ao mesmo mundo, sabem como realizar a sedução. Um jogo em que todos, no início, fingem acreditar.

Rosilene Alvim

Anexos

INTRODUÇÃO

Quadro 1 — Lista parcial das fazendas acusadas de utilizar trabalho escravo de 1969 a março de 2004 no Pará.
(A maioria se localiza no sul e sudeste paraenses).

	Nome da Fazenda	Proprietário/ gatos	Município	Anos
1	Abaeté	João Pereira de Sousa	Marabá	1979, 85?,86
2	Acapu	Jeremias Lunardelli	Santana do Araguaia	1986
3	Acapulco	Carmo Guimarães Giffone. "Lista suja" de 2003.[1]	Xinguara/Sapucaia	1994, 2002[2]
4	Adelson	Adelson da Rodoviária	Marabá	2003
5	Adriano e Renato	Adriano e Renato Cacheta	Pacajá	2003
6	Agromendes	Grupo Real	Moju	1988
7	Agropecuária	Não identificado	Conceição do Araguaia	1970
8	Agropecus	Dalvo Rodrigues Cunha	Santana do Araguaia	1986, 87
9	Alô Brasil	Gato: Domingos Parente	Santana do Araguaia	1983
10	Alto Bonito	Não identificado	Itupiranga	2002
11	Alvorada	Antônio Barbosa de Melo	Água Azul Norte	1997, 98, 2001, 2003[3]

[1]A primeira chamada "lista suja", divulgada pela Radiobrás, pela Secretaria Especial de Direitos Humanos e pelo ministério do Trabalho e Emprego é composta por uma relação de 54 fazendas autuadas, com "decisão adminstrativa e procedência definitiva", fiscalizadas entre 1995 e 2002 (veja SEFIT/TEM, 10/11/2003).

[2]Denunciada três vezes em anos diferentes, foi fiscalizada em 2002 pelo GEFM. Libertos 63 trabalhadores.

[3]A fazenda, denunciada seis vezes em anos diferentes, em 2002 foi fiscalizada, recebeu 8 autos de infração; em 2003, 1trabalhador foi liberto.

12	Alziro e Ricardo Aguiar	Não identificado	Pacajá/Novo Repartimento	2002
13	Andressa/Passa Bem	Não identificado	Nova Ipixuna	2002
14	Água Branca / Esperança / Saco Verde	Aldimir Lima Nunes "Branquinho"	São Félix do Xingu	2002, 2003
15	Água da Saúde	Zé Pinto	Itupiranga	2003
16	Água Fria	Não identificado	Xinguara	2001
17	Água Preta	Henrique Martins	São Félix do Xingu	2003[4]
18	Água Viva	Gato: Francisco Andrade Chagas, o Chicô	Santana do Araguaia	1995
19	Alcidão	Alcidão	Palestina do Pará	2003[5]
20	Aparecida	Não identificado	Novo Repartimento	2002
21	Araguari	Antônio Barbosa	Sapucaia	1997, 98
22	Ararandeua ou Paraíso	Manoel Porfírio dos Santos	Goianésia	2003[6]
23	Ariadne	Wilson Lima Gomes	Dom Eliseu	2003[7]
24	Arizona	Eudenice Novaes Campos	Redenção	1989, 90
25	Artur Carvalho	Não identificado	Tucumã	2002
26	Ataleta	Jolival Davi Ferreira	Ourilândia do Norte	1993
27	Bacuri	Não identificado	Cumaru do Norte	1999
28	Bacuri/Cachoeirinha	Não identificado	São Félix do Xingu	2002
29	Baguá	Celso Chuquiat Mutran e Evandro Mutran (irmãos). Gato: Antônio Guedes	Eldorado dos Carajás / Curionópolis	1992, 2003[8]
30	Baixa Verde	Deroni de Souza	Dom Eliseu	2003
31	Baixadão	Luzmar Camilo da Silva (Mazinho)	São Félix do Xingu	2003
32	Bananal	Deurani	Dom Eliseu	2003
33	Bananal	Luís Caiçara	Água Azul do Norte	2002
34	Bandeirantes	Não identificado	Canaã dos Carajás	2001

[4]Fiscalizada em 2003 pelo GEFM. Libertos 3 trabalhadores.
[5]*Conflitos no Campo — Brasil. 2003;* CPT.
[6]*Conflitos no Campo — Brasil. 200;* CPT. Libertos por autoridades 15 trabalhadores.
[7]Fiscalizada em 2003 pelo GEFM. Libertos 40 trabalhadores.
[8]Fiscalizada em 2003 pelo GEFM. Libertos 36 trabalhadores. *Conflitos no Campo — Brasil.* 2003; CPT. Os Mutran aparecem ainda em denúncias nas fazendas Cabaceiras, Castanhal de Cabaceiras, Espírito Santo e Mutamba/Gameleira.

35	Bandeirantes	Osvaldo Saldanha de Almeida (condenado em ação civil pública)	Parauapebas	2001
36	Bandeirantes e Planalto da Bela Vista	Sebastião Naves Júnior e Diogo Novaes Sobrinho	Curionópolis	2002
37	Bannach	Aiquirino Bannach	Bannach	1987, 94, 2002
38	Barreira Branca	Bamerindus	São Geraldo	1987
39	Barreira das Furnas	Não identificado	Cumaru do Norte	2002
40	Barreiro Preto	Manoel de Sá Júnior	Xinguara	1988
41	Baunilha	Fernando Dellacqua e José Roberto Dellacqua	Rondon do Pará	2003
42	Beira da Bala	João Cleber	Altamira/São Félix do Xingu	2002
43	Belauto	José Bernardino de Souza	São Félix do Xingu	1988, 89
44	Belo Horizonte	José Humberto	Santana do Araguaia	1979, 84
45	Big Valey	José de Oliveira Costa	Xinguara	1991
46	Boa Esperança	José Braz da Silva	Canaã dos Carajás	2002, 2003
47	Boa Esperança	Lauro Puntel Campos	Sapucaia	2003
48	Boa Esperança	Miguel Vieira Messias	Redenção	2000
49	Boa Esperança[9]	Geraldo José Ribeiro	São Félix do Xingu	1997
50	Boa Fé (Mil e Duzentos)	Altino Lupaz / Eutímio Lippaus	Ourilândia do Norte	2002
51	Boa Vista	João Afrânio	Xinguara	2003
52	Boca Quente	Miguel Vieira Messias "Lista suja" de 2003	Bannach	1997, 98, 99, 2000
53	Boi Branco	Não identificado	Marabá	2002
54	Bom Jardim	Leomar de Matos Silva	São Félix do Xingu	2000, 2003
55	Bom Samaritano	Manoel José Carvalho	Afuá	2003
56	Bonsucesso	Gilberto Andrade	Paragominas	1998
57	Branquinho (?)	Branquinho (?)	Novo Repartimento	2002
58	Brasa Viva	Sinésio Basílio	Curionópolis	1994
59	Brasão	Não identificado	Paragominas	2001
60	Brasil Novo	Célio	Marabá	2003

[9] Fiscalizada em 1997 pelo GEFM. Libertos 4 trabalhadores.

61	Brasil Verde	João Luís Quagliato Neto, gatos: Chico Tote, Meladinho, Tonhão	Sapucaia	1986, 87, 88, 89, 92, 93, 96, 97, 98, 99, 2000[10]
62	Brejo Grande	Gato João Preto	Não identificado	1979
63	Buriti	Comercial Xingu	São Félix do Xingu/Tucumã	2000
64	Buriti II	Sandra Nancy de Souza Cunha "Lista suja" de 2003	São Félix do Xingu	2000
65	Cabaceiras	Evandro Mutran / Jorge Mutran Exp. e Imp. Ltda.	Marabá	2002, 2003, 2004
66	Cachoeirinha	Brás Bueno; *gato*: José Gomes Pereira, conhecido como Zezinho da Codespa.	Curionópolis	1979, 80, 89, 90
67	Cachoeirinha	José Coelho Vítor	Curionópolis	2000
68	Café	Carlos Bannach	Ourilândia do Norte	1992
69	Caiçara	Luís	Ourilândia do Norte	1992
70	Caiçara	Não identificado	Água Azul do Norte	1994
71	Cajazeira	Alsoni José Malinski	São Félix do Xingu	2003
72	Cajueiro	Não identificado	Marabá	2002
73	Califórnia	Raimundo Pereira da Silva; gato: Raimundo Alves da Costa; dono de pensão: Willson Moreira da Silva.[11]	Marabá	1991, 2002
74	Califórnia	Família Quagliato	Xinguara	1991,
75	Califórnia	Wilson Ferreira da Rocha	Goianésia do Pará	2003
76	Campo Alegre	Sertenco Engenharia	Santana do Araguaia	Não Identificado
77	Campos Altos	Manoel Ribeiro dos Santos	Água Azul do Norte	2002
78	Canaã	Não identificado	Marabá	1999
79	Canaã	Não identificado	Sapucaia	2000
80	Canaã/Pau Brasil	Leandro Adjunto Martins Carneiro	São Félix do Xingu	1999, 2000, 2002
81	Capetinga	Capetinga	Redenção	1975
82	Caps	Dalton	Santa Maria das Barreiras	2002

[10]Fiscalizada em 2002 pelo GEFM. Não foram detectados escravos, mas foram lavrados dois autos de infração.

[11]Condenados pelo artigo 149 do CPB, por crimes praticados na fazenda em 1991.

83	Castanhal Cabaceiras	Jorge Mutran Exportação e Importação Ltda. "Lista suja" de 2003	Marabá	2002
84	Catalão	Darci	São Félix do Xingu	2002
85	Céu Azul	Não identificado	Não identificado	Anos 1990?[12]
86	Chico Basílio	Chico Basílio	Marabá	2003
87	Cinco Estrelas	Alvany Dias Santana	Marabá	2002
88	Cinco Irmãos	Ediones Bannach	"Lista suja" de 2003	Bannach 2001
89	C. J. D. Vidal	Não identificado	Dom Eliseu	2002
90	Codespar	Jeremias Lunardelli	Santana do Araguaia	1972
91	Colorado	Constantino de Oliveira Guimarães. "Lista suja" de 2003	Curionópolis	2002
92	Colorado	Não identificado	Parauapebas	2002
93	Colorado	Grupo Quagliato	São Félix do Araguaia	1996, 2000
94	Companhia Agropastoril do Rio Tiraximim	Companhia Agropastoril do Rio Tiraximim	Cumaru do Norte	2003
95	Consolação	José de Ribamar Oliveira	Brejo Grande do Araguaia	2002
96	Córrego da Onça	Fernando Avelino, o Carioca	Floresta	1997, 98
97	Cunha	Gato: Zezinho da Codespar	Rio Maria	1976
98	Curianga	Ivan Medrade Rocha	Pacajá	2003
99	Curionópolis	Não identificado	Curionópolis	2002
100	Delfino	Delfino	Curionópolis	2003[13]
101	Deputado Chico Filho	Francisco Donato Linhares de Araújo Filho (Chico Filho), Deputado e Secretário de Estado do Piauí	São Félix do Xingu	2001
102	Devanir	Devanir	São Félix do Xingu	2002
103	Desconhecida	Não identificado	Santana do Araguaia	2001
104	Desmatadora Deus É	Euclenice Novaes Campos	Redenção	1990
105	Diadema IV ou Surucucu	Eurélio Piazza	Xinguara / Água Azul do Norte	2000, 2002, 2003
106	Diamante	Não identificado	Tomé Açu	1999

[12]O *Jornal do Brasil* de 12/09/1997 revela escravidão e assassinatos de trabalhadores, cujos corpos teriam sido lançados em poços.
[13]*Conflitos no Campo — Brasil. 2003*; CPT

107	Dona Francisca	Milton Alonso	São Félix do Xingu	2001
108	Escondida	Não identificado	Sul do Pará	2001
109	Eldorado	Luciano Lunardelli	Santana do Araguaia	1984
110	Empreiteira Dantas	Edmilson Dantas de Santana	Santana do Araguaia	2003
111	Entre Serra	Dr. Marcos	Pau D'Arco	2002
112	Esmeralda	Agropecuária Pau Brasil Ltda, Clemente Duarte Ferreira / Quelé	Bannach	2001, 2002, 2003
113	Espírito Santo	Benedito Mutran Filho	Xinguara	1986, 87, 89, 90
114	Estrela das Alagoas	Lima Araújo Ltda.	Piçarra	2001, 2002, 2003
115	Estrela de Maceió	Lima Araújo Ltda. / Jefferson de Lima Araújo Filho e Fernando Lyra Carvalho. "Lista suja" de 2003	Cumaru do Norte / Santana do Araguaia	1994, 97, 98, 2002.
116	Espora de Prata	Não identificado. Gerente: João Miranda da Silva	Xinguara	1990
117	Estância do Pontal	Wanderley Dias Vieira	São Félix do Xingu	2003
118	Fabrízio	Não identificado	Xinguara	1986
119	Fartura	Supergasbrás	Santana do Araguaia	1984, 1986
120	Faveiral	Manoel Soares da Silva	São João do Araguaia	2003
121	Fininho	Fininho	Marabá	2003
122	Flor da Mata	Luís Pereira Martins / Agropecuária Umuarama Ltda.	São Félix do Xingu / Paraupebas	1997, 98
123	Flor da Mata	Cacildo Inácio Silva	Xinguara	1982, 87
124	Flor da Mata	Francisco Jerônimo da Silva	Sapucaia	2003[14]
125	Flor da Mata	Francisco "Chiquinho"	Sapucaia	2003
126	Flor do Cedro	Antonio Onei	São Domingos do Araguaia	2003
127	Floresta Tropical	Não identificado	Dom Eliseu	2002
128	Forkilha	Jairo de Andrade	Santa Maria das Barreiras	1978, 83, 90, ?, 97, 98, 99, 2000, 2001, 2002
129	Formigão	Não identificado	Santana do Araguaia	1984
130	Fortaleza	Almir Morais	Xinguara	1985

[14]Fiscalizada em 2003 pelo GEFM. Libertos 15 trabalhadores. A fiscalização atingia os municípios de Xinguara, Floresta do Araguaia, Água Azul do Norte.

131	Fortaleza / Empreiteira Dantas	Bernardo, irmão do Leo da Versátil / Edmilson Dantas de Santana	Santana do Araguaia	2003
132	Franciscana	Jesus Batista Ferreira	Xinguara	2003[15]
133	Francisco de Jesus	Francisco de Jesus	Nova Ipixuna	2003
134	Gabriela	Gato: Luís Bang Bang	Não identificado	1996
135	Gameleira	Antonio Gomes Neto/ Lauro Astolfo Novaes de Araújo	Parauapebas	1985, 92
136	Garimpo Corta Goela	Elton João Zimmerman	Canaã dos Carajás	2003
137	Garupá	Antônio Lucena Barros (Maranhense)	Santana do Araguaia	2002
138	Guarupá	Marcos Antônio Eleutério Neto	Água Azul do Norte	2002
139	Gaúcha	Jairo Andrade	Conceição do Araguaia	1989
140	Gaúcha	Não identificado	Piçarra	2002
141	Geraldo Viana	Geraldo Viana	Marabá	2003
142	Gleba da Voltinha	Raimundão	Marabá	2003
143	Gleba Pascoval	Juscelino dos Santos Lima	Curuá-Una	2003
144	Gradaús	Elton João Zimmerman	Cumarú	1993
145	Grã-Pará	Não Identificado	Santana do Araguaia	1984
146	Grotão da Latada	Valdir	São Domingos do Araguaia	2003
147	Guarapará	João Geraldo Pereira; gerente: Valdino Elias Rosa, gato: Edmilson Dantas de Santana; cantineiro Joaquim Ramos Tavares.	Redenção	2003
148	Gueroba	Wesley Castelo Branco Martins	São Félix do Xingu	2003
149	Gurupá (Guarupá?)	Marco Antonio Eleutério Neto	Água Azul do Norte	2002
150	Harpa	Somepa	Santana do Araguaia	1983
151	Herança	Juliano Heringer Branco	Goianésia do Pará	2004
152	Inajá Porã	Encol	Santana do Araguaia	1984, 87
153	Incoce	Não Identificado	Goianésia do Pará	Anos 90 ?[16]

[15]Em fiscalização do GEFM nos municípios de Xinguara, Floresta do Araguaia e Água Azul do Norte, em 2003. Foram libertados na Dona Franciscana 13 trabalhadores.

[16]Conforme o *Jornal do Brasil* de 12/09/1997, havia denúncias de trabalho escravo na Incoce e na Céu Azul e na primeira haviam sido desenterrados seis ossadas em três poços e a polícia estimava localizar corpos de 40 trabalhadores.

154	Índiaporã	Retagato e fiscal: Alexandre	Não identificado	1983
155	Índia Sul	Não identificado	Palestina do Pará	2002
156	Ingá	Ingá Agropecuária S/A	Conceição do Araguaia	1985
157	Iraúna	Agostinho	Goianésia do Pará	2003
158	Irmãos Piçarra	Não Identificado	Piçarra	2003
159	Iriri	Darci Lázaro de Borba. Gato: Zezinho da Codespar nos anos 1980	São Félix do Xingu	1982, 83, 2001
160	Jaciara	José Luiz Pedrini Moro	Paragominas	1998
161	Jaguará (ex-Belauto)	Gabriel	São Félix do Xingu	2003
162	Japonesa	Não identificado	São Félix do Xingu	1992
163	Jaú	Não identificado	Santana	Não identificado
164	João Boiadeiro	Não identificado	Novo Repartimento/Pacajá	2002
165	João Dantas/João Maritas	Não identificado	São Félix do Xingu	2000
166	Jovelina	Evander Antônio Martins	São Félix do Xingu	2003
167	Km 204	Edgar	Xinguara	1991
168	Lago Azul	Adauto José Galli	Sapucaia	2003
169	Lagoa Azul	Marcelo Guimarães Galli e Adauto José Galli. Gerente: Elviro Tomaz Arantes.	Xinguara/Sapucaia	1992, 2003[17]
170	Lagoa das Antas	José Bradenho	Xinguara	1986
171	Lagoa das Antas	Umuarama / Luiz "Pires", o Luiz Martins Pereira.	Xinguara/Canaã dos Carajás	1996
172	Lagoa das Vacas	Aldimir Lima Nunes (vulgo Branquinho) e Francisco Sérgio da Silva Siqueira	Altamira	2003[18]
173	Lara	Delvar Amâncio de Araújo	Marabá	2003
174	Laranjeira	Lula	Pacajá	2003
175	Légua de Pedra	Não identificado	Brejo Grande do Araguaia	2002
176	Limão	Não Identificado	Eldorado dos carajas	2003
177	Lorena	João Batista Lopes	Curionópolis	2003[19]

[17]Fiscalizada em 2003 pelo GEFM. Libertos 107 trabalhadores. Elviro, ex-prefeito de Xinguara, conforme *Folha de S. Paulo* de 05.04.2003, foi detido na ocasião pelo crime.
[18]Fiscalizada em 2003 pelo GEFM. Libertos 6 trabalhadores.
[19]Fiscalizada em 2003 pelo GEFM, realizada nos municípios de Nova Ipixuna, Curionópolis e Marabá. Libertos 16 trabalhadores. *Conflitos no Campo — Brasil.* 2003; CPT.

178	Lucy	Gatos: Boca Rica e Russo	Xinguara	1996
179	Macaúba	Altmair Soares da Costa	Marabá	2003, 2004
180	Macaxeira	Gato: Raimundo Fogoió	Não identificado	1981, 82
181	Macedônia	Francisco Macedo	Redenção	1986
182	Maciel	Josafá Tavares Pimentel	São Félix do Xingu	2003
183	Maciel II	Jeová de Souza Pimentel / Agropecuária Maciel II; Gerente: Rodolfo Silva Pimentel. *Gato:* Antonio Avelino	Tucumã/São Félix do Xingu	1999
184	Madeira Vermelha	Não identificado	São Félix do Xingu	2002
185	Madeireira	João Batista Cortes e Cia.	São Geraldo do Araguaia	1992
186	Madrugada	Z.G. Ferreira Agropecuária / Osmar Alves Ferreira	Redenção	199?, 2003
187	Maipu	Marcos Aguiar Ribeiro e outros	Cumaru do Norte	1986, 94
188	Mandiocão	Não identificado	Santana do Araguaia	1986
189	Manah	Manah	Santana do Araguaia	1983, 95
190	Marajaí	Newton Cunha Lemos & Outros. "Lista suja" de 2003.	Canaã dos Carajás/Xinguara	2000
191	Maranata	Wellington Francisco Rosa	São Félix do Xingu	2000
192	Maravilha	Não identificado	Curionópolis	1990
193	Marcão	Não identificado	Marabá	2002
194	Maria Bonita	Não identificado	Xinguara	1979
195	Maringá	Cia. Agropec. Indust. Capim	São Domingos do Capim	1972
196	Maringá	Eduardo e Serraria	São Félix do Xingu	2003
197	Maritaca	Não identificado	Santana do Araguaia	1986
198	Mata a Dentro	Não identificado	Santana do Araguaia	1995
199	Mata Azul	Luciano	Santana do Araguaia	1993
200	Mata Azul	Não identificado	Cumaru do Norte	2002
201	Matão	Sociedade Agro Pecuária Vista Alegre Ltda. / Francisco Dourado	Santana do Araguaia	2002
202	Mauro	Irmãos Mauro e Benacy	São Félix do Xingu	2003
203	Menara	Henrique Memberg	Paragominas	1987
204	Meu Xodó	Jerônimo Aparecido de Freitas	Marabá	2002, 2003
205	Mineiro e Rosara	Mineiro e esposa Rosara	Ourilândia do Norte	2003

206	Mirandópolis	Agropastoril Mirandópolis S/A, José Cristino de S. Filho	Santa Maria das Barreiras	2003
207	Moça Bonita	Eujacio Ferreira de Almeida	Parauapebas	1993
208	Mogno	Maginco	Rio Maria	1993
209	Mombaça	João Franco Silveira Bueno	Tomé-Açu	1994
210	Monte Alegre	Elivânio Luiz de Souza	São Félix do Xingu	2003
211	Monte Castelo	Não Identificado	Sapucaia	2003
212	Monte Dourado Ltda.	Flávio César Vicente da Silva	São Félix do Xingu	2002
213	Monte Hermont	José Armando Mendes Figueira	Ipixuna	1994
214	Morada da Prata	L. Antônio da Costa	Santana do Araguaia	1986
215	Morada do Sol	Maginco	São Félix do Xingu	1979, 93, 94
216	Mozar Farias	Mozar Farias	Piçarra	2003
217	Muruci	Luis Villarino	Água Azul	1993
218	Muriçoca	Edmilson Henrique de Arruda	Marabá	2003
219	Mutamba e Gameleira	Aziz Mutran Neto, Myriam Pinto de Amorim	Marabá	2002, 2003
220	Nazaré	Gomes dos Reis	Conceição do Araguaia	1974
221	Nicobran	Não identificado	São Félix do Xingu	2002
222	Nilza Maria	Lázaro Domingues de Paula	Sapucaia	2003
223	Nobreza do Pará	Dalmo Pinto Miguez	Bannach	2002
224	N. R. Souza	Comp. e Ind. Keila S.A.	Pagrisa (Br. 010)	1994
225	Nossa Senhora Aparecida	José Vaz da Costa	Rio Maria	2002
226	Nossa Senhora Aparecida	Segefredo da Silva Leite	Itupiranga	2003
227	Nossa Senhora Aparecida	João Bosco Machado	Novo Repartimento	2003
228	Nossa Senhora de Fátima	Célio Ribeiro da Cunha	Itupiranga	2003
229	Nossa Senhora de Fátima	Andrey de Barros Silva	São Félix do Xingu	2003
230	Nova Orleans	Mário, advogado do TEM	Santana do Araguaia	2003
231	Novilho	Velho Jaime	Palestina do Pará	2003
232	Novo Mundo	Neif Murad Filho	São Geraldo	1984, 86, 88
233	Nuvem Vermelha	Clóves e filhos Djalma e Murilo	Pacajá	2003
234	Olivence	Ninha Baiano / Carlos Gilberto de Oliveira Barreto	Não identificado.	2002, 2003[20]

[20]Fiscalizada em 2003 pelo GEFM, realizada nos municípios de Nova Ipixuna, Curionópolis e Marabá. Libertos 12 trabalhadores. *Conflitos no Campo — Brasil.* 2003; CPT.

235	Oriente Médio	Não identificado	Dom Eliseu	2002
236	Osivel	Não identificado	Itupiranga	2002
237	Ouro Grosso	Antônio Teixeira Silva	Marabá	2003
238	Ouro Preto/Assunil	Jairo Carlos Borges	Nova Ipixuna/ Novo Repartimento	2002
239	Ouro Verde	Marco Antônio	Sapucaia	2001, 2002
240	Ouro Verde	Humberto Rubens Cansanção Filho	Xinguara	2001
241	Ouro Verde	João Batista de Jesus Ribeiro	Piçarra	2004
242	P.A. Paraíso do Araguaia	Gato: Zezão da Odila	Xinguara	2003
243	P.A. Vale do Araguaia	Não identificado	Xinguara	2003
244	Padre Cícero	Não identificado	Curionópolis	1991
245	Pagrisa	Pará Pastoril e Agrícola S.A. *Gato*: José Pereira dos Santos	Ulianópolis	2003
246	Pai do Beto	Não identificado	Itupiranga	2002
247	Pai Eterno	Pedro Lopes Lima	São Félix do Xingu	2001
248	Palmar	José Humberto de Oliveira	Curionópolis	2001, 2003
249	Panelão	Marivete	São Félix do Xingu	1986
250	Panificadora Luana	Uelton Divino Pereira	São Félix do Xingu	2003
251	Panorama	José Humberto	Redenção	1986
252	Paragarças	Encol	Santana do Araguaia	1984
253	Paraíso	Manoel Porfírio dos Santos	Goianésia do Pará	1996, 2003
254	Parazinho	Não identificado	Marabá/Itupiranga	2002
255	Paula	Adolfo	Pacajá	2003
256	Pau Pelado	Ronaldo Ferreira de Melo	Itupiranga	2002
257	Pau Pelado	A.T.S. Serviços Ltda. ME	Itupiranga	2002[21]
258	Pecó	Laminadora Pecó	Santana do Araguaia	1987
259	Pedra Alta	Manoel Alves de Souza	Novo Repartimento	2003
260	Peruano	Não identificado	Eldorado do Carajás	2001
261	Pindaré	Yasuhide Watanabe	Dom Eliseu	2002
262	Pindorama	João Teimoso	Santana do Araguaia	1976, 85, 2001
263	Pista 1	Aldemir Lima Nunes (Branquinho)	São Félix do Xingu	2002

[21]Fiscalizada em 2002 pelo GEFM. Libertos 16 trabalhadores. *Veja* a fazenda Tuerê.

264	Piquiá	Márcio	Santana do Araguaia	1986
265	Ponta da Pedra	Euclebe Roberto Vessoni	Marabá	2003
266	Ponta da Serra	Delvar Amâncio de Araújo	Marabá	2003
267	Primavera	Não identificado	São Geraldo do Araguaia	1993, 2002
268	Primavera	Agropecuária Carajás Ltda. /	Curionópolis / Nova Marabá	1974, 80, 82, 83,
		Márcio Carvalho Ribeiro/ Marcus Ribeiro de Carvalho		84, 87, 89, 92, 96, 97, 98, 2000, 2001, 2002
269	Primavera	José de Castro	Cumaru do Norte	2003
270	Produtiva	Alberto Rezende	Rio Maria	2003
271	Proteína	Erly "Baiano da Carniça"	São Félix do /Xingu	2003
272	Quatro Bocas	Não identificado	Marabá	2003
273	Queiroga	Francisco Queiroba	Parauapebas	1989
274	Quixadá	Júlio Ferreira Leite	Santana do Araguaia	1972
275	Rancho Alegre	Proprietário: Afonso Vieira Simões, ou Trajano; gerente: José Gonzaga de Albuquerque; *gato*: Antonio Rodrigues	Santana do Araguaia	2003
276	Rancho Alegre	Afonso Vieira Simões	Ulianópolis	2003
277	Rancho da Prata	Alexandre Luciano dos Santos	Dom Eliseu	2003
278	Remanso	Não identificado	Marabá	2003
279	Retiro Três	Não identificado	Bannach	2002
280	Reunidas Taine-Rekan	Bradesco	Santana do Araguaia	1969, 73, 74, 86, 87
281	Reunida	Não identificado	São Domingo do Capim	1972
282	Ribeirão Bonito	Roberto Castanheira de Oliveira Silva	Novo Repartimento	2002
283	Ribeirão das Pedras	Não identificado	São Félix do Xingu	2002
284	Ricardo Queiroz	Ricardo Queiroz	Bannach	2002
285	Rio Bonito	Não identificado	Conceição do Araguaia	2003
286	Rio Capim	Bradesco	Paragominas	1992
287	Rio Cristalino	Eufrásio Pereira Luiz	Santana do Araguaia	1987
288	Rio da Liberdade	Flavio Andrade	Cumaru do Norte	2004
289	Rio da Prata	Antonio Luiz Fuchter / Banco Mercantil	Santana do Araguaia	1983, 84, 86, 99
290	Rio Dezoito	Atlântica Boa Vista	Santana do Araguaia	1987

291	Rio Dourado	Atlântica Boa Vista / Romeiro Albuquerque Maranhense	São Félix do Xingu/Cumaru do Norte	1978, 81, 83, 84, 86, 87, 88, 2001[22], 2002
292	Rio Lages	Agropecuária Belauto / Wilson Moreira Torres	Marabá	2000
293	Rio Maria	MG-Madereira Araguaia, Ind. Comércio e Agropecuária	Rio Maria	2003
294	Rio Negro	Luís Pereira Martins, o Luís "Pires"	Tucumã	1994
295	Rio Preto (do Osmar Barbudo)	Fernando Luiz dos Santos e Fausto Almeida dos Santos	Novo Repartimento	2003
296	Rio Tiraximin	Atlântica Boa Vista e Sul América	Ourilândia do Norte	1986
297	Rio Verde	Não identificado	Bom Jesus do Tocantins	1993
298	Rio Vermelho	Roque Quagliato e outros	Sapucaia / Xinguara / Bannach/ Redenção	1981, 82, 83, 87, 88, 89, 91, 92, 96 2000, 2001, 2002
299	Rio Vermelho	Miguel Vieira Messias	Xinguara	2000
300	Rita Cássia	Maurício Pompeia Fraga	Xinguara	1994
301	Riqueza	Não identificado	São Félix do Xingu	2002
302	Roda Velha Agroindustrial	Não identificado	São Desidério	2003
303	Rodeio/Três Jotas	Joaquim Monteiro Gonçalves	Novo Repartimento	2002
304	Rolemaq	João Pereira Rocha	Água Azul do Norte	2003
305	Roma	Hercules Oliveira Riccioppo (Erquinho)	Brejo Grande do Araguaia	2003
306	Rosinha	Nivaldo da Silva Araújo	Marabá	2003
307	Sabran	Não identificado	Santana do Araguaia	2002
308	Sacarela	"Lico"	Ourilândia do Norte	2003
309	Santa Ana	Dr. Vicente	Ourilândia do Norte	1993
310	Santa Ana Agropecuária Industrial	Agropecuária Industrial S.A., Eleusa Maria Cavalcanti Farias Leôncio e Augusto Farias	Cumaru do Norte	2002, 2003
311	Santana	João Barros da Silva	Água Azul do Norte	2002

[22]Foi fiscalizada em 2001 pelo GEFM uma fazenda com o mesmo nome, de Patrícia Castro e Silva de Albuquerque e outros, no município de Cumaru do Norte. Dos 83 trabalhadores encontrados, 50 estavam sem registro, sendo lavrados 19 autos de infração. Talvez se trate do mesmo imóvel.

312	Santa Clara I e II	Não identificado	Novo Repartimento	2002
313	Santa Clara	Valfredo Macedo da Costa	Marabá	2002
314	Santa Eliza e Santa Laura	Não identificado	Sapucaia	2002
315	Santana do Indaiá	Marcos Augusto Vale	Ourilândia do Norte	1991, 93
316	Santa Clara	Valfredo Macedo da Costa	Marabá	2002
317	Santa Cristina	Não identificado	Santana do Araguaia	1984, 93
318	Santa Ernestina	José Cristiano Souza / José Cristino de S. Filho	Redenção	1986, 2003
319	Santa Fé	Grupo Umuarama, de Luiz "Pires". *Gatos*: Chicô e José Avelino	Xinguara / Canaã dos Carajás	1981, 82, 96, 97
320	Santa Helena	Não identificado	Sapucaia	1999
321	Santa Helena	Espólio de Ildonete / Guimarães e Vagner	Xinguara	1986, 90, 91, 93
322	Santa Inês	Brás de Oliveira Bueno	Curionópolis	1989, 91, 94, 95, 2002
323	Santa Isabel	Aiquirino Bannach	Bannach	1994
324	Santa Leonina	Agropecuária Irmãos Avelino Ltda.	Rio Maria	2003
325	Santa Lúcia	Enock	São Geraldo	1988
326	Santa Lúcia	Não identificado	Canãa de Carajás	1996
327	Santa Lúcia	Não identificado	Curionópolis	2002
328	Santa Lúcia	FERGUMAR — Ferro Gusa do Maranhão	Dom Eliseu	2002
329	Santa Luzia	Gervasio	Bannach	2002
330	Santa Luzia	Não identificado	Itupiranga	2002
331	Santa Luzia	Não identificado	Parauapebas	2000
332	Santa Luzia	Marcelo Freitas Queiroz / Miguel Vieira Messias	Redenção	1986, 2000
333	Santa Luzia Tuerê II	Divino Andrade Vieira	Senador José Porfírio	2002
334	Santa Maria ou Cabeça de Égua	Ulisses e Júnior	São Félix do Xingu	1994
335	Santa Maria	Antônio Camp.	Santana do Araguaia	1985
336	Santa Maria	Maciel da Oficina	Rondon do Pará	2003
337	Santa Maria	Não identificado	Eldorado do Carajás	2002

338	Santa Maria	Túlio Paiva Gomes	Santa Maria das Barreiras	2003
339	Santa Maria-Reunidas	Não identificado	São Félix do Xingu	2001
340	Santa Marta	Não identificado	São Félix do Xingu	2000
341	Santa Marina	Vicente Lunardelli	Santana do Araguaia	1971, 84
342	Santana	João Barros da Silva Sobrinho	Água Azul do Norte	2002
343	Santana Rios	Rodolfo Paulo Schatter	Santana do Araguaia	2003
344	Santaninha	João Barros	Água Azul do Norte	2002
345	Santa Rita	Fazendeiro: José Roberto. *Gatos*: Rula Caxico e José Nilo	Marabá	1981, 83
346	Santa Rita	Não identificado	Goianésia	2003
347	Santa Rita da União	Geraldo Bernardino de Souza	Água Azul do Norte	2002
348	Santa Rita de Cássia	Não identificado	Eldorado do Carajás	1999
349	Santa Rosa / Guarapará	João Geraldo Pereira e Adenilson Rodrigues da Silva; gerente: Mario Henrique Pereira (filho do dono); *gato*: Edmilson Dantas Santana	Redenção	2003
350	Santa Rosa	Roque Quagliato	Xinguara	1984, 1987
351	Santa Tereza	Luiz Carlos G. da Silva	Marabá	1992
352	Santa Terezinha	Gaudêncio Souza Costa	Ulianópolis	1993
353	Santo Antônio	Antônio Inácio da Silva. *Gato*: Luís Bang e Chicô	São Félix do Xingu	1985, 86
354	Santo Antônio	Lázaro Domingues de Paula	Piçarra	2003
355	Santo Antônio de Indaiá	José Maurício Dias	Ourilândia do Norte	1989, 90, 91, 93
356	São Bento	Não identificado	Marabá	2002
357	São Carlos	João Maciel Bichuette	Xinguara	1991
358	São Francisco	Empreiteiro: Chicô	Santana do Araguaia	1986, 87, 2003
359	São Francisco	Empreiteiros: Raimundo Pereira da Silva e Raimundo Guedes	Xinguara	1991
360	São Francisco	João Gervais / João Antonio de Melo	Marabá	2003
361	São Geraldo	Braulino	Santana do Araguaia	1986
362	São José	Enock	Sapucaia	1982
343	São José	Veríssimo	São Geraldo	1984

364	São Judas Tadeu	Joaquim Lourença Matos (falecido)	Paragominas	1988
365	São Lourenço	José Rodrigues Alves	Santa Maria das Barreiras	2003
366	São Luís	Agropecuária São Luís	Conceição do Araguaia	**1990, 93**
367	São Luís	Lázaro José Veloso, Gato: Luís Boca Quente	Paraupebas	1992, 2001
368	São Luís	Luiz Antônio Zapparoli Sacarelli	Ourilândia do Norte	2003
369	São Manoel	Ronaldo dos S. Silva "Gilson Marcos"	Rondon do Pará	2003
370	São Marcos I e II	Marcos Dias	Abel Figueiredo	2003
371	São Miguel	Dalva Navarro e Miguel Sanches Navarro	Paragominas	2001
372	São Paulo	Romualdo Alves Coelho	Sapucaia	2002, 03
373	São Pedro	"Os Cariocas" (Irmãos Avelinos)	**Rio Maria**	**2002 (citado duas vezes)**
374	São Roberto	Agropecuária São Roberto S/A, Antonio Lucena Barros (Maranhense)	Santana do Araguaia	2002
375	São Romualdo	Não identificado	São Domingos do Capim	1981
376	São Salvador	Não identificado	São Félix do Xingu	1999
377	São Sebastião	Dr. Rubens	Rio Maria	2003
378	Selva de Pedra	Olavio da Silva Rocha	Novo Repartimento	2003
379	Sem Nome	Não identificado	Itupiranga	2002
380	Sem Nome	Não identificado	**Marabá**	**2002**
381	Senor Limitada	Senor Ltda. / Sipef. Diretor da empresa no Brasil: Joost Smit. Gerente: Valdemir Gonçalves de Oliveira	Dom Eliseu	2002
382	Serra Azul	Cleuberto José de Lima	São Félix do Xingu	2003
383	Serra Azul	Laertes Arantes	Água Azul do Norte	2003
384	Serra Grande	Manuel Alves de Souza	Palestina do Pará (?) / Parauapebas (?)	2002, 2003
385	Serraria Jalim	Luiz Carlos Cunha Linhares	São Félix do Xingu	2003
386	Serraria Pontalina	Vangildo Néris de Barros Filho	São Félix do Xingu	2003
387	Serraria 3 Poderes	Josué	Marabá	2003

388	Silva	Silva	Marabá	1990
389	Sítio Goiás	Kenner César Camargo	Xinguara	2003
390	Sitio Vale do Araguaia	Kenner César Camargo	Xinguara	2003
391	Sol Nascente	Reinaldo José Zucatelli	Marabá	2002, 2003
392	Sonho Dourado	Não identificado	São Félix do Xingu	2002
393	Sossego / Santa Marta	Proprietário: Abdon Lustosa Neto /Capataz: Raimundo Neto	Novo Repartimento	2003
394	Sossego	Milton Ribeiro de Oliveira	Canaã dos Carajás	2003, 2004
395	Supermercado Panificadora Luana	Uelton Divino Pereira	São Félix do Xingu	2003
396	Surubim	João de Almeida Noleto	São Geraldo do Araguaia	1985, 86, 87
397	Tabão	Nizemias Garcia	São Félix do Xingu	2002
398	Tacajá	Não identificado	São Félix do Xingu	2002
399	Talismã	Não identificado	Marabá	2003
400	Tangará	Antônio Carvalho da Silva	Santana do Araguaia	1997, 98
401	Tangará	Marcus Ribeiro de Carvalho	Curionópolis	1997, 98, 2001
402	Taquari	Não identificado	Santana do Araguaia	1993
403	Tartaruga	Gatos: Adão e Raimundo Modesto, Abilão e Chicô	Redenção / Santana do Araguaia	1983, 86
404	Tarumã/Machadinho	Não identificado	Santana do Araguaia	1978, 2000
405	Táxi Aéreo / Agropal	Agropal — Agropecuária Palmeira Ltda. (Ricardo Miranda, Donizete Miranda) *Gato*: Edmilson Dantas de Santana	Redenção / Santa Maria das Barreiras	2002, 2003
406	Teixeira / Estrela do Rio Preto	Teixeira	Marabá	2003
407	Terra Seca	Jerome	Marabá	2003
408	Tide	Comercial São Luís	São Félix do Xingu	2000
409	Todex / N.Sra. Aparecida	Aloísio Alves de Souza	Goianésia ? Breu Branco	2003
410	Tijuco	João Franco da Silveira Bueno	Ipixuna	1994
411	Trairão	René Moreira de Souza	Bannach	2003
412	Tranquilão	José Arimatéia Alves (Zé Tranqüilão)	Rio Maria	2002, 2003

413	Travessão	Não identificado	Conceição do Araguaia	1992, 95
414	Três Irmãos I	Paulo Henrique Vieira Saddi	Não Identificado.	2003[23]
415	Três Marco	Iolandes Bannach	Bannach	2001[24]
416	Três Rios	Marcos Roberto Tenório	Ourilândia do Norte	2002
417	Tuerê	A.T.S. Serviços Ltda-ME / Suposto proprietário: José Nicomedes. Empreiteiro: Danga	Pacajá/ Novo Repartimento/ Senador José Porfírio	2001, 2002
418	Tupãcir	José Roberto	Ourilândia do Norte	1993
419	Umuarama	Luiz "Pires"	Não identificado	1996
420	União	Não identificado	Parauapebas	2002
421	União	Itamar Bernardino	Água Azul do Norte	2003
422	União	Sinval Joaquim Martins	São Félix do Xingú	2003
423	União	Vivalcir José da Rocha	Xinguara	1993
424	Vale Bonito	Vale Bonito Agropecuária S/A Presidente: Celso Silveira Mello Filho	Xinguara	2000, 2003
425	Vale da Serra	Marcos Roberto Tenório	Pau D'Arco	2003
426	Vale do Sol	Alfrides José Bauer	São Félix do Xingu	2003
427	Vale do Paraíso II	Romar Divino Montes	Curionópolis	2002
428	Vale do Rio Cristalino	Volkswagen do Brasil/ Matsubara/ Eufrázio Pereira Luís e José Monteiro (1997)	Santana do Araguaia	1973, 74, 75, 81, 82, 83, 84, 86, 87, 93, 99
429	Vale do Rio Fresco	Antônio Luceno Barros e José da Silva Barros. Aliciador: João Batista de Sousa, Nelson Félix de Paiva e José da Silva Barros	Cumaru do Norte	2003
430	Vale Formoso	Não identificado	São Félix do Xingu	1988
431	Vale Verde	Rafael Saldanha de Camargo	São Félix do Xingu	2003
432	Veluma	Empreiteiros: Carlos Paixão e Chicô	Redenção/Santana	1993, 2002

[23]Fiscalizada em 2003 pelo GEFM. Liberto 1 trabalhador. *Conflitos no Campo – Brasil. 2003*; CPT. A fiscalização atingiu diversas fazendas, nos municípios de Xinguara, Floresta do Araguaia e Água Azul do Norte.

[24]Fiscalizada em 2001 pelo GEFM. Libertos 26 trabalhadores. Na relação consta como fazenda Três Irmãos.

433	Versátil	Não identificado	Santana do Araguaia	2002
434	Versátil Construção e Serviços Ltda.	Leomarino Andrade	Paragominas	2003
435	Vessoni / Tuerê	Cleber / Euclebe Roberto Vessoni	Novo Repartimento	2003
436	Vilmar	Vilmar	São Félix do Xingu	2002
437	Vinte e Um/São Paulo	Romuldo Alves Coelho	Xinguara	2001, 2002
438	Vicente	Vicente Batista de Oliveira "Farmácia"	Marabá / Itainópolis	2003
439	Vitória	Shydney Jorge Rosa	Carutapera	2003
440	Volta da Serra	Não identificado	Tucumã	2002
441	Volta Grande	Luzimar Ferreira Magalhães	Itupiranga	1993
442	Wanderléia	Vivalcir José da Rocha	Água Azul do Norte	1993
443	Waldir Ramos Fonsêca (Antiga Plantel)	Waldir Ramos Fonsêca	São Félix do Xingu	2002
444	Xupé	Ronaldo ou Lunardelli (?)	Redenção	1972, 90
445	Zuza	Não identificado	Dom Eliseu	2002

Fonte: Arquivo da CPT, arquivo pessoal e documentação do Ministério do Trabalho e Emprego.

Quadro 2 — Fazendas denunciadas, trabalhadores escravizados e libertados por autoridades no Sul do Pará (1970 a 1994)

Período	Nº fazendas	Nº trabalhadores escravizados	Nº trabalhadores libertados
1970/74	10	6.924	–
1975/79	7	563	–
1980/84	26	3.632	163
1985/89	63	4.050	118
1990/94	59	4.674	719
Total	165	19.843	1.000

Fonte: Arquivo da CPT de Conceição do Araguaia (in Pinto e Vieira: 2003)

Quadro 3 — Categorias utilizadas na imprensa brasileira, entre 1972 e 2002, para classificar o tipo de trabalho sob coerção

Categorias	1972-1998: %	%	1999-2002	%
Escravo/escravidão	83,38	91,83	79,81	89,47
Escravidão branca	3,25			
Semi-escravo	2,60		1,12	
Próximo a escravo	0,32			
Quase escravo	0,32			
Análogo a escravo	1,95		5,60	
Comparado a escravo	0,18		0,18	
Assemelhado a escravo	1,49		1,49	
Espécie de escravidão	0,18		0,18	
Nova forma de escravidão			0,18	
Escravidão da miséria			0,37	
Escravidão da dívida			0,18	
Escravidão moderna			0,18	
Escravidão contemporânea			0,18	
Subumano	0,32	8,13		10,44
Trabalho degradante	2,28			
Situação degradante			0,74	
Trabalho forçado	4,88		4,12	
Regime forçado			0,37	
Servidão	0,65		0,93	
Servidão involuntária			0,18	
Trabalho servil			0,56	
Cativeiro			1,49	
Superexploração			0,56	
Cárcere privado			1,49	

Quadro 4 — Categorias utilizadas na imprensa brasileira, de 1999 a 2002, para classificar o tipo de trabalho sob coerção

Categoria	1999	%	2000	%	2001	%	2002	%	Total	%
Escravidão/escravo	118	86,76	95	85,58	35	79,00	179	75,21	427	79,81
Semi-escravo	2	1,40	2	1,80			2	0,84	6	1,12
Comparado a escravo					1	2,00			1	0,18
Assemelhado a escravo			1	0,90	1	2,00	6	2,52	8	1,49
Espécie de escravidão			1	0,90					1	0,18

Análogo a escravo	1	0,73			7	14,00	22	9,24	30	5,60
Nova forma de escravidão							1	0,42	1	0,18
Escravidão da miséria							2	0,84	2	0,37
Escravidão por dívida					1	2,00			1	0,18
Escravidão moderna			1	0,90					1	0,18
Escravidão contemporânea							1	0,42	1	0,18
Situação degradante			1	0,90			3	1,26	4	0,74
Cativeiro	6	4,41	1	0,90			1	0,42	8	1,49
Regime forçado							2	0,84	2	0,37
Trabalho forçado			3	2,79	2	4,00	17	7,14	22	4,12
Trabalho servil					1	2,00	2	0,84	3	0,56
Servidão	4	2,94	1	0,90					5	0,93
Servidão involuntária	1	0,73							1	0,18
Superexploração	1	0,73			2	4,00			3	0,56
Cárcere privado	3	2,20	5	4,50					8	1,49
Total	136	100,00	111	100,00	50	100,00	238	100,00	535	100,00
Jornais pesquisados[1]	10		20		19		34		83	

Quadro 5 — Características da escravidão e em que condições ela se realiza

Meillassoux (1995)	Finley (1991)	Escravidão contemporânea
Escravo não é mercadoria (89)	Escravo, ele próprio, é mercadoria (71). Uma mercadoria peculiar, com alma, como foi definida por Aristóteles	É uma mercadoria disfarçada (Bales, 2000: 19-22). Nela, "o peão pode se tornar ou não se tornar mercadoria" (Martins, 1994: 13-14)

[1]*Correio do Estado*, MS, 28.10.02; *Correio do Estado* 7.9.02; *Folha de S. Paulo*: 5.6.99; 17.12.00; 6.10.01; 16.10.01; 28.08.02; 3.9.02; 6.9.02; 27.9.02; 30.9.02; 20.10.02; 22.10.02; 27.10.02; 28.10.02; *Jornal do Brasil*: 28.6.00; 18.10.00; 22.6.01; 13.2.02; 27.7.02; 3.8.02; 13.8.02; 28.8.02; 29.8.02; 2.9.02; 3.9.02; 5.9.02; 6.9.02; 13.9.02; 18.9.02; 22.9.02; *Estado de S. Paulo*: 29.9.02; *Jornal do Tocantins* 18.10.02; *Notícias do Tribunal Superior do Trabalho*: 16.10.02; *O Globo*, 13.2.02; 17.2.02; 27.5.02; *O Liberal*: 11.8.99; 12.12.99; 28.6.00; 17.4.02; *Província do Pará*: 17.3.99; *Revista da OAB*, outubro/02; *Veja*: 24.3.99; 4.9.02; *Folha de Carajás* (PA): 24.9.99.

	A relação senhor e escravo é unilateral (76). Os direitos de um proprietário sobre seus escravos são totais. O escravo perde o controle sobre seu trabalho, sobre sua pessoa e sobre sua personalidade (77). O escravo não tem direito de ser proprietário. As demais formas de trabalho compulsório têm certos direitos (74).	Relação unilateral. O *gato* exerce ilegalmente direitos de proprietário temporário sobre o escravo. A vítima perde o controle sobre o próprio trabalho e sobre si. O trabalhador mantém os direitos de proprietário sobre bens que possui no local de origem, mas pode perder direitos sobre bens que porventura tenha levado para o trabalho.
Incapacidade de se reproduzir socialmente (58).[2]	O escravo não tem direitos matrimoniais e é incapaz de se reproduzir socialmente (74). Outras modalidades de trabalho compulsório podem se reproduzir (74).	Incapaz de se reproduzir socialmente enquanto permanecer no imóvel.
Escravo não é prolongamento de parentesco (31). O escravo é um estranho absoluto (78).	Escravo e parentesco são rigorosamente antinômicos.	Escravo não é prolongamento de parentesco. Ele é um estranho. Vem de outra região do próprio país ou de outro país.
Um indivíduo penhorado não é escravo (31).	Há escravidão por dívida.	Há escravidão por dívida.
A escravidão precisa de um local onde o escravo possa ser capturado.	A escravidão precisa de um local onde o escravo possa ser capturado.	A escravidão precisa de um local onde o escravo possa ser aliciado.
O local de captura é o local mesmo de reprodução do escravo.	O local de captura é o local mesmo de reprodução do escravo.	O local de aliciamento é o local mesmo de reprodução do escravo.
As sociedades mercantis controlam uma estrutura comercial de escoamento de cativos.		A rede de aliciamento — *gato*, aliciador, motorista, dono de pensão, polícia, fazendeiro — controla a estrutura de escoamento dos trabalhadores.
Sociedades escravagistas mercantis são consumidoras de escravos (58)		A rede de aliciamento é consumidora de escravos.

[2]Diversos autores têm escrito sobre a dificuldade de aumento demográfico dos escravos no Brasil e nas Américas, salvo através importação. S. B. Schwartz (1999: 291-293), ao escrever sobre engenhos baianos no século XVIII, afirmou que esse foi um dos problemas centrais encontrados pelos historiadores. As razões encontradas podiam ser diversas: a desproporção entre os sexos, pela importação mais numerosa de homens que de mulheres; o aborto intencional ou a demora das mulheres em se casarem e a instabilidade de uniões. Mas havia a exceção dos padres beneditinos no Brasil. Ele conseguiam repor a mão-de-obra através de crianças nascidas em suas propriedades.

A relação entre senhor e escravo passa pela mediação do raptor e do comerciante (57).		A relação passa pela mediação do aliciador, do motorista, do dono da pensão e do gato.
Os escravos, na África, são utilizados para diversas atividades: servidores de palácio, soldados reais, concubinas, carregadores, em minas de cobre.		No sul do Pará, em derrubadas de mata, feitura de pasto, construção de cerca, aceiros e carvoarias. Em outras regiões: nos canaviais, em fazendas de fruticultura, carvoaria e pedreiras. Em prostituição.
O escravo tem, como propriedade econômica, uma quantidade acumulada de força de trabalho (totalidade ou fração), dependendo da idade. Não é criado ali, mas chega para o trabalho.		O escravo chega ao trabalho com uma quantidade de força de trabalho (totalidade ou fração), dependendo da idade, da saúde, da disposição e competência para efetuar as tarefas definidas.
O escravo tem um "estado" negativo e o livre um *status* positivo.		Tem um estado negativo no local onde é escravizado em relação ao livre, e pode gozar de um *status* entre os seus, na cidade de origem.
"Subtraído ao seu meio pela captura, o cativo era considerado como socialmente morto", era um "não-nascido".		Subtraído ao seu meio, ou em um local intermediário, o aliciado sofre discriminação e é vítima de suspeitas.
"Nascer, bem mais que um fato biológico, é um fato social regido pelas leis humanas."		"Nascer, bem mais que um fato biológico, é um fato social regido pelas leis humanas."
Na sociedade escravagista há um vocabulário diversificado que recobre diferentes condições de sujeição. As condições podem ser traduzidas para nossas línguas como "escravidão".		Na sociedade contemporânea há um vocabulário diversificado que recobre diferentes condições de sujeição, e elas podem receber o nome de escravidão.
	A escravidão precede e coexiste com o trabalho livre (71)	A escravidão coexiste com o trabalho livre.
Escravidão não é apenas uma relação de produção.	Escravidão não é apenas uma relação de produção.	Escravidão não é apenas uma relação de produção.
Escravidão, encontro de civilizações		Escravidão, encontro e choque de culturas e/ou civilizações

	Nem todas as formas de trabalho sob coerção se caracterizam como trabalho escravo e às vezes faltam palavras que traduzam corretamente as realidades distintas (71).	Nem todas as formas de trabalho sob coerção se caracterizam como trabalho escravo e às vezes faltam palavras que traduzam corretamente as realidades distintas.
	Os escravos podiam visar a se libertar individualmente, sem se incorporar à comunidade de seu senhor, ou transformar a estrutura social. Mas em relação aos escravos por dívida de Atenas e Roma arcaicas isso foi diferente. Libertaram-se "em *bloc*, restabelecendo automaticamente sua posição como membros plenos de sua respectivas comunidades" (74).	Os escravos podiam visar a se libertar individualmente, sem se incorporarem à comunidade do senhor, ou transformarem a estrutura social ou ainda aspirarem a uma trajetória de ascensão que os levasse a se incorporar ao mundo de seu senhor.
	Resumo: escravo é propriedade do senhor; sobre o escravo há um exercício de totalidade de poder; o escravo não tem traços de parentesco.	Resumo: escravo (por dívida) é propriedade do senhor; sobre ele há um exercício de totalidade temporária de poder; não é parente e a questão racial, étnica ou religiosa pode ou não ser fundamental.

Quadro 6 — Comparação entre as escravidões antigas, modernas e contemporâneas

Escravidão antiga e moderna	Escravidão contemporânea por dívida na Amazônia
Legal	Ilegal
Por guerra, captura, compra	Por aliciamento, compra
Longo período para repor investimento	Curto período para repor investimento
Longa duração	Curta duração
Em geral, custo alto	Em geral, custo baixo
Falta de escravos potenciais	Abundância de escravos potenciais
Ficam com os escravos	Dispõem dos escravos
Diferenças étnicas e religiosas importam	Diferenças étnicas e religiosas nem sempre importam. Importa a situação econômica.

Quadro 7 — Comparação entre as escravidões antigas, modernas e contemporâneas

Escravidão antiga moderna	Escravidão contemporânea por dívida
Mercadoria	Mercadoria disfarçada
Não se reproduz socialmente a não ser por captura ou por compra	Não se reproduz socialmente a não ser por aliciamento ou por compra
É necessário um local que, por razões diversas, favoreça a captura	É necessário um local onde, havendo abundância de mão-de-obra e escassez de oferta de emprego, o aliciamento seja favorecido. Ou um contingente de imigrantes em situação política, social e econômica desfavoráveis.
Em geral em situação degradante	Em situação degradante
Por pretexto religioso, étnico, racial, de guerra justa e declarada e por dívida	Por pretexto de dívida
Estranho, não parente	Estranho, não parente

II. MIGRAÇÃO

Quadro 1 — Dados populacionais do antigo município de Conceição do Araguaia de 1911 a 1995[3]

Ano	1911	1920	1940	1960	1970	1980	1995	2000
População	15.000	11.000	4.715	11.283	38.038	129.579	246.579	267.049

Fontes: Ianni (1978: 99ss); Rezende Figueira (1986: 70), Amat (1996) e IBGE.

[3]Estão computados na tabela, para efeito de comparação do crescimento populacional, os habitantes dos municípios que se desmembraram politicamente de Conceição do Araguaia ao longo dos anos: Santana do Araguaia (1961), Redenção (1982), Rio Maria (1982), Xinguara (1982), São Geraldo do Araguaia (1988), Santa Maria das Barreiras (1988), Água Azul do Norte (1991), Pau d'Arco (1991), Floresta do Araguaia (1993), Piçarrra (1995), Sapucaia (1996).

Quadro 2 — Rebanho bovino e suíno do antigo município de Conceição do Araguaia de 1920 a 1995

Ano	1920	1940	1950	1970	1995[4]	1997[5]
Rebanho bovino (cabeças)	14.131	25.352	21.503	43.741	2.175.863	2.611.619
Rebanho suíno (cabeças)	1.118	4.353	2.040	10.579	239.409	242.795

Fontes: Ianni (1978: 104-105), AMAT (1996) e IBGE.

Quadro 3 — Diferenças e similitudes entre os trabalhadores e as regiões estudadas

	Barras, (PI)	Nordeste do Mato Grosso	Sul do Pará
Ocupação da área	Antiga	Recente	Recente
Formas de ocupação da área	Antigos "moradores", "livres", tornaram-se desempregados ou pequenos proprietários e/ou assentados.	População tradicional, composta por posseiros e índios. Novos posseiros, peões em trânsito e desempregados	População tradicional — posseiros e índios — e novos posseiros e peões em trânsito.
Ruas	Estreitas	Largas	Largas
Relações humanas	Estabelecidas e intensas	Estabelecidas, novas e em trânsito	Estabelecidas, novas e em trânsito
Coesão nos laços de vizinhança	Forte	Fraca	Fraca
Situação econômica	Estagnada e desemprego	Crescimento e crise	Crescimento e crise
Crescimento populacional	Vegetativo	Sim	Pequena queda.
Um nascido vivo para	18,86 pessoas	Um dos municípios: 31,54 pessoas	41,58 pessoas
Migração	Emigra	Imigra e emigra	Emigra e imigra

[4]As estimativas da Amat (1996) provavelmente levaram em conta, além de dados do IBGE, informações das diversas prefeituras. A Amat não incluiu, no caso dos bovinos, o município de Santana do Araguaia, e só parcialmente o município de São Geraldo do Araguaia, restringindo-se a números relativos aos municípios de Conceição do Araguaia, Pau D'Arco, Redenção, Rio Maria, Santa Maria das Barreiras e Xinguara. Quanto aos suínos, as estimativas não incluíram os dados de Santana e de São Geraldo do Araguaia.

[5]IBGE, Produção da Pecuária Municipal — 1999, Malha Municipal Digital do Brasil: situação em 1997. RJ. IBGE, 1999. Estão incluídos os municípios de Conceição, Floresta, Pau D'Arco, Piçarra, Redenção, Rio Maria, Santa Maria das Barreiras, Santana, São Geraldo, Sapucaia e Xinguara.

Migrante	Baixa escolaridade	Baixa escolaridade	Baixa escolaridade
Discurso sobre a obediência	É recorrente	É recorrente	
Aliciadores	Do local e de fora	Do local e de fora	Do local e de fora
Idosos	Mantém o STR	Não mantêm o STR	São importantes
Gestantes	Mantém o STR		
Idosos e famílias	Mantém respectivas famílias	Mantém, às vezes, respectivas famílias	Mantém, às vezes, respectivas famílias
Visões	Predomina uma desqualificação sobre os demais: "no Pará não há mulher séria"; "paraense é gente brava, que não discute mas mata". Um peão, por querer a mulher do outro, foi morto. Há condescendência em relação aos iguais: piauiense quando viaja se relaciona bem, é trabalhador, não briga. Outros, menos numerosos, afirmam: só encontra problema quem procura; não há diferenças entre as pessoas segundo o estado desde origem, mas segundo dons pessoais.	Entre os peões há solidariedade, mas também bebedeiras, discussões, brigas, tentativas de homicídio e homicídios.	Peão do trecho é brigão, bebe muito, não é confiável.
Controle social	Forte: familiar e social.	Fraco: familiar. Forte: armado, privado ou público	Fraco: familiar. Forte: armado privado ou público

Fonte: Pesquisa realizada no Piauí, Pará e Mato Grosso entre 2000 e 2002.

Quadro 4 — Fluxograma do deslocamento de trabalhadores do Piauí ao Pará, através de ferrovia e rodovia

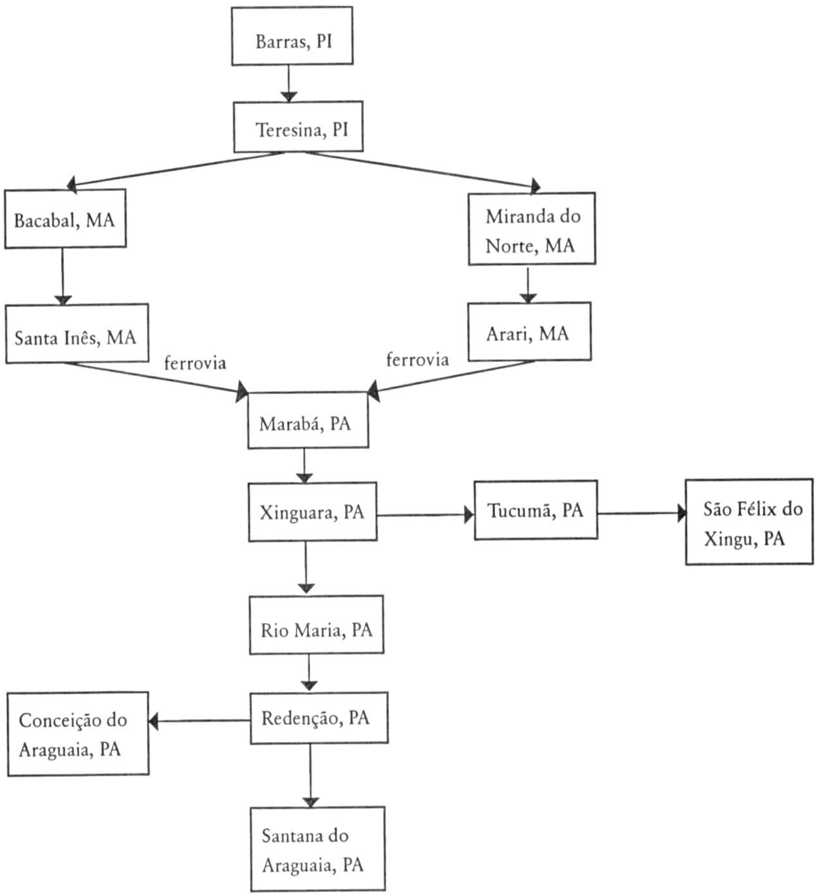

Quadro 5 — Fluxograma do deslocamento de trabalhadores do Piauí e do Mato Grosso, através de rodovia

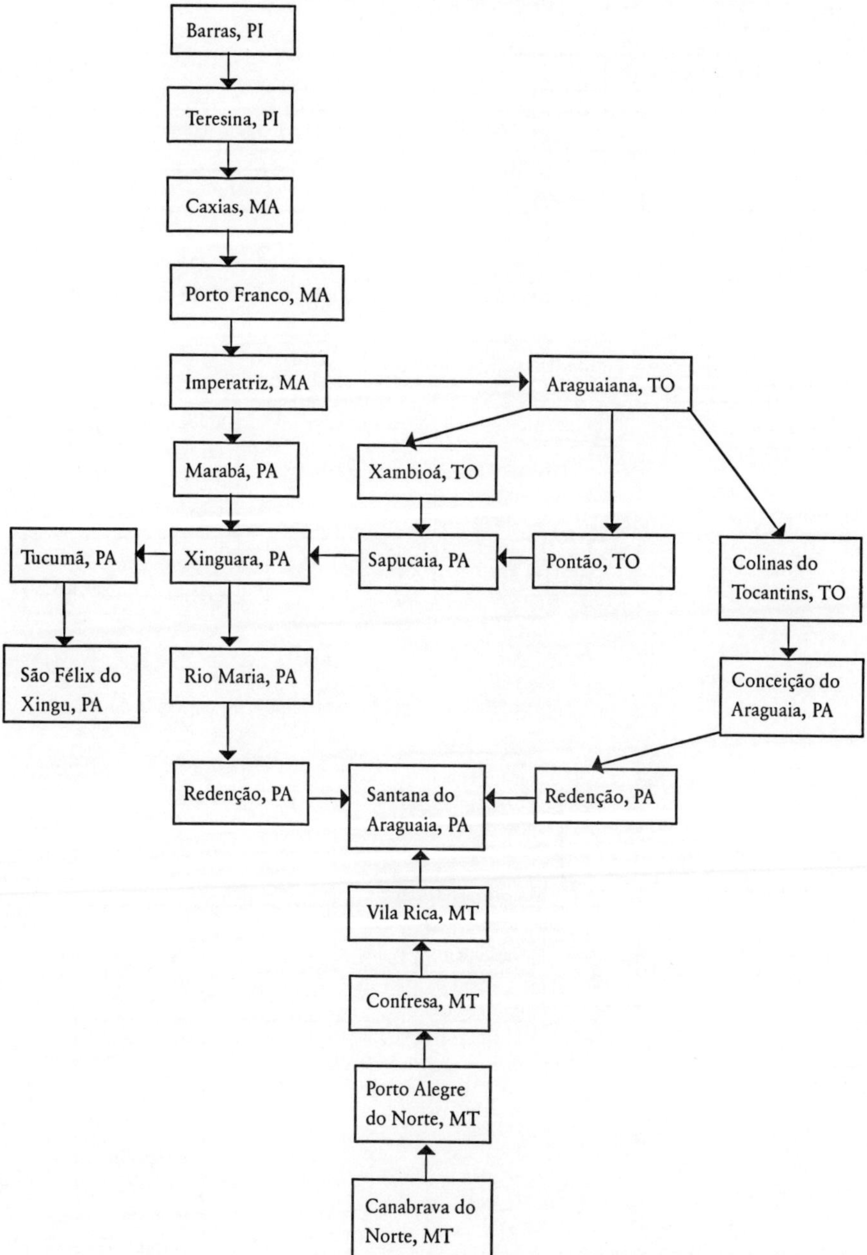

IV. HIERARQUIA

Quadro 1 — Pequeno proprietário com seus trabalhadores e um *gatinho*

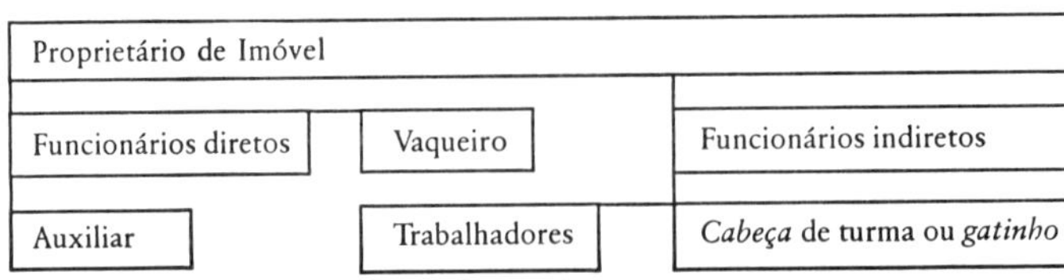

Quadro 2 — Pequeno proprietário com seus trabalhadores e mais de um *gatinho*

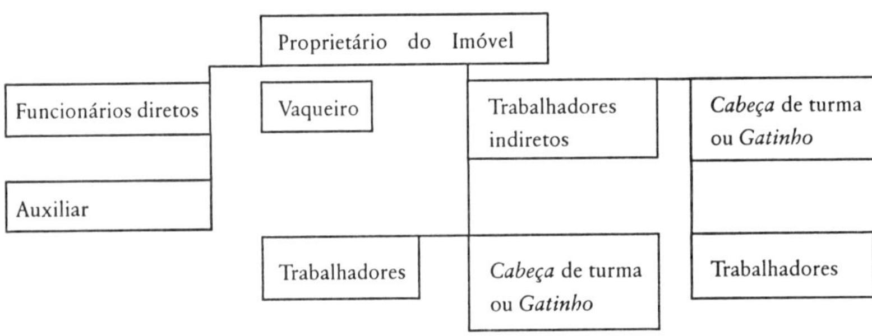

Quadro 3 — Empresa agropecuária com seus funcionários com contrato direto

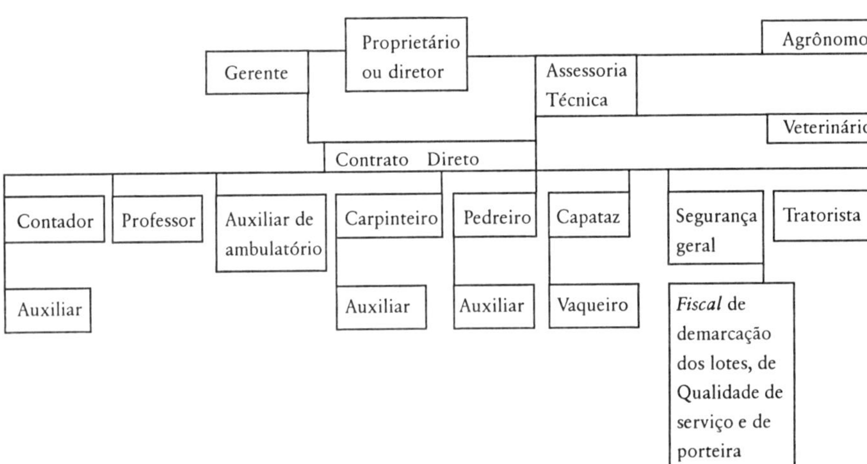

*Inspirado em equipe de pastoral da prelazia de São Félix do Araguaia (1983: 21).

Quadro 4 — Empresa agropecuária em atividades temporárias e contrato indireto

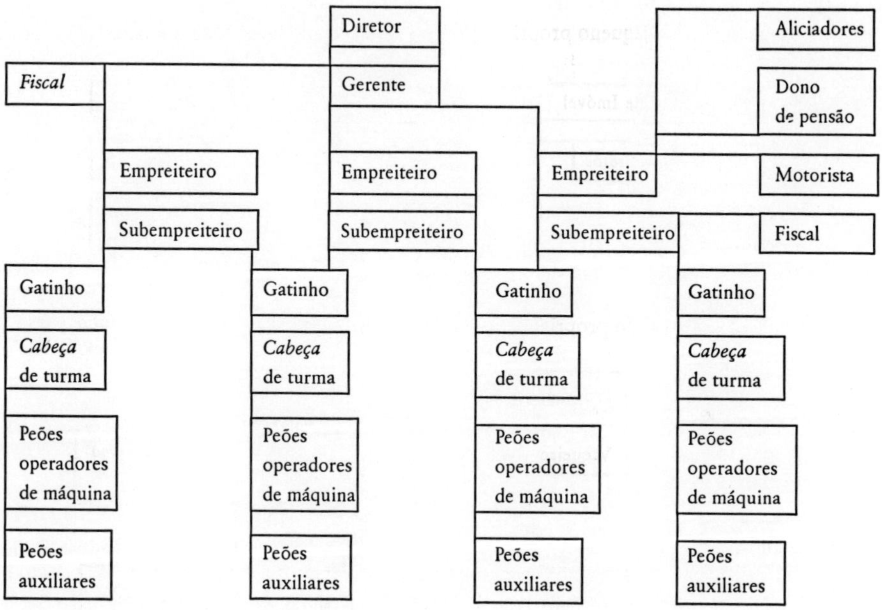

*Inspirado em equipe de pastoral da prelazia de São Félix do Araguaia (1983: 21).

O texto deste livro foi composto em Sabon, desenho tipográfico de Jan Tschichold de 1964, baseado nos estudos de Claude Garamond e Jacques Sabon no século XVI, em corpo 10/13,5. Para títulos e destaques, foi utilizada a tipografia Frutiger, desenhada por Adrian Frutiger em 1975.

A impressão se deu sobre papel Offset 90g/m² pelo Sistema Cameron da Divisão Gráfica da Distribuidora Record.